张国焘

中共一大代表丛书

张树军 著

中共党史出版社

图书在版编目（CIP）数据

张国焘 / 张树军著. -- 北京：中共党史出版社，2024.1

（中共一大代表丛书）

ISBN 978-7-5098-6440-1

Ⅰ．①张… Ⅱ．①张… Ⅲ．①张国焘（1897-1979）—传记 Ⅳ．① K827=7

中国国家版本馆 CIP 数据核字（2023）第 231039 号

书　　名	张国焘
作　　者	张树军
出版发行	中共党史出版社
责任编辑	王　兵　廖晓文（特约）
社　　址	北京市海淀区芙蓉里南街 6 号院 1 号楼　邮编：100080
网　　址	www.dscbs.com
经　　销	新华书店
印　　刷	天津鑫旭阳印刷有限公司
开　　本	710mm×1000mm　1/16
字　　数	446 千字
印　　张	33.5
版　　次	2024 年 1 月第 1 版
印　　次	2024 年 1 月第 1 次印刷
书　　号	ISBN　978-7-5098-6440-1
定　　价	96.00 元

此书如有印装质量问题，请联系中共党史出版社读者服务部　电话：010-83072535

版权所有·侵权必究

出版说明

《中共一大代表丛书》经原中共中央党史研究室审定，于1997年由河北人民出版社推出第一版，时任中共中央党史研究室副主任郑惠和全国中共党史学会副会长、北京师范大学教授张静如担任主编。该丛书收录了参加中共一大的代表传记，这些代表是：上海的李达、李汉俊，北京的张国焘、刘仁静，长沙的毛泽东、何叔衡，武汉的董必武、陈潭秋，济南的王尽美、邓恩铭，广州的陈公博，旅日的周佛海；包惠僧受陈独秀派遣出席了会议。丛书中《毛泽东》《张国焘》《刘仁静》等9位传主的传记是当时国内出版的第一本完整的传记（分别是45万字到20万字不等）。丛书面世20多年来，在社会上产生了较大的反响，赢得众多读者的广泛关注和好评。令人痛惜的是，丛书的两位主编已经分别于2003年和2016年仙逝。中国共产党已走过百年奋斗历程，历经辗转，我们分别和各册传主的作者或家属取得联系，请他们对书稿内容进行充实、文字进行完善、史实进行校订，由中共党史出版社再版发行。

丛书能够再版，要特别致敬郑惠和张静如两位老先生，也衷心感谢丛书的副主编张树军、萧寒、肖功柄。并感谢为丛书出版付出过辛苦努力的河北人民出版社马千海、荆彦周等同人。

中共党史出版社

2024年1月

总　序

古老的东方有一条龙，她的名字叫中国。她有过自己的辉煌。

然而，当世界之舟驶入近代港湾时，这条巨龙却喘息着落伍了。

20世纪初的中国，内忧外患，满目疮痍。无数觉醒的中国人以各种方式，探寻着救亡图存的道路。

当时间老人迈着沉重的步子，蹒跚地走进20世纪20年代的时候，一件开天辟地的伟大事件悄悄地降临了。

1921年7月，13位年龄不一、口音不同、装束各异的年轻人，肩负着全国50多名党员的重托，在上海秘密聚会，宣告了中国共产党的诞生。从此，在古老落后的中国大地上，出现了完全新式的、以马克思列宁主义为行动指南的、统一的和唯一的无产阶级政党。

这次被命名为中国共产党第一次全国代表大会的历史性聚会，是在反动统治的白色恐怖下秘密举行的，除了会场一度遭到暗探和巡捕的骚扰以外，在社会上并没有引起任何注意，好像什么事情也没有发生。但是，一个新的革命火种由此在沉沉黑夜的中国大地上点燃起来了，中国历史将由她谱写出全新的篇章。

斗转星移！

在20世纪即将过去的时候，当年仅有50多人的中国共产党，已经发展成为拥有5800多万党员的执政党。在中国共产党成立后76年的历史过程中，她领导中国革命和建设，历经坎坷，取得了辉煌的胜利和举世瞩目的成就。

如今，参加中共一大的代表都已过世。追寻他们的人生足迹和思想历程，从中探求人生的价值，寻觅历史发展的轨迹，揭示社会发展的规律，成为后人特别是历史学家说不尽道不完的话题。

大浪淘沙！

当年一同参加中共一大的代表，由于种种原因，后来走上了不同的人生之路。毕生为党的事业奋斗者有之，为人民的解放而献身者有之，中途脱党者有之，背叛革命者有之，沦为汉奸者有之。他们的曲折经历，尽现了复杂离奇的社会变迁，折射出剧烈动荡的时代特点。

这种复杂的情况，也就成为后来人研究中共一大代表的难点所在。

多少年来，研究中共一大代表的生平和思想，为他们各写一部传记的想法，一直萦绕在我们的脑海。这也是我们作为史学工作者的义不容辞的责任。1995年七八月间，我们和河北人民出版社经过周密策划，邀请有关专家学者，正式启动了这一工程。

历史著作和人物传记的生命在于真实。只有真实，冷冰冰的书籍才会流淌生动的音符，才会涌动生命的活力。要做到这一点，最重要的是材料和方法。历史人物的传记写得成功与否，全赖于此。有了准确的材料和科学的方法之后，最重要的是搞清楚和把握住历史人物一生最根本的追求是什么，并把历史人物活动的时空环境尽可能地再现出来，把历史的真实再现出来，从而给历史人物一个比较准确的历史定位。这样写出来的历史人物传记，才会给读者一个大体逼真的历史人物形象。这也正是我们这套丛书所努力的目标。

为此，我们提出了四条编写原则：（一）据实直书而不拘泥于定论，以确凿的历史资料为依据，实事求是地秉笔直书，注重思想性、科学性、学术性。（二）史料丰富而不至于芜杂，挖掘和采用真实可靠的具有历史价值的史料，去粗取精，摒弃似是而非、查无实据的材料，严禁杜撰情节。（三）重点突出而不平铺直叙，结合社会历史背景，突出写传主的活动，以人和事贯穿全书，兼顾传主的思想发展和个人生活，写出传主的性格特点和人生色彩。（四）文字生动而不求浮艳华丽，力求达到语言生动活泼，优美流畅，有较强的可读性。

基于上述目标和原则，同时也考虑到中共一大代表各自不同的多面人生，我们在编写这套丛书时，还强调发挥各本书作者的主动性和创造性，作者可以阐发自己的观点，体例和风格也不强求完全一致。人物传记本来就没有一种模式、一个套路。作者在求真的前提下，以不同风格、不同体例来撰写人物传记，也可体现出人物传记写作的多样化和丰富性。

历时两载，我们编写的这套丛书终于和广大读者见面了。如果读者朋友特别是青年朋友能从这套丛书中得到或多或少的收获，那将是我们的最大快乐和欣慰。

需要特别指出的是，在参加中共一大的代表中，周佛海、陈公博、张国焘等人先后走上了党和人民的对立面。这从一个方面证明了树立正确的世界观、人生观，是何等的重要。对于这些人，我们按照实事求是的原则，把他们放在具体的历史环境中，直书他们的人生，分析他们的变化，其目的，一是真实地反映历史，二是希望从中得出一些有益的教训。

回过头来看这套丛书，我们所确定的目标和原则，可以说有些达到了，有些则还没有达到，或者说没有完全达到，留下了一些遗憾。这一方面是由于挖掘的资料还不够充分，另一方面，也与我们的水平和方法有关。我们热忱地欢迎广大读者朋友批评指正。

最后，我们还想强调两点：一是我们在编写这套丛书时，参考了许多史学家的研究成果，吸收了他们的最新研究成果，借本书出版之际，对这些同行表示诚挚的谢意。二是我们在编写这套丛书的过程中，得到了史学界、出版界以及有关部门的大力支持和帮助，特别是中共中央党史研究室的 10 余位专家顶着酷暑，为我们审阅了全部书稿。对于他们的辛勤劳动和全力帮助，我们表示衷心的感谢。

郑　惠　张静如

1997 年 8 月

目 录
CONTENTS

第一章 · 故乡时光 001

- 002 | 家　世
- 005 | 乱世求学
- 014 | 中学时代

第二章 · 燕京问道 021

- 022 | 北大学子
- 033 | 在五四运动中
- 048 | 学业与学运之间

第三章 · 建党前后 057

- 058 | 为建党而奔走

071	中共一大主持人
079	在中央局
093	从二大到三大

第四章·在大革命风暴中　113

114	被捕入狱
125	重返中共中央
135	在国共合作的漩涡中
148	北伐时期

第五章·危急关头　161

162	从"四一二"到"七一五"
175	南昌起义
189	上海的地下生活

第六章·莫斯科岁月　199

200	出席中共六大
210	在中共代表团工作
218	中大风波
230	回国前后

第七章 · 在鄂豫皖根据地　241

- 242 ｜ 初到鄂豫皖
- 255 ｜ 南下之争
- 264 ｜ 推行"左"倾政策
- 277 ｜ 土地革命中"左"的政策
- 283 ｜ 第四次反"围剿"失败

第八章 · 从鄂豫皖到川陕　301

- 302 ｜ 西征途中
- 312 ｜ 反三路围攻到反六路围攻
- 332 ｜ 撤离川陕

第九章 · 长征路上（上）　347

- 348 ｜ 会师与分歧
- 362 ｜ 南下与北上之争
- 379 ｜ 分　裂

第十章 · 长征路上（下）　393

- 394 ｜ 另立"中央"
- 401 ｜ 南下碰壁

420 | 西进康北
430 | 北　上

第十一章 · 走向深渊 443

444 | 初到陕甘
460 | 延安会议前后
474 | 逃离陕北

第十二章 · 悲凉的后半生 495

496 | 反共生涯
508 | 浪迹余生

主要参考书目 513

后　记 518

再版后记 520

第三版后记 521

第一章
CHAPTER ONE

故乡时光

家 世

江西省萍乡市，是风景秀丽、物产丰富、历史悠久、能人济济的一方水土。公元1897年11月14日（清光绪二十三年十月二十日），张国焘就出生在萍乡县上栗市楂木山（今萍乡市上栗县金山镇山明村）。这一年是中国旧历的丁酉年，按照习俗，张国焘的属相是十二生肖中的鸡。

萍乡，相传因境内盛产"萍草"而得名，位于江西省最西部，东与宜春相邻，西与湖南省株洲、醴陵相接，南与吉安毗连，北与湖南省长沙、浏阳接壤。萍乡地处湘赣边丘陵地区，北峙杨岐山，南亘武功山脉，主要山峰有杨角尖、金顶（最高峰名白鹤峰）等，主要河流有表河、萍水、栗水、草水等。萍乡历史悠久，汉代属宜春县，三国东吴置县，元朝元贞初年升县为州，明朝复改为县后，一直延续下来。

萍乡境内煤炭甚丰，宋代已有轻刨而得、以煤代薪的记载，明末清初，土窿已初具规模。到了1890年，湖广总督张之洞创办汉阳铁厂，为燃料之需，于1892年10月设立了官办的萍乡矿务局。1898年3月22日，官督商办的"萍乡等处煤矿总局"成立，创建了以安源为中心、辖120平方公里矿区的煤矿。1908年，萍乡煤矿与汉阳铁厂、大冶铁矿合并，改官督商办为商办，组成了当时中国最大的企业——汉冶萍煤铁厂矿公司。近代工业文明比较早地渗透到了这一湘赣交界的地区。

上栗市是萍乡县北部的一个中心市镇，离县城约40公里，距湖南省浏阳、醴陵两县边界都不过10公里左右，水路可通长沙、汉口等地。这一带山峦起伏，竹木茂盛，造纸、爆竹和麻布等手工业发达，商贾小贩往来频繁。

张国焘虽然出生在这历史悠久、工业发达、山清水秀的地方，但他的祖籍却并不在此地，而是在遥远的广西。多年来，人们以讹传讹，都说张国焘的祖籍在江西省吉水县，其实不然。据《张氏以灵公族谱》记载：张氏原籍广西。不知何故，清初康熙乾隆年间从广西迁到萍乡。萍乡这一支的张氏始祖是"集翰公"，系张氏之第一百一十五代，为以灵公之第五子。迁到萍乡后，从集翰公开始，到张国焘这一代，已经是第九代了。虽然是地地道道的客籍，倒也相安无事地居住下来，代代相传，读书入仕，逐渐发展成为一个拥有良田千亩、名震一方的地主乡绅之家。张国焘在谈到自己的家庭时说：

> 我家可说是诗书之家，历代相传直到我祖父和父亲一辈，大多是读书人。大屋里住着祖父一辈六房人家，每家都有收五百担到一千担租谷的土地；因此，也可以说是地主乡绅之家。我祖父这一辈六兄弟中，有四个是可以戴顶子穿补服的。其中两个是由正途秀才出身，另两个则是捐班出身。到我父亲一辈，因科举开始废除，多数人逐渐转入新式学校。我父亲是在满清最末一届省试中取录的拔贡……因此，我父亲这一辈只有两三个人是有所谓"功名"的①。

家庭，是人生立足的基地和起点，制约着每一个人的成长。张国焘的祖父为使自己的家庭沿着"功名"之途走下去，为张国焘的父亲设计了一条读书为官之路。张国焘的父亲张劼庄②没有辜负其父的期望，勤奋学习，在科举道路上一帆风顺，直至在乡试中被录取为拔贡。然而，他似乎生不逢时，1905年慈禧太后废除了科举制度。之后，他转入新式学校浙江法政学堂学习。民国初年毕业后做过几年法官，后出任浙江省象山县知事。大革命时期当过九江地方检察厅厅长，后又在南昌公路处做过秘书。张劼庄一生虽然没有飞黄腾达，官至几品，但也可算是功成名就了。如同生活在

---

① 张国焘：《我的回忆》第1册，东方出版社1991年版，第12页。
② 据有关资料，张劼庄又叫张嘉铭、张鹏霄，何者为名，何者为字，不详，存疑。

那个新旧交替时代的大多数人一样，他是一位主张"国粹"而偏于守旧的人，对革命起初是持观望态度的，并企图以自己的处世哲学去影响和教育自己的孩子；但他又受到新的思潮和外来文化的影响，在新式学校里接受新的知识，在一定程度上顺应了时代的变迁。这种矛盾的现象，不仅伴随了自己一生，而且导致了后来与张国焘的激烈碰撞。

张国焘的母亲姓刘，生长在湖南省浏阳县文家市一个大户人家。家里人口不少，但不愁吃穿。刘家大院的花园里有半月形的池塘，茂密的花木，门前有很高的旗杆，厅堂里有几块横匾，不失几分雅致和气派。刘家世代读书，也算得上是一个书香世家。在嫁到张家之前，张国焘的母亲已出落成一个既擅长针线又识文断字的大家闺秀。

刘氏嫁到张家后，生儿育女，传宗接代，自然是分内之事。她先后生养了6个孩子，四男两女。4个儿子中，除长子张国焘外，二儿子名叫张国燕，早年病逝；三儿子张国庶，1905年生，1924年在萍乡中学加入社会主义青年团，1925年秋冬之时，萍乡县城党的小组建立，被选为党小组长，1926年冬赴莫斯科中山大学学习，1929年回国后任中共江西省委书记，1930年5月27日在南昌被张辉瓒逮捕，不久即被杀害，1986年，中共江西省委发文，承认张国庶为革命烈士；四儿子张国杰，1910年生，初中毕业后即回乡，挑起理家的重担。两个女儿中，一个夭折，一个后来嫁人。

张国焘就出生、成长在这样一个大家庭里。他是长子，自然在家庭里占有重要的地位。"重男轻女"的封建习俗，毫不例外地影响着张国焘的长辈，他们把很多很多的希望寄托在这个长子身上。他的出世，给父母带来了无比的喜悦。他们给他取名国焘，字恺荫。后来，又有了一个名字张特立。

在这个过着富庶生活的家庭里，不愁吃，不愁穿，幼年的张国焘有着受到娇生惯养的条件。父母虽对他的生活给予了无微不至的关怀和照顾，但对他的启蒙教育却是严格的。白天，当母亲闲下来的时候，便遥指着远山的奇峰，讲述祖辈传下来的神奇故事；入夜，月圆中天或是群星闪烁的时候，母亲便讲起美丽而动人的神话。母亲给了张国焘最早的启蒙。随着时代的变迁，父亲虽然没有像祖父那样为张国焘设计一条路，但"万般皆下品，唯有读书高"的古训时刻萦绕在耳边。父亲心里最清楚的是：儿子有了学问，长大才会有前途。为此，从张国焘三四岁起，父母就教他读《三字经》《百家姓》之类的书。这些中国传统的识字课本，不仅使张国焘认识了许多字，而且也诱发了他的求知欲望。除了读书认字以外，张国焘还开始练习写字，从描红摹字入门，临帖抄仿。父母的严格教导，为张国焘日后求学打下了基础。

乱世求学

张国焘出生时，中国已在半殖民地半封建的道路上走过了半个多世纪。这时，正值一个动乱的年代。清朝政府昏庸腐朽，国势衰败，民不聊生；帝国主义列强恣意蹂躏中华民族，瓜分狂潮猛烈地冲击着中国大地。在张国焘出生前两年，中日甲午战争以中国战败、签订丧权辱国的《马关条约》而告终。

严酷的现实，激起中国人民的同仇敌忾，爱国反帝、救亡图存，成为时代的强音。就在张国焘出生后不久，资产阶级改良派发动了戊戌变法。这场维新运动虽一时搞得轰轰烈烈，但最终以1898年9月28日谭嗣同等"戊戌六君子"杀身成仁，康有为、梁启超等逃亡国外而告失败。资产阶级改良主义不能救中国于危亡，人民群众便试图以武力排外主义来阻止帝国主义瓜分中国。1900年发生在北方地区的义和团运动，虽然表现了中华民族不屈不挠、勇于牺牲的精神，但是，最终也被中外反动派联合绞杀了。

人民的各种反抗并没有拯救中国，相反，内忧外患，交相煎熬，国弱民贫，日甚一日；腐败无能的大清王朝风雨飘摇，走向崩溃。1900年仲秋，八国联军攻入北京，烧杀抢掠，无恶不作。慈禧太后挟光绪皇帝仓皇逃往西安，清朝政府的"全权议和大臣"李鸿章被迫屈辱地与侵略者签订城下之盟，《辛丑条约》再次记录了中国的耻辱。在这种形势下，以孙中山为代表的资产阶级革命派决心奋起，以武力驱除帝国主义，推翻清朝封建专制制度。从1895年开始，他们积极进行宣传、组织工作，发动了多次武装起义，但也先后都失败了。

资本—帝国主义的入侵，清王朝的腐朽没落，同样冲击着萍乡这块闭塞的土地，冲击着人们古老的生活方式。安源煤矿的创办，萍乡安源间铁路的开通，洋货的袭来，不仅使原有的手工业受到了严重威胁，而且引起了社会结构和社会生活的巨大变化。人们虽然还不敢去怀疑真命天子气数已尽，但也从日益增多的抽丁派捐、纳税纳粮中，明显地感觉到了大清王朝的江河日下。

人民群众的各种反抗斗争，同样震动着萍乡的人们。光绪朝时代，进士文廷式曾任翰林院编修，升侍读学士。1895年与康有为等在北京发起强学会，主张变法图强，被革职。戊戌变法失败后，东渡日本。这位萍乡人引以为豪的老乡的遭遇，一时间成为人们议论的话题。1904年10月，由黄兴、马福益等策动的长沙起义虽遭失败，但对相距不远的萍乡人来说，也从中感觉到宁静已经打破，革命的风暴已经来到了身边。

对于年幼的张国焘来说，并不知晓时代的变迁和社会的变化，也不懂得反抗和革命。但是，生活在这样的时代，他的家庭和个人生活，不可避免地会印上时代的烙痕。随着张国焘步入校门，他的生活和命运与这个时代的联系就越来越紧密了。

1906年，张国焘9岁。尽管这时已废除了科举制度，但是，张国焘的父母认为张家祖辈都是读书人，希望自己的儿子也能成为识文断字的人。

于是，他们把他送进上栗市的一所私塾里读书。

这所私塾是张国焘父亲的朋友廖石溪主办的，共有十几个学生，包括廖石溪的儿子和一些亲朋的子弟，全都寄住。张国焘也从此离开家，住进这所私塾，开始了正规的读书生活。

然而，时间不长，正常的读书生活就被一场革命的风暴打乱了。

1905年，以孙中山为总理的中国同盟会在日本成立后，积极发展组织，联络华侨、会党和新军，发动旨在推翻清朝封建专制政府的武装起义。1906年9月，同盟会总部派会员刘道一、蔡绍南从日本回到湖南，运动军队，联络会党，宣传同盟会的纲领。在此之前，湘赣一带有很多会党组织。1904年华兴会发动长沙起义失败后，哥老会首领马福益于次年被清军捕杀，其旧部萧克昌、李金奇等在安源秘密联络矿工数千人。哥老会另一首领龚春台则在浏阳、醴陵一带发动会众。当时，湖南旱灾严重，10月间人们已感觉米珠薪桂，造成粮价飞涨，民不堪命。刘道一、蔡绍南来到后，刘道一留在长沙主持全局，蔡绍南前往萍乡策动龚春台联合各地山堂，成立洪江会，推举龚春台为大哥。龚春台利用饥荒，号召会众打下浏阳县城，开仓济民。随后，决定于丙午年（1906年）农历腊月底乘清吏封印时分3路起义。后因消息泄露，清军突袭浏阳麻石起义总机关。

12月初，龚春台等在萍乡高家台率众起义。12月4日，起义军占领浏阳高家头，6日攻克萍乡上栗市，7日占领宜春县属慈化。萍乡、浏阳、醴陵等地群起响应，起义军遍布附近几个县，推举龚春台为都督，发布中华国民军起义檄文，声讨清朝政府"十大罪恶"，宣布废除专制政体，建立共和民国。起义得到群众的拥护，数日内增至3万余人，屡败清军，声势浩大。清政府急忙调集湘、鄂、赣及江宁（今南京）军队数万人进行镇压。由于敌强我弱，再加上起义军事先准备不充分，缺乏统一的组织和领导，至月中，起义失败。

被史家称为"丙午萍浏之役"的这次起义虽然失败了，但是，在短短的10余天里，这场革命的风暴就席卷了几个县，使人们目睹了革命的惨烈，给人们留下了惊心动魄的回忆。就在起义军攻占上栗市前后，张国焘也经受了这场"造反"的洗礼。

起义军占领上栗市的前一天下午，廖石溪因事下乡去了。张国焘和同学们按照廖先生的吩咐，正静静地温习功课。突然，洪江会马上就要攻打上栗的消息迅速传播开来，人们恐慌地四处躲避，店铺也都关起店门，藏起货物。顷刻间，热闹的街道变得冷冷清清。约莫下午5时，各街道入口处的木栅门都关上了，市镇和四邻八乡的交通被切断了。

私塾里也是一片惊慌。多数同学先后被急忙赶来的亲属领走了，几个年长的同学好奇地跑到外面去看热闹还没有回来，张国焘等几个离家较远的同学待在私塾里，茫然不知所措。不一会儿，与张国焘同在私塾读书的四叔匆匆跑回来，引着张国焘和两个姓文的同学沿街走到一家豆腐店里，把他们从豆腐店的后窗吊下去，指点他们越过小河，循着河对面的大路向文家走去。

大约走了2.5公里路程，张国焘和两个小伙伴来到了文家所开设的一间小杂货铺。这时，夜色已渐渐逼近，3个孩子饥渴交加。管店先生认为外面风声很紧，不可走夜路，便留下他们在店铺里吃饭过夜。半夜时分，突然来了一些身背马刀的大汉，醉醺醺地把3个孩子抱起来，放在店铺的柜台上，要杀掉他们祭旗。张国焘从梦中惊醒，吓得浑身哆嗦。管店先生也是洪江会的一个百总，急忙过来劝说，并请大汉们吃喝一顿。大汉们闹了一阵，便很快离此他往了。张国焘等3个孩子没有受到任何伤害，带着几分惊恐，重新进入了梦乡。

次日清晨，张国焘等3个孩子醒来，见店门大开，管店先生已不见了，店铺里的货物也消失得无影无踪。他们走出店门，只见一队队农民队伍手上拿着长枪、鸟枪、锄头、木棍、大刀、锅盖等武器，正由大路上走过。他们看了一会儿，才循着一条岔路向文家走去。到了文家，发觉屋内已空无一人。他们到处寻找，才在屋后面的山林里见到了文家的大人们。文家和张国焘家是世交，大人们坚持让张国焘住下来，待风声缓和下来再回家。张国焘和文家的人蜗居在山窝中临时支起的帐篷里，过了10天光景，后又悄悄回到家里住了三四夜。在这期间，张国焘好奇地倾听大人们谈论"造反"的种种事情，也感觉到文家对于"造反"是持反对态度的。文家对于自家曾经信托过的那位管店先生竟是洪江会的一个百总这件事，显得惶惶然，大概是怕受到牵连的缘故。

局势渐渐平静下来，交通也恢复了，张国焘的家人也从躲避的山林回到自己的家中，并派人把张国焘从义家接回家。大人们见他安然无恙，自然非常欣慰，但对于"造反"之事，仍然心有余悸。父亲叮嘱张国焘和其他小孩别乱说话，不可再谈"造反"的故事，也不要到外面去走动。

在张国焘回家后的不几天，"进剿"起义军的一支清军来到村子里。这是一群清军的绿营兵，俗称"绿勇"。他们来到张国焘家后，先挥刀砍去陈设在大厅里的一张古老台桌的一角，进行威胁。张家的大人们显得惊慌失措，赶紧穿好补服、长袍马褂出来迎接，低声下气地与绿勇周旋。不一会儿，当地的保正、闾正也赶来了。经过他们的接待和疏通，绿勇的态度发生了变化。张家吩咐杀猪宰羊，将那些官兵如上宾一般款待一番。绿勇们酒足饭饱之后，初来时的气焰也就消失了。张国焘目睹这一幕，既感到恐惧，也略觉不满。

紧接着，又一个难题摆在大人们的面前。绿勇捕捉了一些农民、手工业者、挑夫等，关押在一座寺庙里，责令地方绅士和保正、闾正前去指认"会匪"，以便就地正法。张国焘的父亲感觉为难，决定采取息事宁人的态度，于是用钱买通了绿营军的一个哨长。哨长默认不必由绅士、保正等出面指认，可以派一些小孩子去代为办理。张国焘便是被挑中的一个。

几个孩子随着绿勇和保长来到寺庙里，见满庙都是诚惶诚恐的待决之囚。绿勇逐一指着被抓来的人问是不是"会匪"，孩子们都摇摇头说不是。

这样串演了一阵之后，总算敷衍过去。绿勇撤走之后，乡里人大都称赞张家的做法得体，陆续来到张家表示谢意，并拥抱张国焘等几个小孩子，连声夸奖。

经过萍浏醴起义的洗礼，9岁的张国焘还不可能懂得更多，但"造反""会党"等概念已印在他的脑海中。后来他回忆说："经过了这场风暴，我的小心灵中开始印上了许多新奇的情景；知道了这就是所谓'洪江会造反'，而且也模模糊糊的了解了造反是怎么一回事。"①

风暴过去了，一切似乎又恢复了往日的平静。张国焘也继续他的学业，所学内容无非还是《三字经》《百家姓》《增广贤文》"四书""五经"之类。但是，不等这些传统课本学完，萍乡就在废科举、兴学校的风潮中，出现了不只是读"四书""五经"的新式学校。

1908年春天，张国焘11岁的时候，父亲把他送往位于县城的萍乡县县立小学堂。从此，开始了他童年生活的新的一页。

萍乡小学堂是在废科举、兴学校之后，由文廷式倡导兴办的。学堂的主持人多是本县的一些著名的宿儒。他们注重读经，对学生的管理也很严格，尤其不允许被他们视为"异端邪说"的新学说侵入学生的脑海之中。可是，学堂中担任科学常识一类课程的先生们，多是一些年轻的激进人物，他们很注重让学生们了解一些新知识、新事物。从此，在张国焘和同学们的脑海中，除了孔夫子这个圣人之外，还新增加了拿破仑、华盛顿、牛顿、瓦特和卢梭等。在中西文化的碰撞中，他思想深处的一些传统的观念逐渐地发生了变化。他带着满腹疑虑自问：难道西方也有圣人？他以惊奇的心情去涉猎各种新的知识，渐渐地，他受到西学的启蒙，开始确信：地球不是平面的，而是球形的；圣人不仅出在东方，也出在西方，而且他们之间的学说也并不是一致的。

---

① 张国焘：《我的回忆》第1册，东方出版社1991年版，第5页。

在近代中国，新式企业的建立和舶来品的输入，往往要引起旧势力的普遍反抗和抵制。这在萍乡也是如此。随着萍乡至安源间铁路不断延伸到株洲、长沙，各种各样的谣言在县城和乡间传播开来，不是说铁路破坏了风水，弄得祖坟不安，就是说火车头要每天往烟囱里投入一个小孩子才能行走，煤矿矿井的烟囱也要每天用小孩子的肉体去祭。至于各种洋货，同样被视为可恶的东西。

可是，学堂里一位姓黄的地理教员却有不同的见解。他对张国焘等学生们讲，火车固然夺去许多跑脚力的、抬轿子的、划船的人的饭碗，机器煤矿固然打击了许多土式小煤窑，洋货固然排挤了土产，但是厌恶咒骂又有什么用呢？并不是铁路矿场洋货不好，而是中国要自强起来，中国人自己能制造机器、能管理企业就好了。黄先生的观点，令张国焘等一大批学生为之倾倒。他们目睹火车、矿场、洋货等新事物的优点，再也不去附和旧的观念，并以实际行动向旧的观念挑战。

一天，张国焘穿着洋布时装从县城回到家里，祖父见到孙子趋时弃旧的举动，怒不可遏，遂大加训斥。恰好张国焘的父亲从上海带回来洋灯和其他洋货，祖父更加看不顺眼，但又不好发作，只好走到一旁叹息"人心不古，世风日下"。

有了这一次的"胜利"，张国焘更加趋向反对旧事物，小脚、鸦片、迷信、衙门成为他和同学们攻击的四大对象。但是，由于家庭的原因，张国焘的行动仍然落后于他的同学们。

反对蓄辫子，在当时被认为是反对清朝政府的富有民族意识的重要象征，也是青年人特别起劲的事情。1908 年 11 月 14 日和 15 日，光绪皇帝和慈禧太后相继去世，张国焘按照长辈的要求，在辫子上缠了一条白布孝带。从家中回到学校后，大受同学们的嘲笑，张国焘不得不立即把孝带解下来。这件事使张国焘感到非常尴尬，大受刺激，他决心要摆脱家庭的束缚，和同学们一起投入到反对旧事物的行列。

1909年的一个晚上，星光黯淡，校园漆黑。几个学生聚在一起，用早已准备好的剪刀剪掉了自己的辫子，并预谋把全体同学的辫子一齐剪掉，如有可能，还要趁学监和所有教职员睡觉的时候，偷偷将他们的辫子也剪掉。结果，他们只剪了29个同学的辫子，就被发觉制止了。学监舍监们如丧考妣，认为这是反叛的行动，更觉得自己犯了教导无方、形同叛逆的重罪，惶惶不可终日。萍乡教育会的会长喻兆藩听到这个消息，连忙赶到学堂，非常沉痛而严厉地向全体学生训话：剪辫子就是造反，决不许可。喻兆藩与张国焘家有亲戚关系，于是特别向张国焘和另外几个亲友的孩子严加告诫，表示他深切关怀的意思。经过喻兆藩的多方疏通，这桩祸事才算弥缝过去。从此以后，学堂的管理更加严格，不许学生谈论时事，不许各种"异端邪说"再行侵入，要学生们专心致志于经典的攻读。

尽管如此，同学中还是有人偶尔得到一些从上海、长沙来的违禁书刊，张国焘等如获至宝，暗中传阅。他们还从少数教员和一些亲友那里，得到零星的有关时事的消息。康有为、梁启超主张变法维新、保皇立宪，孙中山主张革命排满，以及革命派在各地发动起义和保路运动的消息，在学生中传播开来。渐渐地，他们越来越倾向于革命论者的想法。在一些激进的教员和同学中，还经常讨论洪江会起义及其失败的原因，对起义的失败表示惋惜，对清朝统治的敌视心理愈来愈烈。

在此期间，张国焘还结识了学堂里的老更夫。这是一位70多岁的老人，青年时代曾参加过太平天国运动，后来隐姓埋名，从不谈起过去的经历。到这时，受到日益高涨的反清情绪的感染，老更夫竟毫不畏惧地向张国焘等几个他认为可靠的学生讲起自己过去"造反"的故事。他还认为，洪江会起义的领导不力，没有好章程、好办法，气派也不如当年的太平军。张国焘和几个同学非常敬重这位老人，称他是一位老英雄，经常请他饮酒吃饭，听他讲述英勇的往事。张国焘等听着听着，不知不觉中平添了几分向往。

封建统治穷途末路，清朝政府垂死挣扎，在推行"新政"的名义下，将新军的编练于1905年推广全国，借以巩固其垂危的统治。以留学生和新式学校为革命温床的资产阶级革命派，这时也鼓励革命青年参加新军，以便接受军事训练，并掌握军队。于是，革命活动的范围由联络会党扩大到了运动军队。

1910年至1911年间，张国焘的许多同学打破了"好铁不打钉，好男不当兵"的传统观念，抱着"男儿当以马革裹尸还"的志向，以参加新军为荣。他们瞒着家长和学堂当局，秘密填写志愿书、履历表，纷纷前往投考新军。张国焘这时才十三四岁，年龄较小，没有资格去投考新军。于是，他就热情地暗中赞助那些投考新军的同学。他为他们凑旅费，填写报名单。在全校熄灯就寝之后，他在床上用帐被严密遮住，点上蜡烛，秘密填写各种证件，同学则在寝室内外放哨，传递暗号，以防舍监的查究。

1911年10月10日，武昌起义终于爆发了。辛亥革命的风暴迅速席卷全国。

武昌起义的消息传到萍乡，人们大为震动。张国焘的父亲特地赶到县城，把他接回家去。10月22日，湖南长沙宣告独立。23日，江西九江新军起义。31日，南昌新军也宣布起义。一时间，江西各地纷纷起义，响应革命。萍乡的起义也于11月3日爆发，革命派成立了都督府，大出告示，筹饷募兵，虽不免有些混乱，但革命终究是有声有色地展开了。

拥有大大小小100多口人的张家，对于革命是持观望态度的，家里的大人们不让年轻的子弟外出，并要求男子们留着辫子，等大局确定之后再定方针。他们觉得大清帝国是靠不住了，但孙中山能否主宰中国还是值得怀疑的。张国焘和年轻的叔父及兄弟们对家长的要求极为不满，他们经常聚集在大厅里高谈时事，倾向革命。终于有一天，家里的20几个青年人在大厅里公然全都剪掉了辫子。这对于传统化的家庭和守旧的家长们，无疑是一次重大的示威。革命的浪潮终于冲进了这个古老的家庭，家长们对这一幕大为尴尬却又无可奈何，年轻的子弟们却对自己终于占了上风而高兴不已。从此，张国焘对弃旧趋新的兴奋，对清朝灭亡的称快，对概念上的革命的向往，再也无法抑制了。

中学时代

辛亥革命推翻了清政府，结束了在中国延续几千年的君主专制制度，中华民国也于1912年元旦正式宣告成立。当人们看到象征着五族共和的五色旗飘扬在丽日晴空之下时，着实高兴了一阵子。举国的有志之士更是欣喜若狂，认为这是国脉民运的一大转机。但是，孙中山很快把临时大总统的位子让给了袁世凯，中华民国刚刚呱呱坠地，又不得不在苦难中挣扎。辫子是剪掉了，封建专制的礼仪也大部分废除了，然而，社会的不安、人民的疾苦、世态的炎凉，都没有实质性的改善。不少清朝的遗老遗少们摇身一变成了满口新名词的时髦人物，一大批新贵登上了政治舞台，其昏聩腐朽、贪婪无耻、横暴野蛮，比起他们的前任有过之而无不及。严酷的社会现实，同人们原来对中华民国的期望，差得是那么远。切身的痛苦，冲淡了人们起初的美丽憧憬。

萍乡县的都督衙门被裁撤了，县城的秩序也恢复了，但革命的特殊气氛也还保留了一些。1912年三四月间，张国焘回到了县城，进入萍乡县立中学继续他的学业。这所中学是由萍乡小学堂改成的，此时已由所谓新派人物主持。张国焘在读书的同时，依然关心着时事。

不久，革命派的重要人物黄兴光临萍乡县城。黄兴认为丙午萍浏之役与他本人有密切的关系，因此乘回到家乡湖南之便，特地来萍乡凭吊这块革命的发难地。萍乡中学的全体师生开会欢迎黄兴的到来，县城里许多时髦人物也都挤来参加，要亲眼目睹这位革命伟人的风采，亲耳聆听他的革命谠论。张国焘内心十分激动，参加了这次集会。也许是因为黄兴那浓重的湖南口音不易听懂，张国焘对黄兴的演说没有留下深刻的印象，但对他的仪表堂堂和缺了两个手指，却在脑海中留下了极为深刻的记忆，认为那是他从事革命活动的光荣标记。黄兴成为张国焘心目中的英雄。

张国焘继续关注着时局的发展。1912年3月，满脑子帝王思想的袁世凯就任临时大总统后，面对革命和民主的浪潮，还不敢为所欲为，不得不采取一些粉饰门面的手段，开始筹备召开国会。8月，同盟会联合几个小党派组成国民党，积极参加国会的竞选工作。在这种形势下，一般革命人物多以为破坏业已告终，建设正在开始，应该转而注重于国会的选举运动。这种情势反映到萍乡中学，师生们对于国家前途多持乐观态度，开始安静下来教学读书。一些学生采取"革命行动"，捣毁了城隍庙，立即引起社会上一般人的不满。学校主持人也认为在民国成立之后，不应该再做此类破坏的事情，纷纷劝诫学生专心读书，不可再有此行。

1913年初，国会选举揭晓，国民党获得多数席位。此时，袁世凯终于露出了真面目。3月20日，国会召开前夕，袁世凯派人刺杀了国民党代理理事长宋教仁。4月，又未经国会同意，非法签订善后大借款，以准备发动内战，消灭南方革命力量。6月，借口江西都督李烈钧、安徽都督柏文蔚、广东都督胡汉民曾通电反对善后大借款，不服从中央，下令免职，并派兵南下，进攻江西。国民党人被迫起兵讨袁。7月12日，李烈钧首先在江西湖口起兵，安徽、江苏、广东、福建、湖南、四川等地相继响应，宣布独立。但两个月后，这场被称为"二次革命"的讨袁战争失败。孙中山、黄兴再度流亡日本，国民党也被强行解散。袁世凯巩固了其独裁专制统治。

袁世凯的权势炙手可热。萍乡县城和学校里一些假冒革命的时髦人物，多转而对袁世凯歌功颂德，但学生中的激进分子和一部分教员却因此更加不耻袁世凯的所作所为。张国焘的许多同学在革命前后参了军，追随李烈钧讨袁。在湖口战役中，有的壮烈牺牲，有的下落不明，噩耗传来，张国焘深深地怀念和同情他们。同学好友的牺牲，给他以很大震动，他同情革命，开始试着做一些实际的革命工作。

有一位年长的陈姓同学，诨名叫陈矮子，常接待来往的革命党人，在反袁斗争中担任秘密交通的任务。张国焘和他见解相同，以密友相待。陈矮子对张国焘也不隐瞒自己所做的事情，并且经常要张国焘帮他做一些迎来送往或搬运违禁物品的工作。张国焘还常常因同情革命派的主张而与人发生争辩，因此引起反对革命者的注意。

在动乱的局势中，萍乡中学的校风每况愈下，学生们胡闹、赌博之类的事情时有发生。1914年2月，农历新年就要到了，几个学生赌博被发现了。学校要惩处这几个学生。张国焘挺身出来为他们辩护，指责学校管理不善，与舍监发生了争执。恼羞成怒的舍监认为张国焘言语嚣张，侮辱师长，要开除他的学籍。有些师友劝张国焘向校长表示悔过，以期减轻处罚，被张国焘拒绝了。他决定到江西省城一所自己向往已久的中学去。就这样，张国焘告别了萍乡，抵达南昌，进入心远中学继续学习。

心远中学是熊育锡创办的，初期以培养少数熊家子弟为主。后来负笈者众，遂成为南昌一所颇负盛名的中学。这所中学注重科学和英文，奖励学生投考清华或其他新式大学，争取出国留学的机会。张国焘来到这样一所学校，顿觉一切都是那么新鲜。起初，他忙着补习英文和科学的课程，后来受了学校风气的影响，兴趣更偏向于科学的课程，准备将来投考大学工科。在这期间，张国焘用心读完了英国人赫胥黎所著、严复翻译的《天演论》，被书中阐述的进化的观点所吸引。从此，他终于越过了攻读经书的范围，开始来敲近代科学的大门。

然而，张国焘追求科学的愿望又被令人揪心的国事打乱了。1914年7月，第一次世界大战的爆发，搅乱了校园里宁静的学习生活。9月2日，日本对德国宣战，派兵在中国山东半岛龙口登陆，10月6日占领济南车站，径自管理原系德资经营的胶济铁路。11月7日，又占领了原系德国租借地的青岛。一连串的消息传到心远中学，引起了同学们的愤慨，他们认为这是日本别具野心，乘机侵犯中国的权益。

1915年1月18日，日本又悍然令驻中国公使日置益当面向袁世凯提出了灭亡中国的"二十一条"。消息传开，全国哗然。张国焘和全校师生也被激怒了，一致认为"二十一条"关系中国生死存亡，非奋起抗争不可。张国焘后来回忆说：

> 就从那时起，我经常阅读报刊，留心时事。同时我在心理上，也觉得自己渐渐成为一个具有独立见解的成年人了。"追求科学知识"和"热心于国事"两种愿望在我内心发生了冲突；后者占了优势，终于成为一个狂热的爱国者①。

5月7日，日本向中国政府发出最后通牒，限5月9日下午6时以前对日本的要求作出答复。袁世凯政府如期屈服，正式承认了"二十一条"。张国焘和同学们对这一莫大的国耻感到十分悲愤，他们再也坐不住了。他们结伴走上街头，按照报纸上登载的新闻，向市民宣传反日，呼吁抵制日货。

由反日自然地领悟到救国。张国焘经常与师友们纵谈当前救国大业，一心想寻求出一个救国的大道理来。他们有时想借助于基督精神，有时又想从注重体育入手，一时还想不出个所以然来。

张国焘和他的同学们，怀抱着国家前途和个人学业或许能渐入佳境的期待，迎来了1916年的暑假。他们离开心远中学，各奔前程。张国焘于7月间到浙江省象山县，看望了在那里任知事的父亲后，转到上海，温习功

---

① 张国焘：《我的回忆》第1册，东方出版社1991年版，第31页。

课，准备投考北京大学。在上海，经过二叔的介绍，他认识了革命党人叶伯衡，并在一起同住了1个多月。

叶伯衡是中华革命党的一分子。中华革命党是在"二次革命"失败后，孙中山为重整革命阵容，于1914年7月在日本东京成立的。当时，在上海的租界里，匿居着许多中华革命党的党员，叶伯衡只是其中之一。张国焘是如此描述这位革命党人的：

> 屋内陈设简陋，除了几件破旧的家具，棕棚床上只有一张破席；桌上乱七八糟的堆着书籍报纸。他穿着破旧，道貌岸然。……他亲切的告诉我，他是在过着革命党人穷苦而危险的生涯，对于我这个准备投考学校的学生是颇为不便的。他要我另找地方居住，以便安心温习功课。我说我喜欢革命党人，也乐于尝试这种生活的味道。他高兴得笑起来了，于是张罗来一张床，殷勤的招待我这不速之客。
>
> ……
>
> 他向我描述他在上海生活的情形。他困处在法租界，衣物都典尽当光了；有时甚至没有饭吃；向朋友借贷更是常有。他告诉我，亡命在法租界的革命党人有的穷得连长裤子都没有了；往往两三人共有一条长裤，彼此换着穿出去。但干起革命来，还是顶有劲的。他笑着说，他也快穷到连裤子都没得穿了。我听了这些话，对于革命党人艰苦奋斗的精神不禁油然而起同情敬佩之心[①]。

这位革命党人给张国焘留下了深刻的印象。不久，叶伯衡离开上海，到印度尼西亚去了。紧接着，张国焘的一位表兄杜君来到了上海。他是革命军的一个团长，与他同来的有7个青年人。他们是受革命党的派遣，准备去日本留学的。与张国焘同住了一段时间后，他们启程去日本了。临走

---

① 张国焘：《我的回忆》第1册，东方出版社1991年版，第33—34页。

前,表兄拿走了张国焘的 80 元钱。张国焘考取了北京大学,旅费已感不足,只得再去父亲那里补充行囊。

张国焘在上海与革命党人的接触中,得到了许多新的感受。他回忆道:

> 在这两个月的时间内,我闯入了法租界革命党人的小天地中,其中充满着革命的理想主义和豪迈不羁的浪漫色彩。冒险犯难、乐观活泼、共患难、同祸福,是这个圈子内所珍视的品德。我当时受到这种气氛的影响,认为这种革命的精神,若再辅以学识和远见,将无事不可为了①。

---

① 张国焘:《我的回忆》第 1 册,东方出版社 1991 年版,第 36 页。

第二章
CHAPTER TWO

燕京问道

北大学子

1916年10月，张国焘经上海第一次来到北京，进入北京大学学习。

10月的北京，秋高气爽，气候宜人。公园里鲜花盛开，万紫千红；大街上车水马龙，十分热闹。然而，这美好的季节和景象并没有给人以多少新的感觉。大清帝国的皇帝是被推翻了，但象征着封建帝王威严的天安门、紫禁城等宫殿大庙、王府官邸，依然红砖绿瓦，雕龙画凤，矗立城中；王公贵族、旗人男女依旧朝拜废帝，气派十足。东交民巷使馆林立，各国军队分兵把守，俨然是"国中之国"，象征着列强在中国的地位。挂着中华民国招牌的总统府、国务院、国会等机关虽散设各处，机构庞大，却仰东交民巷之鼻息，继封建衙门之习气，置民众于水火，并无新的气象。

处在新旧混杂时代的北京，给初来乍到的张国焘留下了这样的印象："北京确是五光十色，古今中外，汉满蒙回藏的特色，各有陈列。如果说他（它）是中国的缩影，却也不十分恰当；在我这个南方人看来，它究竟更富有北方的风趣和保守的色彩。"①

此时的北京大学，同样表现出新旧混杂的时代特征。北京大学的前身是创立于1898年（光绪二十四年）的京师大学堂。辛亥革命后，模仿西洋教育制度，于1912年3月改名为北京大学。名称虽然改了，但换汤不换药，依然是所旧式学校。学校当局仍由封建官吏把持，教授多是一些举人或进士出身的老学究。其中著名的有拖着长辫子的辜鸿铭和作为"筹安

---

① 张国焘：《我的回忆》第1册，东方出版社1991年版，第37—38页。

会"①六君子之一的刘师培等人。学生多数是仕宦子弟,有的带着听差上学,课外吃喝玩乐,学业在他们的心目中只是一种装饰,或是猎官的工具。在妓院最集中的八大胡同,纳足最多的是两院(参议院和众议院)一堂(京师大学堂)的人,可见校风腐败到何种程度。

张国焘来到他所向往的北京大学后,顿觉校风与自己的想象大有出入。他认为:"当时各地学校乃至北京城里的其他一些学校,多少已流露出一些近代的新风气,而北大却有点古色古香,特别守旧。"②

这时的北大,实行预科三年、本科三年制。张国焘被编入理工预科一年级第二班,住在北河沿第三宿舍。入校后,有着反传统经历的张国焘,面对同学中新旧观念和生活习惯相互抵触的现实,开始进行局部的抗争。首先是与同宿舍的老生发生了冲突。在他同宿舍的8位同学中,有两位是即将毕业的老生,他们办小报、做诗文、捧女戏子,常常喝醉酒后,深夜回来胡闹一阵,表现出高年级学生的自傲心情,并不理会低年级学生的抗议。张国焘忍无可忍,于是发动多数新同学一致奋起,强迫他们遵守宿舍的规章。

局部的抗争由宿舍扩大到学校,新来的同学试图改变腐败守旧的校风。张国焘后来回忆说:

北大在我初去的时候,还显得很有点乱七八糟。教授与学生之间没有甚么联系,除上课之外,彼此不相闻问。学生各行其好,极端自由。在这个时候,新风气开始抬头了。低年级的学生讥讽老学生的老爷派头、名士作风和守旧习气;我们要求注重公德、努力学习;反对猎取功名的做官观念;提出学以求知、学以致用、学以救国等见解。这是北大一个极重要的

---

① "筹安会"是袁世凯复辟帝制的御用团体,1915年由杨度出面,拉拢严复、孙毓筠、刘师培、李燮和、胡瑛等组成,宣称"以筹一国之治安",呼吁改变国体,为袁称帝大肆鼓吹,时讥杨度等6人为"洪宪六君子"。

② 张国焘:《我的回忆》第1册,东方出版社1991年版,第38页。

转变，与蔡校长的改革政策是互为因果的[①]。

　　北京大学的校风随着蔡元培的到来为之一变。1916年12月26日，蔡元培被任命为北京大学校长。1917年1月4日到校视事。1月27日，宣布其办学宗旨是"兼容并包，兼收并蓄"，提倡"学术思想自由"。他求贤若渴，到任后"广延积学与热心的教员，认真教授"，目的是"提起学生研究学问的兴会"。

　　蔡元培首先从整顿文科入手，对北大进行了一系列具有重要意义的改革。他广泛招揽了一批具有先进思想的新派人物，充实教员队伍。他到任后的第九天，就聘请因创办《新青年》杂志，宣传新文化、新思想而闻名于世的陈独秀担任北大文科学长。

　　陈独秀就任文科学长后，致力于文科的改革。他所做的第一件大事就是在蔡元培的支持下，为文科延聘著名教授。一时间，一大批提倡新文化、新思想的知名人士，大多荟萃于北大文科，"文学革命、思想自由的风气，遂大流行"。

　　在陈独秀来北大之前，钱玄同、沈尹默等已在北大文科任教。陈独秀到来后，刘半农等也进入北大文科。胡适于1917年夏天由美国回国后，也被聘到北大。李大钊于1917年1月到北大，次年1月担任北大图书馆主任。这时鲁迅虽然还没有在北大任教，但同北大的一些教授保持着密切的联系，1920年8月正式受聘于北大。这样，在北大文科中，就形成了一个以陈独秀为首的革新营垒。

　　伴随着陈独秀的到来，《新青年》编辑部也从上海移至北京。1918年1月，改陈独秀个人主编为同人刊物，李大钊、鲁迅、胡适、钱玄同、刘半农等人参加编辑部并成为主要撰稿人。这样，以《新青年》为中心，大

[①] 张国焘：《我的回忆》第1册，东方出版社1991年版，第39页。

体形成了一个新文化阵营。此时,《新青年》也更多地出现在学校中和书摊上,引起了学生们的广泛注意。

蔡元培、陈独秀等人对北大的改革,贯彻思想自由的原则,冲破了封建顽固派所设置的种种思想文化禁区,使死气沉沉、腐朽不堪的北京大学,一变而成为新鲜活泼、民主自由的园地,向广大学生展现了广阔的学术自由的新天地,这对于他们接受新事物、新思想,有着不可估量的作用。同时,在北大这块园地里,还贯彻蔡元培"兼容并包"的方针,存在着多种思想派别,就其政治思想的分野而言,有反对新文化运动的封建复古派;有貌似更为激进的无政府主义者;有各种流派的社会主义者;有伴随着1917年列宁领导的俄国十月社会主义革命成功而出现的研究马克思主义的先进分子。但在这时,科学与民主的思潮仍是这个园地里的主流。它激荡着青年学生的心扉,冲击着长期被封建主义禁锢的思想闸门。

身处这块园地的张国焘,受着新思潮的冲击,也渐渐成为新文化运动的拥护者。他后来回忆说:

> 我这个一年级生,最初是埋头于功课,成绩还算优良。我和当时的许多青年一样,以不甘落伍、力求上进的新时代青年自命,除了功课以外,还经常爱读《东方杂志》、《大中华》等刊物;希望从此探究出一些救国治学的新门径。一九一七年春我看到了《新青年》,一眼就觉得它的命名合乎我的口味,看了它的内容,觉得的确适合当时一般青年的需要;登时喜出望外,热烈拥护,并常与反对者展开争论。当时同学中尊重孔子学说、反对白话文的还占多数。无条件赞成新思潮、彻底拥护白话文者虽占少数,但他们具有蓬蓬勃勃的热烈精神。新旧之争,就在课堂中、宿舍里到处展开着。在争辩之中,守旧论者的论据渐渐动摇起来了,不少的同学陆续转变到赞成新文化运动方面来。新文化运动在北大就这样一步一步的站稳了它的阵地[1]。

---

[1] 张国焘:《我的回忆》第1册,东方出版社1991年版,第39—40页。

此时的张国焘，还谈不上信奉何种主义，他广泛地涉猎各种报刊，对各种思潮都表现出浓厚的兴趣。随着对新思潮的日益接受，张国焘逐渐成为北大学生中的新派人物。

一向对守旧的家庭不满的张国焘，再次与父亲发生了冲突。张国焘到北京后，几乎每星期都将他阅读过的报刊和少量新书邮寄给他的父亲。到后来，他所邮寄的多是《新青年》之类的进步书刊，其中甚至有无政府主义者所办的刊物。他还经常写信给父亲，鼓吹新思潮。开始，他的父亲还不太在乎，对此保持沉默，来信中不表示任何意见。大约一年后，随着新思潮像洪水般地到处传播，他的父亲终于忍不住了。他在来信中长篇大论地反对新思潮，尤其讥讽白话文，极力主张保存"国粹"。父子俩从此各执己见，在往来的信件中辩论不休。

张国焘与父亲的冲突，不仅限于新旧思想方面，还表现在具体的事情上面。1917年春，由张国焘的祖父做主，父母同意，依照旧习俗，为张国焘找了一个门当户对的未婚妻，并订了婚。张国焘从父亲的来信中得知此事后，回信表示反对，并坚决主张解除婚约。后来在亲戚的调解下，婚约终于解除了。

张国焘作为新派人物，也注意到自身的操行，以此作为向旧道德、旧习俗的挑战。1918年1月19日，针对当时社会上层道德堕落、生活糜烂和京师大学堂相沿下来的腐朽不堪的校风，蔡元培发起成立了一个提倡个人道德修行的组织——进德会。它的会员分为甲、乙、丙三种，规定：甲种会员以不嫖、不赌、不纳妾为条件；乙种会员于前三戒以外，加上不做官吏、不当议员二戒；丙种会员于前五戒以外，更加上不吸烟、不饮酒、不食肉三戒。6月，进德会成立时，教职员中入会者达160余人，学生中入会者达300余人，张国焘为约束自己，加入了进德会，做了甲种会员。

新文化运动的深入，必然与政治运动紧密地联系在一起。青年知识分子的思想闸门一旦打开，就会对国弱民穷的社会现实和内忧外患的动荡时局深感不满，于是，他们便会迅速行动起来，集会结社，关心和干预国家大事。

1916年6月6日，在皇帝宝座上还没有坐稳的袁世凯，在全国的一片唾骂声中死去了。黎元洪虽继任了大总统，但实权却掌握在国务总理兼陆军总长段祺瑞的手中。黎段之间的矛盾，演化成府（总统府）院（国务院）之争。在他们的背后，各有其主，实际上反映了美、日之间的斗争。

府院之争导致了1917年7月1日张勋复辟丑剧的上演。短命的张勋复辟很快败亡，段祺瑞翻手为云、覆手为雨，在先是助张而后又讨张的政治游戏中，捞到了"再造共和"的"功臣"的政治稻草。黎元洪下台，直系军阀头子冯国璋继任总统，但大权仍在段祺瑞的手中。

这时，第一次世界大战正打得热火朝天。亲日的段祺瑞政府于1917年8月14日对德宣战，应该收回的德国在山东的权益非但未被收回，反而更大量地被出卖了。日本政府企图在共同参战的名义之下，进一步控制中国，获得更大的利益；而段祺瑞也企图在这一名义之下，从日本获得财政上的支持，以扩充其军事实力。1917年和1918年这两年内，日本借给中国的各种款项达数亿元之多。通过这些借款，日本取得了在中国政治上、财政上、军事上的特殊地位。

段祺瑞政府的一系列卖国行为，激起了社会各界尤其是爱国青年的愤怒。他们终于开始行动了。

1917年，正当各帝国主义国家之间激战正酣之时，在俄国的土地上响起了阿芙乐尔号巡洋舰的炮声，十月革命的成功宣告了苏维埃政权的诞生。帝国主义各国怀着恐惧和仇恨的心情注视着它，企图把它扼杀在摇篮里。同俄国和中国都是近邻的日本，更是妄图借此机会取代原沙皇俄国在中国北满地区的统治，并进而侵占俄国西伯利亚地区。为此，1918年3月25日，日本外务大臣本野和北京政府驻日公使章宗祥交换了针对新生的俄国苏维埃政权的"共同防敌"的照会。5月16日，中日两国军事代表在北京签订了《中日陆军共同防敌军事协定》。5月19日，中日两国又签订了《中日海军共同防敌军事协定》。日本签订这些协定的目的，既是为了干涉十月革命，同时也是为了借此进一步控制中国，特别是为了巩固其在北满的统治；而段祺瑞政府签订这个协定的目的，则是为了进一步投靠日本，以便维持自己的反动统治。

《中日共同防敌军事协定》的签订，遭到了中国学生的坚决反对。

还在1918年4月间，中国留日学生获得《协定》的秘密消息后，就立即进行了集会和散发传单的活动。5月上旬，留日学生决定组织救国团，但他们的活动竟遭到日本警察的干涉和侮辱。激愤的留日学生决定一律罢学回国。随后，他们陆续回到北京、上海和原籍各省。据5月17日报载，仅回到上海者就达1400余人。

当留日学生的代表回到北京时，即和北大学生中的活动分子邓中夏等人联系，痛陈在东京受辱的经过，共同商讨行动计划。5月19日，北京《大中华报》上揭载了《中日共同防敌军事协定》的内容，次日各报纷纷予以转载。学生们看到后，愤怒异常。5月20日晚，在北大西斋饭厅召开了学生大会，北京其他各校的学生代表也应邀出席。留日学生代表发表了演说，要求废除卖国协定；北大学生代表慷慨陈词，响应留日学生。当场有许多学生痛哭流涕，全体学生表示要和留日学生一致行动，并定于次日去总统府请愿。

5月21日上午，北京大学、高等师范（北京师范大学的前身）、高等工业专门学校、法政专门学校等校学生2000多人，前往新华门总统府请愿，要求废除《中日共同防敌军事协定》。张国焘参加了这次请愿活动，他后来回忆了这次请愿的情形：

这次请愿是十分温和的，类似康有为的公车上书，由四个代表（应为8个——作者注）捧着请愿书，恭而且敬的求见总统。我们大队学生则在新华门外肃静等候；既没有人演说，也没有标语口号，市民也不知道学生们在做甚么①。

大总统冯国璋被迫接见了学生代表，用花言巧语欺骗学生。学生们由于缺乏政治经验，听信了冯国璋的花言巧语，很快就各回学校去了。第二天，便复课了。

这次请愿虽然没有结果，但是，它使学生们受到了初步锻炼，取得了一些经验。自这次运动后，北京各校的学生三五成群，课余饭后，无不议论着国事和报刊上的文章，密切注视着时局的发展。张国焘也关心着时局，他的宿舍也成为谈论国事的场所。他回忆说：

> 一帮急进的同学们，包括我自己在内，则认为应当从事彻底革命，推翻亲日派的统治。同学们往往成群的聚集在寝室里辩论这问题，而我的房间也是这风暴的一个中心。结果大致得到"救国第一"的结论。我们认为救国运动是全体同学应该参加的，救国高于一切，从最守旧的人，直到最急进的无政府主义者都应一致奋起"救国"②。

既然要救国，就要组织团体，出版刊物，作为行动的第一步。这种想法在当时颇为流行。在众多的刊物中，最引人注目的是1918年12月22日创刊的《每周评论》。这个刊物是陈独秀、李大钊等人为弥补《新青年》标榜"不谈政治"，无法密切配合现实政治斗争之不足而发起创办的。《每周评论》创刊后，到五四运动爆发前，着重揭露和批判日本帝国主义和军阀，同时进行反对封建旧思想、旧文化的宣传，也初步介绍了社会主义思想以及俄国、德国、匈牙利等国和殖民地国家的革命运动。这个刊物的鲜明特点和现实针对性，吸引了广大的读者。特别是一些爱国青年争先阅读

---

① 张国焘：《我的回忆》第1册，东方出版社1991年版，第44页。
② 张国焘：《我的回忆》第1册，东方出版社1991年版，第45页。

该刊物，张国焘自然也不例外。

爱国学生通过请愿活动，认识到团结大多数和组织起来的重要性。于是，北京大学的部分学生联合其他学校的学生组织了学生爱国会（后因一些学生受无政府主义的影响，认为"爱国"是落后的思想，改为救国会）。7月间，这个组织的代表到天津，会同天津的学生代表到济南、南京、上海等地进行联络，经过1个多月的努力，学生们组织了一个近乎全国性的学生团体——学生救国会。1919年春，北京大学学生会成立，这个学校的救国会成员全部参加了学生会。

为了便于开展活动、加强联系和扩大宣传，学生们自己也积极创办刊物。学生救国会决定在北京成立国民杂志社，出版《国民》杂志。1918年10月20日，该社在北京欧美同学会所召开成立大会。1919年1月《国民》杂志创刊，所需经费是由京、津、沪等地的爱国学生和同情学生运动的教员及社会人士自动捐献的，每人出大洋5元，凡是提供经费的人，都是国民杂志社的社员。到五四运动前，国民杂志社共拥有社员180多人。其中，张国焘和易克嶷、廖书仓、黄日葵、邓中夏、许德珩、段锡朋等都是该社的骨干成员。该社的许多实际工作，都是由他们承担的。李大钊、陈独秀等给予该社很大的帮助。张国焘参加了国民杂志社，并担任总务股干事，负责向社员筹集经费、经理出版和发行等业务。

在国民杂志社成立的同时，北京大学文科的一部分学生还成立了新潮社，创刊《新潮》杂志。其主要发起人和创办人是傅斯年、罗家伦和徐彦之等。新潮社以"反对旧道德，提倡新道德；反对旧文学，提倡新文学"为口号，对《新青年》起了呐喊助威的作用。国民杂志社和新潮社成为北京大学颇有影响的两大社团。

国民杂志社在其成立启事中，规定了自己的宗旨：（一）增进国民人格；（二）灌输国民常识；（三）研究学术；（四）提倡国货。由于该宗旨反映的是爱国主义思想，所以它团结了不同类型的知识分子。参加该社的成员既有邓中夏、高君宇、黄日葵、张国焘等一批进步的知识分子，也有无政府主义者易家钺、国家主义者曾琦、基尔特社会主义者吴载盛以及段锡朋等一班人，成分相当复杂。由于成分复杂，所以该杂志的内容也很复杂。一般说来，该杂志的实际内容都要比它所标榜的宗旨更为激进。它除经常发表一些时事述评外，还发表一些专文，抨击日本帝国主义对中国的侵略，具有比较鲜明的爱国反帝色彩。国民杂志社的这种政治倾向，不仅使它在当时的爱国知识分子中产生了很大的影响，而且使它的主要成员很自然地在后来的五四运动中发挥了骨干作用，成为运动的参加者、组织者和领导者。张国焘后来回忆起国民杂志社成员和他本人的思想状况时说：

> 国民杂志社的社员们都是狂热爱国的人物，后来成为五四运动的发起者和组织者，但他们对新文化运动的意见却有纷（分）歧，并常因此引起争论。大别之可分为三派：一是少数的保守派，以陈钟凡、黄建中为代表，主张保存国粹，反对白话文；二是几乎占半数的调和派，以易克嶷为代表，他是国民杂志社的主要发起人，提倡一致救国，同时也是一个新旧学说并行、东西文化并重的调和论者；三是与调和派几乎势均力敌的急进派，我和许德珩是这派的发言人，我们主张革命救国，同时拥护新文化运动。

> 我是国民杂志社的一个要角，很起劲的为它服务，但因上述内部意见的分歧，已经感觉不满足了。我在欧战结束的时候，与当时任北大图书馆主任的李大钊先生来往密切起来了。由于他的影响，使我增加了对于社会主义的兴趣，同时与无政府主义者黄凌霜、区声白等同学也来往较密。中文版的无政府主义书刊如克鲁泡特金、巴枯宁等人的著作我都涉猎过。我脑海中又增加了一些改造社会、到民间去等等观念，于爱国狂热之外，还有点社会革命的意味[①]。

---

① 张国焘：《我的回忆》第1册，东方出版社1991年版，第46页。

在《国民》《新潮》创刊不久,邓康(邓中夏)、廖书仓等人又发起成立了北京大学平民教育讲演团。该团是在蔡元培平民教育思想的启示和推动下成立的,其宗旨是"增进平民知识,唤起平民之自觉心"①。1919年3月23日,平民教育讲演团在马神庙理科校长室召开成立大会,选举廖书仓、邓中夏为总务干事,罗家伦、康白情为编辑干事,周炳琳为文牍干事,易克嶷为会计干事。在讲演团成立前即行加入者共有39人,张国焘就是其中的积极分子之一。

讲演团成立后,第一次讲演活动是在北京东便门内蟠桃宫举行的。4月3—5日,正值有庙会,讲演团便借此机会到此演讲。"是时黄沙满天,不堪张目,而其听讲者之踊跃,实出乎意料之外。惟第三日因为该庙会最终之期,故较前两日稍少。"②参加这次讲演的共有25名团员,讲演大多涉及有关反日爱国、民主自治、破除迷信、反对封建家族制度、普及科学知识和提倡文化学习等内容,共38个题目。张国焘参加了4日和5日的讲演,他在4日讲演的题目是《蟠桃宫》,5日讲演的题目是《衣食住》。4月28日,讲演团又在护国寺讲演一次。4月底,又向京师学务局借用了该局在东、西、南、北4城的4个讲演所,作为讲演地点。

从五四运动前夕讲演团的两次讲题内容来看,大多数还是属于一般的启蒙教育,结合当时政治形势的讲题还不多。这种状况,伴随着五四风暴的到来而大大改变了。

张国焘来到北京大学两年半的时间里,因积极参加各种活动,渐渐有了名气,成了学生中的活跃分子之一。

---

① 《北京大学日刊》1919年3月7日。
② 《北京大学日刊》1919年4月11日。

在五四运动中

1919年5月初，古城北京已是春意盎然，但是，阵阵寒风夹杂着漫天黄沙仍不时袭来，直搅得整个京城昏天暗地。急匆匆为生计而奔波的人们，迎着扑面而来的风沙，已是心情不悦；当中国在巴黎和会上外交失败的噩耗传来时，许多有识之士更显得烦躁不安。

巴黎和会是1919年1月召开的。1918年11月，第一次世界大战结束，德国战败。在此之前，美国总统威尔逊于1月8日在国会演说时，提出了一个《和平条款十四条》，宣称各国在外交事务中均须开诚布公，以国际公意为准则，对殖民地之处置须推心置腹，以绝对的公道为判断。他还提出要组织国际联合会，为各国交互保障其政治自由及土地统辖。国无大小，一律享同等之权利。

威尔逊的《十四条》，对渴望获得民族独立和主权完整的中国人民颇具迷惑作用。1918年11月30日晚，北京学生举行提灯游行，不少学生跑到美国大使馆门前，高呼"威尔逊总统万岁"。陈独秀在《每周评论》的发刊词中也说："美国大总统威尔逊屡次的演说，都是光明正大，可算得现在世界上第一个好人。"[①]一时间，"公理战胜强权"成了人们的口头禅。北京政府还决定，把第一次世界大战结束后不久已被推倒了的象征着国耻的克林德碑，改建成一座"公理战胜"的纪念牌坊。中国人民怀着对公理战胜的渴望，注视着巴黎和会，对美国及巴黎和会寄托了极大的幻想。

1919年1月18日，巴黎和会开幕。美、英、法、日、意等27个国家的代表出席会议。中国政府派出外交总长陆征祥等五人出席会议。会议开

---

① 《每周评论》第1号，1918年12月22日。

始时，中国代表向和会提出七项希望条件：废弃外国在华势力范围；撤退外国驻华军队、巡警；裁退外国在华的邮政电报机构；撤销领事裁判权；归还租借地；归还租界；关税自主。接着，又在中国留欧学生的强烈要求下，向和会提出了取消"二十一条"的要求。

中国代表的第一项提案刚一提出，就被由美国总统威尔逊、英国首相乔治、法国总理克里孟梭和意大利总理奥兰多组成的决策机构——"四人会议"挡了回来，理由是这项提案不在和会的权限之内。当讨论第二项提案时，由于日本的坚决反对，英、法两国支持日本，美国采取默认的态度，和会竟在4月底决定把德国在山东的特权全部让给日本，并写进了和约条款。

中国外交失败的消息不断传来，人们对威尔逊、对美国、对巴黎和会的幻想破灭了，被欺骗和被羞辱的感情顿时化作强烈的怒火，人们被激怒了。陈独秀大声疾呼："什么公理，什么永久和平，什么威尔逊总统十四条宣言，都成了一文不值的空话。"[①] 北京大学的学生更讽刺威尔逊发明了一个数学公式："十四等于零。"一时间，各地各界人民愤慨万分，纷纷集会，发表通电，强烈要求中国政府拒绝接受丧权辱国的和约，要求中国代表拒绝在和约上签字。

北京大学的学生行动起来了。早在2月5日，北京大学2000多名学生就在法科礼堂召开大会，推举出干事十几人，并联合各学校的学生，致电在巴黎的中国代表，请他们坚持两项提案，不要让步。到5月初，北京各报盛传巴黎和会外交失败的消息。5月2日，北京大学的学生从校长蔡元培那里证实了这一噩耗。当天下午，参加国民杂志社的各学校代表在北大西斋饭厅召开紧急会议，讨论办法，决定5月3日晚在北大三院礼堂召开全体学生大会。与此同时，北京高师学生匡互生等组织的工学会和北大

[①] 《每周评论》第20号，1919年5月4日。

国民社的易克嶷等召开了一个秘密会议，决定派人密查卖国贼曹汝霖、章宗祥、陆宗舆的行动。会后，他们设法找到了3人的照片，得悉了曹汝霖的住址。

5月3日晨，北大各公告牌上出现了于当晚7时开会的布告，校园里沸腾起来了。当夜幕降临的时候，北大法科礼堂挤满了来自北大和十几所学校的代表。大会推举北大法科学生廖书仓任临时主席，北大文科学生黄日葵、孟寿椿两人做记录，北大另一文科学生许德珩起草宣言。大会开始，先由《京报》主笔、北大"新闻研究会"讲师邵飘萍报告巴黎和会讨论山东问题的经过和目前形势。接着，北大学生张国焘、丁肇青、许德珩、谢绍敏以及其他各校代表夏秀峰等在大会上发言。他们发言时，个个声泪俱下，与会者为之动容，掌声雷动，气氛十分悲壮。谢绍敏当场咬破中指，撕下衣襟，血书"还我青岛"四个大字，揭之于众，更加激发了同学们的情绪。大会进行到深夜11时，通过了四项决议：（一）联合各界一致力争；（二）通电巴黎专使，坚持和约上不签字；（三）通电全国各省市于5月7日国耻纪念日举行群众游行示威活动；（四）定于5月4日各校齐集天安门举行学界大示威。会后，各校的学生们分头去做准备，度过了一个不眠之夜。

5月4日，是个星期天。上午10时，北大等13所学校的代表在法政专门学校继续开会，商讨下午游行示威的具体路线和办法，并推举北大的段锡朋、傅斯年担任天安门大会主席和游行总指挥。

中午过后，各校的游行队伍按计划走出校门，从四面八方浩浩荡荡地向天安门进发，下午1时左右陆续到达天安门广场。北京大学是这次游行的发起者，但其游行队伍却最晚到达。当他们在沙滩红楼操场集合准备出发时，遭到了教育部和警察总监派来的代表的阻拦。经学生代表邓中夏、黄日葵、张国焘、易克嶷等人据理力争，这两个代表被驳得无言以对。最后，学生们冲破阻拦，经北池子到达天安门广场。这时已是下午1时半了。

汇集在天安门广场的各校学生共有3000多人，他们手里拿着各种颜色的小旗，上面写着"取消二十一条""还我青岛""宁为玉碎，勿为瓦全""诛卖国贼曹汝霖、章宗祥、陆宗舆"等。前一天晚上谢绍敏用鲜血书写的"还我青岛"四个大字，也悬挂在天安门前，望之触目惊心，使整个会场的气氛更为悲壮。学生们有的喊口号，有的发表演讲，慷慨激昂，热烈异常。

北京政府教育部闻讯后，急忙派人赶来阻拦，被学生们严词拒绝。既而大总统徐世昌又命步军统领李长泰、警察总监吴炳湘先后来到天安门广场，要学生们立刻解散。学生们见军警环立，怒不可遏，遂高呼口号，准备搏斗。军警见状，便撤回去报告了。

冲破军警的阻拦后，集会宣布开始。北大学生代表登上摆放在华表前的一张方桌，宣读了由许德珩事先起草好的《北京学生界宣言》。接着，各校学生纷纷发言，痛斥日本帝国主义的侵华罪行和曹汝霖、章宗祥、陆宗舆的卖国行径。在这次集会中，邓中夏、黄日葵、张国焘、高君宇等起了核心作用，北大学生许德珩、罗家伦、傅斯年、段锡朋等也都起了相当大的作用。

集会结束后，开始示威游行。沿途散发了由罗家伦用白话文起草的传单1万多份。游行队伍出中华门后，向东交民巷使馆区进发。当行进到东交民巷西口时，被中国巡捕阻拦。学生们遂派代表将事先准备好的英文《说帖》送往美国使馆。在送往英、法等国使馆时，遭到拒绝。被阻于东交民巷西口的3000多名学生，已在烈日下整整晒了两个多小时，如今又见在自己的土地上不能自由通行，个个义愤填膺，怒火满腔。于是，大家决定去找卖国贼曹汝霖算账。游行队伍从东交民巷西口往北走，经富贵街、长安街、东单，再往北折，经石大人胡同（今外交部街）、大羊宜宾胡同来到赵家楼曹宅门前。此时已是下午4时半了。

这天中午，大总统徐世昌在总统府宴请刚从日本归来的章宗祥，曹汝霖应邀出席作陪。席间,传来了学生示威游行和要求惩办卖国贼的消息。宴会结束后,有人劝他俩暂避一时,但他们却毫不介意地于下午2时半回到赵家楼曹宅。

愤怒的学生见曹宅大门紧闭,门前又有几十名警察守卫,更是怒火满腔。学生们一面高呼口号,一面与警察说理。几个学生乘机爬进去,从里面把门打开了。外面的学生见门已打开,便蜂拥而入。学生冲入曹宅后,首先进入前面大厅。见厅内空无一人,一怒之下,将厅内的一些家具抛出窗外。随后,穿过花园,进入内厅,碰上了章宗祥和一名日本记者。学生们见到章宗祥,怒不可遏,将他痛打了一顿。章躺倒装死,后在日本人的保护下逃到同仁医院住院治伤。

这时,曹汝霖躲进一小房(箱子间),未被学生发现。寻不见曹汝霖,学生们气愤异常,有的学生在内宅放了一把火,顿时火光冲天,浓烟滚滚。随后,张国焘和几位同学让各校学生整队回校。于是,学生们渐渐散去。

曹宅起火半小时后,大批军警赶到,逮捕了尚未散去的32名学生,并派车把曹汝霖及其家属送往东交民巷的六国饭店。学生被捕后,受到虐待和凌辱。

5月4日晚,在军阀政府密谋对策的同时,北京各学校的学生也在开会,讨论如何营救被捕同学和继续坚持斗争的问题。蔡元培参加了北京大学的学生大会,他同情学生的爱国行动,但劝学生不要罢课,并保证全力设法营救被捕学生。北大学生没有采纳他的建议,决定联络各校学生实行罢课。当晚,北京大学学生干事会宣告成立,下设总务、文书、交际、会计、庶务、纠察、讲演等股,上百名学生骨干参加干事会的工作。张国焘被推举负责讲演部的工作。

5月5日,北京各大专学校学生实行总罢课。下午3时,各校学生又在北大法科礼堂召开了联合大会。北大学生干事会负责人段锡朋主持会议,并报告了上午各校代表会议关于营救被捕同学的办法,以及怎样坚持罢免曹、章、陆等卖国贼的要求。学生们情绪激昂，纷纷发表演说，慷慨捐款。北京十几所学校的校长也出席了大会，并且组成了以蔡元培为首的校长团，准备营救被捕学生。大会以后，北大和高等师范的代表共同起草了北京中等以上学校学生联合会的组织大纲，并和中等以上学校的代表进行了联系。

5月6日，北京中等以上学校学生联合会宣告成立。会内分设评议、干事两部，评议部负责决议事项，干事部负责执行议案。评议部的评议员由每校出两人担任，干事部则委托北大学生干事会代理。联合会的会址设在马神庙的北大理科。由于张国焘负责北大学生干事会的讲演工作，因此，事实上他也成了学生联合会中讲演工作的负责人。

北京学生罢课提出的要求，得到了社会各阶层人士的普遍同情和支持。社会各界一致反对北京政府逮捕学生、镇压学生爱国运动的行为。消息传到各地，举国震动。天津、上海等地的学生和社会各界纷纷发出通电，坚决支持北京学生的爱国运动，强烈要求北京政府释放被捕学生。

北京学生的罢课，全国各界人士的声援，使北京政府感到恐惧。而且"五七"就要来临，按照原来的计划，这一天北京和全国各地都要召开国民大会。在这种形势下，北京政府不得不考虑释放被捕学生。5月6日晚，警察总监吴炳湘向蔡元培等提出，在实现两个条件的前提下释放被捕学生。这两个条件是：（一）明日不许学生参加群众大会；（二）各校在明日一律复课。蔡元培等人答应了这两个条件。在蔡元培等的劝说下，学生们于5月7日晨复课。同日上午，被捕学生获释返校，受到各校师生的热烈欢迎。同学们情绪激昂，热泪盈眶。

被捕学生被释放了，但原定5月7日在中央公园举行的国民大会却被北京政府所阻挠，没有开成。5月7日这一天，在冷淡的气氛中过去了。就是在这种貌似平静的气氛中，北京政府却在酝酿着更大的阴谋，一是计划将被捕学生送上法庭，二是内定更换蔡元培的北大校长职务。5月9日晨，蔡元培在重重压力下，辞职出走，悄然离京去天津，不久又离津南下。

蔡元培被迫辞职出走的消息，犹如火上浇油，使学生运动之火越燃越烈。这一事件不仅使北大，而且使北京的学生运动掀起了更大的波澜。在蔡元培出走的当天，北大立即召开各校代表会议磋商，决定先以全体北大学生的名义呈请政府下令对蔡挽留。北大学生面见教育总长，北京中等以上学校学生联合会上书大总统和教育总长，要求明令挽留蔡元培并立即采取措施。同时，向全国各界发出通电，要求支援。北京的教育界和社会各界也积极进行了挽留蔡元培的活动，教职员会作出了"如蔡不留，即一致总辞职"的决议。

5月12日，北京政府仍无表示，北京各校学生和教职员的代表遂在北大召开联席会议，最后决议，次日向政府提出最后询问，如无满意答复，则一致总罢课。在学生们总罢课的威胁下，在社会各界的压力下，北京政府不得不让步。5月14日，徐世昌以大总统的名义下达慰留蔡元培的命令。在这种情况下，北京一些大专学校的校长开始复职。

蔡元培南下以后，先到上海，然后又到杭州小住。徐世昌的慰留令下达后，北京各校教职员联合会也曾去电通知蔡元培，并派代表赴杭州面邀蔡回京。学生联合会也拟派代表一同去杭州。

徐世昌在被迫发表挽留蔡元培的命令的同时，也发表了挽留曹汝霖等卖国贼的命令。接着，又连下两道恐吓和镇压学生的命令。5月15日，曾经同情过蔡元培的教育总长被明令解职。5月16日，安福系的政客们开会，企图乘机垄断教育大权。所有这些，使学生们认清了北京政府的面目，激起了他们更大的愤怒。

在要求蔡元培复职斗争的同时，学生们要求在和约上拒绝签字的行动一刻也没有停止。5月10日，北京中等以上学校学生联合会通电全国，呼吁同仇敌忾，决不承认对德和约。同时，致电巴黎的中国专使，万勿签字。从这时起，北大平民教育讲演团在东、西、南、北四城讲演所连续进行讲演活动。5月11日的讲演题目有《青岛问题》《痛史》《青岛交涉失败的原因》《争回青岛》《国民现时应持之态度》等。张国焘参加了这次讲演,题目是《知识与快乐》。5月18日,讲演团又在四城讲演所讲演。讲演题目有《山东与全国之关系》《青岛交涉失败史》《国民快醒》《青岛关系我国之将来》等。张国焘讲演的题目是《欧洲和会与世界平和》。5月25日,讲演团再次讲演,主要题目有《维持国货》《国民的责任》《经济侵略之抵御》《抵抗强权》《真正民气》《争回青岛》等。这一天,张国焘讲演了两次,题目分别是《自卫》和《解放》。

除了在固定场所的讲演之外,从5月12日起,北京中等以上学校学生联合会还组织各校的讲演团分赴市内街头巷尾,展开大规模的宣传讲演活动。张国焘参与组织了讲演活动,并带领一队同学到长辛店,向工人们宣传反日爱国,发展十人团的组织。在城里,北大讲演团在内城,高等师范在前门一带,清华在西城,分团分段巡行讲演。各讲演团除手执旗帜之外,更备地图一份,对照地图讲演,慷慨激昂。5月15日,政府当局下达警备令,禁止学生聚众集会讲演后,有少数学生主张暂停讲演,但大多数学生主张继续讲演。5月17日,北大派出八组讲演团,每组六七人,分赴东城一带讲演,并散发传单。他们每到一处,总有巡警随行,加以制止,但学生们仍坚持讲演。每每讲到痛切处,听讲的男女老少无不潸然泪下。

巴黎和约签字的日期日益临近,社会各界也纷纷行动起来。5月12日,北京召开了有十余万人参加的国民大会,会后到政府门前请愿。5月15日,北京中等以上学校学生联合会再次通电全国,并再次致电巴黎中国专使,呼吁奋力抗争,拒绝签字。但是,直到5月17日,北京政府仍不表示拒绝签字。

北京政府的种种倒行逆施和对拒签和约的犹豫不决,再次激起了学生们的斗志。5月18日,北京中等以上学校学生联合会集会,议决自5月19日起实行北京全体学生总罢课,并通电发表了《罢课宣言》。

5月19日,总罢课实现了。参加这次罢课的北京学生计有2.5万余人,声势浩大。北京中等以上学校学生联合会不仅组织了各校讲演团,而且还组织了国货维持会、救国十人团,深入街头巷尾,宣传、提倡买卖国货。此外,又组织了护鲁义勇队,进行军事训练,准备一旦需要,就投笔从戎。为加强宣传,还出版发行了《五七》日刊。

在这些活动中,以学生的讲演最为热烈,规模也越来越大。5月19日,分头讲演的有三四百人,20日增至六七百人,到21日又增至1000多人。学生们的讲演,受到各阶层人士的热烈欢迎。负责此项工作的张国焘后来回忆说:

> 我所主持的讲演部,是各校积极分子荟集的场所,人数极多,单是北大就有八百名左右同学参加,因此对于学生联合会的决策影响很大。这些参加者分别组成讲演团和讲演小队,分布在北京城内外街道、火车站以及镇集,进行露天讲演,宣传抵制日货,散发及张贴印制品,并进行组织民众团体。这些讲演团是当时学生活动最重要的一种表现。我们向市民、军队、警察宣讲爱国反日的道理,毫无顾忌的攻击北京政府和亲日派,造成了人心愤慨、满城风雨的形势。
>
> 我们的讲演方法也日有改进。有一次我带着一个讲演团在一个街口高举旗子,发表演说。围着听讲者约一百多人。夏天的烈日并没有减低他们听讲的热情。他们送茶水给我们;鼓掌声和发问声此起彼伏。我和同伴们都满头大汗,声音虽已嘶哑,但仍是在大声疾呼。这种爱国情绪感动了一位在场的老牧师。他等我们讲演告一段落后,约我们到他的住所去研讨讲演的技术。他指出我们的讲词不够通俗,没有从人民切身问题说起,也没有将人民受痛苦的根源和爱国运动联在一起,因此,我们虽卖了很大的气力,老百姓却还不能完全领悟。他具有很大的热忱,似乎要将他一生传教的演说经验一口气传授给我们。这使我们大为感动,尽力接受他的指教,来改进我们的工作[①]。

[①] 张国焘:《我的回忆》第1册,东方出版社1991年版,第55—56页。

各讲演团的学生还积极参加抵制日货的活动。张国焘回忆说：

> 五四运动也和历次的反日运动一样，以抵制日货为一个重要的节目；这也是能够在经济上打击日本的实际行动。这次在北京发生的抵制日货运动，学生联合会与北京商会协议一致行动。我们的讲演团对于这件工作非常积极；到处发动"救国十人团"的组织。这个新兴的组织对抵制日货发生了可观的作用。团员们相约不买卖日货，并劝告商店不卖日货，市民不买日货，也发生了捣毁日货的事件。抵制日货是当局最伤脑筋的一件事。北京政府受不住日本外交上的压力，更害怕因此引起与日本人的冲突[①]。

学生们针对日本帝国主义的爱国行动，遭到了日本的粗暴干涉。5月21日，日本公使向北京政府提出了严厉责问的照会，要求取缔反日言论和"过激"言论。5月23日，因东城学生讲演团与日本兵发生口角并致互相殴打，日本公使又两次提出严重交涉。

在日本和美国等帝国主义的干涉下，北京政府恐慌起来，展开了对学生爱国行动的镇压。5月23日，北京政府内务部在给京师警察厅的训令中，要求严格取缔"排日风潮"。随后，北京的军警禁止学生集会、讲演，并开始捕人。5月24日，在北大刚刚出版4天的《五七》日刊被取缔。5月25日，北京政府以大总统徐世昌名义向北京及各省下达了一道严厉镇压爱国运动的命令。同一天，北京政府教育部下令各校校长会同教职员于3日内"督率"学生一律上课。从5月25日起，北京的各街道上，军警来回穿梭，学生讲演团的旗帜被夺走，传单被撕毁，听众被驱散。

与此同时，北京政府还宣布提前放假和举办文官考试及外交司法官考试，对学生采用分化手段。这种手段在一部分知识分子中起了作用，退出了运动。北京的学生运动一度转入低潮。但是，广大学生并没有放弃斗争，

---

① 张国焘：《我的回忆》第1册，东方出版社1991年版，第56页。

仍在坚持着罢课。

5月28日，即3天限期期满之日，学生们并没有遵令复课。这一天，学生们在高等师范召开临时代表会议，一致决议：凡罢课各校同学，自29日起均将行李书籍等收拾整齐，专俟政府解散令下，即行全体出校，另谋救国。

由于军警的阻挠，学生们的讲演活动不能进行了。于是，他们将主要的活动放在贩卖国货上，依此来进行爱国宣传，但又遭到了镇压。张国焘回忆说：

> 当局积极禁止学生讲演和抵制日货等活动。学生方面因尚希望政府能够拒绝在凡尔赛和约上签字，不愿过分与之决裂。当军警禁止学生讲演时，我们讲演团的工作就停顿几天，还将抵制日货的口号改为提倡国货。我们出去活动时大多背着一个上书"提倡国货"四字的布袋，以挨家挨户推销国货的姿态，来执行讲演团原来的任务。但这种较温和的活动也遭到军警的横蛮干涉①。

6月1日，北京政府又以大总统徐世昌的名义接连下了两道命令：一是公然为曹、章、陆等卖国贼辩护；二是催逼各校复课，并查禁、取缔"联合会""义勇队"等爱国组织。这两道荒谬的命令，再次激起了学生们新的斗争高潮。

6月2日，张国焘和十几个讲演团员提前行动了。他们肩背布袋，以售卖国货为名，进行讲演。张国焘回忆说：

> 六月二日，我所主持的讲演部职员会议通过决议：不服从禁令，恢复大张旗鼓的讲演活动。这决议立即得到评议会的认可。讲演部立即执行这个决议，发挥以身作则的精神，首先由我和十几位本部的重要职员出发，经东安市场、王府井大街到天安门这一带中心区域，高举旗帜恢复讲演。

---

① 张国焘：《我的回忆》第1册，东方出版社1991年版，第56—57页。

我们不顾警察的制止,向听众大声疾呼,终于与警察发生冲突。我和其他六位同学于当日下午六时左右被警察逮捕,拘禁在警局的监房里。这是我生平第一次尝到铁窗风味①。

与张国焘同时被捕的均是北大学生,他们是:钟笃余、陈锡、倪品真、刘宝华、龙石强、刘云汉。在内左一区警察署署长的一份报告中,记述了张国焘等人被捕和与警察斗争的经过:

……本日下午二时余,又据东安市场巡官白祖荫电称,有北京大学校学生刘仁静、陈用才等二名,在市场南门内售卖国货,并有该校学生车谟用大洋一元购买,故意因钱惹人注目。经巡官、巡长等婉言劝说,而该学生等大声疾呼,谓警察阻制人民买卖自由,并齐声喧嚣。现在办公室内等情。当经电饬婉劝,令其到署。经职在外接待室内接见座谈,告以卖物之理由并警察劝阻之用意,劝至三小时之久。其时并该校执事人林冠英自行到署,帮同劝说。该学生等坚称警察为不法之干涉,既被巡警送来,即不能走等语。该管理员无法,先行走去。复经职多方譬解,该学生等见又有巡警送学生来,始行走去。于是又将第二起学生接见,……其劝说辩论情形大略与第一起之学生相同。正劝说时,而第三、四、五起学生相继而为巡警送至,共计钟笃余等七名,均系北京大学学生也。其所执之理由则谓售卖国货并不犯法,巡警干涉即为滥用职权,送其到署则为违法逮捕,不但不能停止卖货,如无稳妥之答复即不能去署等语。职以彼等蓄意矫情,故婉譬曲解,百端劝说。不料该学生等无理顽赖,决不转圜。乃经电禀将其送厅,而该学生又只推出二人代表到厅,其余五人在署候信。遂先将钟笃余、张国焘二人送厅后,又向在署之陈锡等五人劝解良久,始终坚持既不赴厅亦不走去。后据要求非有先赴厅学生之电话,彼等不能出署等情。在职署本不难强制将其送厅,惟该生等势必叫嚣,殊于观听有碍,于是复

---

① 张国焘:《我的回忆》第 1 册,东方出版社 1991 年版,第 57 页。

电知司法处令学生通电话后，在署之陈锡、倪品真、刘宝华、龙石强、刘云汉等始允赴厅。此本日学生顽赖之情形也①。

张国焘等七人被送往京师警察厅后，司法处于当天对他们进行了审讯。据警察厅档案记载：

> 讯据该生等同供，此次贩卖国货，各本良心上之主张，既不致影响外交，亦不致妨害秩序，警察因何干涉？请宣示理由等语。当晓以营业有一定之规则，市场尤有特定之章程，且现奉明令学生不得藉端旷废，致荒本业。果如该生等行动，群相撞扰，既荒学业，复碍秩序、背定章。警察有保卫治安之责，无可放任。一再晓导，该生等始终不悟。至谓贩卖国货，如官厅认为违法，则请依法惩办。否则仍须贯彻初衷，自由售卖。滔滔逞辩难以理喻②。

张国焘等人的被捕，使学生们愤怒异常。北京中等以上学校学生联合会决定：从6月3日起，大举出动，恢复街头讲演。

6月3日这天，天气骤变，狂风怒号，阴云密布，继之电闪雷鸣。北京20余所学校的学生不顾这一切，陆续集中在各自的预定地点，展开大规模的讲演。警察当局下令抓捕学生。到当日晚，学生已被捕170余人。但是，学生们并没有被武装镇压所吓倒。6月4日，更多的学生出动，上街讲演。这一天，学生又被拘禁700余人。北河沿北大法科校舍已容纳不下，以致马神庙理科校舍也被当作临时监狱了。6月5日，学生们更大规模地走上街头，参加讲演的约有5000人。他们身背行李，做好了被捕坐牢的准备。

北京政府镇压学生的暴行，激起了社会各界的抗议。消息传到上海，

---

① 《北京档案史料》1994年第2期。
② 《北京档案史料》1994年第2期。

引发了大规模的"三罢"斗争。不仅学生实行罢课,而且从6月5日起,上海工人自动举行罢工,参加罢工的产业工人多达六七万人。与此同时,上海的商人也举行了罢市。上海工人阶级的行动推动了全国各地的罢工风潮。在一些大中城市和铁路等工人集中的地方,都爆发了支持学生反帝爱国斗争的罢工。继上海之后,一些城市的商人也举行了罢市。

全国各地的反抗斗争,特别是上海实现"三罢"的消息,犹如一声霹雳,使得北京政府极为震惊。迫于压力,做出了撤退包围北大校舍的军警、释放学生的决定。但是,学生们非但拒绝出狱,还反拘了七名警察,留下两个帐篷,作为揭露政府当局侵犯人权、破坏爱国的人证和物证。

6月6日,未遭逮捕的学生继续外出讲演,贩卖国货。警察已不敢过于干涉。同日,北大一学生还写信给被关在警察厅的张国焘等人,告知几天来学生斗争的情况,并表示慰问。信中说:

自兄等被拘后,弟已两次来厅探视,均被拒绝,不胜廑念。现在外界情形较兄等未被捕时大有进步。政府前日拘捕千余学生,系囚在法理两科。现在鉴于上海罢市,北京亦有摇动之势,已将监守学生之军警撤去。但学生以无端被拘,不能无故自释,现仍居住在法理二科,静候政府之办法。兄等在此可以安心静养,幸勿焦急[①]。

同一天,北京中等以上学校学生联合会发出通电,向各省通报北京斗争的实情。同时,派代表到教育部交涉。警察厅也出于无奈,同学生谈判,议决政府向学生谢罪、罢免卖国贼、不在关于青岛问题的条约上签字。

在北京政府被迫答允学生的要求后,6月8日,被捕学生各自返回本校。张国焘等七人在6月6日被宣布释放后,坚持不出去,直到6月8日警察厅一处长出面向他们道歉后,才答应离开,遂被用汽车礼送回校。

---

① 《北京档案史料》1994年第2期。

6月10日，北京政府被迫罢免曹汝霖、章宗祥、陆宗舆的职务。五四运动取得了第一个胜利。但是，运动并没有结束，拒签和约、要求惩办卖国贼的斗争在更大范围内正在酝酿、成熟。

6月11日，新文化运动的首倡者和主将陈独秀，采取了一个大胆的行动。他到前门外闹市区散发由他起草的《北京市民宣言》，提出对于内政外交的五项最低要求，并表示倘政府不听从市民之希望，学生、市民、工人唯有直接行动以图根本改造。他因此而被捕。消息传出后，全国各地的学生团体和社会知名人士纷纷发出通电，营救陈独秀，抗议北京政府的这一暴行。在陈独秀被捕的同一天，李大钊也走上街头，散发了《北京市民宣言》。

陈独秀的被捕和全国各界的抗议，给曲折发展的五四爱国运动带来了新的波澜。拒签和约的目标还没有达到，如今陈独秀又被捕，人们再一次被激怒了，一场声势浩大的拒签和约运动紧接而起了。

随着运动的发展，各地的学生们感到有进一步组织起来的必要。6月16日，中华民国学生联合会在上海成立。但就在全国学联成立的第二天，北京政府竟然电令在巴黎的中国代表在和约上签字。6月23日再令相机办理。6月24日通电各省，申述主张签字的理由。全国学联立即号召各地学生投入拒签和约运动中去。

社会各界也立即行动起来了。6月18日，山东各界代表80多人进京请愿。天津等地的各界代表也赶赴北京，同山东代表一起请愿。北京、上海等地的学生、工人和其他群众，也继续开展坚持拒签和约的斗争。6月27日，在巴黎的旅法华工、留学生、华侨等于和约签字前一天，包围了中国代表团的驻地，强烈要求拒绝签字。6月28日是和约签字的日期，中国代表团总代表陆征祥终于未敢出席和会签字。五四爱国运动取得了又一个胜利。

轰轰烈烈的五四爱国运动，历时50余天，至此暂告一个段落。五四运动爆发于民族危难之际，是一场以先进青年知识分子为先锋、广大人民群众参加的彻底反帝反封建的伟大爱国革命运动，是一场中国人民为拯救民族危亡、捍卫民族尊严、凝聚民族力量而掀起的伟大社会革命运动，是一场传播新思想新文化新知识的伟大思想启蒙运动和新文化运动，以磅礴之力鼓动了中国人民和中华民族实现民族复兴的志向和信心。五四运动促进了马克思主义在中国的传播，标志着中国新民主主义革命的伟大开端。

经过这场斗争的洗礼，不仅造就了像陈独秀、李大钊等这样一些领袖人物，也培育、陶冶了一代新人。张国焘就是这批新人中的一位。他是国民杂志社的主要成员，是五四游行的发起人之一；他又是北大学生会的干事之一，是学生上街讲演的负责人；他也曾经同北大的同学一起被捕，与军警进行了斗争。他在五四爱国运动中，起到了骨干的作用。

学业与学运之间

还在6月中旬拒签和约运动如火如荼地展开时，张国焘离开北京，去了一趟上海。

6月16日全国学联成立后不久，张国焘和几位同学来到上海，与先期来上海筹备全国学联的北京代表许德珩、黄日葵、段锡朋等人会合。张国焘到上海后，成为没有表决权的代表，并被安排担任总务方面的工作。但是，张国焘对这项工作并无兴趣。他回忆说：

> 我对全国学生联合会总务处的工作并不感兴趣，事实上也未正式就职。我所注意的是考察各地学生运动的实况。我发觉上海及各地学生会讲演方面的工作，赶不上我们在北京所做的。"到民间去"的风气很不普遍。为了要给各地同学一个榜样，我亲身在上海从事街头活动。我制了一些卖报的布袋子，发动同学们一齐去推销爱国书刊，进行像北京学生联合会讲演

团一样的工作。我背了一个装满《每周评论》《星期评论》等爱国书刊的袋子,到街上去一面叫卖,一面向市民宣传,晚间归来,有些代表们以惊奇的眼光笑着问我:"你这位社会运动大家的生意好吗?"我充满了自信向他们说:"成绩还不错。我们都要有这种到民间去的精神才好!"我这样做了几天,终于在南京路永安公司门口,受到一个外国巡捕的粗暴干涉,他不加警告的在我背后用力的一推,几乎使我跌倒。当我依然停在那里表示不服的时候,他竟做出要逮捕我的姿态。我为了不愿引起纠纷,以免妨碍全国学生联合会组织的进行,当时没有反抗就走了,也未将这件不愉快的事宣扬出去。但在我心中留有深刻的印象,是第一次尝到外国租界势力给予我的侮辱,使我确认反日之外,还要反对租界[①]。

此时,被北京政府逮捕的陈独秀和北京学生联合会负责人尚未出狱。在上海的北京学生商量后认为,这是北京政府有计划地摧残北大的行动,并认为北京学联的领导也需要加强,于是决定要张国焘立即赶回北京,号召同学们坚决反抗。

张国焘回到北京后,在一次北大学生干事会的会议上被推举为北京大学学生干事会总务主任兼联合评议部主任,并被推举为出席北京学生联合会的代表。随后,又被北京学联推举为总干事。这时,正值暑假,学生中很大一部分都离开北京了。北京学联的情景也不像五四运动期间那样热烈。张国焘整天忙得不亦乐乎。他后来回忆说:

学生联合会经常工作的人员大为减少,并且换了一些生手,这样我的职责更加繁重了。我忙得至少有一个月没有回到自己的寝室去,疲倦了就在办公室的睡椅上躺一会,吃饭也在办公室里,日以继夜,每天工作十六小时左右。一切工作如主持会议、指导内部工作、对外通讯联络、营救被捕同学、沟通各校同学意见等等,我都做得十分积极,学生会的阵容因此

[①] 张国焘:《我的回忆》第1册,东方出版社1991年版,第61页。

又坚强起来了。这对我个人言，也可说是实习了一课领导工作[1]。

为了同北京政府当局进行斗争，北京学联还同各校校长、教职员联合行动，提出不让教育受到摧残、挽留蔡元培校长、反对加害陈独秀和爱国学生的种种主张。在此期间，张国焘同李大钊的接触更加频繁起来。李大钊给张国焘以很大的帮助。他不仅提供了很多建议，而且对沟通学生和教职员、新闻界的联络，更是尽了很大的努力。

8月底，北京地方法院宣布正式开庭审讯被捕的北京学联负责人。开庭的那天，张国焘等组织了大批学生去旁听。最后，在各方面的压力下，法庭宣布各被告无罪开释。9月16日，被捕83天的陈独秀也被释放。在北大学生为他举行的欢迎会上，张国焘发表了热情洋溢的致辞。

这时，挽留蔡元培的斗争也取得了彻底胜利。此前，张国焘曾再度南下，迎接蔡返校复职。蔡元培推蒋梦麟暂行代理校长职务，张国焘和段锡朋遂拜访了蒋梦麟，表示欢迎。于是蒋即到北大，代理校长。经过北大师生、社会各界的不懈斗争和艰苦努力，蔡元培于9月12日回到北京。9月20日，北京大学开学这天，师生们在法科礼堂先后召开了欢迎蔡元培返校的盛大集会。

在这种情况下，张国焘认为运动已经结束，准备开始重理学业。但是，局势的发展出乎张国焘的意料，同反动当局的斗争远没有结束。随着各地惨案的不断发生，群众运动又不断掀起高潮。

8月初，山东发生了济南镇守使、第二师师长马良派兵捣毁山东回民外交后援会，捕杀该会会长马云亭及爱国积极分子朱春祥、朱春涛兄弟2人的惨案。马良的暴行，激起了全国人民的公愤。山东的学生和各界代表，联络天津各界代表到北京请愿。他们到北京后，又联络了北京的学生代表和唐山、良乡、山海关等地的在京代表，于8月23日到总统府请愿。大

---

[1] 张国焘：《我的回忆》第1册，东方出版社1991年版，第63页。

总统徐世昌不仅拒不接见，反而派大批军警将请愿代表数十人捕入警厅。第一批代表被捕后，第二批请愿代表又来了。8月26日，北京、天津两地的学生三四千人到总统府请愿未果。8月28日，北京、天津等地的学生再次分三路向新华门、西辕门、国务院进发，后汇集在天安门。夜幕降临后，大批军警对代表们进行镇压，打伤多人，并捕走多人。8月下旬的请愿斗争，没有达到目的。

9月下旬，山东各界又酝酿进京请愿。在与天津学联联系后，派代表到上海。全国学联经过商议，号召全国各地派代表到天津集合，讨论行动计划。9月20日，各地代表31人集会天津，商定了进京请愿的内容和具体步骤。随后，各地代表陆续到达北京。

各地代表进京后，想约请北京学生共同行动，因此邀请北京学联的代表开会。9月30日，会议在北京东城米市大街的青年会内召开。会上，由于张国焘的反对，发生了一场争论。曾参加过这次会议的上海代表张静庐回忆说：

> 为了扩大我们的声势，我们于月底来北京以后，曾于九月三十日找他们联系，请他们和我们共同行动。那时北京学生联合会的总干事是北大理学院的学生张国焘，我们约他以及北京其他几位代表到米市大街的青年会来开会讨论。
>
> 张国焘是反对请愿的。在这次会上，他公开表示请愿不会有什么结果，主张北京学生会不参加这个活动。我们则认为请愿虽然不一定有结果，但这个行动却可暴露段祺瑞政府和日本帝国主义者相互勾结的阴谋，可以阻止对日的"直接交涉"，以及激起全国人民的注意，意义十分重大，但是，张国焘依然坚持自己的意见，因而在会上引起了争执[①]。

[①]《五四运动回忆录》（上），中国社会科学出版社1979年版，第325页。

在争论中，张国焘说：学生无后盾。黄正品（黄爱）慷慨陈词，据理以驳，并拍着自己的脑袋说，担保天津全体学生誓作后盾。结果，这次会议不欢而散。由于张国焘不同意，北京的学生没有参加这次请愿斗争，上海学联的一位代表也宣布退出了。

10月1日，各地的30位代表到总统府请愿。由于得不到北京学联的支持，他们只好孤军奋斗。这次行动遭到了北京政府的镇压，代表们全部被捕入狱。在狱中，他们受到非人的待遇，仍坚持斗争。直到11月初，北京政府迫于各方面的压力，才将他们释放。这次斗争后，11月10日，全国各界联合会在上海成立。在它的组织和推动下，全国各地爱国运动得到继续发展。

在五四爱国运动中起了骨干作用的张国焘，到这时已失去了往日的热情，他辞去了在北大学生干事会和北京学联担任的职务，除参加邓中夏组织的"曦园"和参加平民教育讲演团的一些活动外，不参加其他活动，打算专心继续学业。后来，他对自己这时的想法和心情，做了这样的记述：

一九一九年的十月间，北大开学，我辞去学生会的一切职务，参加了邓中夏同学等所组织的"曦园"。这是一个学生公寓式的新生活团体，出自于无政府主义者"新村"的思想，以互助、学习、共同生活、亲身劳动（包括自己烧饭等等）为宗旨；参加者共十六人，多是湖南籍学生，其中也有不少的出色人物。……那位带有学究气味倡导新生活的邓中夏常向人一本正经的鼓吹社会改革的大道理，使人感觉到他具有"秀才"和"牧师"的两种风格。其他参加者也多数在五四运动中显露过一番身手，各具出色特性。我自己在曦园的一群中算是学生运动中最卖力的一个，他们认为我是不可多得的革命实行家，也曾被邓中夏戏称为"学生要人"。

然而我这个"学生要人"究竟还只是一个二十二岁的青年，仍不愿过分卷入政治活动的漩涡里去。我认为只有五四运动是我必须参加的一个紧急的爱国运动，其他并不想多所过问。此时我的主要努力还是在完成我的大学学业，为自己的前程立下基础。北京学生联合会仍在继续活动，对于抵制日货和声援十月间天津学生联合会和各界救国联合会的被地方当局压迫，以及十一月间福州学生因抵制日货被日本浪人杀害多人等事件，活动仍是特别起劲；但北京各学校一般同学在蔡元培所提出的"救国不忘读书，读书不忘救国"的口号之下，大体上已经恢复了正常上课的状态。同时我自己也一心的上课去了。杜威、罗素几位著名学者到京讲学，更引起我的兴趣，我是一个热心的听讲者。我除了每星期参加一次平民教育讲演以外，虽然同学们认为我是学生运动的识途老马，常要我参与其事，但我总是婉词推脱[①]。

这时，张国焘已转入北大哲学系学习。他一心想着完成学业，将来功成名就。但是，他仍在10月12日北大平民教育讲演团第二次代表大会上被选为一个组的书记，并在11月间被北大学生干事会推选为副主任。不久，一个意外事件打破了他重理学业的梦想。

12月间一个寒冷日子的正午，突然有几名警察来到曦园，直奔张国焘的房间。这时，张国焘正在厨房里做饭，由于同学的暗示，他顿时感觉到大祸即将临头了。他赶紧用炭灰朝脸上抹了几把，若无其事地照常做饭。那几个警察搜查了一阵，失望地走了。到下午5时左右，同住的同学在确认暗布在周围的警察已经离开后，才护送张国焘到沙滩北大第一院。

到第一院后，张国焘找到蒋梦麟和学生干事会的一些负责人，商讨对付的办法。学生会的负责人认为，这次警察的突然袭击，是对学生的又一次报复和镇压行为。他们估计被北京政府列入黑名单的学生可能还有很多，为避免学生再受打击，决定所有有可能被捕的学生都暂时躲避起来，其中一部分学生可分赴各地去活动。根据这一决定，次日拂晓，张国焘和罗家伦绕道永定门，溜出北京城，在一个小站搭上火车，悄然南下。两天后，

[①] 张国焘：《我的回忆》第1册，东方出版社1991年版，第66—67页。

张国焘和罗家伦以北京学联代表的名义到达上海。

张国焘和罗家伦到达上海后,在全国各界联合会代表会议上介绍了北京政府压迫学生、禁止抵制日货以及与日本交涉出卖山东的危机等情况,呼吁全国各界一致向北京政府抗争。这种主张,受到了国民党人的反对。国民党这时不承认北京政府,怀疑张国焘等对北京政府存有幻想,主张与北京政府绝交,全国民众起来抗纳捐税等。张国焘则认为,不承认北京政府和打击北京政府是可以同时并进的,国民党人的激进主张,在北京政府的统治区域内实在难以办到。

张国焘在上海期间,广泛联络,参加一些政治活动。当时,直系军阀吴佩孚标榜同情民众反日运动,提出召集国民大会、和平解决国事、反对与日本直接交涉山东问题、国民筹款赎回胶济铁路等主张。上海民众团体曾召开盛大的国民大会,致电吴佩孚表示支持。张国焘等参加了这次大会。

张国焘还与在上海的国民党上层人士进行了广泛的接触。他同胡汉民、汪精卫、朱执信、廖仲恺、戴季陶、叶楚伧、邵力子等都有过接触,或经常前往拜访畅谈,或聚在一起高谈阔论。1921年1月的一天,张国焘等人还直接闯进了孙中山在上海的住处。孙中山会见了他们,并同他们就学生运动和民众运动、国民党人对民众运动的态度、南北政局以及如何进行反对北京政府的革命等问题,进行了长达三个小时的谈话。谈话中,张国焘给孙中山留下了较好的印象。又过了十天,孙中山约张国焘去单独会晤,主要谈了有关时局和如何开展工人运动的问题。

在上海期间,张国焘还同研究系的张东荪有过经常的接触。这时,张东荪正担任《时事新报》的总编辑。1920年春,研究系的首脑人物梁启超从欧洲回到了上海,张东荪约张国焘等人同梁晤谈。梁启超讲述了一番旅欧的观感,言语之间特别强调学术研究的重要性,并感慨自己20余年从事政治运动徒劳无功,表示今后对政治已无兴趣。他谈到自己有一个研究文化的大计划,希望青年学者给以帮助。张国焘等人则向他说明被赶出课堂，无法安心研究学问，不得不从事反日爱国运动的情况，对他专心致力于文化工作的抱负，表示钦佩。辞别梁启超出来，张国焘百感交集，一方面感慨梁启超在政治上的进退失据，另一方面想到自己，虽一心想重理学业，可无法安心学习，天天疲于奔命。他陷入了内心矛盾的痛苦之中。

北京的情形不容许张国焘回去，只好继续留在上海。同孙中山第二次晤谈后，张国焘开始注意工人运动，并和上海各工人团体有过一些接触。其中有一个名为"中华全国工业联合协会"的组织，提出要张国焘担任该协会的总干事，全权整理会务，发展组织。张国焘经过一番考虑之后，便答应了。于是，这个协会的理事会正式任命张国焘为总干事。3月初，在有300多人到会的会员大会上，张国焘发表了就职演说。

会后，张国焘很热心地投入协会的工作中去。他经常深入工厂，了解会员的情况。通过调查，他了解到这个协会虽号称有1万多名会员，实际上不过是仅仅见诸名册而已，很多工厂只有几名会员，甚至有的会员根本就不是工人。张国焘十分失望，初期的热情也就逐渐减低下来。此后，他的职务虽然仍保留在那里，但事实上不常去办公了。

到了4月间，张国焘收到北京同学寄来的几封信，得知北京的情形已稍有好转，如果返回北京，大概已没有被捕的危险了。

接到来信，张国焘思绪万千，最后决意北返。后来，张国焘在回忆录中描述了这时的心理感受：

> 我检讨我这次南行的经过，北京学生联合会给我的使命和我自己认为要做的事大致都已做了。我和罗家伦虽然觉得我们的工作成绩不如理想，但我们已竭全力尽了责任。

> 五四运动中的一些共事的同学们多半已离开了学校。在上海的几位北大学生代表都已毕业，准备出国留学。罗家伦已结束了他的代表任务，在那里和各方要人及文化界的人士接触，准备不久到美国去。五四运动中的另一个要角，风流诗人康白情虽无代表的任务，也同我们一道活动。他曾

在上海徐家汇一个花园里举办名震一时的踏青会，参加的青年男女二百多人。他为这种交际弄得有点神魂颠倒，几乎连到美国去深造的事都置之脑后。……此外，五四运动中的健将段锡朋、周炳琳等同学也先后赴美求学，路经上海，都曾和我朝夕相聚。只有我，在北大还有两年学程，照理自然应该即时北返。

这些同学们都对我说，我如回到北京，仍会受到黑名单的干扰无法安心念书；不如和他们一道出国留学。但我仍决定重回北大。我认为北京环境对我虽有困难，但求完成北大的学业总还有可能，而且多年相交的师友多数仍在北京，我和师友们所共建的学生运动和民众工作的基础，也使我有不忍放弃之感[1]。

5月初，张国焘向中华全国工业联合协会辞去了总干事的职务，乘车北返。在离开北京四个多月后，他终于又重新回到了母校北京大学。

---

[1] 张国焘：《我的回忆》第1册，东方出版社1991年版，第77—78页。

第三章
CHAPTER THREE

建党前后

为建党而奔走

张国焘从上海回到北京时,北京的思想文化界正经历着深刻的变化。

经过五四运动,新文化运动进入了一个新的阶段,出现了破除迷信、解放思想、群星灿烂、百家争鸣的生动局面。各种各样的新思潮竞相在中国亮相,并有不少人从事着身体力行的实践。在新旧文化交替的过程中,思想界围绕着"改造社会"问题所进行的探索,呈现出相互排斥、相互渗透的复杂局面。

在五四运动后的新文化运动中,社会主义成了最时髦的东西,也是当时人们公认的新思潮。在风起云涌的宣传和介绍社会主义的巨大热潮中,除了科学社会主义外,还包括了被称之为"社会主义"的各种流派。对于大多数青年知识分子来说,还没有确定自己的信仰,他们仍在纷繁复杂的社会主义潮流中遨游,进行着比较、鉴别和选择。

在这异说杂陈、良莠并茂的园地里,科学社会主义思想还只是一株幼苗,刚刚开始生长。但是,它以顽强的生命力,终于在杂草丛生的园地中脱颖而出,茁壮成长。

其实,在当时中国的知识界中,对马克思的名字并不十分陌生。俄国十月革命前,一些报刊就零星地、片段地介绍过马克思及其学说。十月革命的胜利,使中国先进的知识分子对马克思主义另眼相看,其结果就是开始了马克思主义在中国的广泛的介绍和传播。在这种介绍和传播中,中国人知道了马克思主义。又经过了五四运动,中国人民开始接受马克思主义这种反帝和革命的理论,并开始学习它、运用它。

马克思主义在中国的传播,主要是通过李大钊等一批思想界的前驱来实现的。

1918年，李大钊先后发表了《法俄革命之比较观》《庶民的胜利》《布尔什维主义的胜利》等文章，1919年元旦又发表《新纪元》一文，热情歌颂俄国十月革命，指出十月革命是布尔什维主义的胜利，是立于社会主义上之革命。这几篇文章，标志着马克思主义在中国传播的开始。9月至11月，李大钊发表了《我的马克思主义观》，从唯物史观、政治经济学和科学社会主义三个方面系统地介绍了马克思主义的基本原理。这篇文章标志着系统宣传马克思主义的开端。

马克思主义的广泛传播，为新文化运动注入了新的内容，以社会主义、马克思主义为主要内容的无产阶级新文化逐渐起着主导作用，信仰马克思主义的人越来越多。这种情况，就引起了新文化运动阵营的分裂。

1919年7月，胡适利用陈独秀被捕和李大钊即将被迫离京，由他主编《每周评论》的机会，发表《多研究些问题，少谈些主义》的论文，向马克思主义者挑起了一场"问题与主义"的大论战。他的实用主义观点虽然遭到了李大钊等人的驳斥，但这场论战却表明了新文化运动统一战线的公开分裂。

这种分裂在学生中间也充分表现出来。五四运动后，在李大钊的引导和帮助下，虽然有一大批具有初步共产主义思想的知识分子茁壮成长起来，但是，也有一批在五四运动中起过重要作用，赢得一些声誉的学生，离开了新文化运动。北大学生段锡朋、罗家伦、康白情、周炳琳、汪敬熙等先后留学美国，被当时教育界讥之为"五大臣出洋"。这实际上是由胡适精心安排的。傅斯年也因与胡适的关系而由山东省选派出国。这件事，在学生中曾引起很大震动。张国焘也曾因此而感慨万千。

这时，在青年知识分子中间，信仰无政府主义、新村主义、工读互助主义等各种各样所谓社会主义的大有人在。通过亲身的实践，通过比较、鉴别，通过同各种思潮之间的争论和论战，许多人逐渐区别出什么是真正的马克思主义。这些人一旦选择了马克思主义，便如饥似渴地阅读当时所能看到的介绍、宣传马克思主义的文章和书籍,并积极投身到宣传马克思主义的行列。到1919年下半年,在李大钊周围已聚集了像邓中夏、黄日葵、高君宇、何孟雄、朱务善、张申府、罗章龙、刘仁静、张国焘等这样一批具有初步共产主义思想的青年知识分子。在他们中间,随着对马克思主义的深入学习,并日益同工人运动相结合,涌现出一批坚信马克思主义,决心走十月革命道路的早期的共产主义者,并开始了酝酿建立一个政党的工作。

最早酝酿在中国建立共产党的是李大钊和陈独秀。陈独秀在出狱以后,思想更加前进了。1920年2月,为了避免陈独秀再次被捕,李大钊乘骡车护送他离京到天津,然后转赴上海。陈独秀走后,李大钊在天津会见了一位俄国友人。其后,陈独秀和李大钊分别在南方和北方进行建党的准备工作。

李大钊返京后,与邓中夏、高君宇等人经过多次酝酿和讨论,决定首先组织一个研究马克思主义的团体。3月,由邓中夏等19人列名在北京大学发起组织了"马克思学说研究会"。这个研究会在成立时并未公开,直到1921年11月17日才在《北京大学日刊》上公开登出成立启事。尽管如此,它成立后,通过组织会员翻译宣传马克思主义的著作、进行专题研究、定期举行讨论会和报告会等形式,认真学习马克思主义,使会员加深了对马克思主义的理解,并在传播马克思主义方面起了重要作用。

1920年3月14日,北大平民教育讲演团召开第三次常会,决定扩大活动范围,除在城市讲演外,还注重乡村讲演、工厂讲演。4月,邓中夏等到长辛店等地向工人宣传革命道理,和工人建立了联系。

当具有初步共产主义思想的知识分子开始酝酿建立共产党的时候,得到了共产国际的支持和帮助。在此之前,共产国际得知中国发生了几百万人参加的罢工、罢课、罢市的革命运动,即准备派人到中国了解情况,推动中国革命运动的发展。4月,经共产国际批准,远东局符拉迪沃斯托克

（即海参崴）分局派出由维经斯基、马马耶夫和杨明斋等人组成的俄共党员小组到达北京。他们来到北京后，经俄国人柏列伟介绍，会见了李大钊。李大钊通过各种团体召开欢迎会、讲演会，邀请他们介绍俄国十月革命后的情况；还邀集北京各方面的进步人士举行座谈会，交换对中国政局的看法。随后，李大钊又介绍维经斯基等到上海会见了陈独秀。

5月1日国际劳动节这天，《新青年》《星期评论》《晨报》《北京大学日刊》等报刊出版了纪念专号。李大钊发表《"五一"May Day 运动史》，详细地介绍了"五一"国际劳动节的起源，呼吁工人们起来，并指出：今天是你们觉醒的日子。北京大学召开了有校工和学生500多人参加的纪念会，表示要把"纪念五一节当作我们引路的一盏明灯"。北大工读互助团的何孟雄等8位同学分乘两辆汽车，高举"劳工神圣""五月一日万岁""资本家的末日"等标语上街游行，并散发了《五月一日北京劳工宣言》。北大平民教育讲演团的50名团员也分成5个组，上街讲演。邓中夏等乘火车到长辛店，在工厂内散发传单，发表演说，宣传"五一"国际劳动节的历史。高等师范、法政专门学校的学生也到街头散发了纪念传单。在上海、广州等地，工人们也隆重集会，第一次纪念自己的节日。

五四运动后的第一个国际劳动节的纪念活动是空前的，是马克思主义同中国工人运动相结合的一次较大规模的尝试。

在北京大学"五一"纪念会召开两天后，张国焘回到了北大。他从同学们的介绍中，了解了北京的一些情况。特别是听到"五一"纪念活动的情况时，他感到兴奋。

回北京的第二天，张国焘就去拜访了李大钊。他向李大钊讲述了自己在上海的种种经历，并感慨地说："这四个多月的流亡生活，几乎使我成了一个学生政客。"

李大钊特别关心陈独秀在上海的情况，以及上海社会主义运动的情况。张国焘都一一作了介绍。听完介绍，李大钊对张国焘说，他主张此时首先还是应致力于马克思主义的研究。

这次谈话后，张国焘对李大钊越发尊重，经常与他接触，谈论有关社会主义的问题。他们的关系越来越密切。张国焘后来回忆说：

在这段期间里，我和李大钊先生以及其他倾向社会主义的同学们所交谈的主要问题，已不是反日爱国运动和一般的新文化运动，而是关于社会主义的活动问题。……

在北京，惟有李大钊先生一人，有可能联系各派社会主义人物，形成一个统一的社会主义运动。他的个性温和，善于与人交往，极具耐心而又没有门户之见。辛亥革命前后他在天津法政学校读书，以及后来留学日本的时候，常是学生闹风潮的领袖，因此能了解五四时的青年心理，且他自己也极富有青年的热情，所以能在五四运动中和许多青年融洽相处。他研究社会主义较早，五四以后更日益倾向于马克思主义，并同情俄国革命，但从不排斥无政府主义和其他各派社会主义的活动，他与这些社会主义者保持着很好的关系，供给他们所需要的书刊，并常与他们切磋[1]。

由于李大钊的引导和帮助，张国焘开始大量阅读介绍马克思主义的书籍。他曾说过：

我似乎是一个特殊学生。我的学业已耽误了一个学期，到了无法追上的地步。教师们知道我所以耽误的原因，总是善意地给我一个勉强及格的分数。我也就索性将我的大部分时间花在图书馆，贪婪地阅读社会主义书籍[2]。

当时的北大图书馆，设备还很简陋，阅览室不算宽敞，图书也不够齐备，但它仍吸引着为数不少的探求新思想的青年学生，介绍社会主义的书

---

[1] 张国焘：《我的回忆》第 1 册，东方出版社 1991 年版，第 82—83 页。
[2] 张国焘：《我的回忆》第 1 册，东方出版社 1991 年版，第 85 页。

刊往往被借阅一空。在休息室里，三五成群的学生经常高谈阔论，马克思主义和无政府主义是他们的主要话题。苏俄政府关于废除不平等条约的第一次对华宣言也成为他们的议论话题，并对此表示欢迎。张国焘也经常参加这种讨论，发表自己的见解。

张国焘还继续参加平民教育讲演团的讲演活动。他回到北京不久，就参加了5月13日在南城模范讲演所的一次活动，并受到了警察的阻挠。这一天，张国焘和邓中夏等3人来到讲演所，正要开始讲演，警察赶来，说因事先未通知警厅，不准讲演。张国焘等据理力争，要求照准。警察遂无异词。邓中夏讲演完毕，张国焘刚说了一句"今天我们来这里讲演……"，警长突然发令："解散！"随着一声令下，100余名警察一拥而上，把讲台全站满了。这次讲演因警察的阻挠而作罢。

张国焘和他的同学们除了大量阅读介绍马克思主义的书刊，了解社会主义运动和参加社会活动以外，还关注着中国政局的发展。当时，山东问题已成悬案，一时不易解决。皖系军阀控制的北京政府和直系军阀之间的矛盾日益尖锐，直皖战争随时都有可能爆发。人们期待着亲日的段祺瑞倒台，但将要代之而起的曹锟、吴佩孚又能做出什么事来呢？这一切都显示出中国的前途仍是一片混沌。在关心中国命运的学生的心目中，俄国十月革命的胜利和对华的友好表示，便成了昏暗中闪耀着的唯一光芒。其中，有一些学生已从俄国革命的成功中，看到了组织一个政党的重要性。

到7月初，北京的局势更加紧张，直皖战争一触即发。张国焘和同学们谈论时局，准备应变。大多数学生也随着暑假的到来，纷纷离校。大约是在7月12日，李大钊要张国焘离开北京，以免被段祺瑞政府加害。张国焘说要到上海去。为了详细了解上海共产主义运动的情况，李大钊要张国焘赶紧启程，并要他到上海后同陈独秀详谈进一步的计划。

7月13日下午，张国焘乘火车赴天津。第二天，直皖战争大规模展开了。同一天，张国焘离天津南下，于7月15日到达南京。在南京，他游览了名胜古迹。不久，到达上海，在法租界环龙路老渔阳里2号（今南昌路100弄2号），见到了住在这里的陈独秀。

陈独秀于2月间来到上海后，继续主编《新青年》，宣传社会主义，研究劳工问题，思想越来越激进了。他经常在寓所召集一些宣传社会主义的人士，座谈讨论社会主义和改造中国的问题。这一时期，他逐渐成长为一个马克思主义的拥护者，并为建立共产党做了大量的准备工作。

维经斯基等到上海见到陈独秀以后，讨论了中国社会主义运动的问题。维经斯基委托陈独秀向各地革命者发信，准备于7月间召开有社会主义者和无政府主义者参加的联合大会。7月19日，大会在上海召开。与会者专门讨论了要不要把自己变成共产党的问题。关于是用"社会党"还是用"共产党"来命名这次大会所产生的社会主义组织的问题，没有取得一致意见。大会最后产生了一个"社会主义者同盟"，而后又派生出由维经斯基、陈独秀、李汉俊等五人组成的"上海革命局"，作为社会主义者同盟的指导协调机关，并拟在北京、天津、广州等地也成立革命局。

由于社会主义者同盟包容了各派社会主义者，实际上是一个统一战线性质的组织。因其内部的信仰不同，思想的斗争和组织的分化是不可避免的。很快，大约在7月下旬到8月上旬，上海革命局迅速打出"共产党"的旗帜，转变为纯粹的共产主义组织。取名为"上海共产党"，成为中国共产党的发起组。

张国焘到达上海时，正值社会主义者和无政府主义者联合大会开幕在即。他并不知道这一大会要召开，陈独秀也因忙于会议而无暇顾及他。当张国焘去拜访陈独秀时，陈独秀只是简单地问了一下北京的情况，并邀他去老渔阳里2号同住。

张国焘住下后，开始几天，整天在外奔走，忙于应酬朋友。直到7月下旬，才同陈独秀进行了长谈。张国焘向陈独秀转达了李大钊的意见后，陈独秀开门见山地提出要组织一个共产党。在以后的几天里，两人又进行了多次谈话，讨论了如何建立共产党的一些具体问题。

张国焘在上海期间，还拜访了戴季陶和来上海的蔡元培等人。8月下旬，开学在即，张国焘离开上海，赶回北京。

张国焘回到北京后，向李大钊汇报了陈独秀在上海着手筹建共产党的情况，以及他同陈独秀讨论的情况。李大钊非常赞成陈独秀的意见，认为建党的条件已初步具备，北京等地应一致进行。第二天，李大钊和张国焘就给陈独秀写了一封表示完全赞同的信。9月中旬，时任北大哲学系讲师的张申府因迎接罗素来华讲学到了上海。在上海期间，陈独秀也同他就建党问题交换了意见。9月下旬，张申府回到北大后，也将陈独秀所谈的情况向李大钊作了汇报。这样，李大钊便和张国焘、张申府一起，准备发起成立北京的共产主义组织。

在北京地区，是否成立过"北京革命局"，目前尚无材料证明。李大钊、张国焘等人所酝酿的是直接成立共产党组织，则是有据可查的。

10月间，李大钊、张国焘和张申府三人在北京大学图书馆主任室召开会议，正式成立了北京共产党早期组织，当时称"共产党小组"。11月，张申府应聘到法国里昂大学教书。这时，北京的党组织就只剩下李大钊和张国焘两个人。于是，李大钊做工作，吸收黄凌霜、陈德荣、袁明雄、张伯根、华林、王竟林等无政府主义者加入组织。不久，又发展了刘仁静、罗章龙等人加入组织。随后，在李大钊的办公室里举行会议。李大钊在会上谈了建立共产党的意义及今后的任务；张国焘汇报了在上海同陈独秀商谈的情况。分工结果，李大钊为负责人，并担任内外联络；张国焘担任工运工作；黄凌霜、陈德荣创办《劳动音》周刊，负责编辑和发行工作。李大钊还宣布每月捐出个人薪俸80元，为党组织开展各项活动之用。

北京共产党早期组织成立不久，原来的六名无政府主义者因反对有领导、职务分工和党内纪律，反对无产阶级专政，而退出了。他们退出后，北京社会主义青年团的骨干邓中夏、高君宇、何孟雄、缪伯英等人转为党员。11月底，北京共产党早期组织举行会议，决定命名为中国共产党北京支部。李大钊被推为书记，张国焘负责组织工作，罗章龙负责宣传工作。此后，在李大钊等的领导下，各项工作便颇有生气地开展起来了。

有计划地深入学习、研究和宣传马克思主义，是北京共产党早期组织成立后的一项重要工作。他们以马克思学说研究会为中心，搜集、翻译介绍马克思主义的中外文书籍，编辑、刊印马克思主义的论著，组织讨论会和演说会，系统学习和宣传马克思主义。同时，他们还同基尔特社会主义者、无政府主义者等展开论战，在斗争中不仅宣传了马克思主义，而且坚定了对马克思主义的信仰。这时，张国焘也自然成了北大马克思学说研究会的成员。他积极参加马克思学说研究会的会议，并在会上发言。他在这段时间虽然没有发表批判各种反马克思主义思潮的文章，但他仍在学习、研究马克思主义。

北京共产党早期组织成立后的另一项重要工作，是积极在工人中开展工作，推动马克思主义同工人运动的进一步结合。五四运动中，工人阶级登上政治舞台所表现出来的强大力量，使北京共产党早期组织已不能满足于对马克思主义作纯学理性的研究和宣传，而要求进一步实现马克思主义同中国工人运动的结合。他们一方面通过编辑出版《劳动音》《工人周刊》等通俗刊物，出版《工人的胜利》《五月一日》等小册子，对工人进行马克思主义的灌输和教育，通过具体事实和典型事例启发工人的觉悟；另一方面，也是更重要的，他们开始注重身体力行，到工人中去，同工人交朋友，帮助工人提高文化水平和阶级觉悟，并在此基础上开展工人运动。

长辛店是京汉铁路北段工人比较集中的地区，有工人3000余人。北京共产党早期组织决定把长辛店作为开展工人运动的据点。1920年冬，派张国焘、邓中夏等到此与工人联系，筹划开办劳动补习学校。早在五四运动中，长辛店工人救国十人团的史义彬等就曾凑钱办过一所夜班通俗学校，到这时因无人指导，又缺乏经费，正准备停办。恰逢张国焘、邓中夏等到来，于是决定以夜班通俗学校为基础，用"提倡平民教育"的名义，由北京大学学生会和平民教育讲演团捐献一笔钱作为开办费，租了3间房子，置备了一批桌凳，正式筹办长辛店劳动补习学校。张国焘为捐款，不得不典当自己的生活用品。

为了筹措经费和扩大影响，张国焘在11月21日上海出版的《劳动界》第15期上，发表《长辛店工人发起劳动补习学校》一文，介绍了补习学校的《募捐启事》和《简章》。从此，张国焘搞工人运动便出了名。12月19日，张国焘、邓中夏、张太雷、杨人杞等九人到长辛店，参加了筹办劳动补习学校的会议。张国焘在会上讲话说：剥削者住高楼大厦，衣锦食肉所花的钱，是由"工人的血汗造成的"。工人"想得回幸福，非先有智识不行，所以我们要设立这个学校"[①]。会上，讨论通过了学校的简章和预算案，并确定了开学日期。

经过筹备，长辛店劳动补习学校于1921年元旦正式开学。开始有学生20余人，到四五月间发展到40多人。邓中夏主持校务，北大学生会先后派去3名常驻教员。开办初期，北京共产党早期组织派张国焘、邓中夏、罗章龙等轮流前往，担任教员，朝去暮返，或每周驻校一二天。李大钊等北京共产党早期组织的成员都到该校视察或讲课。他们以通俗的语言、生动的事例，从一些自然现象，一直讲到现实社会的不合理，从工人的斗争讲到组织工会和工人自己的政党，深入浅出，富有教育意义。通过这种形式，一方面启发了工人的阶级觉悟，在工人中发现和培养了骨干，并通过他们把广大的工人群众组织起来；另一方面，知识分子也在为工人服务，同工人结合的过程中，更加认识了工人阶级的力量和伟大，更加坚定了自己的共产主义信念。

经过劳动补习学校的培养教育，提高了工人们的阶级觉悟，使他们认

---

① 《晨报》1920年12月21日。

识到组织起来的必要性。在北京共产党早期组织的指导下，1921年"五一"国际劳动节这一天，长辛店1000多名工人举行大会，宣布了长辛店工人俱乐部成立的消息。长辛店工人俱乐部是中国共产党早期组织领导的最早的工会组织之一，上海《共产党》月刊曾称赞它"不愧乎北方劳动界的一颗明星"。它的建立，为在北方地区开展工人运动打下了基础。

在开展北京地区的工人运动的同时，北京共产党早期组织还指导了北方各地的工人运动和青年运动，并帮助建立革命组织。1921年春，李大钊亲赴郑州指导工人运动。不久，郑州铁路工人就组织了工人俱乐部。北京共产党早期组织帮助天津的革命青年建立了社会主义青年团，并通过它在天津、唐山等地的工人中开展工作。1920年10月，谌小岑陪同张国焘到唐山，在那里住了三天，同京奉铁路机车车辆厂的工人邓培建立联系，商谈了如何组织工会的问题。北京共产党早期组织还派人到济南帮助建立了山东的共产党早期组织和社会主义青年团。

北京共产党早期组织成立后，按照上海社会主义青年团建团的要求，把建团作为一项迫切的任务，立即着手筹建北京社会主义青年团。11月初，在李大钊的指导下，由张国焘、邓中夏、罗章龙、刘仁静等负责发起组织社会主义青年团。青年团的第一次会议是在北大学生会的办公室举行的，参加会议的有邓中夏、高君宇、何孟雄、缪伯英、罗章龙、刘仁静、黄日葵、李实、朱务善等40人左右。会上，张国焘致开幕词，北京大学学生会负责人高君宇当选为书记。北京社会主义青年团正式宣告成立。

北京社会主义青年团成立后，联络和组织进步青年学生学习马克思主义，宣传社会主义，建立工读互助团，举办劳动补习学校，组织部分青年赴苏俄参观学习，做了大量的工作。1921年3月16日，北京社会主义青年团召集特别会议，听取高君宇介绍少年共产国际代表格林来华情况的报告，并选举何孟雄为出席少共国际大会的代表。3月30日，青年团召开第四次大会，李大钊、张国焘等25人出席会议。李大钊建议成立团的"事务所"，加强团的领导。会议决定青年团实行执行委员制，张国焘、高君宇、刘仁静分别被选为书记、组织委员和会计委员，李大钊、郑振铎被选为出版委员。这时，团员已发展到55人。4月24日，青年团又召开全体团员大会，听取张国焘的报告，讨论并通过了经修改的章程，决定成立"五一运动委员会"。会上，张国焘还汇报了他和李实同天津社会主义青年团联络，决定5月1日散发传单及在唐山联络学生的情况。会后，青年团员参加了长辛店、唐山等地组织的纪念"五一"国际劳动节的活动。由于北京社会主义青年团处在初建时期，没有经验，以致成分比较复杂，所以在1921年5月一度宣告解散，直到11月才重新组建。

从1920年秋至1921年春，主要是在上海共产党早期组织的帮助下，其他几个受五四运动影响较大，工人比较集中，同时有一批具有共产主义思想的知识分子的城市——武汉、长沙、济南和广州，也都先后建立了共产党早期组织。1921年春，旅法、旅日的知识分子也分别建立了共产党早期组织。各地共产党早期组织建立之后，有组织有计划地研究、宣传马克思主义，批判各种反马克思主义思潮，开展工人运动，努力促进马克思列宁主义同中国工人运动的结合。这样，正式成立中国共产党的条件日臻成熟，召开全国代表大会被提上议事日程。

1921年6月3日，共产国际驻中国代表马林到达上海。共产国际远东书记处代表并兼有赤色职工国际使命的尼克尔斯基也于同期来到上海。在此之前，陈独秀应广东省省长、粤军总司令陈炯明的邀请，于上年底由沪赴穗，就任广东政府教育委员会委员长。马林、尼克尔斯基即与李达、李汉俊建立了工作联系。通过交谈，共产国际代表了解到中国共产党筹建的一些情况后，认为条件已经成熟，于是提出了召开党的全国代表大会的建议。

根据原先的酝酿和共产国际代表的建议，李达分别与在广州的陈独秀和在北京的李大钊联系商议后，确定在上海召开中国共产党全国代表大会。于是，李达、李汉俊分别写信给北京、武汉、长沙、济南、广州以及日本留学生中的组织或党员，通知他们各派两名代表来上海，出席党的全国代表大会。

北京共产党早期组织接到上海方面的通知之后，即在西城暑期补习学校开会，讨论出席全国代表大会的人选问题。经过讨论，推选张国焘、刘仁静为代表去上海赴会。出席过这次会议的刘仁静后来回忆说：

> 一九二一年夏天，我们在西城为考大学的青年办了一个文化补习学校，由邓中夏教国文，张国焘教数理，我教英文。有一天，我们接到上海通知，要我们选派两个代表赴沪参加建党会议，于是我们就在这个补习学校开了一个选举代表的会。……我记得会上没有选李大钊。张国焘在其回忆录中说李大钊因校务繁忙，不能前往。这也许是他和李大钊事先研究时得到的印象。但这也符合当时我们的想法，即由于对一大的意义认识不足，一般习惯于在组织活动中不惊动李大钊，因而没有选举他是并不奇怪的。我记得选举的实际情况是：首先大家一致选张国焘当代表，在选第二个代表时，曾提出过邓中夏和罗章龙，然而他们十分谦让，以工作忙不克分身为由辞谢，这样最后才确定我当代表[①]。

北京共产党早期组织的代表选出后，张国焘因要参与中共一大的筹备工作，随即动身赴上海。在途经济南时，张国焘在此停留了一天，约王尽美、邓恩铭等在大明湖的游船上做了详谈。张国焘到达上海后，迅速与李达、李汉俊取得联系，并会见了马林，交换了对工人运动和大会筹备情况的看法。

这时，各地共产党早期组织选出的代表也陆续启程。到7月23日前，参会者都已到达上海。他们除陈公博夫妇住在大东旅社外，其余均住在事先安排的法租界蒲柏路私立博文女校（今太仓路127号）。此处环境清静，

[①] 《一大回忆录》，知识出版社1980年版，第45—47页。

陈设简单，有的房内有简易的木板床，有的只在地板上铺了草席。参会者们在这里开了一次预备会，大家见面会商，交换意见，确定会议即可召开。

此时，也许连参会者们也并没有意识到，他们将要创造一个开天辟地的大事变。

中共一大主持人

7月的上海，已是酷暑蒸人。忙碌的人们已习惯了这样的天气，一切如往常一样。

但是，就在这7月，谁也没有注意，有十几位穿戴各异的青年人汇聚到了上海；就在这7月的一个晚上，谁也没有想到，一个新的革命火种已在沉沉夜色的上海点燃起来了。

1921年7月23日晚，中国共产党第一次全国代表大会在上海法租界望志路106号（今兴业路76号）开幕。参加会议的代表有上海的李达、李汉俊，北京的张国焘、刘仁静，长沙的毛泽东、何叔衡，武汉的董必武、陈潭秋，济南的王尽美、邓恩铭，广州的陈公博，旅日的周佛海；包惠僧受陈独秀派遣，出席了会议。他们代表着全国50多名党员。共产国际代表马林、尼克尔斯基也出席了会议。

会议是在李汉俊之兄李书城的寓所里召开的。室内陈设简单，气氛庄重。代表们先后到达会场后，会议就在庄重的气氛中开始了。

会议原定由陈独秀主持，但他因在广州公务繁忙，不能前来出席会议，而会议的主持者需要同各地代表以及共产国际代表联系，李达、李汉俊由于不善交往，与马林的关系也不融洽，所以在临开会前，代表们推举张国焘主持会议，毛泽东和周佛海担任记录。

张国焘宣布大会开始后，首先报告了会议的筹备经过，说明了这次会议的重要意义，并提出了这次代表大会所要具体讨论和解决的各种问题，其中首要的是制定党的纲领和实际工作计划。

在马林、尼克尔斯基发表热情洋溢的致辞后，代表们讨论了会议的议程：各地代表向大会报告工作情况，交流经验；讨论并通过党的纲领，明确党的奋斗目标；讨论党在今后实际工作中的方针、任务和办法，并制定出具体的工作计划；选举中央领导机构。这些议题分别安排在各次会议中进行，并力求作出一致的决定。

7月24日，大会举行第二次会议，由各地的代表向大会报告本地区党、团组织成立的经过，开展的主要活动，以及进行工作的方法和经验，张国焘代表北京共产党早期组织向大会作了《北京共产主义组织的报告》。他在报告中分析了北京的社会政治、经济和阶级状况，介绍了北京共产主义组织的建立和主要活动，其中主要是开展工人运动和在知识分子中进行宣传的情况。在报告的最后，张国焘提出："黑暗的政治局势，包围着我们的腐败的社会，许多令人难以容忍的社会不公平以及悲惨的经济生活状况，所有这一切都是易于引起革命爆发的因素。我们能否利用易于激发起来的无产阶级的革命精神，能否把民主主义的政治革命引上工人阶级社会革命的轨道，所有这一切均取决于我们在高举红旗的斗争中的努力程度。这次成立大会应当具体地解决摆在我们面前的一切任务，并制定实际工作计划。大会的责任看来是不轻的。"[①]

由于会前未能草拟出供会议讨论的文件草案，根据马林的建议，会议决定选出一个起草纲领和工作计划的委员会。因此，7月25日和26日，大会休会两天，由张国焘、李达、董必武组成的起草委员会草拟会议文件。经过两天的紧张工作，委员会起草了党的纲领（即后来所说的《中国共产党第一个纲领》）和决议（即后来所说的《中国共产党第一个决议》）。

---

① 《中国共产党第一次代表大会档案资料》（增订本），人民出版社1984年版，第22页。

7月27—29日，大会举行了三次会议，集中讨论这些文件草案。在讨论中，代表们各抒己见，在党的性质、纲领和组织原则等主要问题上取得了基本一致的意见。但是，也发生了激烈的争论，主要在以下三个问题上。

首先是在讨论党的组织原则时，出现了不同的意见和争论。李汉俊不赞成组织严密的、战斗的工人政党，而主张团结先进知识分子，公开建立广泛的和平研究马克思主义理论的政党。基于同样的观点，他提出党员的条件是不分成分，学生也好，大学教授也好，只要他信仰马克思主义，了解马克思主义与宣传马克思主义即可入党，至于是否实际能参加党的一定组织并担负党的一定工作，他认为是不关重要的。大多数代表不同意李汉俊的意见。他们依据马克思主义的理论和俄国布尔什维克的建党经验，主张中国共产党应该以列宁创建的布尔什维克党为榜样，建立一个高度集中统一的、有严格组织纪律的无产阶级政党，而决不能建成一个松散的软弱的学术团体。

其次是在讨论党在现阶段的斗争目标和策略时发生了分歧，出现了两种迥然不同的意见。李汉俊提出：中国的无产阶级尚幼稚，不懂得马克思主义理论，无产阶级革命还缺乏思想准备。现在党首先要用马克思学说武装知识分子，以便使革命的知识分子掌握马克思主义，致力于教育工作，举办马克思主义大学，出版报纸刊物，建立图书馆，大力进行阶级教育，提高工人的阶级觉悟，进而推动无产阶级革命。在现阶段，共产党可以参加资产阶级民主运动，应该支持孙中山的革命斗争。刘仁静反对李汉俊的意见。他提出党应该立即向产业工人进军，在工人中大量发展党员，带领群众进行社会主义革命，以无产阶级专政为直接的斗争目标。无产阶级政党在斗争中要和资产阶级划清界限，反对任何形式的公开工作。对于这个问题的争论，张国焘曾回忆说：

> 我和李汉俊、刘仁静、周佛海等在会前曾就党纲和政纲作过几次商讨，

各人的立场都显得更清楚,自然也发现了歧见。李汉俊首先表示了不同的意见,提出现在世界上有俄国的十月革命,还有德国社会党的革命;中国的共产主义究应采取何种的党纲和政纲,应先派人到俄、德国去考察,在国内成立一个研究机构如马克思主义大学等,从事精深的研究后,才能作最后的决定。他并具体指出共产主义革命在中国既未成熟,目前共产党人应着重研究和宣传方面的工作,并应支持孙中山先生的革命运动,在孙中山先生的革命成功后,共产党人可以参加议会。

与李汉俊针锋相对展开争论的是刘仁静。他主张中国共产党应信仰革命的马克思主义,以武装暴动夺取政权,建立无产阶级专政,实现共产主义为最高原则。他反对西欧社会民主党的议会政策以及一切改良派的思想。他认为中国共产党不应该只是马克思主义的研究团体,也不应对国民党和议会活动有过多的幻想,应积极从事工人运动,以为共产革命作准备。

李汉俊的意见成为大会讨论的焦点,除陈公博有时对他表示一些含混的同情外,所有代表都给予他不同程度的批评。大多数代表主张中共应确立无产阶级专政的基本原则。对于现实政治问题,有的主张中共目前不应参加实际政治活动;有的表示中共应站在共产主义的立场上,对孙中山先生的革命运动予以支持[1]。

最后,也是争论最激烈的,是共产党员是否能在资产阶级议会中当议员和到现政府中做官问题。部分代表认为,在现阶段共产党员可以当议员,可以到政府中做官,这并没有什么危险。既然无产阶级不可能在短时间内获得政权,公开的政治活动就是必要的。要开展宣传,包括到资产阶级议会中去宣传共产主义者的主张,改善工人的生活状况,参加争取自由权利的斗争,为将来的无产阶级革命做准备。因此,必须把秘密工作和公开工作结合起来,党应该挑选合适的党员,参加议会或到政府去做官,用另一

---

[1] 张国焘:《我的回忆》第1册,东方出版社1991年版,第138—139页。

种方式为无产阶级利益斗争。另一部分代表反对这种意见，他们认为共产党员既不能去当议员，也不能去做官。共产党参加议会，会使工人阶级对资产阶级议会产生幻想，结果会影响共产党的阶级性和纯洁性，涣散无产阶级的斗争意志。应该抛弃这种和平的方式，集中党的精力，领导无产阶级向资产阶级作坚决的斗争。议会斗争有使共产党变成黄色党的危险。在这一争论中，持前一种观点的陈公博、李汉俊等和持后一种观点的张国焘、刘仁静等之间的争辩最为激烈。包惠僧后来回忆说：

> 因为陈公博刚在北大毕业，凭借陈独秀的政治关系，镶上了国民党的边，当上了广东法专的教授，宣传员养成所的所长，《群报》的总编辑，大有脱颖而出之势。李汉俊刚从日本帝大毕业回国，在上海《星期评论》及《新青年》中也露了点头角，加以有李书城的政治关系，也正在准备袍笏登场中。他们当共产党是个思想的发展，是个远景，做官是摆在面前的现实问题，这就是"存在决定意识"，他两人很激动地先后发言反对这个规定。在当时的情况，这种反对意见，也不是没有理由的，如果是出于他人之口，这个意见也还是可以加以讨论的，因为是出于他两人之口，又加以他们态度过于紧张，所以激起了一些代表对他两人的意见的反对意见，首先由张国焘、刘仁静搬出阶级的仇恨，阶级斗争的大原则，多数代表同意这个意见，一场舌战，颇为激烈①。

经过三天的讨论，对一些争论问题并未取得一致意见。在党的组织原则问题和党在现阶段的斗争目标及策略问题上，多数代表不同意李汉俊的观点。在共产党员能否当议员和做官问题上，会议未能完全解决，决定留待下一次代表大会再作进一步的讨论和决定。但争论双方也做了一些让步，经过修改的纲领条文体现了这种让步，即：共产党员不应该当议员，不能

---

① 《"一大"前后》（二），人民出版社1980年版，第317—318页。

担任部长、省长之类的重要政治职务，而可以担任校长、科员等文职雇员，以及警察、士兵之类的职务。

在讨论将要结束的时候，张国焘作了几点总结。李汉俊的观点虽然大多被否决，但他仍表示服从多数人的决定。主持会议的张国焘后来说过：

> 讨论经过都很热烈，表现了代表们的认真精神，但并没有意气之争。多数代表批评李汉俊的意见虽很严峻，但没有人指他为改良派或机会主义等等。初期的共产主义者彼此重视友谊，不愿意随便给意见不同者戴上一顶政治的"帽子"。李汉俊在讨论中虽也坚持他的意见，但从不与人争吵，当他的主张被否决时，总是坦率地表示服从多数的决定①。

共产国际代表马林和尼克尔斯基没有出席第二次、第三次、第四次、第五次会议。每次会后，张国焘都向马林汇报会议进行的情况。7月30日晚举行第六次会议时，马林和尼克尔斯基出席了会议。此次会议的原定议题是由共产国际代表讲话，对会议讨论的各项问题发表意见，然后通过纲领和决议。但在会议刚开始不久，一个穿灰色长衫的中年男子突然闯进会场。当人们询问这个不速之客时，他回答说是"找社联的王主席"，然后又说"找错了地方"。说完就匆忙退了出去。这个人的出现，引起了大家的怀疑。具有秘密工作经验的马林当机立断地说："一定是包打听，我建议会议立即停止，大家分别离开。"于是，张国焘宣布会议暂停。各位代表遂先后离去，这所房子里只剩下李汉俊、陈公博两人。

大约十分钟后，法国巡捕包围了这所房子。法国警官带着几名中国密探进入室内，先监视李汉俊、陈公博的行动，接着进行了搜查。他们除了搜到一些介绍社会主义的书籍外，并没有发现其他可疑的东西。当时，在一个抽屉内放着一份党纲草案，因涂改很乱，字迹模糊，幸未引起他们的

---

① 张国焘：《我的回忆》第1册，东方出版社1991年版，第141页。

注意。搜查之后，法国警官开始询问，李汉俊以房主的身份用法语一一作了回答，谎称是邀请北京大学的几位教授、学生来此商谈编辑新时代丛刊问题。接着，陈公博也回答了询问。法国巡捕得知此处是李书城的公馆，又未发现政党活动的证据，在警告李汉俊不要参与政治活动后，离开了这所房子，并在四周布下了密探。

当晚12时左右，多数代表来到老渔阳里2号。此时因陈独秀在广州，这所房子里住着陈独秀的夫人高君曼以及李达夫妇。经过商讨，大家一致认为：这次法国巡捕的侵扰，虽然没有使我们遭受损失，但大会毕竟不能再在上海继续进行。为安全起见，必须改变开会的地点。有人提出转移到杭州去，但大家觉得不妥。李达的夫人王会悟提议转移到她的家乡浙江嘉兴去，认为嘉兴南湖游人不多、环境幽静，而且离上海较近，比去杭州更为适宜。

于是，代表们商定最后一天的会议改在浙江嘉兴南湖的游船上举行。代表们先后到达嘉兴后，在王会悟定下的位于南湖附近的鸳湖旅馆稍事休息，陆续来到南湖湖畔。随后，通过摆渡的小船，登上了事先租好的画舫。这是一艘雕梁画栋、陈设考究的游船。代表们上船后，拿出随身带来的乐器和麻将牌，并在中舱的桌面上摆上酒菜，以游客的身份作掩护。当日11时许，突然下起了小雨，游人渐渐散去，湖面上更加平静。会议在张国焘的主持下开始了。

会议首先讨论通过党的纲领和决议。由于党的纲领已在上海的几次会议上进行了比较充分的讨论，所以这次会议着重讨论了党今后的工作，特别是具体讨论了以工人运动为中心的各项实际工作问题。会议一致通过了党的纲领和决议。

大会通过的党纲确定：党的名称是中国共产党。党的纲领是革命军队必须与无产阶级一起推翻资本家阶级的政权；承认无产阶级专政，直到阶级斗争结束，即直到消灭社会的阶级区分；消灭资本家私有制，没收机器、土地、厂房和半成品等生产资料，归社会公有。党纲明确提出：把工人、农民和士兵组织起来，承认党的根本政治目的是实行社会革命。

党纲还包含了一些属于党章性质的条文。关于党员条件，党纲规定，凡承认本党纲领和政策，并愿成为忠实党员的人，经党员一人介绍，均可接收为党员，成为我们的同志。但在加入我们队伍之前，必须与企图反对本党纲领的党派和集团断绝一切联系。党纲规定，在全党建立统一的组织和严格的纪律；地方组织必须接受中央的监督和指导；在党处于秘密状态时，党的重要主张和党员身份应保守秘密。

同党纲规定的奋斗目标相适应，大会决定党要集中力量领导工人运动，首先是组织工会和教育工人。大会通过的决议对开展工人运动的组织工作和宣传工作，做了具体的规定。这个决议还规定，在反对官僚军阀的斗争中，在争取言论、出版、集会自由的斗争中，党应采取独立的政策以维护无产阶级的利益，不同其他党派建立任何联系。

党的纲领和决议通过后，会议接着讨论《中国共产党成立宣言》。因在讨论中对南北政府的看法有分歧和争论，会议确定把宣言问题交由即将组成的中央局处理。

会议最后选举产生了党的中央领导机构。由于当时党员数量少，各地组织不健全，会议确定暂不成立党的中央委员会，先组成中央局，领导党的工作。会议选举陈独秀、张国焘、李达三人组成中央局，陈独秀为书记，张国焘为组织主任，李达为宣传主任。

会议议程进行完毕，张国焘在致简短的闭幕词后，宣布大会结束。

就这样，中国共产党第一次全国代表大会完成了具有划时代意义的历史使命。中国共产党由此宣告正式诞生了。

当代表们离开南湖时，已是灯火点点。当晚，代表们乘车离开嘉兴，回到上海时，已近午夜时分了。张国焘也肩负着新的使命，乘车回到了上海。

在中央局

中共一大闭幕后，张国焘留在上海，与李达和暂代陈独秀书记职务的周佛海一起，开始了中央局的工作，他们研究了开展工作所需的经费问题，并希望在广州的陈独秀尽快回到上海，负起中央局的领导责任，张国焘向马林汇报了大会经过和通过的纲领、决议内容，并同他商讨了如何根据大会决议开展工作以及经费问题。在谈到经费问题时，马林提出了要中国共产党接受共产国际经济援助的问题。马林还多次提出陈独秀应辞去在广东在任的职务，回上海任中央局书记。

不久，包惠僧去广州，向陈独秀转达了马林和党内同志的意见，请他回上海主持党的工作，陈独秀遂辞去广东政府的职务，于9月中旬回到了上海。

陈独秀回到上海的第二天，便同马林见面会谈，在中共与共产国际的关系问题上发生了争论。马林认为各国共产党都是共产国际的一个支部，中共的方针和计划，应在共产国际的统一领导之下制定。陈独秀则认为，中国革命有中国的国情，目前也不必要接受共产国际的经济援助。两人争执不下，谈了几次都未取得一致意见。

陈独秀初到上海时，在中央工作的只有他和张国焘、李达三人。他们常在老渔阳里2号陈独秀卧室楼下的客堂间或厢房里聚会，商讨有关问题。当时决定宣传工作仍以《新青年》为公开宣传刊物，由陈独秀主持；李达编辑《共产党》月刊，作为秘密宣传刊物。张国焘主持中国劳动组合书记部的工作。中央局还决定，成立人民出版社，出版15种介绍共产主义的读物。

正当中央局积极开展工作的时候，10月4日，陈独秀在寓所被法国巡捕房逮捕。同时被捕的还有在此聚会的杨明斋、包惠僧、柯庆施以及陈独秀的夫人高君曼。《新青年》等印刷品也被搜去。陈独秀被捕的消息由各大报登载后，闹得满城风雨。第二天，陈独秀虽被保释，但要随传随到。后经孙中山、马林等各方人士的营救，终以《新青年》有过激言论而罚款结案，陈独秀的身份和党的工作均未暴露。其他被捕人员也先后取保释放。陈独秀被捕后，张国焘曾散发传单，介绍陈独秀的生平，说他出了研究室就进牢房，出了牢房又坐研究室。这一传单对还没有结案的陈独秀不利，因此遭到党内同志的非议。包惠僧曾问张国焘为什么要这样做，他回答说，这是一种政治上的宣传，很必要。

陈独秀等获释以后，得知马林为了营救他们，花了很多钱，出了很多力。陈独秀很重感情，这次患难无形中增进了他对马林的好感。于是，他们和谐地会谈了两次，讨论了有关中共与共产国际的关系等问题，并达成了一致的意见。从此，中共接受了共产国际的领导和经济的援助。

中国共产党成立后，按照党的纲领和决议所确定的工人运动的方针，集中全力从事工人运动。

按照中央局的分工，张国焘负责组织工作。这时的组织工作，主要就是从事工人运动。在陈独秀到中央局以前，为了尽快开展工人运动，张国焘于中共一大闭幕后不久即与马林会晤，商议成立一个专门领导工人运动的合法机关问题。根据马林建议的名称，在上海成立了中国劳动组合书记部。

中国劳动组合书记部成立于1921年8月中旬，其办事机关设在北成都路19号（今成都北路899号）。它刚一成立，就编辑和出版了《劳动周刊》。该刊的发刊词宣称："专门本着中国劳动组合书记部的宗旨为劳动者说话，并鼓吹劳动组合主义。"[1] 张国焘担任中国劳动组合书记部主任，并

---

[1] 《共产党》月刊，第6号，1921年7月7日。

兼任《劳动周刊》的编辑主任，以主要精力从事工人运动。李启汉担任秘书。先后在中国劳动组合书记部工作和参加编辑《劳动周刊》的，还有包惠僧、李震瀛、董锄平、许白昊等人。

中国劳动组合书记部成立时，起草了一个"组织大纲"，并以"张特立等二十六人"的名义发表了《中国劳动组合书记部宣言》。这个宣言，以中国工人阶级所遭受的残酷剥削和非人生活，揭露了资本制度对劳动者的剥削。进而，明确指出了组织现代产业工会对于工人阶级进行自卫和谋求解放的重要性，指出："我们只有把一个产业底下的劳动者，不分地域，不分男女老少都组织起来，做成一个产业组合。因为这样一个团体才能算是一个有力的团体，要这样的组织法，劳动者才能用他们的组织力，做奋斗事业，谋改良他们的地位呢。"宣言申明：中国劳动组合书记部"是一个要把各个劳动组合都联合起来的总机关"，"他〔它〕的事业是要发达劳动组合，向劳动者宣传组合之必要，要联合或改组已成的劳动团体，使劳动者有阶级的自觉，并要建立中国工人们与外国工人们的密切关系"。宣言预言：中国工人阶级的组织"会日见发达，日见有力"，"相信将来的世界一定是工人们的世界"[①]。这一宣言的发表，对于上海和全国的工人运动，产生了相当大的影响。

陈独秀回到上海后，张国焘向他汇报了中国劳动组合书记部的情况，并同他讨论了劳动组合书记部的工作计划。张国焘除了统筹计划外，直接活动的地方是在上海。由于封建行帮势力和旧工会头头的干扰、破坏，造成许多阻力，再加上工作刚刚起步，两个多月过去了，工作并没有取得显著的成绩。共产国际代表马林在给共产国际执委会的报告中曾说：

> 劳动组合书记部在上海成立，它出版新的周刊，与各个工人团体接触，

[①]《共产党》月刊，第6号，1921年7月7日。

但青红帮之类秘密团体立即给它制造困难。书记部在一些要求增加工资的局部性的罢工中支持了工人，但上海却没有成立重要的现代化工会组织，而共产党也只能非法地进行工作，因而，没有显著的成就[①]。

中国劳动组合书记部成立后，主要开展了两个方面的工作。一是进行宣传教育，启发工人的阶级觉悟。它在上海小沙渡工厂区创办了工人补习学校，开始有20多名工人参加，李启汉、李震瀛轮流住在那里主持工作，劳动组合书记部的人员轮流到校讲课，针对工人的现实情况做思想启发工作。它还通过《劳动周刊》向工人宣传工人阶级团结和组织起来的重要性，启发工人按产业组织起来。二是发动工人群众，组织工会，开展罢工斗争。劳动组合书记部成立前，上海浦东英美烟厂8000多名工人举行罢工，党组织派李启汉前去参与领导，使罢工取得了胜利。李启汉还帮助烟草工人建立工会，8月下旬，建立了英美烟厂工会——上海烟草工人会。除这两方面的主要工作外，劳动组合书记部还同资产阶级把持的招牌工会进行了斗争。

中国劳动组合书记部除在上海设立总部外，还在其他几个有共产党组织的地方先后建立了分部。在北京建立了北方分部，在汉口建立了武汉分部，在长沙建立了湖南分部，在广州建立了广东分部，在济南建立了分部。这些分部积极在工人中进行宣传工作和组织工作，都获得了较好的效果。

经过中国劳动组合书记部总部和陆续成立的各地分部的积极工作，各地工人的阶级觉悟有了显著提高，按产业组合原则建立的工会组织纷纷出现，罢工斗争不断发生。在组织工会和罢工斗争中，各地都涌现出一批工人骨干分子。所有这些，为即将到来的中国工人运动第一个高潮做了思想上、组织上的准备。

---

① 《马林在中国的有关资料》（增订本），人民出版社1984年版，第13页。

正当各项工作在困难重重中艰难起步的时候，中共中央接到设在伊尔库茨克的共产国际远东局的通知。通知要求中共派代表参加远东各国共产党及民族革命团体代表大会。

这次大会，是共产国际执行委员会为推动和促进远东各国人民的民族解放事业，抵制和对抗各帝国主义国家瓜分远东的华盛顿会议而召开的。第一次世界大战期间及战后的巴黎和会，使日本夺得了在中国山东的各项权益，从此日本在中国占据了优势地位。而战后的美国因经济实力急剧增长，也把中国作为其向外扩张和掠夺的重要目标。这样，美、日之间不可避免地发生了日益尖锐的矛盾。此外，英国、法国等与美、日之间在远东问题上，也存在一系列的利益冲突和矛盾。为了协调各主要帝国主义国家的矛盾，按实力对比重新调整美、日等国在太平洋和中国的利益，由美国发起，英国支持，于1921年11月12日至1922年2月6日召开了有美国、英国、日本、法国、意大利、比利时、荷兰、葡萄牙、中国参加的九国华盛顿会议。会议经过明争暗斗和讨价还价，签订了限制海军军备的五国海军条约和解决中国问题的九国公约。这些条约虽然取消了英国主力舰对美国的优势，打破了日本在中国的独占优势，为美国实现瓜分中国的计划创造了条件，但是，它不可能解决帝国主义国家在远东和太平洋地区的矛盾，而且还隐伏着更大的矛盾和冲突。尽管如此，中国、朝鲜等国的一些资产阶级民族主义者仍对华盛顿会议抱有很大的期望，幻想美国主持"正义"，帮助他们从日本的统治和侵略下解放出来。

针对这种情况，共产国际执委会认为有必要听取日本、朝鲜、中国和蒙古的工人、农民、知识分子的意见，统一认识，以加强远东被压迫民族之间的联系和团结，于是，决定在华盛顿会议召开的同一天，在伊尔库茨克召开这次远东各国共产党及民族革命团体代表大会。

出席这样一次会议，是中国共产党成立后首次参加的大型国际会议。中央局接到通知后，对此十分重视，决定由张国焘作为中共代表前去出席。

同时派包惠僧赴广东，周佛海赴长江一带，刘仁静到北方，秘密在各主要城市物色、选派代表赴会。共产国际代表还直接与设在上海的国民党总部联系，邀请派代表出席大会。

从 10 月中下旬起，各地代表分批出发赴俄。张国焘也离开上海，乘火车经南京、天津、奉天（今沈阳）、哈尔滨，到达满洲里。在这里，他在共产国际代表介绍的秘密关系的帮助下，乘一辆雪橇车越过边境，到达苏俄境内的一个小站。然后，又同已经到达这里的一些中国代表及日本、朝鲜的代表一起，从这里乘火车到赤塔。几天后，又有一批代表到达这里。于是，他们便搭上了开往伊尔库茨克的火车。火车走走停停，大约用了一个星期，才到达目的地，代表们住进了共产国际远东局已准备好的招待所。

由于各国多数代表未能如期赶到，大会延期举行。在伊尔库茨克期间，各国代表分组举行会议，商讨大会的有关问题。代表们还应邀参加了当地举行的苏维埃大会和各种联欢会，热情主动地参加了苏俄正在开展的共产主义星期六义务劳动。尽管由于连绵的战争和反革命叛乱的破坏，到处残存着战争的痕迹，粮食和其他生活必需品极度匮乏，但是，苏俄人民那种获得解放的喜悦，劳动和工作中的主动精神，以及克服困难、实现理想的坚定信心，都给来自中国的具有不同政治信仰，但却在不同程度上受帝国主义、封建军阀压迫的代表们以极其深刻的印象，耳目为之一新。

张国焘也忙着参加各种活动，并拜会了远东局的领导人。在这里，他还被中国代表团推举为负责人，准备了提供给大会的报告。中国代表团包括了共产党、国民党和各地群众团体的代表。

12 月，当大部分代表陆续抵达伊尔库茨克之后，考虑到便于列宁和共产国际就近指导等原因，大会改在莫斯科举行。

1922 年初，一列从伊尔库茨克开来的专车，载着中国、日本、朝鲜和蒙古的代表，驶入巍峨雄伟的莫斯科车站。车站内，激昂的乐曲、飘扬的彩旗、人群的笑脸、热情的致辞，构成了隆重热烈的欢迎场面。随后，代表们参观了克里姆林宫、历史博物馆及革命时代的地下工作纪念地，在大剧院欣赏了著名的歌剧，出席了各种群众集会。所到之处，无不受到苏俄人民的热烈欢迎。张国焘置身其中，感到异常亲切，留下了永久不忘的印象。

1922年1月21日，远东各国共产党和民族革命团体第一次代表大会在克里姆林宫隆重开幕。参加大会的有表决权的代表共178人。在有表决权的代表中，中国占39人，其中共产党人14名。大会由共产国际主席季诺维也夫宣布开幕，推举列宁、托洛茨基、片山潜、季诺维也夫和斯大林为名誉主席。共产国际东方部部长萨发洛夫以及美国、印度等国的共产党代表和远东各国的主要代表共16人被推举为大会主席。张国焘是其中之一。

大会首先由季诺维也夫作题为《国际形势与华盛顿会议的结果》的报告。随后据此通过了《华盛顿会议的结果及远东形势》的决议。大会听取了远东各国代表介绍本国形势、阶级关系以及工人运动、农民运动、学生运动、妇女状况的报告。

中国代表也在大会上作了报告或发言。关于中国形势的主要报告是由张国焘作的。他在报告中介绍了中国的无产阶级状况，以及土地关系、农民状况、学生运动和罢工运动等情况。工人代表邓培在大会上介绍了中国的工会组织状况，以及铁路和冶金工人罢工的情况。新中学会代表于树德介绍了帝国主义侵略中国，外国资本控制中国工业，外国货充斥中国市场，致使手工业者破产的惨状。国民党代表张秋白介绍了该党和孙中山领导的南方政府的情况。女代表黄碧魂介绍了中国妇女的状况。

共产国际东方部部长萨发洛夫作了题为《第三国际与远东民族问题》的报告。报告依据列宁关于民族殖民地问题的理论，明确地提出远东各被压迫民族、被压迫国家当前革命的首要任务，是反对帝国主义和本国的封建主义，这些国家的共产党人应支持和援助本国资产阶级的民族民主革命运动。

　　列宁因病未能出席这次大会，但始终关心着大会的进行，并关注着中国的问题。大会期间，列宁接见了中国代表。当中国共产党代表张国焘、国民党代表张秋白和铁路工人代表邓培等来到克里姆林宫列宁办公处的会客室时，列宁立即从隔壁的办公室走过来接见他们。张国焘见到列宁，留下了这样的印象：他出现时朴实无华，毫无做作，完全是个普通人，很像中国乡村中的教书先生，绝对看不出是手握大权的革命最高领袖。经过陪同前来的共产国际远东局负责人舒米阿斯基的一番介绍之后，谈话便在亲切和轻松的气氛中开始了。对于这次会见，张国焘后来回忆说：

张国焘

　　张秋白首先要列宁对中国革命作一指教。列宁很直率的表示，他对中国的情形知道得很少，只知道孙中山先生是中国的革命领袖，但也不了解孙先生在这些年来做了些甚么，因此不能随便表示意见。他转而询问张秋白，中国国民党和中国共产党是否可以合作。张秋白并未多加说明即作肯定表示：国共两党一定可以很好的合作。列宁旋即以同样的问题问我，并希望我能告诉他一些有关中国的情形。我简单的告诉他，在中国民族和民主的革命中，国共两党应当密切合作，而且可以合作；又指出在两党合作的过程中可能发生若干困难，不过这些困难相信是可以克服的；中国共产党成立不久，正在学习着进行各项工作，当努力促进各反帝国主义的革命势力的团结。列宁对于我的回答，似乎很满意，并没有继续问下去。

……

　　那时，列宁似患重听，也许由于我们的英语说得太坏，更使他难于听懂。他在谈话时，总是倾斜着头向发言者靠近，眼睛里充满自信的光芒，全神贯注，一个字也不肯轻易放过。爱芬的翻译如果有一个字不甚恰当，他就和气地加以点明；如果我们说话的意思不够清楚，他也要问个明白，看来他的英文程度比在座者都要高明些。

　　告辞的时候，列宁以亲切的态度双手紧握着邓培的手，用英语向我说：

"铁路工人运动是很重要的。在俄国革命中，铁路工人起过重大的作用；在未来的中国革命中，他们也一定会起同样的或者更大的作用。请你将我的意思说给他听。"邓培这个朴实的工人领袖，听了我的翻译后张口大笑，点头不已，作为对列宁盛意的回答。列宁睹此，也露出乐不可支的笑容。

这次谈话因为翻译的费时，花去两小时以上的时间，谈话的内容却很简单。我们一行四人，对于这次晤谈都留下深刻的印象，尤其晤谈时那种友爱亲切的气氛，使大家事后称道不已[1]。

大会的闭幕式移在彼得格勒举行。2月2日，在彼得格勒的乌里茨宫举行了隆重的闭幕大会。季诺维也夫致闭幕词，彼得格勒工农代表和远东各国的代表也相继发言，祝贺大会成功。大会在通过了《宣言》后，在雷鸣般的掌声中宣告闭幕。

这次大会，对中国共产党制定现阶段的革命纲领，以及联合战线的政策，产生了重要的影响。

大会闭幕后，张国焘和代表们一起在彼得格勒停留了几天，游览了市容，参观了沙皇时代的冬宫和十月革命起义的总指挥部所在地——斯莫尔尼宫。通过参观，代表们从各个侧面观察和认识了世界上第一个由工人阶级掌握政权的国家，得到了很大的鼓舞和启发。

代表们回到莫斯科后，陆续启程回国。张国焘在莫斯科住了一段时间，等候回国的时机。2月下旬，他乘火车离开莫斯科。3月，回到了上海。

在张国焘出国的这段时间里，中共中央局在秘密的条件下，谨慎地开展工作，并与共产国际代表马林保持联系，交换意见，进行了大量有成效的工作。11月间，经中央局讨论，陈独秀签发了《中国共产党中央局通告》，提出了到明年7月以前的工作计划。党的各项工作在中央局的领导下，有计划有步骤地开展起来了。

---

[1] 张国焘：《我的回忆》第1册，东方出版社1991年版，第198—199页。

在宣传马克思主义方面，党以《新青年》《劳动周刊》等为阵地，介绍马克思列宁主义，介绍苏俄和国际共产主义运动的情况，报道中国工人的苦难和罢工斗争，批评基尔特社会主义和无政府主义，并开始结合中国的实际状况，探讨中国革命的问题。人民出版社也在李达的主持下开始工作。在青年运动和妇女运动方面，党也加强了领导。1921年11月，共产党员张太雷受中共和少共国际委托，重新组建社会主义青年团。1921年底，党帮助中华女界联合会进行了改组。特别是在工人运动方面，中共中央局和中国劳动组合书记部集中力量，加以领导，掀起了第一次全国工人运动的高潮。

1922年1月，香港海员大罢工首掀怒涛，成为中国共产党成立后全国第一次罢工高潮的起点。到3月，发展成为香港工人同盟总罢工，罢工人数超过10万。接着，上海罢工潮日盛一日。在李启汉等人的领导下，4月16日，上海日华纱厂3800多名工人罢工；24日，上海700多名邮政工人罢工；5月，日华纱厂再次罢工，都取得了胜利。湖南、苏州、无锡等地和京汉铁路的工人也相继举行了罢工。罢工高潮呈席卷全国之势。

张国焘在这种形势下回到了上海。他回来后，向中央局汇报了远东各国共产党及民族革命团体代表大会的情况，并同陈独秀进行了多次长谈，交换对下一步工作的意见。中央局决定，为了进一步地开展工作，首先在广州召开全国劳动大会和社会主义青年团代表大会。

由于列宁在接见张国焘等人时，提出了国共两党合作的希望，因此，张国焘同陈独秀还商谈了建立联合战线以及同国民党的关系问题。这时，正值共产国际代表马林南下中国南方回到上海。马林是1921年12月10日离开上海的，他先后到了汉口、长沙、广州、桂林等地。在广西桂林停留的九天里，他同孙中山就国民党同苏俄和中共的关系问题会谈了三次。马林于1922年3月29日回到上海后，根据共产国际二大通过的殖民地问题提纲和他对国民党实际考察的体会，从中国民主革命的前提出发，向中共中央局提出了同国民党联合的建议。他认为中共必须与国民党建立友好关系，应该利用左翼（廖仲恺）去改变国民党的策略；共产党人应该加入国民党，但应保持自己的组织和报纸，并应继续在工人中建立自己的活动和组织中心。但是，马林的建议没有被中央局所接受。陈独秀、张国焘等都不同意加入国民党。

4月6日，陈独秀写信给共产国际远东局的维经斯基，陈述了反对共产党员加入国民党的六条具体理由：共产党与国民党的宗旨和基础不同；国民党联美国、联张作霖、联段祺瑞等政策和共产主义太不相容；国民党未曾发表政纲，广东以外各省人民视之为一争权夺利的政党；广东实力派陈炯明，反对孙中山甚烈，中共若加入国民党，将受陈敌视，在广东亦不能活动；孙中山不能容纳新加入者的意见；各地党组织开会决议，不同意加入国民党。

马林的建议被中共中央局拒绝后，于4月24日离开上海，返回莫斯科。后来，他向共产国际作了如下的报告：

> 我曾向我们的同志建议放弃他们对于国民党的排斥态度，到国民党中去进行政治活动，通过这一切，会获得通向南方工人和士兵的更方便的门径。党则不需放弃独立。与此相反，同志们必须统一他们在国民党中所采取的策略。国民党的领导人告诉我，他们允许在其党内进行共产主义宣传。但我们的同志反对这种意见。只要他们不愿与国民党联合，这些小团体开展宣传工作的前景是暗淡的[①]。

马林走后不久，为指导在广州召开的两个大会，4月下旬，张国焘和陈独秀从上海赶到广州。

到广州后，陈独秀主持召开了一次工作会议。参加会议的有中央局成

---

① 《马林在中国的有关资料》（增订本），人民出版社1984年版，第20—21页。

员、党的各地负责人以及广州的部分党员，共约20人。会议着重讨论了在广州召开的两个会议的指导方针和建立民族民主统一战线的问题。陈独秀和少共国际代表达林分别就这两个问题作了报告。会上，达林提出了要中共在保持组织上和政治上的独立性的条件下，加入国民党的建议。这个问题引起了与会者的热烈争论。关于争论的情况，达林回忆说：

> 以张国焘为首的另外一些与会者反对统一战线，他说是"反对和小资产阶级联合"。这些人是中国共产党内的"左"倾宗派主义者。尽管张国焘在讲话中承认，孙中山政府是中国最民主的政府，而陈炯明起的是反革命作用，但实际上他的立场对广州的代表有利，因为这种立场实质上是反对支持孙中山。
>
> 张太雷和瞿秋白（此处有误，这时瞿秋白在莫斯科，不在国内——作者注）支持我，他们所持的观点是，在反帝的资产阶级民主革命阶段与小资产阶级结成广泛的统一战线是必要的，和国民党联合以及共产党加入国民党都是必要的。
>
> 关于这个问题的争论持续了好几天。陈独秀动摇不定，但在长时间的讨论以后他认识到了统一战线的必要性。大多数与会者同意了（附有很多保留意见）统一战线的策略，但没有通过一定的决议，会议决定继续讨论①。

这次会议虽然在对国民党的看法问题上没有达成一致，但对指导两个大会还是有作用的。

由于两个大会开幕在即，关于国共关系的争论暂时搁置起来了。5月1日，按照中共中央的决定，由中国劳动组合书记部发起，第一次全国劳动大会如期在广州召开。到会代表173人，代表12个城市的110多个工

---

① 达林：《中国回忆录》（1921—1927），中国社会科学出版社1981年版，第91页。

会，34万有组织的工人。代表中有共产党员，也有国民党员、无政府主义者以及无党派人士。张国焘以中国劳动组合书记部总部主任的身份主持了大会。他在报告了大会的筹备经过后，提议推举大会主席团主持会议。因主席团名单问题发生争执，遂由共产党员谭平山出任大会主席。大会接受中国共产党提出的"打倒帝国主义""打倒封建军阀"的政治口号，通过了《八小时工作制案》《罢工援助案》《全国总工会组织原则》等决议案。大会通过的宣言号召全国工人削平行帮，消除隔阂，不分地域，不分党派，不分男女老少，联合成一个阶级战线，反对国际帝国主义和封建军阀。大会决议在全国总工会未成立以前，先设一全国总通讯处，委托中国劳动组合书记部担任。这实际上承认了劳动组合书记部对于全国工人运动的领导地位。通过这次大会，交流了各地开展工人运动的经验，并加强了中共对日益高涨的工人运动的领导。

全国劳动大会结束后，张国焘和各省的代表约30人到香港，受到香港海员工会及其他工团组织的热烈欢迎。三天后，张国焘离开香港，于5月中旬返上海，陈独秀留在广州指导中国社会主义青年团第一次代表大会后，也于5月中旬回到上海。

张国焘、陈独秀回到上海不久，中国劳动组合书记部就受到摧残。它在各地工人运动中的作用，以及在全国劳动大会上的地位，引起了帝国主义和反动军阀的注意和仇视。6月初，上海公共租界工部局以"唆使邮差工人罢工""鼓吹劳动界革命""宣传过激主义"为借口，查封了《劳动周刊》，将李启汉逮捕入狱。7月16日，又借口"对于租界治安，大有关碍"，下令查封了中国劳动组合书记部总部机关。李启汉被判处徒刑三个月。刑期届满时，淞沪警察厅致书租界当局，诬蔑他"恐有扰乱社会治安之举动"，又将他送到龙华监狱关押达两年之久。

中国劳动组合书记部总部机关、《劳动周刊》被查封和李启汉被捕入狱，使中共中央局和主持工人运动的张国焘十分震惊，但也束手无策，只好将劳动组合书记部总部迁往北京。张国焘回忆说：

> 劳动组合书记部遭受摧残，当时中共中央曾企图反抗。但我们估计到当时还没有充分力量发动一次向租界示威性的罢工，即使勉强发动，也不会获得预期的结果，因而忍了下来。又为了不愿使正在蓬勃发展的工会运动和罢工浪潮受到这不利消息的影响，因而只轻描淡写的宣布将劳动组合书记部总部移往北京，并未将被封事件大事宣扬①。

中国劳动组合书记部总部于7月迁到北京后，张国焘不再担任主任一职，而由邓中夏接任。

此时，中国的政局出现了新的波澜。在北方，4月底到5月初，直系军阀和奉系军阀之间爆发了争夺北京中央政权的直奉战争。结果，奉系势力被驱逐到山海关以外，北京政权完全为直系军阀所控制。这助长了直系军阀"武力统一"全国的野心。6月，北京政府总统徐世昌下野，新任总统黎元洪以"废督裁兵"作为"复职"的条件。在南方，粤军总司令陈炯明高唱"联省自治"，反对孙中山北伐。6月16日，陈炯明在广州发动军事叛乱，炮轰孙中山的总统府。孙中山被迫离开广州，转赴上海。其他军阀也都依据实力的强弱，或推行武力统一，或主张联省自治。这时，胡适等改良主义者也提出了由"国内的优秀分子"出来组织一个"好人政府"，实行和平统一的主张。

政局的发展，使得中共中央局认为有必要发表对于时局的主张，以阐明中国共产党的立场，中央局在讨论这一问题时，一致认为国际帝国主义和本国军阀的压迫，是中国内忧外患的根源，"废督裁兵"也好，"联省自治"也好，都不能从根本上解决问题。"好人政府"的主张也只会阻碍革命的发展，将人们引导到改良幻想的歧途。在上海的党员建议中央局尽快

---

① 张国焘：《我的回忆》第1册，东方出版社1991年版，第261页。

发表一个声明，而不必等待第二次全国代表大会的召开。于是，推举陈独秀从速起草。初稿写出后，经中央局讨论修改后一致通过。6月15日，发表了《中国共产党对于时局的主张》。

这个文件分析了中国内忧外患和人民受痛苦的根源，批判了封建军阀的各种反动叫嚣和改良主义者的错误主张，指出解决时局的关键是必须用革命手段打倒帝国主义和封建军阀，建立民主政治。文件还指出，为了完成无产阶级在目前最迫切的任务，中国共产党主张同国民党等革命党派及其他革命团体，建立民主主义的联合战线，以反对共同的敌人。

文件通过后，张国焘受中央局派遣，于6月中旬到北京，征求李大钊和北京党组织的意见。在北京的党员会议上，张国焘报告了中央发表这一对时局主张的意义。这个文件得到了与会者的一致赞同。

这时，中共二大的筹备工作正在加紧进行，张国焘因要出席会议，在北京停留了大约一个星期后，又回到了上海。

从二大到三大

中共一大后的一年中，在中央局的统一领导下，各项实际工作都取得了一定的成效，党的组织也得到了健全和发展。截止到1922年6月，全国党员人数已发展到195人。党的工作的全面展开，迫切需要制定一个符合中国实际情况的纲领，为中国现阶段的革命指明方向。张国焘等参加远东各国共产党及民族革命团体代表大会的共产党人回国后，中国共产党人了解了列宁关于民族和殖民地问题的理论，这就为制定现阶段的革命纲领创造了思想上和理论上的条件。党在实践上和理论上的准备表明，召开中共二大的时机逐渐成熟了。

1922年7月16—23日，中国共产党第二次全国代表大会在上海召开。

除预定到会的李大钊、毛泽东和广州代表没有赶到外，出席会议的代表有12人，其中有陈独秀、张国焘、李达、蔡和森、向警予、高君宇、邓中夏、张太雷等。第一天的大会首先由陈独秀代表中央局报告了一年来党的工作概况，以及各地工人运动的情况。他在报告中还着重阐述了党在民主革命中的纲领和策略。

接着，张国焘报告了远东各国共产党及民族革命团体代表大会的情况，传达了共产国际的指示。他说：中国革命属于殖民地革命的范畴，这个革命的对象是侵略中国的帝国主义，以及和帝国主义相勾结的封建势力。这种革命的性质是资产阶级民主主义革命，这个革命的主体是资产阶级。我们无产阶级的贫苦农民，应当援助民主主义革命，使它早日得到胜利。民主主义革命胜利之后，资产阶级可以很快地发展起来，同时无产阶级也可以得到自由与权利，同样可以很快地发展起来。这时，无产阶级就能够进一步团结大多数贫苦农民对抗资产阶级，实行社会主义革命。张国焘还简要地报告了第一次全国劳动大会的情况。

张国焘报告后，陈独秀再次就工人运动、民主革命等问题发了言。团中央书记施存统也报告了中国社会主义青年团第一次全国代表大会的情况。

大会在听取和讨论了三人的报告和发言后，通过了中央局的报告，追认了中共中央发表的对于时局的主张，以及劳动、青年两个大会的决议案等。

大会的第二次会议主要讨论了准备写入大会宣言的关于民主革命的七项纲领式的条文，并推举陈独秀、张国焘和蔡和森组成宣言起草小组，起草大会宣言。张国焘和蔡和森又推陈独秀为执笔人。陈独秀用了两天时间起草了宣言，提交起草小组讨论。张、蔡提出了补充和修改意见，完成了供大会讨论的宣言草案。

7月23日，大会举行第三次全体会议。会议通过了《中国共产党第二次全国大会宣言》，通过了《关于"民主的联合战线"的决议案》《中国共产党加入第三国际决议案》等九个决议案和第一部《中国共产党章程》。大会决定出版党的中央机关刊物《向导》。最后，大会选举了党的中央执行委员会。陈独秀、邓中夏、张国焘、蔡和森、高君宇当选为中央执行委员会委员，中央执行委员会推选陈独秀为委员长。随后，大会闭幕。

中共二大通过的宣言在分析国际国内形势，以及中国的社会性质和革命性质的基础上，第一次明确提出了反对帝国主义、反对封建主义的民主革命纲领，并指出要通过民主革命进一步创造条件，实现社会主义和共产主义。制定党的最低纲领和最高纲领，是中共二大的突出贡献。为贯彻党的民主革命纲领，中共二大还制定了建立民主的联合战线的策略，提出：共产党应该出来联合全国革新党派，组织民主的联合战线，以扫清封建军阀，推翻帝国主义的压迫，建设真正民主政治的独立国家为职志。并计划先行邀请国民党及社会主义青年团在适宜地点召开一次代表会议，互商如何加邀其他各革新团体，及如何进行的问题。这表明党在策略方针问题上有了进步。

中共二大虽然通过决议，赞成与国民党建立民主联合战线，但是，对于联合的方式，仍然坚持两党联合，不同意共产党员加入国民党。陈独秀、张国焘等中央领导人都持这种态度。而两党联合的"党外联合"方式却是孙中山所不能接受的。他曾多次表示，不赞成"党外联合"的办法，只允许中共党员以个人资格加入国民党。在中共二大以前，少共国际代表达林在广州曾当面向孙中山提出建立国共两党的民主联合战线的建议，遭到孙中山的拒绝。中共二大以后，中共中央又写信给国民党，建议召开联席会议，讨论建立联合战线问题，也因孙中山不赞成而未能实行。显然，国共合作的方式问题实际上并没有真正得到解决。

8月，马林从莫斯科返回上海，带来了共产国际的指示。共产国际根据7月中旬马林给共产国际执委会的报告，作出了《给共产国际执委会驻华南代表的指示》。指示指出：共产国际执委会认为国民党是一个革命的政党。共产党人为完成他们的任务，必须在国民党内部和在工会中组成从属于他们自己的团体。

根据共产国际的指示精神，马林不同意中共二大通过的关于以"党外合作"的形式建立民主联合战线的决议。张国焘回忆说：

> 在大会闭幕后几天，马林回到了上海。他对于中共建立政纲的努力浇上了一盆冷水。他批评联合战线是空洞不能实行的"左"倾思想。
>
> 在一次我们与马林的会议上，他说明孙中山不会赞成联合战线，只会要求中共党员参加进国民党去。他说共产国际赞成加入国民党的办法，认为是实现联合战线的可行途径。他提议，中共中央不妨再召集一次会议，讨论这个问题。但我们无人赞成他的主张①。

正在这时，发生了所谓以张国焘为首的党内"小组织"问题。事情的起因是：在中共二大开会期间，为了安全起见，只开了三次全体会议，其他时间主要是分组讨论。张国焘为召集人的一组以从事工人运动的劳动组合书记部的人为主，包括了蔡和森、邓中夏、高君宇等人，是人数最多的一个小组。中共二大闭幕后，这个小组的人仍照常举行会议，以讨论劳工问题为主，也不免涉及一些敏感的政治问题，其中包括共产党员加入国民党的问题。张国焘后来回忆起这个问题时说：

> 当我们与马林争辩共产党员加入国民党这一问题尚未决定的时候，我们的小组也在谈论这一问题；因事来看我的张太雷这次也参加了这一小组会。在商谈一些有关劳动组合书记部的工作之后，……接着就有些同志发言，反对共产党员加入国民党的主张。这使张太雷听了颇为不快。
>
> ……

---

① 张国焘：《我的回忆》第 1 册，东方出版社 1991 年版，第 238—239 页。

张太雷旋即将我们这个小组开会的情形报告了陈独秀先生，并向陈先生指出：共产党加入国民党一事，仍在少数中央委员与马林秘密商谈中，为何一般同志都知道了？中央尚未决定的政策，即在小组会上讨论，未免有建立另一中心之嫌，也可以说是党内发生了小组织的倾向。陈独秀先生听了张太雷的报告，一时颇为生气①。

马林得知此事后，约张国焘单独谈话，说张国焘现在的作为有意无意地有些反陈独秀的倾向，并劝他不要再反对举行一次中央特别会议。这样，张国焘与马林的矛盾更加深了。

恰好在这时，李大钊来到了上海。在马林的一再提议下，中共中央决定在杭州西湖举行中央特别会议。

西湖会议在8月29日和30日两日举行。陈独秀、李大钊、张国焘、蔡和森、高君宇、马林以及张太雷出席了会议。会上，马林根据共产国际的指示，再次要求共产党员加入国民党的组织，强调国民党不是一个资产阶级的党，而是各阶级联合的党，无产阶级应加入进去，改进这一党以推动革命。在讨论这一问题时，大多数中央委员都反对马林的提议。张国焘和蔡和森在发言中认为：国民党是一个资产阶级的政党，中共加入进去无异于与资产阶级相混合，会丧失它的独立性，这与共产国际第二次大会所通过的原则不符合，而与国民党建立党外的联合战线是可以做到的。中共并不是要求与国民党来个平行的联合战线，只是不要丧失独立性。他们还着重指出：中共除与国民党建立联合战线外，更应注意争取国民党以外的广大工农群众来壮大自己。陈独秀等人也反对共产党员加入国民党，认为党内联合乃混合了阶级组织和牵制了我们的独立政策。李大钊则基本上同意加入国民党的"党内合作"的意见，认为国民党的组织非常松懈，无政府主义者加入国民党已经多年，挂着国民党党籍，依然进行无政府主义的

---

① 张国焘：《我的回忆》第1册，东方出版社1991年版，第239—240页。

宣传，并未受到任何约束，足见共产党员加入国民党，同样不会受到约束。他判断联合战线不易实现，采取加入国民党的方式是实现联合战线的易于行通的办法。最后，经过马林的说服工作，持反对意见的中央委员或出于对共产国际指示的尊重，或迫于共产国际指示的压力，接受了加入国民党的主张，决定劝说全体党员加入国民党。

在西湖会议上，马林又提出了党内"小组织"的问题，称党内现在并无小组织存在，但有过这种倾向，这虽出自善意，也是不应有的，将来更不应有。接着，他提出一个关于张国焘"小组织"的议案。蔡和森、高君宇在会上发言，反对马林的这个议案。马林认为，蔡、高两人支持张国焘的发言，证明党内确有一种"左"倾反对派的倾向。张国焘发言认为，并无这种倾向存在，反对作出这个决议。陈独秀、李大钊也不同意作此决议。因此，马林提出的议案未能获得通过。

西湖会议标志着中共中央在国共合作的问题上采取了新的政策。这时，因陈炯明叛变而避居上海的孙中山正陷于苦闷彷徨之中，对目前的处境一筹莫展。正当孙中山处于孤立困境之时，陈独秀、李大钊在西湖会议后分别去拜访了他，伸出了合作之手。孙中山立即赞成中共党员加入国民党，允许取消打手模和宣誓服从他的原有入党办法，并依照民主化的原则改组国民党。于是，李大钊、陈独秀、蔡和森、张太雷等人便由张继介绍，并在孙中山亲自主盟下加入了国民党。在中国共产党的帮助和推动下，孙中山开始着手进行改组国民党的准备工作。同时，邀请陈独秀等共产党人参与国民党的改组工作。

张国焘在西湖会议上虽然不同意"党内合作"的形式，但最后在组织上服从了共产国际的指示。西湖会议结束后，他先后到北京、武汉、长沙向当地党组织传达了中共二大和西湖会议的精神。在北京期间，他会见了苏俄政府代表越飞，谈了对中国时局、北京政府和国民党的看法。9月，他回到上海后，也由陈独秀介绍，张继主盟，加入了国民党。

10月，陈独秀由上海到北京，与刘仁静一起赴莫斯科参加共产国际第四次代表大会。与此同时，中共中央也由上海迁往北京。这段时间，张国焘负责中央的工作。

国共合作开始实现后，中国共产党人针对国民党对国际帝国主义和国内军阀势力存有不切实际的幻想，以及忽视人民群众的力量的错误，在《向导》等杂志上发表了许多文章，批评国民党的错误，帮助国民党总结革命斗争的经验教训。

一向不太爱写文章的张国焘，这时也连续发表了几篇文章，批评国民党只注意军事，不注意发动民众运动。在11月20日出版的《向导》第10期上，张国焘发表《国民党应否复建革命政府》一文，不同意蔡和森提出的国民党应重新建立一个革命政府的主张，强调"广州最靠近香港，英国侵略者扼住广东的咽喉，把持广东的经济命脉，英国海军几个小时内便可占据广州；福建被日本势力包围着，和广东的形势毫无两样。在这样英日势力威压之下，如何能组织一个自由活动的革命政府，完成他为自由和独立而革命的任务呢？"他分析了国民党在广东两次建立政府两次失败的原因，指出："一、遭那些与国民党合作的军阀之破坏，二、国民党旗下的有力军官之背叛，三、外国势力屡次的压迫。"这种"仅仅做军事行动，只图占领一二省组织一个所谓革命政府"的做法，便产生了三个结果。"第一个结果，便是使人民与国民党隔离，第二个结果，便把全中国的革命变成南方局部的革命，第三个结果，造成只是消极的否认对方势力的政策。"他认为："一个革命的政党要真能为人民的利益奋斗，才能得到人民的充分同情，如是他们的革命才有基础。倘若国民革命没有人民的同情做基础，是绝不会成功的。我们不是说，军事行动可以不要进行，……但是我们在群众中间做工作，是第一个重要。如果要组织革命政府，便要是真正革命政府，便要是一个不受军官特殊势力和外国势力威吓的革命政府。这样一个政府现在既然不能组织成功，只有由一个全国国民党大会促着全体党员向群众中去,是惟一的完成革命的新道路。"12月27日,张国焘又在《向导》第15期上发表《革命党的"否认"病》一文,对国民党不承认北京政府的"否认病"提出了批评,认为:"我们以(为)国民党与其只图由军事革命而建立一个局部的革命政府,同时否认北京政府的一切行动,不如在全部革命不能成功之前,采取反对北京政府的态度。而且国民党只有立在北京政府反对党的地位,不断地代表人民向北京政府下攻击;如是所有反对北京政府的势力,才能聚集在国民党旗帜之下。即使民众仍然愿意向北京政府去要求什么,国民党也要引导他们去要求,不过应该采取直接行动的方法罢了。"

张国焘对国民党的批评是切中要害的。但是,这时他对所要依靠的人民群众的地位和作用的分析,却又是糊涂的和不正确的。12月2日,他在《向导》第12期上发表了一篇题为《知识阶级在政治上的地位及其责任》的文章。他写道:

> 在素来缺乏政治活动的中国人民中间,那极少数的知识阶级是最彻底最有革命精神的成分,占政治上的重要地位。那极少数的知识阶级为什么很重要呢?这是极容易解释的。稍微明了一点中国历史的人,都知道五六十年前中国完全是个农业国:百分之九十以上的人民是农夫,农夫没有政治上的兴趣,简直是全世界的通例。特别是中国的农夫——因为都是"小地主式"的农民——没有政治的兴趣,他们只要求一个真命天子,还要求太平和丰年,除此以外,简直什么都不管。因此造成一种士大夫阶级,这阶级几千年来都是以做官为专利的职业。近代工业虽然逐渐发展,但是欧美式的资本家简直只能在上海香港等处数出几个,所以资产阶级的势力还是很小。新式工人自然也占少数,在这几百万的工人中间,熟练工人尤少,近一二年间才开始组织他们的工会,为增加工资的争斗;虽然他们将来在政治上的势力会不可限量,但是现在却不能不说是幼稚。……因为农人资本家劳动者都还没有势力,所以这极少数的知识阶级在过去十几

年间便为革新势力的先锋，而且他们仍然在政治上占有重要地位。所以我们可以说：知识阶级在中国政治上的重要地位，是中国的政治经济状况造成的。

……

……那时常被土匪杀戮、军阀蹂躏的农民，正等着知识阶级去率领他们出火坑；那些压迫在外国人之下的上海唐山等处的工人们，现在是不断的向他们呼救的；他们自己也天天在压迫之下；中国的政治经济状况，又造成他们在政治上的重要地位，切实参加解放被压迫的民众的运动，是他们——中国人民的重要成分——不可摆脱的责任。

在张国焘的笔下，工农群众幼稚，资产阶级没有力量，只有把希望寄托在"知识阶级"身上了。这种分析暴露了他在理论上的幼稚。

同张国焘的分析相反，这时的工人运动已经显示了中国工人阶级的力量。

在中共二大上，通过了《关于工会运动与共产党的议决案》。议决案分析了工人运动的现状，规定党应集中力量组织产业工人工会，如铁路、海员、五金、纺织工会等。工会工作必须把工人阶级的目前利益和长远利益结合起来，工会应该为改善工人的生活和劳动条件而努力，但是，还必须领导工人开展政治斗争。中共二大后，第一次工人运动的高潮继续向前发展。

中国劳动组合书记部总部迁到北京后，首先在全国发起劳动立法运动，提出19条《劳动立法大纲》，要求国会通过。与此同时，各地的罢工斗争形成了高潮，并形成了几个罢工重点地区。在北方，8月，长辛店京汉铁路工人大罢工的胜利，进一步掀起了铁路罢工的风暴。京奉路山海关铁厂和唐山制造厂的工人罢工，京绥路车务工人的罢工，正太路工人的罢工，都取得了部分胜利。在武汉地区，铁路、钢铁、机器、卷烟工人先后举行罢工。11月汉口英租界四家洋花厂的3000多工人举行罢工，遭镇压后很快发展成为武汉各界人民反对英国侵略者的斗争。在湖南，9月，安源路矿工人大罢工又取得了胜利。在各地的罢工斗争中，一些地方总工会和产业总工会也建立起来。湖北全省工团联合会由28个工会组成，有会员3万多人。汉冶萍总工会是当时最大的产业工会，有会员3万多人。

10月，开滦五矿工人联合大罢工爆发，参加罢工的工人近五万人。这次罢工虽然在英帝国主义和封建军阀的联合进攻下失败了，但它是继香港海员罢工之后，又一次直接针对帝国主义的规模较大的罢工，在国内国际都产生了很大的影响。这次罢工的失败，震动了新迁到北京的中共中央。张国焘和蔡和森、邓中夏等人检讨了罢工失败的原因，决定继续领导工人，再接再厉，争取组织工会和罢工的自由，并积极推进铁路总工会和各地区工会工作的开展。

这时，铁路工人运动在党的领导下仍在继续发展。在铁路工会中，以京汉路的工作基础最好。中国共产党成立后，京汉路沿线的主要地区都先后建立了工人俱乐部，并建立和发展了党的组织。特别是在长辛店、郑州、江岸3地，更是成为工人运动的中心。李大钊、张国焘、邓中夏、罗章龙、何孟雄等共产党人曾分别到这些地方开展工作。1921年，张国焘曾从北京给郑州工人俱乐部寄去一份工人俱乐部组织大纲。郑州工人俱乐部的委员们按照这一大纲，制定了《郑州京汉铁路工人俱乐部简章》，使工人组织更加健全。1922年，张国焘曾介绍郑州工会的刘文松入党，并在郑州建立了党小组。经过工作，到1922年底，京汉铁路各站已经建立了16个工会分会，广大工人迫切要求建立全路统一的工会组织。

还在1922年4月，由邓中夏主持，在长辛店召开了第一次京汉铁路总工会筹备会议。8月，又在郑州召开了第二次筹备会议。会上，各地代表报告了各处工人俱乐部的情况和工人运动的现状，讨论了京汉铁路总工会的组织设置、章程草案和其他筹备事项。这次会议正式成立了筹备委员会，推选杨德甫任委员长，史文彬、凌楚藩任副委员长，李震瀛任秘书长，项德隆（项英）任总干事，吴汝铭任副总干事。张国焘代表中共中央参加了这次会议。

1923年1月5日，第三次京汉铁路总工会筹备会议在郑州召开，决定2月1日在郑州正式举行成立大会。会议结束后，在做好各种准备的同时，还在北京、天津、上海、武汉和广州等地的报纸上刊登启事，向社会各界通告了举行成立大会的消息。

中共中央非常重视京汉铁路总工会的成立。此时，陈独秀已从莫斯科回到北京。中央决定，派张国焘出席指导。张国焘受命后，于1月底赶到郑州。这时，北京、武汉两地党组织和中国劳动组合书记部的有关负责人（罗章龙、包惠僧、陈潭秋、史文彬、吴汝铭、项英、林育南、许白昊、李震瀛、施洋等）和各地代表也纷纷到达。为了确保安全，总工会筹备处将张国焘等中共党组织的领导人安排在花地岗一带铁路工人居住区内住下。

京汉铁路的收入是军阀吴佩孚部军饷的主要来源之一。1月28日，吴佩孚突然下令禁止开会。在工人运动猛烈发展的形势下，直系军阀大为恐慌，吴佩孚决定撕下他那"保护劳工"的假面具，禁止召开京汉铁路总工会成立大会。

2月1日，郑州风急云淡，沙尘蔽天。这天早晨，全城紧急戒严，反动军警荷枪实弹，沿街排列，如临大敌。工人代表不畏强暴，高举红旗，从五洲大旅馆门前整队出发，走到距会场不远处，被反动军警举枪威吓，阻止前进。工人们群情激愤，奋不顾身，冲破封锁线，闯进设在普乐园的会场。随即，总工会成立大会在雄壮的乐曲声中开始了。这时，大批军警包围了会场。当筹备委员会副委员长史文彬报告总工会的宗旨和筹备经过时，军警冲上讲台，阻挠大会进行，并强令解散。史文彬遂大声宣布京汉铁路总工会成立。接着，筹备委员会负责人和法律顾问施洋相继发表演说，谴责吴佩孚的罪行。军警见状，便放起枪来，并与在门口守卫的工人发生了冲突。

张国焘眼见情势紧急,立即向总工会负责人建议:为避免流血起见,总工会的成立仪式和全体大会可以改时改地举行,现在不必坚持。杨德甫接受了建议,但代表们一时不能接受。"京汉铁路总工会万岁""劳动阶级胜利万岁"的欢呼声,震天动地。会议一直延至下午4时,全体代表和来宾才冲破军警包围,离开了会场。

当天下午,军警便包围监视代表驻地,各团体所赠匾额礼物也被捣毁,甚至不准饭馆向工人代表出售饭菜,强迫工会代表离境,总工会会址亦遭封闭和占领。在这种情况下,出席成立大会的中共党组织领导人张国焘等和工会组织的负责人秘密地举行了一次紧急会议,一致决定从2月4日开始,举行京汉铁路全路同盟罢工,总工会成立罢工委员会,并移到汉口江岸办公,会同湖北全省工团联合会,组成这次罢工的总枢纽,决心为自由、为人权、为工人的切身利益而战。

2月2日,张国焘随总工会的代表乘坐专车南下。在南下途中和到汉口以后,他参加了中共党员和工会负责人的集会,听取关于罢工的具体意见,共同商讨使罢工获得胜利的措施。张国焘实际上成为这次罢工的主要领导人之一。

同一天,京汉铁路总工会发布了《紧急启事》,揭露军阀摧残总工会成立大会的真相,号召罢工。从这一天起,在1000多公里长的京汉铁路线上,开始了紧张的罢工准备工作。16个分工会都召开了会议,传达了总工会的决定,成立了临时罢工委员会,建立、健全了工人纠察团(队)。2月3日傍晚,总工会罢工委员会通过火车、电报、电话和巡道工接续传达等方法,将罢工命令下达到各个分工会,并将《京汉铁路总工会全体工人罢工宣言》《敬告本路司员》《敬告旅客》等传单发给各分工会,在各厂、站张贴,同时送交武汉各报发表。中国劳动组合书记部也向全国各工会发出通电,要求本着阶级斗争之精神,切实援助京汉铁路工人的罢工斗争。

2月4日，汽笛怒吼，声震长空。京汉路中段郑州于9时宣布罢工，南段江岸于10时宣布罢工，北段长辛店于11时宣布罢工，其他13个分会也相继宣布罢工。京汉铁路大罢工终于爆发了。京汉铁路工人罢工后，得到了全国其他行业的工人和广大人民各种形式的同情和支持。

京汉铁路工人大罢工，使英、美等帝国主义国家的驻华使节和直系军阀控制的北京政府大为震惊。直系军阀吴佩孚在他们的指使下，向京汉铁路工人发动了诱骗、恫吓和武力镇压的攻势。对此，罢工工人坚持了针锋相对、不屈不挠的斗争。经过三天的较量，工人们的斗争情绪越来越高涨。

2月7日，吴佩孚在帝国主义的支持下，举起了屠刀，对罢工工人实行了血腥的大逮捕、大屠杀。这天清晨，军警首先包围袭击了长辛店的工人区，将罢工领导人史文彬、吴汝铭等人逮捕。当罗章龙和纠察队长葛树贵带领工人群众，前往军营要求释放被捕人员时，反动军警肆意开枪，工人当场死5人，伤30多人。是日下午，大批反动军队包围江岸总工会机关，实行血腥屠杀，工人死37人，伤近30人，被捕60多人，造成震惊中外的流血惨案。江岸分工会委员长林祥谦在被砍数刀的情况下，宁死不下复工的命令，表现了工人阶级的英雄气概。总工会法律顾问施洋也在这天被捕，8天后被秘密杀害于武昌洪山脚下。当天晚上，湖北全省工团联合会也遭摧残。这一天，在郑州、正定、信阳等地也发生了流血事件和工人被捕事件。

二七惨案的发生，使工人运动受到了很大的损失。据统计，京汉全线有50人牺牲（另有两人被捕后于1926年被枪杀），300多人受伤，40多人被捕入狱。

在这种严峻的形势下，张国焘、杨德甫等领导人及部分工会委员，被迫化装转移到汉口租界区。当张国焘化装成卖花生的小贩，在熟悉道路的杨德甫带领下，到达汉口法租界的时候，天色已黑下来了。按分散时的约定，张国焘在一座茶楼里同其他工会负责人碰头了。他们决定，暂时到位于法租界长清里的熊晋槐家中躲避。

在熊晋槐家，张国焘主持召开会议，提议立即下令复工。他的提议，遭到了项英等人的激烈反对，双方争执不下。张国焘遂以中共中央和中国劳动组合书记部总部代表的身份，要求立即下令复工，并要求在场者一致遵行。随后，张国焘草拟了一份以京汉铁路总工会和湖北全省工团联合会联署的复工令，劝工人忍痛复工。

2月8日晨，张国焘离开熊家，来到汉阳兵工厂和汉阳铁厂的工会，令他们照常上工。然后，他又来到汉口的一个秘密住所。在这里，张国焘和项英、林育南、许白昊等人商讨了今后应采取的步骤。随后，张国焘决定回北京向中共中央报告。张国焘走后，京汉铁路总工会于2月10日向全路工友发出《紧急通告》，说：事至如此，我们工友当然不能不忍痛复工。但我们决不要灰心，决不要怕死。这口气必定是要争的，仇是必定要报的。此后，主要是在中共北方区委的领导下，在武汉、郑州、长辛店等地成立了二七惨案善后工作委员会，由罗章龙、项英等负责，处理善后事宜。

张国焘于2月8日晚离开武汉，先是搭轮船到南京，然后由南京乘火车北上，于2月12日到达北京。这时的北京，同样笼罩着恐怖的气氛。二七惨案发生后，北京政府加紧了对革命力量的镇压，马林、陈独秀、李大钊等人受到通缉。在这种情况下，中共中央被迫迁回上海。

张国焘向中共中央汇报了二七大罢工的情况。2月27日，中国共产党发表《为吴佩孚残杀京汉路工告工人阶级与国民》书，号召全国不自由的人民和工人阶级团结起来，打倒残杀工人的军阀，为自由而奋斗。同时，根据马林的提议，派张国焘赴莫斯科，向共产国际报告二七大罢工的情况。

1923年春节过后不久，张国焘便启程了。他经满洲里越过边境，乘火车到达莫斯科。在莫斯科，他向共产国际东方部、远东局和赤色职工国际的负责人报告了二七大罢工的情况，并在共产国际的一次会议上作了关于二七大罢工的发言。他还在莫斯科东方劳动者共产主义大学中国班的一次党团员大会上，介绍了二七惨案的情况，并提出：中央认为中国的出路有两条：一是受帝国主义统治；一是由国共两党联合，发动民众起来革命，反对由帝国主义所支持的军阀实行"武力统一"，或搞什么"联省自治"。我们的口号是：统一、和平、自由。张国焘在莫斯科停留了大约三个星期后，就匆匆回国了。

张国焘回到上海时，已是3月底了。这时，在上海的中共中央领导人除陈独秀、蔡和森等人外，李大钊也因躲避被捕的危险来到上海。这年1月间从莫斯科回国的瞿秋白此时也在上海。经过二七惨案的教训，中共中央领导人进一步认识到要推翻帝国主义和军阀的统治，单靠工人阶级的力量是不够的。这就推动了同国民党合作的进程。

其实，在张国焘去指导京汉铁路工人罢工期间，共产国际对国共两党关系问题又有了新的指示。

在此之前，陈独秀、刘仁静赴莫斯科出席共产国际第四次代表大会期间，刘仁静在会上宣布："要在中国消灭帝国主义，就必须建立反帝的统一战线，我们党根据这一原则，已决定和国民革命的政党即国民党建立统一战线，其形式是我们共产党员以个人名义参加国民党。"①1923年1月10日，马林也向共产国际执委会报告了工作情况。在这样的基础上，共产国际于1月12日正式作出了《关于中国共产党与国民党的关系问题的决议》。决议强调国民党是"中国惟一重大的民族革命集团"。由于中国"独立的工人运动尚不强大"，"工人阶级又尚未完全形成为独立的社会力量"，所以中国共产党与国民党实行合作是必要的。但中国共产党无论如何要保持自己在政治上的独立性。这个决议与马林的观点是基本一致的，它对中国工人阶级的力量估计不足，对中国共产党也有所轻视，因而不可能提出中

---

① 《共产国际有关中国革命的文献资料》第1辑，中国社会科学出版社1981年版，第62页。

国共产党对统一战线的领导权问题。这对以后的中共及其领导人产生了深刻的影响。

二七惨案发生后国内政治形势的发展，把国共合作、建立革命统一战线的问题，更加迫切地提到议程上来。正在这时，共产国际一月决议传到中国。中共党内大多数党员都表示赞成决议的原则。于是，一方面准备提前召开中共第三次全国代表大会，一方面则积极推动和帮助孙中山加快改组国民党的步伐。

早在1923年1月2日，孙中山就在上海召开改进国民党党务会议，任命陈独秀等21人为国民党参议。1月22日，孙中山在上海会见苏俄政府代表越飞，并于26日发表《孙文越飞联合宣言》，公开确立了国民党的联俄政策。也就是在这个时候，广东政局发生了变化。滇、桂军阀赶走了陈炯明。2月21日，孙中山由上海回到广州。3月，成立名为"大元帅大本营"的广东革命政府，孙中山就任大元帅职务。此后，孙中山为巩固广东革命政权，彻底改组国民党而展开了艰巨的斗争。

由于在广东革命力量可以公开，中共中央也由上海迁到了广州。3月26日，陈独秀等来到广州，筹备中共三大。张国焘在北京等地解决一些工会的紧急问题以后，也于6月初赶到广州，准备出席中共三大。

6月12—20日，中国共产党在广州召开了第三次全国代表大会。议事日程共有7项，其中主要的是讨论共产党员加入国民党的问题。出席大会的共有30多名代表，其中有表决权的19人，有发言权的10余人。大会第一天，首先由陈独秀作中共二大以来中央工作的报告。从第二天开始，各地区的代表报告本地区的工作情况。刘仁静等报告了参加共产国际四大的情况。张国焘报告了二七大罢工及其善后工作情况。随后即就各项议程进行大会或分组讨论。

代表们根据共产国际一月决议，讨论了共产党员加入国民党的问题。大家都表示赞成共产国际的决议，但在如何理解和实行这个决议问题上，却发生了尖锐的分歧和激烈的争论。这种分歧和争论已经不是共产党员要不要加入国民党的问题，而是共产党员要不要全体加入国民党，以及要不要在工人群众中发展国民党组织的问题。围绕这两个主要问题，出现了完全对立的两种意见：一种意见以马林、陈独秀等人为代表，主张共产党员全体加入国民党，在工人群众中也应发展国民党的组织；另一种意见以张国焘、蔡和森等人为代表，反对全体共产党员加入国民党，尤其反对在工人群众中发展国民党的组织。

在讨论中，争论双方都各自阐明了自己的观点。尤其是马林和张国焘，更是到了唇枪舌剑的地步。

马林和陈独秀等人认为：中国革命目前的任务是进行国民革命，不是进行社会主义革命；国民党是代表国民革命运动的党，要成为革命势力集中的大本营；共产党和无产阶级现在都很幼稚，还没有形成一个独立的社会力量；因此，全体共产党员、产业工人都应参加国民党，全力进行国民革命；凡是国民革命的工作，都应当归于国民党，由国民党组织进行；只有这样，才能增强国民革命的力量。

张国焘和蔡和森等人认为：反帝反封建的国民革命虽然是当前中国革命的任务，但是共产党有它的特殊任务，即领导工人运动，同资产阶级斗争，这两个任务同等重要，应当同时进行。全体共产党员，特别是产业工人加入国民党，会取消共产党的独立性，把工人运动送给国民党。

从他们各自的观点看，马林等人坚持中共应该积极参加国民党，帮助国民党改组，集中力量进行国民运动的意见是正确的。但是，他们对国民党估计过高，对中国无产阶级和中共的力量估计过低，由此提出"一切工作到国民党中去"的口号，对保持中共的独立性重视不够，则是不正确的和有害的。张国焘等人在对中国工人阶级和中共力量的估计方面，在强调保持中共的独立性方面，基本上是正确的。但是，他们把劳动运动和国民运动分割开来，企图在国民运动之外独立地进行劳动运动，这就在实际上否认了中共的中心任务是国民革命。另外，张国焘只看到中国资产阶级和国民党妥协、落后的一面，而否认他们有革命、进步的一面，则是消极的和片面的。

这种分歧反映了对一些有关中国革命重大问题的不同看法，双方都还没有形成自己的一套理论和路线。从张国焘的思想实质来看，他是始终反对共产党员加入国民党这一政策的。只是碍于共产国际的指示，不便公开反对，才在工人群众应否加入国民党的问题上做文章。正如后来他自己所说："我和蔡和森等人在西湖会议时，经过争论后，接受了有条件、有限度的加入国民党的政策，视为是实现联合战线的一种方式。基本上，我们始终站在国共两党形成联合战线的立场上。"①

这些争论表明，大家都确认有实行国共合作、建立革命统一战线的必要，但对于实行统一战线的策略和形式则有不同的主张，分歧的实质仍然是采取"党外联合"还是"党内合作"的问题。然而争论双方都没有提出和解决无产阶级在统一战线中的领导权问题。正如后来周恩来所指出的："关于参加国民党的问题，当时有争论。有的主张参加，这是对的，但认为参加进去只是帮忙，又是错的。另外，张国焘开始是反对参加，后来又主张至少产业工人要留在外面。他不了解广大工农群众参加进去，可以改造国民党，争取领导权。"②

大会经过热烈讨论，主要反对了以张国焘为代表的"左"倾观点，对马林提出的"一切工作归国民党"的右倾观点也没有全盘接受。最后，大会接受共产国际一月决议，决定采取共产党员以个人身份加入国民党的方式，实行国共合作。大会通过的《关于国民运动及国民党问题的议决案》指出："共产国际执行委员会议决中国共产党须与中国国民党合作，共产

---

① 张国焘：《我的回忆》第 1 册，东方出版社 1991 年版，第 301 页。
② 《周恩来选集》上卷，人民出版社 1980 年版，第 159 页。

党党员应加入国民党。中国共产党中央执行委员会曾感此必要，遵行此决议，此次全国大会亦通过此决议。"决议强调："我们加入国民党，但仍保存我们的组织，并须努力从各工人团体中，从国民党左派中，吸收真有阶级觉悟的革命分子，渐渐扩大我们的组织，严谨我们的纪律，以立强大的群众共产党之基础。"这个决议，尽管存在着夸大资产阶级和国民党的力量、轻视无产阶级和共产党的力量、没有明确解决革命领导权问题等缺点，然而它的基本方向是正确的，对于实现国共合作，建立革命统一战线，推动革命运动向前发展，是有积极的历史作用的。

大会除了讨论国共合作问题外，还修改了党章，通过了宣言、中央执行委员会组织法和一系列决议案。最后，大会选举产生了新的中央执行委员会。陈独秀、李大钊、蔡和森、王荷波、毛泽东、朱少连、谭平山、项英、罗章龙九人当选为中央执行委员；李汉俊、邓中夏、徐梅坤、邓培、张连光五人当选为候补中央执行委员。中央执行委员会选举陈独秀、蔡和森、谭平山、毛泽东、罗章龙五人组成中央局，并选出陈独秀为委员长，毛泽东为秘书，罗章龙为会计，负责处理中央日常工作。

在这次大会上，张国焘因只得了40票中的6票而没有被选为中央执行委员，失掉了中共中央领导人的地位。这一方面是因为他在国共合作问题上坚持"左"的观点，另一方面则是与所谓张国焘"小组织"问题有关。高君宇的落选和邓中夏只被选为候补委员，也与此有关。陈独秀在向大会作的报告中，批评张国焘"在党内组织小集团，是个重大的错误"。张国焘有搞宗派的作风，对他进行批评是必要的。但说他在党内组织了一个小集团则未免言过其实，也没有证据。对于从中共二大开始的反张国焘"小组织"问题，张国焘一直有看法。有一次开会，张国焘要陈独秀表态，陈说：没有什么小组织，但张国焘有错误，以后不准再说什么小组织问题。到1924年5月召开的中共中央第三届第三次执委会会议上，中央局在报告中指出：

党内小组织问题，C.P.及S.Y.两大会前后，很引起纠纷，近数月已渐安定，自二月底第二次中央执行委员会议发通告以后，此种纠纷现象便完全消灭了。中央局现敢保证所谓小组织的结合，确已无此事实，今后同志间绝不可妄启猜疑，致碍党之进行[①]。

经过中共中央一再做工作之后，这场反对所谓张国焘"小组织"的风波，才逐渐平息下去。当然，这是后话了。

---

① 《中共中央政治报告选辑》（1922—1926），中共中央党校出版社1981年版，第24页。

第四章
CHAPTER FOUR

在大革命风暴中

被捕入狱

中共三大结束后,张国焘又回到了上海。他在上海闲居了一个多月,始终保持沉默。马林到上海后,不同意中共中央给张国焘分派工作,并声言如果张国焘继续反对中共三大的既定政策,即给予纪律制裁。这时的张国焘虽然在组织上服从了党的决议,但在思想上并没想通。他这时有些心灰意冷,认为自己"栽了个大筋斗"。他后来曾毫不掩饰地说:虽然"服从多数而尽力执行国共合作这一政策;但我总是难以压抑自己反对这一政策的主张。有时觉得矛盾,有时觉得苦恼,我的人生观和革命观就在这种过程中逐渐起了变化"①。

8月底,中共中央安排张国焘到北京从事铁路工会的领导工作。于是,张国焘于9月初离开上海中央机关,来到北京,从事铁路工人运动。到北京后,他除参加按期召开的党员大会外,以主要精力在铁路工人中开展工作,发展秘密小组,参与编辑《劳动周刊》,筹备全国铁路工人代表大会。

这段时间,张国焘利用一切机会,表示自己并不反对国共合作,实际上他仍坚持在中共三大上的观点。9月底,苏俄政府和苏共代表鲍罗廷途经北京到广州。张国焘在与他的会晤中,表白自己并不根本反对国共合作。11月初,接替马林的新任共产国际代表维经斯基赴上海途中在北京作短暂停留,张国焘又同他进行了谈话,表示自己的态度将取决于中央的动向,只要中央纠正在国共合作问题上的偏差,党内的分歧就可能消失。在11月间召开的一次北京党员大会上,当讨论即将召开的国民党第一次全国代表大会问题时,发生了争论。有人不同意出席会议。张国焘在会上重申了

---

① 张国焘:《我的回忆》第1册,东方出版社1991年版,第216页。

他在西湖会议和中共三大上的主张，指出他所反对的是马林那种取消中共的倾向，而不是根本反对国共合作。为此，他主张应有人去参加国民党代表大会。他认为这次大会能否成功还很难说，但要做好准备。11月16日，张国焘给维经斯基、穆辛写了一封信，详细地叙述了在中共三大上他同马林争论的主要观点，汇报了对中共目前工作的看法。

鲍罗廷于10月间到达广州后，被孙中山聘为国民党组织教练员（后又被聘为政治顾问）。此后，国民党的改组很快进入实行阶段。在共产国际和中国共产党的推动和帮助下，孙中山以极大的热情，推进国民党的改组。国民党第一次代表大会开幕的日期越来越近了。北京国民党组织推选出席会议的代表，张国焘被选为代表之一。1924年初，张国焘和李大钊经上海赴广州。在上海停留期间，他们参加了一次中共中央的会议，讨论到广州后应采取的态度。会上，决定由李大钊、张国焘、谭平山、瞿秋白组成指导小组，以指导出席国民党一大的中共党员。随后，他们到达广州。

1月20—30日，在中国共产党的推动和帮助下，中国国民党第一次全国代表大会在广州召开。大会由孙中山主持。在165名代表中，共产党员有20人。张国焘以北京国民党组织的代表身份出席大会。他只出席了两次会议，便提出返回北京，主持将于2月7日召开的全国铁路工人代表大会。孙中山得知张国焘要提前离开广州，设宴招待了他，并同他进行了谈话。1月23日，张国焘离开了广州。

国民党一大继续进行。这次大会的宣言重新解释了三民主义，确定了联俄、联共、扶助农工三大政策，宣告了第一次国共合作的正式形成。大会通过的宣言和章程成为国共合作的政治基础。大会最后选举产生了国民党中央执行委员会，有10名共产党员被选为中央执行委员或候补中央执行委员。张国焘当选为候补中央执行委员。

张国焘离开广州途经上海时，向陈独秀报告了对广州的观感和对国共关系的看法。随即于1月底返回北京。

2月7日至10日，全国铁路工人代表大会在北京秘密举行。出席会议的有全国11条铁路的代表42人。张国焘在大会上作了报告，提出工人应拥护国民革命，力争工会自由和改善工人生活等主张。大会通过了成立宣言。最后，大会正式决定成立全国铁路总工会，推选孙云鹏为委员长，张国焘为总干事。

全国铁路总工会成立后，各铁路工会组织有了显著的进步，工作取得了一定的成绩。张国焘在《"二七"前后工会运动略史》中说："全国铁路总工会成立后，工会运动为之一振，各路组织，均有显著之进步：如胶济路会员之大增加，京绥路车务工会会费之能确实收齐，正太工会组织之大加整饬，皆其明证。"[1] 这一评价，基本上反映了当时的情况。

正在这时，爱情也悄悄走进了张国焘的个人生活。2月10日，27岁的张国焘和22岁的杨子烈结婚了。

杨子烈，1902年出生于湖北枣阳一个书香之家。早年在武昌女子师范读书时，因支持新文化运动和妇女解放，被学校开除。1921年冬在武昌加入中国共产党。1922年赴北京，就读于法政大学，同时在北京一所艺术专门学校学习。1923年11月间，因抗议艺专教务长的生活作风问题，愤而从艺专退学。此后，她担任了《新国民》杂志的校对和发行工作，并搬到北京大学附近的学生公寓居住。在这里，她结识了张国焘，并逐渐产生了爱慕之情。最后，终于结为伉俪。

张国焘新婚不久，出席国民党一大的李大钊等人回到北京。李大钊转达孙中山的邀请，要张国焘去国民党汉口执行部工作，张国焘拒绝了。此后，他参加了国民党北京执行部的工作。

4月底，张国焘接到中共中央的通知，到上海参加了5月召开的中央执行委员会扩大会议。共产国际代表维经斯基也出席了会议。会议针对

---

[1] 《新青年》第2号，1925年6月1日。

许多共产党员在实际活动中表现出的对国民党右派过于忍让迁就的右的偏差，强调要坚持国民党一大宣言中的革命政纲，以这个政纲作标准来正确对待国民党左右派之间的斗争。会议认为，国民党左派是孙中山及其一派和我们的同志，因此所谓国民党左右派之争，其实是我们和国民党右派之争。假使现在我们为巩固扩大国民党起见，而取调和左右派的政策，那就是一种错误。会议还强调了工人运动的重要性，要求党员应积极领导职工运动。这次会议，对纠正党的工作中的偏差，巩固和发展国共合作，发展工人运动，有着积极的作用。

会议结束后，张国焘离开上海，回到北京。他没有想到，等待他的将是五个月的铁窗生涯和一次严峻的考验。

1924年初，革命统一战线的建立，为革命运动的恢复和发展创造了有利的条件。工人运动也从二七惨案后的低潮逐渐得到复兴和发展。革命运动的发展，遭到帝国主义和北洋军阀政府的极端仇视。5月初，北京卫戍总司令王怀庆发出通电，要北京政府通令查禁"过激运动"。5月13日，湖北督军萧耀南借口"此间过激党禀承孙文，联络苏俄，实行共产主义，派遣党徒，分往内地"，派出军警分别包围汉口德润里23号湖北共产党组织的秘密机关和刘芬律师事务所，逮捕了共产党员许白昊、刘芬和原京汉铁路总工会委员长杨德甫等几个工人，并通缉包惠僧、项英和廖乾吾。杨德甫被捕后，供出了北京全国铁路总工会的秘密机关和张国焘等负责人。

北京政府交通部接到京汉路局的密函后，当即通知京师警察厅"严密查究"。5月21日凌晨，京师警察厅派出侦缉队三个分队，前往查抄全国铁路总工会秘密会所。他们先到后门铁匠营21号搜捕张国焘和张昆弟。因张国焘不住在这里，张昆弟已于数日前离京，侦缉队仅捕到全国铁路总工会干事彭子均、李凤林两人，搜去铁路工人名册及许多党的文件和来往信件。接着，侦缉队又去腊库16号杏坛学社，捕获了张国焘和他的妻子杨子烈。5月24日，京师警察厅总监薛之珩在给内务部总长的呈报中，记述了拘捕张国焘等人的经过：

> 窃准交通部密函内开，据京汉路局呈称，武汉稽查处拿获工会党魁杨德甫等，讯据供出京、沪等处组设工党通讯机关并主要党人姓名、住址，抄录名单密呈。等语。查单中所开北京机关设在后门铁匠营二十一号，主任张国焘、张坤第〔昆弟〕。是否属实，应请严密查究，以遏乱萌。等因。准此。当即速饬侦察队，按照所开地点，驰往拘传无著，仅传得彭子均、李凤林二名，当场搜出全国铁路总工会委状一纸。询其张国焘现属何处，佥称不知。复督饬该队，赶紧设法侦查。嗣在腊库十六号杏坛学社内，查获张国焘同一女子杨子烈奸宿，当场搜出中国共产党第三次全国大会决议宣言书，并信函多件[①]。

据京师警察厅呈文附件所列，从张国焘等人住处搜出的重要信函有20件之多，其中有陈独秀、李钟英、孙云鹏等人来的重要信件。由于张国焘事先毫无精神准备，使这些涉及共产国际、中国共产党和全国铁路总工会工作的秘密函件，落入敌人之手。同时，由于信件中有张国焘任全国铁路总工会总干事的内容，也使张国焘等人处于十分被动的地位。

张国焘等人被捕后，中国共产党立即发动抗议运动。《向导》连续发表《工界厄运重重》《汉口之党狱》《告劳动平民和青年学生——为汉口北京党狱》《北京之党狱》《"六三"纪念与最近军阀列强之联合进攻》等文章，声讨帝国主义和北洋军阀政府镇压革命的暴行，并展开营救活动。众议员李国珍等19人致函内务部总长，要求"从宽开释"张国焘。众议员彭汉遗等15人也致函内务部总长，请"开释"杨子烈。

侦缉队不顾这一切，对张国焘等四人进行了野蛮的审讯。上海《申报》5月28日报道说：

---

① 《历史档案》1981年第2期。本节以下所引用档案出处相同。

> 张等被捕后，即拘于鹞儿胡同侦缉队中，现据侦缉队中传出消息，连日对张等严讯，惟并无若何口供。故自前日起，侦缉队已开始拷讯，且每日拷打三四次之多。闻在张室中搜出之文件等，侦缉队认为关系重大者颇多，中且有派人赴俄护照一纸，上有加拉罕签字，侦缉队对此追究颇严，谓此护照究系俄国何人接洽得来，然关于些层尚无结果也。

张国焘被捕后，先在侦缉队被审讯了三天。5月25日，押解京师警察厅继续审讯。他开始不承认自己是张国焘，也没有供出党和工会的组织。但是，在严刑拷打面前，他很快就向敌人屈服了，承认自己就是张国焘。据档案记载：

> 追讯共产党鼓动各路工问题，均极狡猾不肯吐实。查起出委状上列总干事张特立之名，讯之张国焘，是否伊之别名，则百方支吾。再证之检出李钟英由上海寄伊之函，内附有沿海省职工联合会、苏维埃华工总会致全国铁路总工会函，称伊为总干事，语为之塞，始认张特立即伊之变名。

接着，张国焘又承认自己是共产党员，是国民党中的共产派。他在亲笔供词中写道：

> 国焘历年受学校教育，研究经济学，颇以马克思主义与"孔子不患寡而患不均"之旨相符合，因信仰之。又陈独秀（即实庵）系北京大学学长，与国焘有师生之谊彼此信仰又可谓略同。国焘素抱爱国热忱，于抵制日本诸运动曾亦参加。后又以非提倡平民教育不足以救国，陈独秀亦颇重视国焘之为人。当独秀去京赴沪以共产主义旗帜相号召时，于民国十年间曾来函邀国焘一致进行。国焘亦随以提倡平民教育，进行社会事业自任。去年，陈独秀加入国民党后，国焘亦随之加入，故国焘可谓国民党内之共产派。按国民党内容复杂，共产派系新加入，主张偏重反对外国侵略。国焘自去年加入该党后，并未任何项职务，可谓之挂名党员。按中国共产派现尚幼稚，既无若何组织，人数亦尚少，故从来并无何项革命行动事业，多偏重

研究学理及宣传。国焘在此派内，担任劳动教育及平民教育诸事。又国焘因曾做劳动教育事业，各处工人亦有很少数与国焘相识者，故亦颇知所谓铁路总工会。……①

杨子烈被捕后，与张国焘分别关押。她在被审讯时，不惜以对马克思主义的诬蔑，来乞求敌人宽恕张国焘。她在亲笔供词中写道：

张国焘是研究共产派学说的。他既是我的丈夫，他所研究学说，我因好奇心，所以也想研究一下。可是因为我们结婚的日期不久，同时我学校的功课很忙，虽然把关于此类的书籍看看，凭心说话，一本也未看完过。不但如此，老实说连共产二字的意义何解也是茫然的。但是，我的丈夫张国焘因受人之愚迷而研究这种邪学说，而得像现在这种结果，我既是他的妻子是脱不了干系的，我也不愿意脱离干系。政府诸大人是人民的父母，人民做了错事，是应该求诸大人的宽恕，使其有改过自新之余地。铁匠营二十一号是铁路总工会暂时通信机关，张国焘因受人之愚而为干事，到现在我才知道。……至于我的丈夫张国焘，此次做错了事是应该受惩罚的。但是青年阅历尚浅，诸大人素来德量宽宏，许人改过迁善，故敢请诸大人念张国焘初犯，特别加于宽恕。那不但张国焘和我铭感不忘，就是稍有知觉的人，也当感德无涯矣②。

经过几天的审讯，京师警察厅认为："查该犯等，确系共产党。惟供多狡展，证以起获各种函件、委任状等物，均系鼓吹革命煽惑罢工。除饬缉逸犯张昆弟等，务获证物，并将张国焘连同证物送请京畿卫戍总司令部讯办。"随后，京师警察厅将张国焘等四人解送京畿卫戍司令部。

在京畿卫戍司令部的继续审讯中，张国焘供出了在北京的共产党员名

---

① 《张国焘的供词》，《历史档案》1981年第2期。
② 《杨子烈的供词》，《历史档案》1981年第2期。

单，其中包括李大钊、张昆弟、黄日葵、李骏、范体仁、高君宇、刘仁静、朱务善、陈佩兰、缪伯英等人。根据张国焘的供认，5月30日，京畿卫戍总司令王怀庆密咨内务部总长，"望转令严拿共产党李大钊等归案讯办"，内称：

> 案据京师警察厅解送拿获共产党人张国焘等一案，业将审讯情形函达在案。兹经派员将张国焘提讯明确，据称：伊等以私组工党为名，实行共产主义。陈独秀为南方首领，有谭铭三（平山）等辅助进行；北方则李大钊为首领，伊与张昆弟等辅助进行。北方党员甚多，大半皆系教员学生之类，一时记忆不清。时常商量党务，男党员有黄日葵、范体仁、李骏、高静宇（即高尚德）、刘仁静、方洪杰等，女党员有陈佩兰、缪佩〔伯〕英等。查李大钊充膺北京大学教员，风范所关，宜如何束身自爱，乃竟提倡共产主义，意图紊乱国宪，殊属胆玩不法。除张国焘等先行呈明大总统分别依法判决外，其逸犯李大钊等相应咨行贵部查照，转令严速查拿，务获归案讯办，以维治安，而遏乱萌。

张国焘还承认从铁匠营查到的名册就是各铁路工人中共产党员的通讯名册，并供出了全国铁路各路工人党员名单，包括京绥路7人、京奉路21人、胶济路3人、正太路2人、京汉路8人、津浦路2人、粤汉路1人、道清路2人、陇海路1人、广州24人。在这份名单中，每个人都有具体的姓名和通信地址，其中包括了全国铁路总工会委员长孙云鹏，以及其他铁路工人运动的领导人项英、李震瀛等。据此，6月2日，京畿卫戍总司令王怀庆再次密咨内务部，要求按照张国焘供出的各路在党工人名单"转令严拿讯办"。内称：

> 案据京师警察厅解送拿获共产党人张国焘等一案，业将审讯及供出党魁李大钊等情形先后咨达在案。兹经派员将张国焘等提讯明确，据称：伊等私组铁路总工会，即为实行共产主义之通讯机关。陈独秀为南方首领，

李大钊为北方首领。党员甚多，大半皆系教员、学生，姓名一时记忆不清。辅助进行党务者：南方有谭铭三等，北方有张昆弟等。各铁路均有工人在党，日前搜获名册，即系各路工人通信地点。先劝各路工人组织工会，将来要求增加工价，以便推倒军阀及资本家，实行共产主义。等语。查该犯等胆敢在首善重地，私组工会，以共产主义煽惑路工，虽未至实施暴动行为，而其意图紊乱国宪，实已毫无疑异。除李大钊等业经咨请严缉外，相应抄录各路工人姓名，咨行贵部查照。希即转令一体严速查拿务获，归案讯办，以维路政，而遏乱萌。

北京政府内务部对王怀庆先后送来的两个密咨，一一照准。随即密咨交通部、教育部，密令京师警察厅"严加注意""妥筹防范"，按照《张国焘供出在京党员姓名单》和《张国焘供出各路在党工人姓名单》，迅速缉拿李大钊等共产党人。内务部还密咨湖北省长、湖北督军，拿办项英等共产党人。

京师警察厅接到内务部密令后，首要的目标是逮捕李大钊。李大钊闻讯离开北京，暂时避居到昌黎五峰山，全家也从北京搬回乐亭老家去了。就在李大钊离京的当天晚上，军警查抄了他在北京铜幌子胡同的住所，然后又追到他在河北乐亭的老家去抓人。两次扑空后，北京政府内务部于6月11日发出了对李大钊等共产党人的通缉令，并咨行教育部及各省长、各都统、川边镇守使、淞沪军使，分令京兆尹、京师警察厅，一体查照办理。此前，李大钊在避居地接到中共中央的通知，委派他为中国共产党出席共产国际第五次代表大会的首席代表。李大钊化装成商人，秘密回到北京，然后取道哈尔滨、满洲里去了莫斯科，所以敌人没有抓到他。

但是，也有一些人因张国焘的出卖而被捕了。6月9日，侦缉队根据《张国焘供出在京党员姓名单》，在北京东安门骑河楼逮捕了共产党员范体仁。6月10日，侦缉队在给京师警察厅的呈文中说："抄录所供党员名单密函严饬查拿……因附名单一纸，奉此遵饬各队侦缉去后，兹据第四分队分队长张瑞林呈称：六月九日下午六时余，经长探等在东安门内骑河楼拿获交缉共产党人范体仁一名。"这份呈文说明，侦缉队曾根据张国焘供出的名单布下了捕人罗网，而范体仁就是因为张国焘的出卖而被捕的。

另一个被捕的是全国铁路总工会委员长孙云鹏。孙云鹏是《张国焘供出各路在党工人姓名单》中正太路2人中的一位，他是在石家庄被石家庄警察局逮捕的。此后，各路工人领袖被开除、遭通缉者达40余人。由于张国焘的出卖，中国共产党领导的北方铁路工人运动，遭受了一次挫折。

尽管张国焘出卖了北京的共产党人和各铁路的工人党员，但是，北京政府并没有"宽恕"他。当京畿卫戍总司令王怀庆将张国焘案上报靠贿选当上总统的直系军阀曹锟时，先是要枪毙，后又接受军阀齐燮元提出的"给他一个永远监禁，让他瘐死狱中"的建议，留了他一条命。

张国焘在京畿卫戍司令部的监牢里住了五个多月。这期间，他除了放风时做做操、散散步，回到牢房看看仅有的几本小说以外，别无他事可做。他在牢房中想了很多。他曾说：

> 漫长的时间总在左思右想，最初占着首要地位的是我自己和我太太以及其他同难者的安危，……日子久了，甚么办法都想不出来，自然就慢慢转到如何利用监狱中的时间来锻炼自己的问题。在散步的时间内，往往想得头昏脑胀，有时摇头，有时做手势，甚至高声喊叫出一两句话来，引得旁观人的惊奇注视，以为是神经病发作了。散步累了躺在炕上，天花板就仿佛成了银幕，海市蜃楼和各种形象都会映现出来。晚上也老是不能成眠，梦魇往往随着那些幻想的形象而来。

在这坐卧不宁、胡思乱想之中，张国焘对革命、对共产党有了新的感受。这些感受以致影响了他以后的人生。他后来回忆说：

> 我在狱中的思想对我以后的种种作为颇有影响。大体说来，减少了我这个在当年只有二十七岁的青年那种勇往直前的锐气，并磨掉了做人处世

太过直率的一些棱角。我那时常想到而今留有印象的是：我这个原想研究自然科学的青年爱国者，竟成为一个共产主义运动的领导人，没有或很少研究过政治学、经济学、社会学、哲学以及历史学等，而要想有惊人建树，究竟缺乏准备，单凭热忱，是不够的。所以还是把自己的雄心抑制一些的好。在中国如何实现共产主义，我始终想不出个头绪来。至于对国民革命和民主共和国我倒有过不少的设想，认为要有显著成就，需要一个历史时期，甚至超过陈独秀所说的"三十年"也未可知。我的怀疑点多半根源于"革命"这个概念。我已不像以前那样迷信革命，转而认为革命是非常手段，并不能解决众多的社会问题，而且革命还会产生一些不良的副产品。我回味我所知道的苏俄革命，孙中山所领导的中国革命，中共的长成和马林等人对我的争斗等等，自觉已能有更深的了解。对"一致"、"组织"、"权力"、"领导"、"政党"乃至"革命"本身等等这些概念的理论和实际，也发现它们的正反两面，有时会是推动历史前进的动力，有时会是毁灭人类建树的魔火[①]。

与张国焘相比，杨子烈要幸运得多。入狱不久，大约是在 6 月间，她得病了。于是，她被转送到一家医院，住了几个月。等病愈再次回到监狱时，已经离获释没有多少日子了。

这年 9 月，爆发了第二次直奉战争。10 月，直系军阀将领冯玉祥倒戈，回师北京，发动北京政变，推翻了直系军阀曹锟、吴佩孚控制的北京政府。由于冯玉祥倾向革命，中国共产党遂利用这个机会，设法从北京、天津、保定等地的监狱中，营救出了二七惨案以来被捕的工会负责人和共产党人。10 月 25 日，张国焘夫妇也度过了五个多月的铁窗生活，获释出狱了。他出狱后，对党组织隐瞒了其出卖党和工会组织的情况。

---

① 张国焘：《我的回忆》第 1 册，东方出版社 1991 年版，第 356—357 页。

重返中共中央

张国焘出狱后,感觉到整个局势似乎全都变了。

在张国焘入狱期间,中国的政治局势确实发生了很大变化。在南方,由于国共合作的实现,推动了各项工作的开展。1924年5月,黄埔军校正式建立。同时,工农运动在广东革命政府统辖的区域内,也得到了合法存在和发展的权利,出现了蓬勃发展的局面。5月,在广州成立了工人代表会议执行委员会。7月,广州沙面工人举行了抗议英、法帝国主义的政治大罢工。同月,第一届农民运动讲习所在广州正式开学。

革命武装的建立和工农运动的发展,使帝国主义、地主买办阶级和军阀势力大为恐慌,它们采取从外部压迫和内部收买的双重手段进行破坏。这时,国民党内部进一步发生分化,左右派之间的矛盾和冲突日益明显。刚刚在广州显露出的革命曙光,因此又蒙上一层阴影。

6月间,国民党内的右派分子邓泽如、张继、谢持等,借共产党员在国民党内设有党团一事大做文章,提出《弹劾共产党案》。7月,国民党中央执行委员会发表《关于党务宣言》,拒绝了邓泽如等人的弹劾案。在中国共产党人的反击下,孙中山于8月20日主持召开国民党中央政治委员会会议,通过了《国民党内之共产派问题》和《国民党与世界革命运动》两个文件,使右派破坏国共合作的企图未能得逞。接着,孙中山在中共和人民群众的支持下,下令平定了广州的商团叛乱,使广东的局势转危为安。

与此同时,北方的政治形势也出现了有利于革命的变化。冯玉祥发动北京政变后,将自己的军队改称国民军,发表反对军阀割据、要求和平统一的政治主张。但他迫于当时的形势,又同反直系的军阀张作霖、段祺瑞妥协,组成了以段祺瑞为临时执政的北京政府。冯玉祥致电孙中山,邀请他赴京共商国是,段祺瑞、张作霖也发了表示欢迎的电文。11月,孙中山接受邀请,发表北上宣言,表达了反帝反封建的政治立场,接受了中共提出的召集国民会议的主张。随后,孙中山离粤北上。

张国焘密切注视着政治局势的发展,很快就卷入了关于孙中山是否应该北上的争论。他出狱后,暂时在中共北京区委书记赵世炎家里住了两个星期。开始,在北京区委的会议上,一些同志认为,孙中山的北上是与军阀妥协;而冯玉祥的国民军的兴起,并未改变军阀统治北京政府的局面。因此,他们反对孙中山北上。张国焘在北京区委会议上和北京的党员大会上多次发言,表示赞成孙中山的北上宣言,以及召集国民会议和废除不平等条约的主张,指出反对孙中山北上是错误的。结果,他的发言并没有得到多数同志的支持。

这时,中共中央接受中共广东区委的意见,支持孙中山北上,并于11月19日发表对于时局的主张,指出解决政治问题的方法,乃是中国共产党上一年提出、现在国民党也号召的召开国民会议。此后,中共北京区委接受中央的指示,支持孙中山北上,积极促成国民会议的召开。

段祺瑞上台以后,宣布尊重一切不平等条约,主张召开以官僚军阀为主体的"善后会议"。这与国共两党所主张的国民会议是背道而驰的。12月4日,孙中山到达天津后,即病倒了。病中的孙中山得知段祺瑞的卖国行径后,大为震怒。北京的一些国民党要人纷纷前往天津,商讨对策。一些民众团体也派代表去天津探望孙中山,表示对他的支持。12月中旬,张国焘率领铁路工会的代表团到天津,探视孙中山。汪精卫出面接待了代表团,并向张国焘暗示,孙中山的病情,要比外界所知严重得多。

12月31日,孙中山抱病到达北京。他指派在北京的国民党中央执行委员和监察委员组成一个临时的政治委员会,在他医病期间处理一切政治事务。这个政治委员会以汪精卫为首。张国焘有时也参加会议。此后,在孙中山和政治委员会的领导下,开展了抵制"善后会议",促成国民会议的斗争。在全国，国共两党一道发起了以召开国民会议为中心内容的规模巨大的群众运动。

面对日益复杂的政治形势和国共关系，以及日益高涨的群众革命运动，中国共产党于 1925 年 1 月 11—22 日在上海召开了第四次全国代表大会。这时，已有党员 994 人。这次大会的主要贡献在于：一是提出了无产阶级在民主革命中的领导权问题；二是提出了工农联盟问题；三是对中国民主革命的内容作了更加完整的规定。大会选举产生了新的中央执行委员会。中央执行委员会选举陈独秀、张国焘、彭述之、蔡和森、瞿秋白组成中央局，陈独秀被推举为总书记。中央领导机构的分工是：陈独秀兼任中央组织部主任，彭述之任中央宣传部主任，张国焘任中央工农部主任（主要是所属的职工运动委员会），蔡和森、瞿秋白任中央宣传部委员并负责编辑《向导》。

中共四大结束后，中央通知张国焘，他已被选为中央执行委员，要他到上海任职。张国焘接到通知后，复信表示，因孙中山病重，同时又要筹备第二次全国铁路工人代表大会，难于立时南下。此后这段时间，张国焘除参加一些迎接孙中山北上和促成国民会议的活动外，其主要任务仍是从事铁路工人运动。

2月7日，张国焘在北京主持召开了全国铁路工人第二次代表大会，并发表了致辞。这次大会改选了全国铁路总工会的领导机构，由张昆弟接替张国焘担任总干事。张国焘被推举为名誉会长。

工人运动的发展，引起了反动的段祺瑞政府的仇视。铁路工人代表大会结束后，张国焘为避免再次被捕，在北京隐居了近一个月。3月8日，他匆匆离开北京，绕道郑州去上海。到郑州后，张国焘打电报给出狱后不久即回湖北老家省亲的杨子烈，要她到郑州会合，然后一同去上海。在郑州停留的几天中，张国焘考察了当地铁路工会的情况。3月12日，孙中山在北京逝世。3月13日，郑州铁路工人举行追悼孙中山的大会，张国焘在会上痛陈了对孙中山的哀思，并指出，革命阵营虽然失去了孙中山，但革命力量仍将团结一致，并继续发展。同一天，杨子烈赶到郑州。3月14日清晨，张国焘夫妇搭上了陇海路的火车，经徐州去上海。

3月16日，张国焘夫妇到达上海，住进了中共中央安排的住所。不久，陈独秀来看望了他们。张国焘又回到中央工作了。

这时的中央组织机构，比过去健全多了。除了中共四大决定设立的各部外，陈独秀还领导着中央秘书处，主管行政事务，下设文书、财务、发行、交通四个部分。由于陈独秀还兼任中央组织部主任，所以人事调动均由他提交有关的会议通过任命。陈独秀的权力因此而扩大了。张国焘曾说，陈先生这时是得心应手名副其实的"家长"了。

张国焘所负责的中央工农部可称得上人才济济。除张国焘外，还先后有李立三、刘少奇、邓中夏、项英、林育南、李启汉、王荷波等参加工作，都是长期从事工人运动的领导人。此时，他们正在筹备召开第二次全国劳动大会，目标是建立全国总工会，以统一对全国工人运动的领导。

中共四大前后，全国工农运动不断高涨。在上海，也是如此。1924年9月，以项英为主任的沪西工友俱乐部成立。1925年2月，即张国焘来上海之前，上海日本纱厂工人为反对日本资本家打人和无理开除工人，并要求增加工资而举行罢工，取得了胜利。张国焘来到上海后，听同志们谈起这次罢工，深为工人运动出现新的生机而高兴。他曾深入沪西纱厂考察，了解工人运动的情况。

张国焘上任后，集中精力从事工人运动。这段时间，他先后在《向导》《中国工人》等刊物上，发表了《海员的新斗争》《职工运动复兴及应采取之方针》《全国铁路总工会第二次代表大会始末》《庆祝第二次全国劳动大会》《"五一"运动与中国工人》等文章和报告，强调工人运动的重要性，号召工人加强内部的团结，开展反帝国主义和军阀的斗争。

4月下旬，张国焘等赶往广州，主持第二次全国劳动大会。到广州后，他首先会见了中共广东区委书记陈延年，了解广州的情况。随后，他又拜访了国民党要人胡汉民、汪精卫、廖仲恺，还有鲍罗廷和广州政府军事顾问加伦。在同鲍罗廷的谈话中，鲍主要谈了要中共中央由上海迁往广州和国民政府的改组问题。

这时，广州政府刚刚取得了第一次东征讨伐陈炯明的胜利。整个广州洋溢着革命的热烈气氛。5月1日这一天，工、农、学、兵举行了声势浩大的游行，"工农兵大联合""打倒帝国主义""打倒军阀"的口号声响彻广州上空。同一天，第二次全国劳动大会和广东全省第一次农民代表大会同时举行开幕式。国民党代表廖仲恺、中共代表张国焘和赤色职工国际代表都发表了热情洋溢的致辞。全国劳动大会通过了一系列决议，正式决定成立中华全国总工会，选举共产党员林伟民、刘少奇为正、副委员长。全国总工会执行委员会决定，在上海秘密设立一个办事处，张国焘被推选为处长。

大会结束后，张国焘因要同鲍罗廷及中共广东区委商谈工作，暂留广州。但因上海发生了顾正红被杀事件，中共中央来函要张国焘从速返沪，张国焘遂于5月26日踏上了返沪之途。

顾正红被杀事件发生在5月15日。前一天，上海日本纱厂的资本家突然宣布开除内外棉十二厂工人代表多人。是日，又宣布内外棉七厂停工，不让工人进厂。该厂工人顾正红率领工人冲进工厂，要求复工和发工资。日本大班（相当于厂长）率领打手向工人开枪，打伤多人，顾正红身中四枪，伤重而死。

事件发生的当天，上海日本纱厂的工人立即罢工抗议，一部分学生也上街进行宣传和募捐活动。中共中央多次开会，研究对策。5月28日，中共中央召开紧急会议，决定发动学生和工人在30日到租界内举行大规模的反帝示威活动。到了5月30日这一天，上海工人和学生举行援助纱厂工人的街头讲演和示威游行，租界的英国巡捕在南京路上突然开枪，向密集的群众射击，打死学生、工人等13人，伤者不计其数，造成了震惊全国的五卅惨案。

就在这一天的下午，张国焘回到了上海。旅途中，他患了感冒，他在吃过药之后，出席了当天晚上举行的中共中央紧急会议。陈独秀、蔡和森、李立三、刘少奇、恽代英等参加了会议，并报告了各方面的反映。会议决定号召上海全市罢工、罢市、罢课，反对帝国主义屠杀中国人民，以组织全上海市民总联合的反帝大运动。

5月31日清晨，张国焘来到即将成立的上海市总工会的临时办事处，办理各工会和各工厂代表的登记。所有代表一致主张罢工。是日，租界当局在南京实行戒严，但工人、学生冒雨上街散发传单。中小商人的组织上海各马路商界总联合会主张罢市。而主要代表资产阶级上层的上海总商会则对罢市顾虑重重。当总商会和各马路商界总联合会的代表在天后宫开会讨论是否罢市时，工人、学生数千人赶到天后宫召开市民大会，登台演说者慷慨陈词，声泪俱下，坚决要求实行总罢市。总商会副会长方椒伯终于在罢市的命令上签字。这天下午，张国焘在看过医生和稍事休息后，又与陈独秀、李立三等人交流了情况。

6月1日，上海实现了反帝国主义的总罢工、总罢市、总罢课。张国焘参加了上海市总工会的成立大会。大会推选李立三为总工会委员长。当晚，中共中央决定，由上海总工会联合全国学生联合会、上海学生联合会、各马路商界总联合会，组成统一战线性质的工商学联合委员会，作为运动的公开指挥机关，并决定把运动扩展到全国。

在中国共产党的领导和推动下，五卅运动的狂飙迅速席卷全国各地，形成全国范围的反帝斗争高潮。几十座大中城市和矿区都举行了成千上万人参加的集会、游行和"三罢"斗争。全国各地约有1700万人直接参加运动，到处响起"打倒帝国主义""废除不平等条约"的怒吼声。6月19日，香港、广州的工人开始罢工。6月23日，在广州发生英国军警当场击毙52人、伤170多人的沙基惨案。之后，广州和香港的工人成立省港罢工委员会，领导省港大罢工坚持达16个月之久，有力地支持了上海的"三罢"斗争和广州革命政府。

在五卅运动中显示出来的无产阶级和劳动人民的伟大力量使各国帝国主义者感到惊恐，于是，他们采取威胁和利诱的双重手段来对付中国人民。军阀们也露出狰狞的嘴脸，对人民群众进行镇压。在这种形势下，代表民族资产阶级上层的上海总商会终于妥协，以至于屈服，于6月26日无条件结束了总罢市。此后，上海工人虽然继续坚持罢工，但已处于孤立无援的境地。各厂的工人不得不在争得部分经济要求后，于8月下旬至9月下旬陆续复工。

尽管五卅运动遭受了暂时的挫折，但是，中共在运动中得到了很大的发展。这年年初中共四大时只有党员994人，同年10月即增加到3000人，年底更达到1万人。张国焘曾主持过几次新党员入党的仪式，每次都有40名左右的新党员。

五卅运动在中国共产党的领导下，以磅礴的气势给了帝国主义和军阀势力一次前所未有的打击，促进了人民群众的觉醒，从而掀起了第一次大革命的高潮。

在整个五卅运动期间，自始至终在上海参加领导工作的中共中央局成员只有陈独秀、张国焘、瞿秋白三人。彭述之因患伤寒病于2月间住进医院，到中秋节才出院。蔡和森于五卅运动开始后不久便去北京疗养气喘病，10月间返回上海，旋即赴莫斯科。在上海的三位中央委员的分工是：陈独秀居中指挥，照顾各个方面；瞿秋白主编《热血日报》；张国焘直接指挥工人运动。上海总工会对外是李立三，对内是刘少奇。学生运动和国民党方面由恽代英负责，教职员的工作由沈雁冰、杨贤江负责。

在五卅运动蓬勃发展的形势下，国共两党的关系也出现了复杂的局面。对于国共两党来说，形势有利的一面是完成了统一广东革命根据地的工作。第一次东征期间，盘踞在广州市内的滇桂系军阀杨希闵、刘震寰即阴谋叛乱。6月初，他们公开叛乱，企图推翻广州革命政府。东征军迅速回师广州，平息了杨刘叛乱。随后，进行了改组广州政府和改编军队的工作。7月1日，国民政府在广州成立，当时被看作国民党左派的汪精卫当选为主席，鲍罗廷被聘为高等顾问。国民政府成立后，将黄埔军校校军和驻广东的粤、湘、滇军先后改编为国民革命军六个军。9月，陈炯明残部重占东江地区，国民政府决定举行第二次东征，于11月底全歼陈炯明部。同时，消灭了盘踞在广东南路和海南岛的邓本殷部。至此，广东革命根据地获得了统一。

形势不利的一面是，随着资产阶级同无产阶级争夺革命领导权的斗争日趋尖锐，国民党内部发生了新的分化，除原有的老右派外，又出现了新右派。六七月间，反共的戴季陶主义出笼，就是这种新分化的一个重要标志。戴季陶先后出版了《孙文主义之哲学的基础》《国民革命与中国国民党》等小册子，宣扬阶级调和，反对马克思主义的阶级斗争学说，要求已加入国民党的共产党员脱离一切党派，做单纯的国民党党员。8月20日，国民党左派领袖廖仲恺在广州被暗杀。国民政府军事部长、粤军总司令许崇智在这次事件中被蒋介石逼走，他所指挥的粤军被蒋介石收编。这些都说明国民党新右派的势力逐渐抬头了。

在国共关系日趋复杂的情况下，中共内部的争论也激化起来。中共广东区委认为，鉴于国民党内部发生分化，中国共产党人应该成为国民党左派的核心力量，同国民党新右派进行积极的斗争。而陈独秀和中共中央的许多人根据张国焘从广州回来后所谈的情况，以及中共广东区委的报告，认为这是一种包办政策，发展下去会因树敌过多而使自己孤立起来。一部分人主张从国民党中分离出去，改变两党合作的方式。

为了统一认识，中共中央于10月间在北京召开了扩大的执行委员会会议。陈独秀在会上提出共产党员应该及时退出国民党而独立，始终保持自己的政治面目，而不为国民党的政策所牵制。陈独秀的主张遭到一致的反对，使他未能坚持自己的主张。会议通过的决议认为，共产党现在的职任是继续与国民党合作的政策，反对右派而与左派结成密切的联盟，竭力赞助左派与右派的斗争。这次会议还提出，应在中央委员会之下设立"军事活动委员会"。

张国焘因事留在上海，没有去北京参加这次会议。就在这期间，他的妻子杨子烈被批准赴莫斯科东方劳动者共产主义大学学习。这时，杨子烈已怀孕七个月。她同蔡和森、向警宇等人一起，离开上海。到达海参崴后，她留下来待产。12月31日，她生下了第一个孩子。1926年1月，她带着刚刚出生的孩子去了莫斯科。

张国焘送走妻子后，继续留在上海工作。北京中央执行委员会扩大会议结束后，他承担起了建立中共中央军事委员会（不久改称军事部）的工作，成为中共第一任军事部门的领导人。

中共中央军事部刚成立时，只有张国焘、王一飞、任弼时3个人，下设组织和情报两部分，由张国焘兼任军事部主任。军事部成立后，主要做了四个方面的工作：一是建立了地方的组织。在北方建立了以李大钊为主任、赵世炎为委员的军委；在广东建立了以谭平山为主任，陈延年、周恩来为委员的军委；在河南建立了以王若飞为负责人的军委。在张家口、西安、汉口、上海、济南和沈阳等地设了特派员。二是分配从莫斯科学习回国的一批军事干部到各地工作。其中去广东的最多，有叶挺、熊雄、聂荣臻等12人。其次是北方，有李林、范易等11人。王一飞、颜昌颐等3人留在中央军事部，负责日常工作，颜昌颐任技术书记。三是在上海开办了训练班，建立了2000人的战斗队，并派人到军阀孙传芳的部队中去做调查，搜集情报，开展兵运工作。四是向冯玉祥的国民军派遣了调查员。

张国焘担任中央军事部门的负责人以后，开始注意建立民众武装的重要性。11月21日，他在《向导》第136期上发表《反奉战争与革命民众》

一文，认为反对战争、争取和平的办法是武装民众，进行武装革命，变军阀战争为反军阀的民众战争。他指出，"我们要制止战争就必须实行武装的革命"，"唯有武力可以打倒武力，唯有武装的革命可以打倒帝国主义和他们的工具，唯有民众武装可以保障永久和平"。

12月，中共中央在上海召开会议，陈独秀、张国焘、任弼时等和共产国际代表维经斯基出席会议。军事部在向会议的报告中指出，广州的军队是一切国民革命军的基础，广东省的军事部要特别注意已经部分地掌握在党手中的政治部的工作，工人农民中现有的武装组织应置于党的直接监督之下，帮助他们进行军事训练。北方应在国民军中建立秘密的基层组织，成为党在该部队的代表。会议作出的关于军事工作的决议，肯定军事工作是党完成政治任务不可缺少的一环，提出当前军事工作的纲领，一是对军队、乡团、民团、商团、土匪等武装组织进行调查研究；二是在南方的广州政府和北方的国民军中积极进行工作，促使国民革命军成立；三是应特别注意重视广东省的工作，同时在全国其他地方成立秘密军事组织，对工农进行初步的军事训练；四是大力开展青年士兵联合会组织；五是在反动军队中秘密进行宣传和组织工作。

尽管军事部成立以后做了一些工作，但是从这时的中共中央乃至全党来说，并没有深刻地认识到建立自己的军队，进行武装斗争的重要性，以至于对军事工作在思想上重视不够，组织上没有采取有效的措施。中国共产党人不重视军事工作主要表现在两个方面：一是不注意建立自己的军队，直到1925年10月，才在中共广东区委周恩来、陈延年等的努力下，以大元帅府铁甲车队为基础，成立了由共产党员叶挺任团长的国民革命军第四军独立团。这虽然是中共直接领导的一支正规部队，但是，其力量毕竟是很小的。二是不注意掌握国民革命军的军权，只是在军队中进行政治工作，以致军权逐步落入蒋介石一人之手，为他日后坐大奠定了基础；因此，关于军事工作的论述也好，决议也好，基本上流于纸上谈兵。再加上张国焘当时担任的职务较多,又经常往来于沪粤之间,对军事工作并没有太多的时间过问。张国焘自己也承认:"那时军事部等于一个空职,只有两个年轻同志,在那里做些从报纸上搜集军事情报的屑碎工作。"① 这种状况,对以后中国革命的进程产生了重大的影响。

在国共合作的漩涡中

五卅运动掀起了大革命的滚滚洪流,但一股反动的逆流也迅速地迎头而来了。两股力量交汇,国共两党都处在了一个个历史的漩涡之中。

这时的国民党,内部分化更加表面化了。11月,谢持、邹鲁、林森等一批老右派在北京西山碧云寺自行召开所谓"国民党一届四中全会",形成西山会议派。他们通电广州国民党中央执行委员会停止职权,开除任国民党中央执行委员和候补中央执行委员的共产党员的党籍,开除汪精卫党籍六个月,解除鲍罗廷的顾问职务。担任国民党第一届候补中央执行委员的张国焘也在开除之列。

更为严重的是,这时国民党内又出现了以戴季陶主义为理论基础的新右派。它们的代表人物就是在两次东征和平定杨刘叛乱中壮大起来,在革命阵营中已有举足轻重力量的蒋介石。他在一定时期内执行既联共又反共的两面政策,表面上表示赞成联俄容共,暗中指使新右派群众组织孙文主义学会进行反共活动。在蒋介石的支持下,孙文主义学会和中共领导的中国青年军人联合会之间的斗争愈演愈烈。

这种严峻的形势,尖锐地向中国共产党提出了新的问题。维护国共合作的大局是极为重要的。但面对国民党新老右派变本加厉的分裂活动,应

---

① 张国焘:《我的回忆》第 2 册,东方出版社 1991 年版,第 137 页。

该怎么办呢？当时不少共产党人认为，既然国民党右派，特别是新右派已在公开进行分裂活动，那就必须进行恰当而有力的反击，遏制这种活动，来维护国共合作。作为中央总书记的陈独秀，这时也煞费苦心，在西山会议派和新右派之间划分了一条政治上的界限。他认为老右派已分裂出去，公然反动，不能把他们当国民党右派了；而新右派只要他们不右倾而至于反动，我们并不特别反对。陈独秀把新右派看作中共联合对象的一个原因是，他这时还没有认清新右派在反对孙中山的联俄、联共、扶助农工三大政策这一根本点上，与老右派是一致的。另一个原因是他对革命形势作了消极的估计。当时，北方政局发生了很大的动荡。奉军将领郭松龄倒戈失败被捕杀；奉系军阀张作霖气焰嚣张；冯玉祥通电下野，国民军四面受敌；北京市民反对段祺瑞的运动失败。在这种形势下，陈独秀认为革命低潮到来了，总感到自己的力量不足，唯恐再同国民党新右派斗争会导致国共关系的破坏，使广东革命局面陷于孤立以致失败。由于这两方面的原因，他主张对国民党右派实行退让，以避免国民党全面分裂。共产国际代表也持这种意见。这样，这种意见就在党内占了上风。

这种意见自然也影响到了张国焘。西山会议作出开除共产党员的决议后不久，他在12月20日出版的《向导》第139期上发表了《一封公开的信致国民党全体党员》。在这封公开信中，他虽然以比较缓和的语气批评了西山会议派，但是，他纠缠于西山会议的决议是否合法这一表面现象，而不敢公开揭露西山会议派的反动实质。不仅如此，在新老右派咄咄逼人的进攻面前，这封公开信并没有提出切实可行的解决办法。公开信说：

老实说，中山先生的三民主义和共产主义是没有根本上的差别的，目前两党的革命工作，更是完全一致的。三民主义之中，再加上一点共产主义的信仰，仍然是一个真正国民革命者。……

……我们是为革命而加入国民党的，既没有变国民党为共产党的野心，也没有垄断国民党党务的阴谋。倒因为革命潮流太紧张了，我们有时力量不及，不能如量为国民党服务，倒是很觉得惭愧。……我们觉得自己的力量不够，所以才加入国民党，和国民党的同志手握着手来革命，那〔哪〕有反去包办革命工作的道理？不但欢迎国民党老同志和我们一块工作，尤其欢迎国民党的青年同志来和我们一块儿革命。

张国焘的这封公开信，批评软弱无力，空洞无物。它在一定程度上抹杀了国共两党在思想上、政治上的根本区别，并企图以责备自己来求得同国民党的继续合作，充分体现了中共中央的妥协退让政策，也反映了陈独秀、张国焘等中央领导人束手无策而又无可奈何的心态。张国焘后来曾说：这时"在国共关系问题上，我们处于进退两难之境，处处被动，只有听任国民党的实力派，用强制手段来摆布了"①。

在这种情况下，中共中央对国民党右派的进攻节节退让，便不可避免了。

12月，国民党在广州召开中央执行委员和中央监察委员联席会议，斥责西山会议，并决定于次年1月召开国民党第二次全国代表大会。随后，在各地选出的国民党二大代表中，共产党员和国民党左派占很大优势。陈延年、周恩来同鲍罗廷商议后，主张通过这次大会严惩西山会议派，并开除戴季陶、孙科等人的党籍。他们还主张在选举国民党中央执行委员时，要少选中派，多选左派，争取共产党员达到三分之一，使国民党左派和共产党员在其中占绝对优势。但是，在上海的共产国际代表维经斯基和中共中央主要领导人陈独秀、张国焘却主张作出让步，以缓和国民党内部的矛盾。

为此，陈独秀、张国焘和蔡和森在上海，同参与过西山会议派活动的孙科、叶楚伧、邵元冲举行会谈。陈独秀表示："中共并没有包办国民党事务的企图，而且反对这种企图。中共中央已通知各地党部，多推选国民党人士出席国民党第二次大会。中共亦不希望在大会的中央委员改选中，

---

① 张国焘：《我的回忆》第2册，东方出版社1991年版，第68页。

增加中共方面的国民党中央委员人数。"他还邀请孙科等回广东参加国民党二大。孙科等表示"只要情况许可，他们都愿意回广东参加大会"。双方还就继续合作达成了协议。这次会谈后，陈独秀一面写信给中共广东区委，要他们欢迎孙科等右派回广东参加大会，并要求尽可能地把各方面的人物都选进国民党中央执行委员会；一面派张国焘到广州去，代表中共中央指导国民党二大中的中共党团的活动。张国焘对他此行的使命是十分明确的，后来他回忆说："中共中央是认真执行协议的。曾将协议方针再三向党员训示，并决定派我到广州去代表中央在国民党第二次代表大会中指导中共党团的活动，极力纠正已往过左的偏差。"[1]

12月中旬，张国焘乘船离开上海，绕过香港赴广州。他到达广州后，首先会见鲍罗廷，报告了中共中央的意见和与孙科等人会谈的情况。鲍罗廷虽然不同意中共中央的政策，但因还未来得及请示莫斯科，也不置可否。随后，张国焘召集中共广东区委负责人陈延年等人开会，了解广东局势潜伏着的危机、省港大罢工和农民运动的情况，并传达了陈独秀的退让政策。

几天后，鲍罗廷约请张国焘、陈延年举行会议。鲍罗廷认为：国民党左派与中共仍应向右派势力进攻，以期广东局面获得进一步的巩固，此时绝不应退让，因为退让政策会助长右派的气焰。他气愤地质问张国焘：为什么广东方面将那些阴谋破坏革命的国民党右派分子驱逐出去了，现在却又要将他们请回来？陈延年等广东区委的多数人站在鲍罗廷一边，他们尤其反对中共中央与孙科等人达成的协议，认为这是对右派退让的明证。张国焘不顾鲍罗廷和陈延年等人的反对，强调中共中央与孙科等中派所取得的协议是合理的与必要的，在中共中央方面，既然已与国民党中派有协议，自不能中途变更。他还说：中共还在幼龄时代，没有人参加国民政府，也还没有执掌政权的经验，更没有掌握军事实力。即使我们在国民党中央委

---

[1] 张国焘：《我的回忆》第2册，东方出版社1991年版，第66—68页。

员中多占了一些席位，除了引起国民党人士的反感以外，我不信真能增强中共在国民革命中的领导地位。开除西山会议派和使中共党员增加在国民党中央的比重，并不算是什么真正的革命进攻。他要求在广州的同志们不要将中共中央的政策视为退让的政策，应认识到这是中共自谋独立发展和巩固国民革命阵线所必要的措施，不应要求修改，而应切实执行。在这之后，张国焘还会见了汪精卫，将同孙科等人在上海会谈的情况和中共中央的意见，向他作了说明。

1926年1月1—19日，国民党二大在广州召开。由于代表中共产党员和国民党左派占多数，因此，这次大会继续坚持了反对帝国主义和军阀势力的主张，坚持了联俄、联共、扶助农工的三大政策，并对参加西山会议的国民党老右派分子分别给以党纪处分。但是，由于张国焘坚持对右派的退让政策，以致对国民党新右派没有触动，使这次大会选出的国民党中央执行委员会中共产党员和国民党左派处于次要地位，中央监察委员会中右派占了绝对优势。张国焘后来也承认：

在大会选举中央委员之前，汪精卫曾约我在鲍罗庭〔廷〕那里会谈。他提出了一张他所预拟的二届中委名单，征求我们的同意。鲍罗庭〔廷〕一言不发，我细看了这张名单，是所谓左派和与汪有关系的人占多数。我觉得他并未尊重中共中央争取中派的意向，中派的人除孙科外，叶楚伧、邵元冲等均未列入，至于中共党员则除第一届者均列入外，还增加了在国民党内任重要职务的吴玉章、董必武、恽代英、杨匏庵等人。

我对于国民党内部的事，自然不便多说，只有根据中共中央的决议，对于提名中共党员为国民党中委者表示意见。我提出中共党员如瞿秋白和我自己没有在国民党内担任职务，不必再当选，其余中共党员也可以斟酌减少几个，以符合中共中央不愿多占国民党中委名额的原旨。

汪精卫当即表示反对，他指出瞿秋白和我都是总理在世时遴选出来的，应当继续当选。我向他委婉解释，指出现在的名单中，有些第一届中委的名字并不在内；那末中共党员也退出几个，是公平而合理的。汪精卫看见鲍罗庭〔廷〕仍不说甚么，也就不再说下去了。这样，第二届中委名单就算是商定了①。

由于张国焘的让步，选举结果，在 36 个中央执行委员中，共产党员只占 9 人；国民党左派连朱培德、谭延闿等算在内才 14 人；右派和中派却占了 15 人。在 12 个中央监察委员中，右派占了绝对优势，共产党员只有 1 人。从而造成了右派势力大、中派壮胆、左派孤立的形势。蒋介石在这次大会上备受礼遇，出尽风头。他这个原来在国民党内地位并不高的新右派头目，第一次当选为中央执行委员，在随后召开的国民党二届一中全会上，又当选为中央常务委员会委员。2 月 1 日，他又担任了国民革命军总监。这样，他在国民党和国民革命军中的地位就大大提高了，为不久以后夺取国民党的领导权敞开了方便之门。

国民党二大结束后，张国焘于 1 月下旬回到上海。他后来曾说起此时的心情，感到中共中央的处境，犹如一个站在自己用粉笔画的圈子里跳不出来的人。尽管心情是这样的，但他却在 2 月 10 日出版的《向导》第 145 期上发表文章，以非常乐观的笔调描述了大会的情况。在这篇题为《中国国民党第二次大会的教训》的文章中，他说："所有参加这次大会的人们，没有一个不承认全体代表都在孙总理遗嘱遗像之下，充满革命精神之中，进行这革命史上最重要的大会，一切宣言和决议，都在以至诚之意接受总理遗嘱之下，根据孙总理的主义和政纲，以最大多数的投票而决定的。""大会结束了以前的一切纠纷，制定许多实现孙总理主义和政纲的计划，而且大会代表全党立誓要于第三次大会前，实现全中国的国民革命。""经过一番讨论国民党与共产党的关系，又重新得着一层稳固的保障。"在张国焘

---

① 张国焘：《我的回忆》第 2 册，东方出版社 1991 年版，第 85—86 页。

的笔下，此时的抑郁心情不见了，国民党二大上的严重争论和斗争也不见了。然而，这些赞美之词掩盖不了现实的斗争。事实上，大会结束以后，同国民党右派的斗争越发尖锐而又复杂了。

张国焘回到上海后，向中共中央汇报了此次广州之行的情况。

这时，一个意外的情况使张国焘等恐慌起来。秘书处秘书任作民报告说，陈独秀"失踪"了。一天天过去了，仍没有消息，张国焘、瞿秋白、彭述之猜想陈独秀被秘密处死了。张国焘说，陈独秀如果要做官，可以做很大的官，想不到今天落了这么个下场。他差不多要哭出来了。

其实，陈独秀并没有失踪，他得了伤寒病，住进了医院，只是没有人知道他到哪里去了。然而，中共中央的工作千头万绪，许多问题，尤其是对北伐问题持何种态度，需要尽快加以讨论。因此，中共中央决定召开特别会议，讨论陈独秀与中央隔绝消息已有月余而共产国际来电主张中共中央迁移和北伐这两个重要问题。

2月21—24日，中共中央特别会议在北京召开，张国焘出席了这次会议。会议开始后，即接到陈独秀由上海的来电，"谓已经能扶病视事，此消息传来，对于这次会议之第一项问题已减轻其严重分量"。于是，这次会议着重讨论了北伐问题，认为现在的时局，实在是中国革命的生死存亡的关头，根本的解决始终在于广州国民政府北伐的胜利。本党现时最主要的职任是从各方面准备国民革命势力的往北发展，加紧在农民中的工作，尤其是在北伐的过程中，建筑工农革命联合的基础，达到国民革命的全国范围的胜利。会议讨论了中央所在地址问题，决定将中央迁往北京或广州。此项决定因陈独秀不同意而搁置。

北京特别会议结束后，张国焘等回到上海。随后，在北京和广州发生的一系列重大事件，使中共中央陷入手足无措之中。先是北京发生了反动军警向游行群众开枪，造成死47人、伤200多人的三一八惨案，令人震惊。紧接着，3月20日，在广州又发生了蒋介石制造的骇人听闻的中山舰事件。

国民党二大以后，以蒋介石为代表的国民党新右派并没有因为中共的退让而停止反共的活动，相反却得寸进尺、变本加厉、步步紧逼。蒋介石一方面展开了一系列限制共产党、限制苏联顾问的活动，一方面进行了一些与当时在国民党内坐第一把交椅的汪精卫争夺领导权的活动。在做好了相应的准备之后，他终于在3月20日突然采取了旨在打击共产党的行动：无中生有地说共产党人私调"中山"号军舰，要劫持蒋介石离开广东，并以此为借口，在广州实行紧急戒严，逮捕代理海军局局长的共产党员李之龙，监视和软禁大批共产党人，解除省港罢工委员会工人纠察队的武装，包围苏联领事馆，监视苏联顾问。3月22日，国民党中央政治会议通过了蒋介石提出的在黄埔军校和他兼任军长的国民革命军第一军中排除共产党人的提案。担任国民党中央政治委员会主席、国民政府主席和军事委员会主席的汪精卫感到孤立，一筹莫展，被迫于3月23日借口养病，隐匿起来。

中山舰事件发生时，鲍罗廷不在广州，陈延年刚从上海回来一天，在广州的共产党人事先毫无精神准备。当远在上海的陈独秀、张国焘等中共中央领导人见到各大报上刊登的事变消息后，也感到莫名其妙，开始还有些不相信。当消息得到证实后，又因不了解事变的真相，也没有应付的经验，而无法提出任何处理意见。

其实，这时的蒋介石羽翼尚未丰满，这次行动多少带有试探的性质。他在采取行动后，很快释放了被捕人员，发还了所缴枪支，表示是一场"误会"，"自请从严处分"。毛泽东、周恩来、陈延年等主张进行反击。但是，苏联顾问季山嘉认为左派力量不足以同蒋介石对抗，不赞成反击。这时正在广州的苏联视察团团长布勃诺夫担心反击会影响苏中关系，并认为是顾问团的工作有严重缺点，也主张对蒋介石让步。布勃诺夫是联共（布）中央委员、工农红军总政治部主任，他的主张具有很大的影响力。

中共中央在焦急中等待了一个多星期。3月底，布勃诺夫使团回国路经上海，才告诉中共中央领导人一些"较为可靠的消息"。布勃诺夫告诉他们，蒋介石表示此举只是防止有叛乱之事发生，他本人并不反俄反共。此时广州"风波已归平静"。

在得到这些较为可靠的消息之后，陈独秀在4月3日出版的《向导》第148期上发表《中国革命势力统一政策与广州事变》一文。文章指出，共产党不是"疯子的党，当然不会就要在广州建立工农政府"，"蒋介石是中国民族革命运动中的一个柱石，共产党若不是帝国主义者的工具，决不会采取这种破坏中国革命势力统一的政策"。

中共中央经过商讨，确定了软弱无力的退让策略。关于当时中央商讨对策的情况，张国焘回忆说：

> 我们商讨的结果，认为无论三月二十日的事变是由广州同志们的"左"倾错误所引起，或者由于国民党内部领导权的争夺，再或是由于蒋介石受了右派和反赤势力的影响，改变了他的政治态度，有以使然；但中共中央总应采取让步的妥协态度，来稳定广州的局势。具体的说，我们要维持汪蒋合作的局面，继续对蒋采取友好的态度，并纠正广州同志们的一些拖延未解决的"左"倾错误……我们一致觉得现在蒋介石已先发制人，我们舍妥协政策而外，实无他途可循。
>
> 中共中央并决定派我赶赴广州，查明事实的真相，并执行这一妥协政策。陈独秀先生在说明这个决定的时候，指出我是最适当的人选，并赋我以全权[①]。

4月5日前后，张国焘到了广州，并立即召开了中共广东区委紧急会议。会上，张国焘说：中共中央根据全国政治形势，决定采取妥协的政策，要求同志们一致遵行。对蒋应表示让步，同志们对外的言论和行动不可再

[①] 张国焘：《我的回忆》第2册，东方出版社1991年版，第99—100页。

有参差。

随后，张国焘去看望蒋介石。他们一面谈话，一面共进午餐。后来，张国焘回忆了这次谈话的情况：

> 我首先告诉蒋氏，我是代表中共中央特来看望他的。说明中共始终支持他，希望彼此仍能精诚无间的合作；使广东局面更加稳定，进而达成统一全国的革命愿望。蒋氏也表示了类似的意向。我进而提出两个问题：一是外间都希望他能与汪继续合作，不知他对此有何意见；二是黄埔同学中的中共党员一向是爱戴和服从他的，他们犯有错误，不知道他将如何教导他们。蒋氏对第一个问题，没有具体的表示；对于第二个问题则说："黄埔学生中的中共党员都是我的好学生，我素来爱护他们，一定要重用他们的。"我们的谈话在轻松气氛中结束①。

中共的让步，确实使蒋介石感到轻松。他通过中山舰事件，既打击了共产党，又打击了汪精卫和国民党左派。此后，已暴露身份的250多名共产党员被迫退出国民革命军第一军和黄埔军校，汪精卫也被迫于5月出走法国。蒋介石不仅加强了自己在政治上、军事上的地位，而且从这次试探中进一步摸清了共产党人存在的弱点，从而加紧了反共活动，这一事件成为国共关系发展中的一个重要转折点。

广州似乎"风波已归平静"了。张国焘已无事可做。于是，他往来于国民党上层人物中间，谈论国共关系。但谭延闿老练圆滑，张静江精于计谋，虽谈笑风生，但闪烁其词，多限于空谈，并不能解决任何问题。5月1日，第三次全国劳动大会和广东全省第二次农民代表大会同时开幕，张国焘参加大会并发表了演说。

下一步怎么办？在上海的中共中央希望得到莫斯科的指导，但杳无音

---

① 张国焘：《我的回忆》第2册，东方出版社1991年版，第106页。

信。4月中旬，接到陈延年关于中山舰的详细报告后，中共中央制定了对付蒋介石的政策。这项政策的要点是对抗蒋介石，扩大工农武装。于是，派彭述之赴广州，并组织特别委员会以执行这一政策。

在彭述之到达广州的前两天，鲍罗廷于4月29日从苏联回到了广州。他带来了联共（布）的指示，斯大林主张中国共产党人继续留在国民党内。当彭述之在特别委员会会议上报告中共中央对蒋介石的政策时，鲍罗廷反对这一政策，反对彭述之所说的退出国民党，实行党外合作的主张，并要求对蒋介石做最大限度的让步，支持他尽快进行北伐。

然而，鲍罗廷的想法到这时已经是一厢情愿。蒋介石经过精心策划，又采取了一个重要步骤，即从国民党的领导机构中将共产党员排挤出去，全面控制国民党的党权。

5月15—25日，国民党二届二中全会在广州召开，蒋介石借口避免"党内纠纷"，要找出一个"消除误会的具体方法"，提出了所谓"整理党务案"。其主要内容有：共产党员在国民党高级党部（中央党部、省党部、特别市党部）任执行委员的额数，不得超过各该党部执行委员总额的三分之一；设立国共两党联席会议；共产党员不得充任国民党中央机关之部长；加入国民党的共产党员名单应该全部交出，等等。

这时，许多有关国共两党关系的事情，都是由蒋介石、张静江和鲍罗廷三人讨论商定的。国民党二届二中全会前，蒋介石曾同鲍罗廷多次会谈，要他接受这个议案。鲍罗廷为了贯彻共产国际提出的要中共党员继续留在国民党内，并促使蒋介石北伐的方针，对蒋介石的态度非常温和，作出了让步。为此，他要张国焘、谭平山去会见蒋介石，说明中共对整理党务案决不反对。5月14日晚，张国焘、谭平山去拜访蒋介石，表示"中共始终维护国共合作，亦决不会做公开反对之举"。蒋介石"色然而喜，频频表示欣慰"。随后，蒋介石陪同张国焘、谭平山去拜访张静江，陈述中共的态度。张静江"也显得非常高兴"。双方在"和谐"的气氛中达成了

"谅解"。

在上海的中共中央得知这一情况后,采取了妥协的态度,决定由已在广州的彭述之、张国焘指导出席国民党二届二中全会的中共党团。关于党团会议的情况,周恩来后来说:

> 在党团会上,讨论了接不接受整理党务案。彭述之引经据典地证明不能接受。问他不接受又怎么办?他一点办法也没有,只说大家讨论好了。但当有人提出意见时,他又引经据典地说这个不行,那个错误。如此讨论了七天,毫无结果。后来张国焘用了非常不正派的办法要大家签字接受①。

5月17日,虽经以何香凝、柳亚子、彭泽民为代表的国民党左派的反对,但国民党二届二中全会仍通过了整理党务案。5月25日,国民党中央农民部部长林祖涵(林伯渠)、组织部部长谭平山、宣传部代理部长毛泽东均辞去了所担任的职务。这样,在国民党中央任部长的共产党员就全部辞职了。会议推选谭延闿任国民党中央政治委员会主席兼国民政府主席,推选张静江为国民党中央执行委员会主席,蒋介石当上了军人部长和组织部长,国民党右派在组织上占了极大的优势。中共在党务方面则变得毫无地位了。

这次会议后不久,蒋介石又当上了国民党中央常务委员会主席和国民革命军总司令,一手控制了国民党、国民政府和国民革命军的大权。其权势迅速膨胀,炙手可热。

从国民党二大,经中山舰事件,到整理党务案,在不到半年的短短时间内,蒋介石毫不犹豫地接连发动进攻,在中国共产党的节节退让下,把权力一步一步地集中到了自己的手中,从而为日后发动反共政变做了重要准备。

---

① 《周恩来选集》上卷,人民出版社1980年版,第123页。

张国焘在这三次大的让步中，都充当了重要的角色。他的所作所为，引起了中共党内的极大不满。他后来自己也承认，当整理党务案公布后，在广州的共产党员无不万分激愤，指责他做了"投降代表"。

张国焘准备回上海了，鲍罗廷约他谈话。张国焘提出中共党员应退出国民党，转而注重工农群众工作的独立发展，不介入国民党的内部纠纷。鲍罗廷认为即行退出国民党，是经不起打击的示弱表示，要求中共继续留在国民党内，并不必重视整理党务案。至于两党联席会议问题，他主张采取拖延手段，如果不能拖延，中共中央应派代表来广州参加。他要张国焘回上海后，将他的意见转达给中共中央。

5月底，张国焘完成了"投降代表"的使命，返回上海。

6月9日，《向导》第157期发表了《中国共产党致中国国民党书——为时局及与国民党联合战线问题》，说"贵党'整理党务案'原本关及贵党内部问题，无论如何决定，他党均无权赞否。凡为贵党党员者，当然有遵守之义务，而于贵党党外之团体，则殊无所关涉"。在同一期《向导》上，陈独秀还发表了《给蒋介石的一封信》，信中认为"从建立黄埔军校一直到三月二十日，都找不出蒋有一件反革命的行动"，并把蒋介石一再发动反共进攻的原因，归咎于"共产分子在国民党一切工作中都太过负责任"。

在上海，张国焘同陈独秀等中央领导人讨论了应付国民党的方针，并对国民党左派希望汪精卫东山再起的愿望表示同情。对于设立国共两党联席会议的问题，决定张国焘、瞿秋白、谭平山为将来出席国共两党联席会议的代表。这时，恰好接到中共广东区委的报告，说国民党已口头通知邀请中共代表前往出席国共两党联席会议。于是，中共中央决定派张国焘先到广州去，与国民党中央商谈联席会议举行的程序问题。为执行这一新的使命，张国焘仅仅在上海停留了一个星期，就匆匆赶到广州去了。

但是，当他赶到广州后，陈延年告诉他，除张静江的口头通知外，并未再接到国民党中央的书面邀请，鲍罗廷也说没有人向他提出过要召开联席会议。张国焘去拜访谭延闿，谭也表示现在人们注意的是北伐，联席会议的事没有人再提了，并建议张国焘不必再为此事去找张静江。实际上，国民党新右派已经达到了预期的目的，对召开联席会议已无兴趣，遂一拖再拖，最后不了了之。

北伐时期

这时，确实已到了北伐的前夜。中共中央二月北京特别会议后，各级党组织在北伐必经的湖南、湖北、江西、河南等地，大力开展工农运动，使工农组织有了很快的发展。到4月底，全国组织的工人已有120万人，有组织的农民也达到80万人。他们对于北伐的渴望，犹如"大旱之望云霓"。

中国共产党还在国民党内部和外部尽力促进北伐，各地人民团体也呼吁广州国民政府出师北伐。在国民党和国民政府内，尽管有着不同的动机，但几乎所有的将领都有着尽快举行北伐的想法。蒋介石在打击共产党和国民党左派初见成效后，开始准备北伐。为了取得北伐战争的胜利，他还需要继续得到中共和苏联的支持，因而并没有同中共公开决裂。5月间，他在对全体党代表的演讲中仍宣称：我对共产主义，不但不反对，并且很赞成的。

国共合作的关系虽然暂时保持下来了，但北伐的军事指挥权主要掌握在蒋介石手中这个事实，也埋伏下了严重的危机。

北伐的直接打击目标是受帝国主义支持的北洋军阀。它主要有三支势力：一是直系军阀吴佩孚，共有约20万兵力，控制着湖南、湖北、河南3省和直隶保定一带；二是盘踞在江苏、浙江、安徽、江西、福建的"五省联帅"孙传芳，共有20万兵力；三是奉系军阀张作霖，共有兵力30万人，控制着东北三省、热河、察哈尔、京津地区和山东。他们之间存在着深刻的矛盾，难以一致行动，便于各个击破。而这时国民革命军除原有的6个军以外，又加上新归附的广西李宗仁的第七军和湖南唐生智的第八军，共有8个军10万人左右。

根据敌我力量对比的实际情况，国民革命军在以加伦为首的苏联军事顾问的建议和帮助下，制定了集中兵力、各个歼敌的战略方针；首先向湖南、湖北进军，长驱直进，迅速消灭吴佩孚部主力，争取张作霖、孙传芳两部在一段时间内保持中立；待两湖战场取得胜利后，再引兵向东，消灭孙传芳部；最后，北上解决实力最雄厚的张作霖部。

按照这个战略方针，5月，国民革命军第七军一部和第四军叶挺独立团等部作为先头部队出兵湖南，援助被吴佩孚部击败而正退守衡阳的第八军唐生智部。叶挺独立团出发前，张国焘曾到该团，召集共产党员开会，鼓励他们英勇作战，要求他们与沿途各地党组织联络，解决兵源和补给问题。稍后，张国焘还拜访了国民革命军总参谋次长白崇禧，向他提出，北伐军务必根据国民党中央的既定政纲，制定各项实施细则，并通令严格遵守。

6月4日，国民党中央执行委员会临时全体会议一致通过了迅速出师北伐案。7月1日，国民革命军颁发了动员令。7月6日，国民党中央执行委员会临时全体会议通过《为国民革命军出师宣言》。7月9日，国民革命军举行北伐誓师大会，正式出师北伐。

对待北伐，张国焘是什么态度呢？6月30日，他在《向导》第160期上发表了《民众心目中的广东》一文，转弯抹角地表示了自己的意见。他指出：

> 目前高唱入云的北伐问题，目的固然在于完成国民革命和建立统一全

国的国民政府，同时却也是抵御反动势力的南侵。无论是完成北伐事业，或是抵御反动势力南侵，都必须先巩固广东内部。

不然，革命党打到了广东，并不能把广东弄好，这又有什么益处？如果北伐军打到湖南，仍是不能肃清湖南的土匪和贪官污吏，打到湖北，也是一样，那更为危险；而且广东有这班土匪和贪官污吏，广东内部又何能巩固呢？

显然，张国焘是不太同意举行北伐的。这与远在上海的陈独秀的态度如出一辙。本来，陈独秀是主张支持北伐的。但是，共产国际代表一方面认为应该支持北伐，另一方面又害怕蒋介石在北伐期间会更加厉害地剥削和镇压人民。受共产国际代表这种担心的影响，陈独秀在7月7日出版的《向导》第161期上发表了《论国民政府之北伐》一文，表示了对北伐的消极态度。在这篇文章中，他认为"北伐的意义，是南方的革命势力向北发展"，这对于推翻军阀是一种重要的方法，但"不是惟一无二的方法"。现在的北伐还不是由于革命势力膨胀而向外发展，"北伐时机尚未成熟"。现在的实际问题不是怎样北伐，而是怎样防御吴佩孚的南伐。

陈独秀、张国焘等人这种对北伐的消极态度，对中共中央的决策产生了影响。

在北伐誓师大会前夕，张国焘离开广州，回上海参加于7月12—18日召开的中共第四届中央执行委员会第三次扩大会议。

这次大会是在北伐战争刚刚开始，大革命正处在一个重要的转折时刻召开的。会议着重讨论对待资产阶级和蒋介石的方针问题。

在会上，陈独秀、彭述之联合提出了中共党员退出国民党，改为党外合作的提案。他们认为只有摆脱国民党的控制，中共才能真正实现独立领导工农运动的政策。会议否决了这个提案，但同意将此提案送交共产国际去考虑。

陈独秀在会上作了中央政治报告，并获得会议通过。张国焘报告了他广州之行的情况。周恩来报告了中山舰事件的经过。会议通过了《中国共产党与国民党关系问题议决案》等一系列决议。

陈独秀在《中央政治报告》中，虽然讲到无产阶级政党争取国民革命的领导地位问题，但是又说资产阶级在民族民主的革命运动中，仍站在非常重要的地位，依现时世界政治环境，中国的国民革命若没有资产阶级有力的参加，必陷于异常困难或至于危险。在事实上，自"五卅"以来，中国的资产阶级已渐渐成了民族运动中之重要成分，且有领导此运动之倾向。这次会议通过的决议，一方面指出中山舰事件和整理党务案实质上确是反革命的活动；另一方面，又把已成为同中共争夺领导权的更危险对手，即国民党新右派蒋介石等人看作"中派"，仅把西山会议派等老右派视为"右派"。决议提出要联合左派并中派向反动的右派进攻；只能扶助左派而不能代替左派；只能联合左派控制中派使之"左"倾，而不能希图消灭中派，犹之在社会势力中我们现在还不敌视资产阶级，有时还需要扶助中派。决议还指出，共产党员包办国民党机关是错误的。总之，一不能退出，二不能包办，三要联合左派赞助中派，四要维护工农利益，这就是这次会议所制定的政策。显然，这种政策在很多问题上是自相矛盾的。

这次会议在北伐战争已经开始的形势下，对军事工作的重要性仍缺乏认识，依然把主要注意力放在对于群众运动的领导上，认为国民会议是解决中国政治问题的道路。在会议通过的军事运动决议中仍强调党要进行相当的政治宣传，助长进步的军事势力，而没有认识到应当去力争直接掌握军队。

会议期间，周恩来向中共中央请示在北伐中对蒋介石应采取何种方针，但中央并没有明确的答复。周恩来后来说：

出师以前加伦曾请我转问中央，在北伐中是帮助蒋介石呢，还是削弱蒋介石，这一政治问题如何解决？我到上海请示中央。陈独秀说你们开个会商量商量好了（他这时之所以这样谦虚，是因为在北伐前，他在医院里毫无调查研究，不管政治形势有了什么样的变化，竟写了一篇反对北伐的文章，因此受到同志们的批评，也受到国民党的攻击）。开会时，又是张国焘代理主席，也没有真正讨论，只由他说了两句话，说北伐中我们的方针就是：是反对蒋介石，也是不反对蒋介石。所以在北伐战争中，一直到国民党三中全会前，对蒋介石的方针是不明确的，结果就是客观上帮助了蒋介石，而助成了蒋介石地位的提高①。

当中共第三次中央执行委员会扩大会议召开的时候，北伐军在沿途工农群众的支援下，正以锐不可当之势胜利进军。7月11日占领长沙后，挥师北上，8月19日占领平江，22日占领岳州，随即进入湖北境内。在北伐军节节胜利的形势下，中共中央于7月31日发出通告，改变了对北伐的消极态度。

为了动员和组织工农群众支援北伐战争，8月初，张国焘将中央职工运动委员会的工作交给李立三，自己专门负责中共中央军事部的工作。但是，张国焘也承认："当时，中共中央还远不能说是一个战斗指挥部。我们在工农群众运动的工作，虽积累相当的经验；但对指导战争，则仍是门外汉。……我所领导的军事部在北伐狂潮里，只开始调用少数有军事知识的同志，派他们到北伐所需要的地方去，做些动员工农群众的初步规划。"②当时，张国焘所做的一项重要的工作，是组织了一个八人的暴动队，派往武昌，任务是利用北伐，在武汉发动兵变和暴动，夺取武器武装自己。

9月6日和7日，北伐军先后占领汉阳、汉口。为加强对湖北党的工作的领导，中共中央委派张国焘为中央代表，前往武汉。9月11日，张国焘到达汉口。这时，武昌尚未攻下，叶挺独立团担负围攻的主要任务。张国焘到汉口的第二天，就来到该团，了解情况。10月10日，北伐军攻占

---

① 《周恩来选集》上卷，人民出版社1980年版，第124页。
② 张国焘：《我的回忆》第2册，东方出版社1991年版，第137页。

武昌。叶挺独立团首先攀登城头，其他部队相继入城，全歼吴佩孚部主力。当天，张国焘随北伐军部队进入武昌，会见了中共湖北区委的同志。不久，由于中共湖北区委书记彭泽湘任第八军政治部主任，张国焘成为事实上的书记。12月间，正式兼任了中共湖北区委书记。此后，张国焘除领导湖北的中共组织和工农运动外，还周旋于邓演达、唐生智等国民党人士之间，协调各种关系和有关工作。

在两湖战场取得重大胜利的同时，江西战场经过反复，局面也根本改观。11月初，北伐军终于歼灭孙传芳部主力，占领九江、南昌。

随着北伐军在江西战场取得决定性的胜利，革命阵营的分裂趋势也开始明朗化了。本来，北伐战争的胜利发展，工农运动的高涨，为中国共产党提供了一个争取革命领导权的有利时机，但是，中共中央和陈独秀没有能够把握住这个时机。而蒋介石则利用北伐胜利发展的时机，进一步加紧了对军队和政权的控制。与此同时，帝国主义各国在改变着对他的态度，一些军阀、官僚、政客也纷纷来到了他的身边。

蒋介石的军事独裁和右倾政策，在国民党左派中引起了不满。他们把希望寄托在受蒋排挤远走法国的汪精卫身上。于是，在国民党中出现了一个迎汪复职的运动。9月17日，中共中央与远东局举行联席会议，决定采取迎汪复职、汪蒋合作的方针。这一方针，完全忽视了在有利的形势下，发展壮大人民力量，联合国民党左派，削弱蒋介石力量，建立地方革命政权，更不用说建立工农武装了。

9月，蒋介石派胡公冕到上海面见陈独秀，请中共不要赞成汪精卫回国。陈独秀在大谈了汪精卫回国的好处后，说明了中共赞成汪回国的前提条件：一是汪蒋合作，不是迎汪倒蒋；二是仍维持蒋之军事首领地位，愈加充实、扩大蒋之实力作更远大之发展，决不主张别的军人拥汪以倒蒋；三是不主张推翻整理党务案。为了争取蒋介石同意汪精卫回国，陈独秀派张国焘和维经斯基到湖南见蒋介石，劝说蒋介石赞成汪精卫回国，并表示准备帮助他在武汉作第二次更大规模的黄埔式练兵，扩充兵力至十个师以上。

这时，为什么陈独秀、张国焘等中共中央领导人如此热衷于迎汪回国呢？原因是他们把蒋介石视为完成北伐大业不可替代的军事领袖，不敢与他斗争，对他迁就退让。他们有一个天真的幻想，这就是为了既拉住蒋介石，又能削弱和抑制他的军事独裁倾向，就要迎汪复职，汪蒋合作，军权归蒋介石，党政大权归汪精卫，以保持权力的"平衡"。那么，在这种"平衡"中，中共将得到些什么权力呢？陈独秀主张，中共必须立足于在野党的地位，用全力在民众方面，万勿参加政府工作。不难看出，放弃争夺党权、政权、军权，正是中共中央制定迎汪复职、汪蒋合作这一右倾错误方针的基本出发点。

然而，无论是国民党左派也好，中共中央也好，迎汪复职以抑制蒋介石的愿望，只是一厢情愿。虽然蒋介石被迫同意了迎汪回国，并同意迁都武汉，但是，他丝毫没有放慢走向反共的步伐。不久，革命阵营内部的矛盾进一步发展，爆发了一场所谓的"迁都之争"。

11月19日，国民党中央政治会议临时会议正式决定将国民政府和国民党中央从广州迁往武汉。但是，当12月13日在武昌成立国民党中央执行委员会暨国民政府委员会临时联席会议，暂时代行国民党中央和国民政府的最高职权时，原来主张迁都武汉的蒋介石却突然改变主意，要求把国民党中央和国民政府迁到北伐军总司令部大本营所在地南昌，以便置于他的直接控制之下。这样就形成了南昌和武汉两个中心的对峙。

与此同时，蒋介石虽然还未最后下决心同中共决裂，但他仇视和压迫共产党组织和工农革命力量的面目日益公开化了。1927年2月21日，他在南昌总部的演讲中自称是中国革命的领袖，对共产党有干涉和制裁的责任及权力。3月6日，他指使部下杀害了任赣州总工会委员长和江西省总工会副委员长的共产党员陈赞贤。蒋介石已在磨刀霍霍了。

在武汉的鲍罗廷和国民党的一些领导人不愿意由蒋介石实行独裁统治，张国焘也穿梭于他们中间，试图找出抑制蒋介石的办法。3月10—17

日，国民党二届三中全会在武汉召开。这次全会否决了关于定都南昌的提议，通过了维护孙中山的三大政策、提高党权、反对军事独裁等决议，并且以改变领导体制的办法，把蒋介石所担任的国民党中央常务委员会主席职务实际上撤销了。但到此时，对付掌握军权的蒋介石，单靠提高党权一类的决议，已经无济于事了。此后，蒋介石在九江、安庆等地连续制造针对共产党和国民党左派的事件，变本加厉地进行反共活动。

在这种形势下，对于中国共产党来说，最有效的办法是利用工农运动高涨的有利形势，组织和武装工农，直接掌握一部分军队和地方政权，以便应付可能发生的突然事变。

这时，工农运动正如火如荼地发展着。特别是在湖南、湖北、江西三省，更是以空前的规模迅速高涨起来。首先高涨起来的是农民运动。1926年10月间，江西的农民协会会员已有5万人。到11月间，湖北全省的农民协会会员增至20万人。到1927年1月，湖南农民协会会员激增到200万人，能够直接领导的群众增加到1000万人。农民协会成为乡村中唯一的权力机关，真正做到了"一切权力归农会"。在一些地方，共产党员和工农代表还参加了县、省的革命政权。

在农村出现空前的革命形势的同时，城市的工人运动也高涨起来。1926年9月和10月，湖南、湖北两省的总工会相继成立。到1927年1月，两省的工会会员已发展到70万人。仅武汉一地，参加工会的人数就达10万人。不久，江西省总工会也正式成立。武汉、长沙、九江等城市的工人相继举行大罢工。工人们还组织了纠察队，建立了自己的武装。1927年1月，英国水手在汉口和九江登陆打死打伤中国人，引起了群众性的反帝浪潮。武汉的工人和其他市民冲入并占领了汉口英租界。张国焘、李立三、刘少奇等共产党人参与领导了这场斗争。与此同时，国民革命军独立第二师也接管了九江英租界。2月9日，国民政府外交部同英国方面签订协定，收回了汉口、九江英租界。

在轰轰烈烈的群众运动迅速高涨的时刻，中共中央仍旧远离革命风暴的中心地区，而留在上海。这时，党内要求将中央迁往武汉的呼声很高。张国焘曾对先后由上海来武汉的汪寿华、维经斯基谈起武汉和南昌之间的争执及其严重性，并告诉他们，目前中共的步骤是相当凌乱的，武汉已有许多问题不易解决。他要他们回上海后向陈独秀建议，速将中共中央领导机关迁到武汉来。在上海的陈独秀、彭述之等中央领导人不仅不同意迁移，而且继续坚持退让的方针，以使蒋介石放心，共产党人没有夺取权力的企图。为此，他们限制工农运动的发展，特别是指责农民运动"左"倾，极力限制农民运动的发展。

本来，在大规模的群众运动中，出现一些失误或过火的行为是难以完全避免的。但是，从当时党的指导思想来说，在农民运动问题上，主要的问题是右倾而不是"左"倾。还在北伐刚刚开始、农民运动刚刚兴起的时候，中共中央四届三次扩大会议就指责说：农民运动在各地均发生"左"倾的毛病，或提出口号过高或行动过左，往往敌人尚未打着而自己已受很大的损失。会议通过的《农民运动议决案》，百般限制农民运动的发展，规定农会组织"尚不能带有阶级色彩""不可简单的提出打倒地主口号"，农民武装"不要超出自卫的范围""不可有常备的组织"，对民团"要根本消灭这种组织是不可能的"，要"以正绅代替劣绅为团总"。

1926年12月13日，中共中央在汉口召开特别会议。陈独秀在政治报告中把蓬勃发展的工农运动，看成是将使联合战线破裂的最主要原因。会议根据他的报告所作的议决案指出：各种危险倾向中最主要的严重的倾向是，一方面民众运动勃起之日渐向"左"，一方面军事政权对于民众运动之勃起而恐怖而日渐向右。这种"左"右倾倘继续发展下去而距离日远，会至破裂联合战线，而危及整个的国民革命运动。这就是说，既要防止"军事政权"的"向右"，又要防止民众运动的"向左"。由于没有任何有效的办法对付向右转的蒋介石，那么，剩下的工作就只能是防止民众运动向"左"，即压制工农运动。

在以蒋介石为代表的国民党新右派已经下决心实行反共和分裂，而且军队和政权几乎全掌握在他们手中的时候，中国共产党所能依靠的力量主要是工农群众。这次特别会议不仅没有解决党在迫在眉睫的危局中如何生存并坚持斗争的问题，反而决定了压制工农群众运动的错误方针，这就注定了大革命遭受失败的前途。会后，这个压制工农运动以谋求同国民党右派妥协的右倾投降主义方针即开始在实际工作中加以贯彻。

张国焘是赞成陈独秀这一错误主张的，他后来在回忆中仍坚持认为是农民运动摧毁了国共合作。他说：

> 武汉时期，中共在农村中的活动，是自下而上的，燃起了农民斗争的烈火，其中以湖南的火势为最猛烈。中共因为缺乏这一方面的知识和经验，在发动之初，领导的步骤颇不一致，运动开展以后，也无力予以控制。因而农民运动，竟成了摧毁国共合作、瓦解武汉政权的一个主要因素[①]。

张国焘不仅赞成这一错误方针，而且在实际工作中也积极地加以贯彻执行。他后来回忆起这样一件事：

> 一九二七年初，我和因公来到武汉的中共湖南区委委员夏曦、郭亮等人商量过这些问题。我向他们指出湖南农运虽然轰轰烈烈，可是没有武力做后盾，也没有组织农民苏维埃政权的计划，现在唐生智的部下，因受着农运的威胁，日渐右倾，农运却在"左"倾，在这种各走极端的情势下，是会出乱子的。如果要维持农协与军队合作的话，在农运方面就要采取行动，缩小土豪劣绅的范围，并纠正其中的偏差[②]。

这时，湖南的刘岳峙组织"保产党"和"左社"，反对农民运动。他

---

① 张国焘：《我的回忆》第2册，东方出版社1991年版，第208页。
② 张国焘：《我的回忆》第2册，东方出版社1991年版，第222页。

攻击农民运动"赤化",污蔑农运干部是"地痞流氓",要农民和地主"联络感情""注全力于农产物之增加",鼓吹由国民党管辖农民协会,如不"服从纪律",则"分别改组处究"。以共产党员和国民党左派为主体的国民党湖南省党部,决定查办"左社",永远开除刘岳峙等人的党籍。张国焘得知这件事后,却为刘岳峙辩护。他后来回忆说:

> 一九二七年二月十二日,国民党湖南省党部农民部长刘岳峙曾在报上发表一个农运计划,主张以和平建设来解决农村的纠纷,要求各地农协接受国民党的领导,倾全力于农产物的增加和农业的改进。刘岳峙是当时的著名的左派人物,曾在国民党内组织了左派小团体名为"左社",与中共的湖南同志们一向合作无间,因而他能担任农民部长这个职务。他的这种主张自然含有不满中共农运方针的意味,可是农业增产和农业改良确也是湖南中共农运政策所忽略的地方,照理应该予以善意的加以采纳,可是中共湖南区委对刘岳峙这种主张,都斥之为右派的言论,予以严重的打击。并利用他们在国民党湖南省党部属于多数派的地位,公开开除刘岳峙等人的国民党籍。这件事证明了他们是粗暴的违反了中共中央与国民党左派合作的政策,他们在领导农民斗争中,忽视了增加生产的重要性[①]。

陈独秀、张国焘等人的妥协退让,并没有制止蒋介石的向右转。到了这个时候,无论中共怎样让步,蒋介石的反共已是无法遏制了。1927年3月21日,当陈独秀、罗亦农、周恩来、赵世炎等共产党人领导的上海工人第三次武装起义取得胜利后,北伐军进入上海。3月24日,北伐军占领南京的当天,英国、美国的军舰突然炮轰南京。南京事件加速了蒋介石同帝国主义势力勾结的步伐。3月26日,蒋介石到达上海。4月初,蒋介石约集在上海的国民党右派举行秘密会议,决定用暴力手段实行"清党"。

---

① 张国焘:《我的回忆》第2册,东方出版社1991年版,第223—224页。

刚刚从法国途经苏联回到上海的汪精卫，也参加了反共密谈，只是在分共的时机与方式方面与蒋介石有一些分歧。

处于困境中的陈独秀，此时对汪精卫仍抱有幻想，4月5日，发表了由他起草的《汪陈联合宣言》，要求大家立即抛弃相互间的怀疑，不听信任何谣言，相互尊敬，事事开诚协商进行。

这个宣言，好似一股迷雾，使一部分共产党员放松了警惕。几天后，蒋介石终于举起了屠刀，中国的大革命到了危急的时刻。

第五章
CHAPTER FIVE

危急关头

从"四一二"到"七一五"

1927年4月12日,是中国现代史上最黑暗的日子之一。

蒋介石经过精心的密谋和准备,并得到帝国主义和封建势力的支持,终于叛变革命,在上海向共产党人和革命群众举起了屠刀。随后,南京、杭州、福州、厦门、南宁等地也陷入白色恐怖之中。4月15日,国民革命的发源地广州也发生了反革命政变,萧楚女等大批共产党人惨遭杀害。4月28日,军阀张作霖在北京把李大钊等人送上了绞刑架。反动势力联合起来绞杀革命,一时间,黑云压境,血雨腥风。以此为转折点,中国的大革命进入了危急阶段。

蒋介石的倒行逆施,激起了共产党人的愤怒。在一次有罗易、维经斯基和张国焘、瞿秋白参加的会谈中,瞿秋白愤怒地指出中共中央存在着严重危机,对蒋介石抱有幻想,因而招致了四一二政变的发生。

这时的中共中央,面临着从未遇到过的严峻考验。大约在4月15日前,陈独秀从上海来到武汉,住在中共中央机关所在地四民街61号。中共中央领导人云集武汉,试图寻找出挽救危局的办法,然而,却遇到了很多困难和麻烦。

蒋介石在上海发动政变后,于4月18日在南京成立国民政府,与武汉国民政府相对抗,并下令"清党",通缉共产国际代表、共产党人和国民党左派人士达193人。而武汉国民党中央和国民政府在共产党人和国民党左派的推动下,作出决议,开除蒋介石的党籍,免去他本兼各职,并发表了《讨蒋通电》,从此宁汉分裂。中国一时出现了北京、武汉、南京三个政权鼎足而立的局面。

这时的武汉政府,陷入四面受敌的危急境地。北面有奉系直系军阀,东面有蒋介石，南面有受南京政府节制的两广军阀，西面有与蒋介石勾结的四川军阀，武汉政府管辖的区域仅局限于两湖和江西等省。汪精卫在上海时虽与蒋介石秘密会谈，在"分共"问题上有共识，但在方式和时机问题上仍有矛盾。他于4月10日从上海来到武汉后，以左派的面目出现，高喊着要讨伐蒋介石。经济上，由于帝国主义各国和蒋介石对武汉实行经济封锁，武汉地区金融混乱，汇兑不通，通货膨胀，物价上涨，工商业衰落，日用品缺乏，全市失业工人到5月份增至12万人。

与此同时，两湖地区的工农运动持续高涨，特别是湖南省的一些地区，农民开始自动地插标分田，猛烈地冲击着封建土地制度。有些地方还建立了工人纠察队和农民武装。但是，在工农运动高涨的同时，也出现了一些过火行动和过高要求，湖南省还出现了镇压土豪劣绅的高潮。土地问题牵动着千家万户，影响着社会各个阶层对于工农运动和国民革命的态度。

面对这严峻而冷酷的现实，中国共产党的领导者焦虑万分，为制定革命策略发生了争论。这时，党内争论最尖锐的问题有两个：一个是所谓深入和广出之争，一个是东征和北伐之争。所谓深入，就是认为现在革命应该深入，力主在湖北、湖南、江西等省实行土地革命，巩固既有的革命根据地，再图发展。所谓广出，就是继续向外发展，土地革命应该等打到北京后再实行。所谓东征，就是讨伐蒋介石。所谓北伐，就是进兵河南，讨伐奉系军阀张作霖。

还在四一二反革命政变前夕，中共中央领导人和共产国际代表大都来到武汉。从4月4—20日，在武汉连续召开了有共产国际代表、中共中央委员和湖北区委负责人参加的联席会议，先后出席会议的有张国焘、瞿秋白、谭平山、蔡和森、张太雷、罗章龙、毛泽东、陈延年、邓中夏、彭述之以及罗易、维经斯基、鲍罗廷等。会议决定成立一个常务委员会，领导中央的工作，当即选举瞿秋白、谭平山、张国焘为常务委员。会议决定电催陈独秀速来武汉，并把中央迁到武汉。陈独秀来到武汉后，出席了后几天的会议。

4月12—15日，会议在北伐还是东征的问题上，发生了争论。这时，共产国际和斯大林主张直接由武汉出师河南，进行北伐。鲍罗廷认为东南地区帝国主义势力强大，竭力主张同国民党一起北伐，争取与冯玉祥部会合，打通苏联通道。罗易则着眼于布置巩固武汉政府的防线，通过土地革命巩固两湖根据地。在中共中央内部，也出现了几种意见。据蔡和森说：

> 最初参加此讲座的是平山、秋白、国焘。平山、国焘主张南伐取广东，但偏重于军事财政方面；秋白主张先打南京，经由陇海路北伐。后来独秀到了，再开正式会议讨论；独秀、述之、太雷是完全赞成老鲍的；平山、国焘仍主南伐；秋白仍是经过南京北伐；和森提出四个条件的北伐政纲：（一）在两湖及其他武汉政府领域之内，立即实行土地革命；（二）实行财政大改革，一切财政负担加于资产阶级和地主阶级的身上；（三）实行军队大改革，增加兵士月饷，取得兵士群众领导权，废除军需制，军需直属财政部管理以制反动将领之死命，军队指挥权完全属于革命军事委员会；（四）同时巩固后防，南取广东，并包括鲁。〔罗〕易计划之各点。和森是主张深入与广出同时并行的，于进攻军阀之同时，给地主阶级及资产阶级以严重打击。当时国焘笑说："照你这四条件，等于打消北伐，国民党怎能接受？还是赞成咱们南伐吧。"①

会议经过争论，最后基本上同意了北伐的意见。4月16日，中共中央通过了《关于继续北伐问题的决议》，主张立即北伐，并建议国民党和武汉政府应考虑中国共产党的意见。同一天，仍在上海的周恩来、赵世炎、罗亦农、陈延年、李立三等人致电中共中央，建议迅速出师东征讨伐蒋介石。这一建议是正确的，但它已经不可能被采纳了。

鲍罗廷等人之所以坚持北伐的主张，是因为：第一，共产国际和中共

---

① 《中共党史报告选编》，中共中央党校出版社1982年版，第101—102页。

中央都对正准备从陕西东出河南的冯玉祥部国民军联军抱有极大的幻想，认为他是可靠的同盟者，只要同他联合讨奉，会师郑州，就能背靠西北，打通同苏联的国际交通线，再图东向。第二，认为帝国主义在东南的势力太大，害怕立刻东征会同帝国主义势力发生直接冲突，造成失败。第三，认为武汉地区已被四面包围，困难重重，只有向外发展，才有出路。第四，认为汪精卫等武汉国民政府的领袖们是小资产阶级的代表，已处在严重动摇中，如果实行土地革命，会促使他们脱离革命而同蒋介石妥协。这种主张，当时被称为"西北学说"。它的实质，是不敢采取深入土地革命、广泛武装工农的果断措施来挽救革命，而是企图把革命限制在汪精卫等人允许的范围之内，以此来稳定在武汉的国民党中央和国民政府。

武汉政府内部在东征还是北伐的问题上，也有不同意见。汪精卫、徐谦、顾孟余、孙科等主张先北伐，而唐生智、张发奎等则主张先东征。从4月16日开始，国共两党连续举行了几天的联席会议。国民党方面出席的有汪精卫、谭延闿、孙科、徐谦、顾孟余，共产党方面出席的有陈独秀、张国焘、瞿秋白，鲍罗廷也参加了会议。经过讨论，会议于18日决定以唐生智为总指挥，出师北伐。19日，举行了第二次北伐誓师典礼。6月1日，北伐军与冯玉祥率领的国民军联军在郑州会师。

陈独秀来到武汉后不久，张国焘就不再兼任湖北区委书记的职务，改由张太雷接任。张国焘则参与中共中央的决策工作。他认为以往一切失败的责任不应由陈独秀一个人承担，在许多问题上采取了支持陈独秀的态度。但是，有时在一些问题上也同陈独秀发生分歧。4月下旬，中央政治局开会讨论店员问题。陈独秀在会上说：汪精卫到此，首先着急的是向我们提出此问题。因为现在小资产阶级工商业者非常动摇，怨恨国民政府，中心问题是要求过火。张国焘当即表示反对，以致这次会议没有结果。过了几天，中央常委会再次开会。关于这次会议的情况，蔡和森回忆说：

有在国民党中央工作的二同志前来报告汉阳店员、童子团又有过火行为，封闭了两个小工厂和线店，国民党中央闻悉大怒，汪孙谭等顿足痛骂，情形异常严重等等。独秀闻此，亦大为惊怒，因此与国焘口角激烈，国焘愤而退席，几星期不参加会议，外间因有张左陈右之谣①。

在中国革命的紧要关头，中共中央领导人云集武汉，召开中共第五次全国代表大会也随即被提上了议程。张国焘参与了五大的筹备工作。在4月4—20日召开的几次会议上，决定成立三个委员会，为五大准备文件，并通过了各委员会的主持人，他们是：农民土地委员会瞿秋白、毛泽东；职工运动委员会李立三；组织委员会张国焘。陈独秀抵达武汉后，准备工作加快了步伐。4月下旬，中共中央召开会议，就五大的日程、报告和会务机构等问题进行了讨论。在讨论党的工作总结时，对中山舰事件、上海工人武装起义、四一二反革命政变等重大事件中党的指导方针，产生了争论。陈独秀不仅为自己辩护，而且还大耍"家长"威风，盛气凌人。这就预示着中共五大不可能承担起制定挽救中国革命的政策和策略的重任。

4月27日至5月9日，中共五大在武汉召开。陈独秀在会上作报告，系统地回顾了四大以来历次大的政治运动和党组织、工农运动的发展情况，并检讨了自己的错误。大会通过了《政治形势与党的任务议决案》等一系列决议。大会认为，中国的资产阶级已经叛变，中国革命到了工农小资产阶级民主独裁制的阶段，应该以土地革命及民主政权之政纲去号召农民和小资产阶级，使革命向非资本主义之发展方面进行。大会把汪精卫看作小资产阶级的代表，把武汉政府看成工农小资产阶级的联盟。大会提出土地革命的同时，又强调必须先取得小资产阶级的同意，从而使这个主张成为一句无法实行的空话。大会对于当时非常迫切地建立中共直接领导的革命军队的问题，没有提出任何办法。大会虽然对右倾机会主义提出了批评，

---

① 《中共党史报告选编》，中共中央党校出版社1982年版，第105页。

但是拿不出任何纠正这种错误的办法,并且仍选举陈独秀为总书记。中共五大在中共面临生死存亡的危急时刻,没有为全党指明出路,提供坚强的领导,而是再次错过了时机,坐视整个局势继续恶化。

张国焘出席了中共五大,并被选举为中央委员。在随后举行的五届一中全会上,张国焘又被选为中央政治局委员,并成为由陈独秀、张国焘、蔡和森三人组成的中央政治局常务委员会的成员之一,同时还兼任中央组织部部长。5月下旬,周恩来从上海来到武汉后,25日召开的中央常委第十次会议决定:周恩来由中央秘书长改任中央军人部部长,在必要时参加常委会议。29日,因张国焘要去河南,中央常委会决定周恩来代理张国焘的中央常委职务。6月3日,瞿秋白被增选为中央常委。从6月4日起,中央常委由陈独秀、瞿秋白、周恩来、蔡和森四人轮流值日,这种状况一直持续到6月下旬。

张国焘被选入中央领导核心后,以主要精力参与处理国共两党之间的协商等工作。这时,中国共产党在武汉国民政府中发挥作用,是通过国共两党联席会议这个形式来实现的。凡属重大问题,都要经过两党联席会议协商解决。6月9日,中央常委决定:出席国共两党联席会议的人员有陈独秀、张国焘、瞿秋白。6月14日,中央常委开会讨论同国民党谈判的问题,决定谭平山、李立三也参加联席会议;两党谈判,中共方面出席者为陈独秀、张国焘、瞿秋白、谭平山、蔡和森、李立三、张太雷等。6月30日,中央常委又讨论了国共两党联席会议问题,决定每周举行两次的两党联席会议,一次由陈独秀、张国焘、瞿秋白出席,一次只有张国焘、瞿秋白出席,陈独秀不出席。大约在7月初,两党联席会议停止举行。

中共五大后,两湖地区的工农运动继续轰轰烈烈地发展着。同时,也出现了一些"左"的偏差。这些偏差虽然是局部的,但是,它的发生既不利于团结各阶层的大多数,也往往被反动派利用来煽动反共情绪,分裂革命队伍。

这样，中共中央陷入了两难的境地。既要同国民党保持统一战线，又要实行土地革命，这是颇为矛盾的。中共五大决议中既提出要解决农民土地问题，同时又规定要保障小资产阶级的利益，不分小地主和革命军人的土地，充分体现了这种矛盾。汪精卫正是利用了这种矛盾，表面上高谈解决土地问题，实际上却在指责工农运动"过火"，处处限制工农运动，反对土地革命。

如何解决这些矛盾和冲突？中共中央采取了限制工农运动的政策，试图以退让来维持同汪精卫和国民党的合作。其结果，一方面加深了党内的右倾错误，对自己的力量毫无信心，一味害怕刺激汪精卫、唐生智等人；另一方面，也助长了汪精卫和武汉国民政府的反动倾向，一些由于各种原因投身革命的反动分子，更在酝酿和积极准备叛变。

5月13日，驻防宜昌一带的第十四师师长夏斗寅通电联蒋反共，率部东下，直逼武汉。16日占领汀泗桥一带，17日进抵距武昌仅15公里的纸坊镇，武汉大为震惊。中共中央政治局召开紧急会议，决定提请国民政府军事委员会，抽调第二十四师等部，统由叶挺指挥，反击叛军。国民政府遂命令武昌卫戍司令、第二十四师师长叶挺率部狙击叛军。经过几天激战，叛军溃逃，武汉转危为安。在平叛过程中，张国焘也由汉口赶到武昌，以湖上园为临时指挥所，布置武昌的警戒。直到胜利的消息传来，他才松了一口气。

恰在这时，杨子烈带着孩子从莫斯科取道海参崴，经过恐怖的上海，来到了汉口。张国焘得到消息，于5月20日下午回到汉口，与妻儿团聚。

夏斗寅叛变刚刚被击溃，5月21日又发生了马日事变。驻长沙的第三十五军第三十三团团长许克祥在长沙血腥屠杀革命群众。20天里，长沙一带仅被杀害的农民就达1万多人。武汉政府派谭平山、陈公博、鲍罗廷赴长沙查办受阻，半途折回。武汉政府又派唐生智回湘处理事变。唐生智一面为许克祥辩护，一面诬蔑工农运动，为日益严重的反共和反对工农运动的浪潮推波助澜。

一时间，反共声浪甚嚣尘上，武汉的政治形势急剧恶化，已处在风声鹤唳之中。这种形势，迫切要求中共中央制定出挽救时局的政策和措施。然而，形势的逆转，仍然无法使中共中央的许多领导人清醒。尽管有的同志提出要发动工农群众，建立工农武装，但陈独秀、张国焘等多数领导人和共产国际代表，依旧对汪精卫、冯玉祥、唐生智等抱有很大的幻想，认为现在的中心问题不是军事问题，而是同国民党左派的关系问题，是工农运动的过火行为造成了目前的局面。因此，必须向国民党让步，继续同他们合作。

革命形势的急剧恶化，引起了共产国际的关注。5月18—30日召开的共产国际执委会第八次全会作出了《关于中国问题的决议》，并于5月底给中共中央发来相应的指示（即"五月指示"）。6月1日，罗易收到了这一指示。其要点为：改造国民党使工农分子大批地参加进去；把农民协会变成乡村政权；组织七万军队，其中要包括两万共产党员；没收地主土地。共产国际的这一指示，虽然来得为时已晚，已不可能挽救革命的败局，但它把当时挽救时局的最关键的问题都提出来了，如果按照这一指示采取果断措施，中共还有可能同汪精卫集团进行较为有力的斗争，而且一旦发生突然事变，也不至于遭受过分惨重的损失。

但是，共产国际代表罗易在接到这一指示后，却做出了一件荒唐的事情。6月5日，他将国际指示交给了汪精卫，幻想以开诚相见的态度，拉住汪精卫。这就为后来汪精卫实行"分共"提供了口实。

中共中央接到共产国际的指示后，认为它提出的任务是难以实行的。6月6日，中央政治局召开会议，陈独秀在会上宣读了这一指示，并一一作了说明，表示了他的不同意见。他认为国际的指示不是言过其实，就是一种幻想。会议经过讨论，作出对共产国际指示的答复：依照训令方针进行，唯声明不能即时都能实现，因为中央全体同志都认为国际这些训令都是一时没有办法的办法。

张国焘参加了这次会议。他后来在回忆录中记述了当时中央政治局多数人的想法：

> 我们觉得莫斯科的调子唱得不合时宜，现在如果能做到维持反蒋阵线，武汉不致公开分共，中共就只有在工农运动不继续受到摧残的条件之下，付出相当让步的代价，来维持这个国共合作的局面①。

实际上，让步到这时并不能阻止汪精卫集团的反共步伐。进入6月，局势更加紧急了。6月6日，朱培德在江西宣布"礼送"共产党员出境。6月10日，汪精卫、顾孟余、孙科等来到国民革命军刚刚占领的郑州，同冯玉祥举行会谈。郑州会议的结果是唐生智部的主力撤回武汉，把河南的地盘全部留给了冯玉祥。6月13日，汪精卫回到武汉，即节节进行反共。他将罗易给他的共产国际"五月指示"拿出来，给军队将领看，让他们在军队中留心防范共产党的活动。6月19日，冯玉祥由郑州到达徐州，同蒋介石、李宗仁等连续举行了三天会谈。徐州会议的结果是决定冯蒋共同对奉系作战，并由冯玉祥电促宁汉合作，蒋汪合流。6月29日，第三十军军长何键发出反共宣言，要求武汉国民政府和唐生智明令与共产党分离。不久，冯玉祥也把在他的军队中和在他所管辖区域内的共产党员"礼送"出境。

在这种形势下，中共中央的领导人仍对汪精卫、冯玉祥等存有幻想。郑州会议前夕，张国焘向中央要求去郑州，作最后一次努力。6月8日，张国焘乘坐京汉铁路总工会为他准备的专车前往郑州。6月10日，他拜访刚刚到达郑州的汪精卫，希望汪能够争取冯玉祥支持武汉政府，并表示武汉政府内部问题如国共关系、工农运动等，都可以获得适当的解决，中共保证支持武汉政府。但是，郑州会议的结果使张国焘的希望落空了。他没

---

① 张国焘：《我的回忆》第2册，东方出版社1991年版，第250页。

等会议结束，便于6月11日晚匆匆赶回武汉。

郑州会议的举行，不仅使中共对冯玉祥的幻想破灭了，而且也证明汪精卫集团已准备公开反共，叛变已是既成事实，只是时间的问题。徐州会议的举行，更使四一二反革命政变以来扑朔迷离的政局明朗化了。国共两党合作的全面破裂，已如箭在弦上，到了很快就要摊牌的最后时刻。

面对这种严峻的形势，党内许多同志要求作最后的努力，实行反击。毛泽东要求回湖南工作，组织革命群众对反动势力进行反击。蔡和森写信给中央，要求作一军事计划，以备万一。周恩来在6月17日和20日的中央常委会上，提出了湖南暴动的计划。这些建议，都被陈独秀和共产国际代表拒绝了。共青团中央总书记任弼时拟定一份挽救时局的《政治意见书》，交给陈独秀，被陈独秀碎之于地。

到这时，陈独秀主持下的中共中央完全处在不知所措的慌乱境地，中央政治局对每个问题都是动摇的、犹豫的、不一致的，但总的精神是继续妥协退让。6月28日，陈独秀召开中央紧急会议，决定为了消除何键制造事端的借口，公开宣布解散武汉工人纠察队和童子团。会议决定将中共中央机关由汉口移至武昌，并决定了人员分工：派蔡和森、李立三立即去武昌布置机关迁移事宜；派周恩来、张太雷将解散工人纠察队和童子团的事交湖北省总工会执行；由陈独秀、张国焘处理常委及秘书厅事务。6月29日晚，在有陈独秀、张国焘、蔡和森、瞿秋白等参加的中央常委会上，瞿秋白提出一份书面建议，中心问题仍然是贯彻对国民党左派的让步政策。会议决定由瞿秋白起草一份正式决议案。6月30日，中央政治局召开扩大会议，通过了有11条内容的关于国共关系的决议案，承认国民党当然处于国民革命的领袖地位，主动把工农团体和工农武装的领导权拱手交给国民党，继续向国民党妥协退让。

这次会议后的第二天，张国焘在一次谈话中，明确地表示了妥协退让的态度。他说："现在的形势很险恶，这大部分是我们自己应该负责的，民众运动的发展,超过了我们主观的力量与客观的要求,弄得不容易驾驭,以致引起了当局的反感。现在不能不采取退却的步骤,不退却,就有全军覆没的危险。"他认为民众运动"以前也的确是过火了一点",现在"不能不保守一点""不应该这样过火"。"昨天中央一经决定将工人纠察队及农民自卫军的武装自动交出一部分来。以后,我们的工作,应该切实一点"。他还认为,武汉的局面因为"我们的退却而稳定下来"是"可能的"[①]。

7月8日,张国焘在《向导》第200期上发表《革命势力联合与时局》一文。文章提出,挽救危急的办法"惟有团结一切真正革命势力,领导广大的革命民众急起肃清这些反革命势力,以完成国民革命,国家及人民才有生路"。他在文章中虽然揭露了蒋介石的新军阀面目,抨击了反对共产党和工农运动的叫嚣,但是,由谁来领导广大的革命民众肃清反革命势力,他没有说,也没有提出具体的措施。

中共中央以退让求得维持国共合作的愿望,只能是一厢情愿。这时,汪精卫等公开煽动"分共",武汉政府的反共态度也急转直下地明朗起来。在这种形势下,中共中央不得不考虑退路问题。7月4日,中央政治局常委召开会议,讨论湖南局势。陈独秀在会上说:我们的政策是反蒋、联唐、解决何键。毛泽东提出了两种策略:(一)改成安抚军合法保存,此条实难办到。(二)此外尚有两路线,一是上山;二是投入军队中去。并认为:"上山可造成军事势力的基础。"张国焘认为:"可以上山,但不必与 C.P. 发生关系,可以抢富济贫。"陈独秀接着张国焘的话说:不能如此。枪藏不了的可以上山,招兵工作省党部应用大力来做。由此可见,陈独秀的基本态度是不主张上山的,即使上山也是消极的。张国焘的主张则更为消极,上山只是为了占山为王,抢富济贫,不与共产党发生关系。显然,陈独秀、张国焘的主张,已根本无法挽救危局了。

[①] 《社会新闻》第7卷,第26期。

在这次会议后不几天，鲍罗廷提议由张国焘、张太雷、李立三、李维汉、周恩来组成临时中央政治局常务委员会。他找张国焘等五人谈话，说明改组中央常委会的原因是形势非常紧迫，要讨论中国革命问题，但又恐陈、谭发生怀疑，于是又提议让瞿秋白、蔡和森赴海参崴办党校。7月12日，中共中央政治局召开会议，决定根据共产国际的指示，改组常务委员会。从此，陈独秀不再视事。

在革命的危急关头，共产国际为什么选择张国焘进入临时中央常委，并排在第一位，鲍罗廷没有说明，其原因我们不得而知。但是，经过这次改组，主张武装反抗国民党反共政策的力量在中央取得了领导地位，从而为日后武装起义的发动和八七会议的召开奠定了组织上的基础。这次改组虽然为时已晚，但仍是一个重要的转折。

临时中央常委会成立后，担负起了挽救中国革命的重任。它主要决定了三件事：在张发奎部队中发动武装暴动；在工农运动基础较好的湘、鄂、赣、粤等省发动秋收暴动；召开一次中央紧急会议。

7月13日，中共中央发表了《中国共产党中央委员会对政局宣言》，宣布撤回参加国民政府的共产党人。随后，中共中央开始了紧急撤退大批共产党员，以及布置党组织由公开状态迅速转入地下的工作。7月中旬，在临时中央常委会中，李立三、张太雷去九江，李维汉刚从湖南来到武汉，于是，张国焘和周恩来承担起了这一复杂而又艰巨的工作。

此时，汪精卫也准备与共产党摊牌。7月14日晚，他在武汉召开秘密会议，确定了"分共"计划。7月15日，他又召集"分共"会议，并公布《统一本党政策案》，正式宣布同中国共产党决裂，公开背叛革命。7月26日，免去各机关中共产党员的职务。不久即在武汉地区对共产党员和革命群众进行疯狂的大屠杀。轰轰烈烈的大革命失败了！

大革命虽然失败了，但是，革命还要继续进行下去。临时中央常委会确定了武装斗争的总方针，并具体作出了举行南昌起义的重大决策。

武汉国民政府叛变革命以后，继续打着"东征讨蒋"的旗号，派以唐生智为总指挥的第一方面军沿长江北岸，以张发奎为总指挥的第二方面军沿长江南岸，向南京方向进发。由于张发奎和唐生智之间存在着尖锐的矛盾，张发奎出于自身利益的考虑，对"东征"并不积极，而是打算第一步按兵不动，第二步渐次向南昌移动，然后回粤。该军陆续移驻九江和九江、南昌之间地区后，张发奎没有明确表示"清共"，与共产党的关系还比较和缓。中国共产党所能掌握和影响的部队在该军中仍在进行活动，叶挺等共产党员并担任着重要职务。部分工人纠察队员也利用扩军的机会，编入该军。根据这种情况，临时中央政治局常委会酝酿和提出了联合张发奎回广东徐图发展的计划。

但是，当第四、第十一军开至马回岭、涂家埠一带，第二十军开至九江时，张发奎却日益表现右倾，并暗中布置在第二方面军中"清共"。驻江西的第五方面军总指挥朱培德所部第三军、第六军、第九军进驻樟树、临川、九江一带，对第二方面军取包围之势。

在这种形势下，7月中旬，在武汉的张国焘、周恩来等临时中央常委决定：以第二方面军中叶挺率领的第十一军第二十四师、贺龙率领的第二十军和以原叶挺独立团为骨干扩编而成的第四军第二十五师为基础，在南昌举行武装起义，并决定周恩来为领导起义的中共前敌委员会书记。

7月20日，先后到达九江的李立三、邓中夏、恽代英、叶挺、聂荣臻等人，由谭平山主持召开谈话会。与会者认为回师广东起义已不可能，应该抛弃依靠张发奎的政策，在南昌实行独立的暴动，建立新的政府。7月21日，李立三、邓中夏赴庐山向瞿秋白汇报了这一意见。在庐山，瞿秋白、张太雷、李立三、邓中夏和鲍罗廷开会，表示完全赞同九江谈话会关于在南昌举行起义的建议，并请瞿秋白回武汉向中央报告。

这时，形势更加紧急。临时中央常委立即同意了九江谈话会提出的意见。7月24日（一说25日），张国焘、周恩来、加仑和新任共产国际代表罗明纳兹在武汉举行会议，决定以国民党革命委员会的名义，在南昌举行起义。并根据加仑的提议，决定起义后部队的行动方向是立即南下，占领广东，取得海口，以获得国际援助，然后再举行第二次北伐。会议还决定了经费筹措、派遣工作人员和苏联顾问等事项。这样，南昌起义的决策就正式确定下来了。会后，周恩来即赴九江，向在九江开会讨论起义事宜的李立三、邓中夏、恽代英、谭平山等传达了中共中央关于举行南昌起义的决定。随后，由邓中夏回武汉向中央汇报详细计划，周恩来、李立三等人则于7月27日齐赴南昌，准备起义。

7月26日，临时中央常委再次举行会议，张国焘、张太雷、李维汉、瞿秋白、罗明纳兹、加仑等出席会议。加仑首先在会上报告了他当天会见张发奎的情况，以及对张发奎态度的分析。接着，罗明纳兹传达了共产国际电报指示的内容。电报说："如毫无胜利之机会，则可不举行南昌暴动。"会议讨论了这一指示，认为即在汉口亦可见着必有胜利的机会，决定派张国焘前往九江、南昌，贯彻中央的决定，指导暴动，以坚决前敌委员会之发动。张国焘因中央扩大会议开会在即，建议派王一飞去。罗明纳兹说："只今晚便须启程，如何能够找到一飞同志呢？"瞿秋白、李维汉说："还是你去一趟罢，责任不单是送信，是要去看看情形，参与决定呢。"

这样，张国焘在参与了南昌起义的决策之后，肩负着传达共产国际指示和中央决定的使命，匆匆离开武汉，奔赴南昌。

南昌起义

1927年7月26日晚，张国焘搭上了沿长江下行的轮船，离开了曾有过"赤都"之称的武汉。张国焘后来回忆说，他此时的心情是愤慨、反抗和苦闷，思想模糊不清，以及对暴动失败后可能引致的后果的顾虑交织在一起。他回想自己来武汉近一年的经历,革命如汹涌的大潮,有过潮起的澎湃,而如今,中国革命的大潮在分裂声和国民党的"分共"声中退潮了。武汉渐渐消失在夜色中,望着远处暗淡的灯光,他不由得想起了"黄鹤一去不复返,此处空留黄鹤楼"的诗句。

在中共中央酝酿和决定南昌起义的过程中,第二方面军总指挥张发奎日益倾向汪精卫。他一方面严令叶挺、贺龙的部队撤出九江,向德安一带集中,同时令第二方面军其他部队从九江自北而南,第五路军从南昌、樟树自南而北布防,形成对叶、贺部的夹击之势;另一方面又准备召集叶挺、贺龙赴庐山开会,企图控制这两支部队。7月23日,贺龙到达九江。7月24日,第四军军长黄琪翔在甘棠湖的烟水亭举行宴会。参加宴会的有朱培德、贺龙、叶挺以及第四军参谋长叶剑英、政治部主任廖乾吾、第二方面军秘书长高语罕等人。在宴会上,朱培德要贺龙、叶挺速去庐山开会。待朱培德走后,叶挺邀贺龙、叶剑英、廖乾吾、高语罕到甘棠湖,名为划船,实则开会,决定:叶、贺不去庐山;部队不去德安,开往南昌;叶部25日开,贺部26日开。

就在张国焘启程赴九江的同一天,肩负领导南昌起义重托的周恩来到达九江。他在有谭平山、李立三、邓中夏、恽代英等参加的谈话会上,"报告中央意见,认为形势既已如是,对在浔同志的意见完全同意。"[①] 对于有很大争论的起义后要不要没收大地主土地的问题,周恩来在会上明确指出:应该以土地革命为主要的口号。会议同意周恩来的意见,并作出了决议。会后,周恩来又派聂荣臻到九江、南昌之间的马回岭,将第四军第二十五师拉到南昌,准备参加起义。

7月27日,周恩来到达南昌,当晚住进花园角2号的朱德寓所。朱德曾任南昌军官教育团团长兼南昌市公安局长。6月间,江西省省长、第五

[①] 《南昌起义》(资料选辑),中共中央党校出版社1981年版,第29页。

路军总指挥朱培德"礼送"共产党人出境时,出走武汉。7月21日,朱德受党的委派返回南昌。周恩来到来后,朱德向他汇报了南昌国民党军队的情况以及自己所做的工作。

周恩来到达南昌的当天,在南昌城内的江西大旅社正式成立了中共前敌委员会。根据中央的决定,前敌委员会由周恩来、李立三、恽代英、彭湃四人组成,周恩来任书记,负责指挥前敌一切事宜。这次会议还决定,7月30日晚举行起义。

7月26日和27日,叶挺率领的第十一军第二十四师和贺龙率领的第二十军相继到达南昌,并按朱德的安排进入各自的驻地。7月28日,周恩来到第二十军指挥部,将行动计划告诉了贺龙。一场较量迫在眉睫,整个南昌城笼罩在紧张的气氛之中。

在此千钧一发的关头,张国焘乘坐的江轮,乘着夜色顺江而下,于7月27日晨到达九江。此时的九江码头,颇为拥挤。大批的共产党人和国民党左派人士从武汉来到这里,准备转赴南昌或长江下游的上海等地。这里还成了一个军事转运站,大批的军队正经过这里转赴南昌。张国焘到达九江后,找到了恽代英、贺昌、廖乾吾、高语罕等人,召集他们开会,将7月26日中央常委会议的决定通知他们。大家纷纷表示南昌起义势在必行,已无讨论的必要。恽代英愤怒地表示:没有必要等候你来到再行讨论,因为事情已经决定了。现在南昌暴动一切都准备好了,忽然又来了什么国际指示,阻止我们的行动,我是誓死反对的。如果你再动摇人心,就要打倒你。张国焘自己也不否认这一事实,他说:

> 我奉命于七月二十七日晨抵浔,即与贺昌、语罕、代英、乾吾、夏曦诸同志会议,当将二十六日中央常委会议情形报告给他们听,结论即说:所以我来的任务是看看情形,与你们讨论这回在浔发动的事件。贺、高、廖都说再无讨论之余地。代英更说:还有什么讨论,已经决定了。我说:为什么不可以讨论。他说:为什么要等你来。我说:这是中央派我来的意

思，而且告述你们国际来电的消息。代英说：现在还管他中央不中央，国际不国际①。

张国焘在九江虽遇到反对意见，但他并没有放弃对张发奎的幻想。事实上，南昌起义的准备活动，已被张发奎所察觉。7月29日，汪精卫、孙科、张发奎、朱培德等在庐山召开反共会议，决定严令贺龙、叶挺限期将部队撤回九江；第二方面军实行"清党"，逮捕第四军政治部主任廖乾吾及高语罕等人。叶剑英预闻此事，立即通知廖乾吾、高语罕转移。

张国焘并不了解这些情况，他担心的是在南昌的同志会马上起义。于是，他在7月29日上午以中央代表身份给南昌方面连续发出两份密电，称：暴动宜慎重，无论如何要等我到后再作决定。南昌的周恩来同其他前委成员商议后，果断地决定：暴动决不停止，继续进行一切准备工作。

当天，张国焘乘火车离开九江，于7月30日晨到达南昌。前敌委员会立即召开紧急会议。张国焘从这时起参加前委会议。当时参加会议的前委委员李立三记述了这次会议的情况：

> 三十日早特立同志到南昌，当开前委会，特立报告中央意见宜慎重，国际电报如有成功把握，可举行暴动，否则不可动，将在军队中的同志退出，派到各地农民中去。所以目前形势，应极力拉拢张发奎，得到张之同意，否则不可动。当时，恩（来）、代（英）、立（三）、湃（彭湃）、平（山）都一致反对此项意见，谓暴动断不能迁移，更不可停止，张（发奎）已受汪（精卫）之包围，决不会同意我们的计划。在客观应当是我党站在领导的地位，再不能依赖张。争论数小时，因特立系代表中央意见，不能以多数决定，故未解决②。

---

① 《南昌起义》（资料选辑），中共中央党校出版社1981年版，第53页。
② 《南昌起义》（资料选辑），中共中央党校出版社1981年版，第29—30页。

张国焘没有料到会遇到如此强烈的反对。他一再说他不了解这里的情况，这是国际代表的意见。周恩来激动地说："国际代表及中央给我的任务是叫我来主持这个运动，现在给你的命令又如此，我不能负责了，我即刻回汉口去吧！"他说话时，气得拍了桌子。

会后，谭平山找到一个师长，要他把张国焘绑起来杀掉。这位师长征求周恩来的意见，周恩来制止了这种企图，说：张国焘是党中央的代表，怎么能绑呢？

起义的准备工作照常在秘密进行。周恩来召开起义军领导干部会议，阐明起义的意义，并公布了起义计划和部队编组。接着，各部队分别召开营、团以上干部会议，宣布起义决定，进行具体部署。

张国焘见在前委会上遇到强烈的反对，便在会后找个别同志谈话。他首先找到李立三。李立三表示不能停止暴动，一切都准备好了，时间上已来不及做任何改变。张国焘又找其他同志谈话，大都表示了与李立三同样的态度。

7月31日早晨，前委再次召开紧急会议，又辩论了几个小时。由于到会同志坚持要暴动，再加上这时已得知张发奎同汪精卫等在庐山开会的情况，因此，张国焘最终屈服了，表示服从多数人的决定。于是，会议决定8月1日凌晨行动。

正当起义进入最后准备阶段时，突然发生了意外的情况。第二十军的一个姓赵的副营长告密，行动计划为敌人所知。前敌委员会当机立断，决定起义提前两个小时发动。

8月1日凌晨，一声枪响划破了寂静的长夜，行动开始了。经过激烈的战斗，到凌晨6时，南昌城内的敌军全部被肃清，共歼敌3000多人，缴枪5000余支，子弹70多万发，大炮数门。起义取得了成功！

起义成功后，前委根据中央事先的决定，以"中国国民党革命委员会"的名义来号召革命。8月1日上午9时，在原江西省政府西花厅，由谭平山以国民党中央执行委员会的名义，召开中央委员及各省、区、特别市、海外各党部代表联席会议。会上，由叶挺报告起义经过，选举产生了中国国民党革命委员会。革命委员会有委员 25 人，其中少数人不在南昌，如宋庆龄、邓演达、何香凝等。张国焘、周恩来等担任了革命委员会的委员。

在讨论革命委员会名单时，张国焘仍对张发奎抱有一定的幻想，他主张将张发奎列入名单。周恩来、李立三等认为不应该列入张发奎。由于张国焘和谭平山的坚持，最后还是将张发奎列入革命委员会主席团，将黄琪翔、朱晖日列入革命委员会，并以叶挺、贺龙的名义，分别电告张发奎，表示欢迎他来南昌。事后不久，张国焘曾说：

对张发奎问题，我当时始终主张保持表面上较好的态度，打电报给他，派人和他办点外交，以减少他的反动，因此或可以救出尚未达到南昌在张发奎部队中的许多同志。……至于推张发奎为主席团之一，并将黄琪翔、朱晖日亦参加革委，这也是我主张的，理由如上述①。

8 月 2 日，革命委员会任命了各部门负责人和军事指挥人员。吴玉章为革命委员会秘书长，刘伯承为参谋长，贺龙代第二方面军总指挥（仍兼第二十军军长），叶挺代前敌总指挥兼代第十一军军长，韦杵为第九军军长（未到职），朱德为第九军副军长，郭沫若为总政治部主任。周恩来、刘伯承、叶挺、贺龙、蔡廷锴组成参谋团，负责军事指挥工作。张国焘被任命为农工委员会主席，委员有彭湃、李立三、郭亮等。同一天，聂荣臻、周士第率领在马回岭起义的第四军第二十五师两个团 3000 人赶到南昌，再加上临时参加的蔡廷锴部第十一军第十师，起义军的兵力达到 2.05 万人。

南昌起义成功后，起义军处在朱培德、张发奎部队的包围之中，形势十分不利。前敌委员会决定：起义军立即按照中共中央的原定计划，南下

---

① 《南昌起义》（资料选辑），中共中央党校出版社 1981 年版，第 55 页。

广东，取得海口，以求得国际援助，再举行第二次北伐。要南下广东，究竟走哪一条路线，当时出现了两种意见：一种意见主张沿赣江南行，经过樟树、吉安、赣州等比较富庶的地区，取道韶关，直下广东。另一种意见是周恩来等所主张的，那就是由赣东经寻乌直取东江。周恩来等的意见得到多数人的支持，起义军遂取这条路线，踏上了千里南征的艰难途程。

8月3—7日，起义军分批撤离南昌。周恩来在8月5日写信给中共中央，报告了南昌起义的情况，然后离开南昌。张国焘也于同日随革命委员会机关的庞大队伍离开了南昌。此后，前委同中共中央的联系就中断了。

这时，中共中央正在准备召开紧急会议。8月7日，会议在汉口秘密召开。在瞿秋白、李维汉的主持下，会议总结了大革命失败的经验教训，批判了陈独秀右倾机会主义的错误，确立了土地革命和武装反抗国民党反动派的总方针。张国焘因在南昌起义军中，没有参加这次会议，但有的代表在发言中还是批评了他在大革命后期不注意发展群众运动、不主张开展土地革命的错误。在改选临时中央政治局时，张国焘在共产国际代表提议的候选人名单中被列为正式委员，但表决结果，张国焘被选为候补委员，且得票较少，仅仅获得了九票。

8月10日，中央常委第一次会议决定由周恩来、张太雷、恽代英等六人组成南方局，以周恩来为主任；南昌起义军未到前，由张太雷等三人组成临时局；起义军到达目的地时，前敌委员会取消，张国焘回中共中央工作。8月11日，中共中央在给广东省委的信中，改变了这一决定，宣布张国焘为南方局书记，周恩来为南方局军事委员会主任。这些情况，对于同中央失去联系的张国焘和前委来说，是不可能知道的。

起义军撤离南昌后，向临川（抚州）急进。行军途中，意外的挫折和艰难相继而来，使起义军出征伊始，就遭受了重大的损失。担任左纵队前卫的蔡廷锴部第十一师，8月4日到达进贤村时，突然解决了中共控制的第三十团，脱离起义部队，折往浙江，拖走了全军将近四分之一的兵力。

紧接着，起义军又面临着更大的考验。由于反动派欺骗宣传的影响，沿途农民闻风逃散，部队连食物和茶水也难以买到。8月的江西，天气酷热，使人难以忍受，再加上山路崎岖，士兵背负太重，更增加了行军的难度。许多战士得了重病，无法医治，以致因病倒毙者，络绎于道。行军三天，因疾病、逃亡等原因，起义军实力损失在三分之一以上。在南昌缴获的武器弹药和其他物资，因运输困难，也大多被抛弃或被烧掉了。

8月7日起，起义军陆续到达临川。这里距南昌已有近百公里。前委决定在临川停留几天，使起义军得以休息和整顿。这时，军饷一天天困难起来，财政面临着危机。经过讨论，在周恩来、张国焘、李立三、恽代英等的坚持下，改变了原来每到一城即行提款、派款、借款的办法，实行征发（如征发地主的粮食）、没收（没收豪绅反动派等的财产）和对土豪劣绅罚款等新的财政政策。经过整顿，加强了组织建设，充实了骨干，起义军兵力尚有1.34万人。随后，起义军告别临川，以高昂的士气继续南征。8月12日，起义军进抵宜黄。在这里，数百名原第十一军政治部的同志和中央军事政治学校武汉分校党委书记陈毅等人赶上了起义队伍。离开宜黄后，在广昌又休息了一天。8月20日，起义军分两路从广昌出发，约定在壬田会合后入瑞金。然而，起义军推进到壬田时，却遇上了敌人。

正面的敌军是钱大钧所部的两个师和两个团，分驻瑞金、会昌一线，前哨在离瑞金15公里的壬田市。另外，还有黄绍竑部10个团正从赣州赶来增援。8月25日，第二十军在壬田同钱大钧部两个团接触。这是起义军南下以来所打的第一仗。战斗持续到第二天清晨，敌人被击溃，经瑞金向会昌退却。起义军乘胜进占瑞金。8月27日，起义军领导机关和后卫部队全部到达瑞金。

在瑞金，缴获了敌人的许多文件和报纸。从报纸上得知，张发奎等已旗帜鲜明地反共。前委召开会议，决定根本改变政权的性质，建立以无产阶级领导的工农政权，并在工农政权之下实行联合贫苦小资产阶级的政策。

同时决定，乡村政权应完全归于农民，并以贫农为中心；城市政权中，工人须占绝对的多数；县级政权，工农分子应占绝对的多数。由于战事紧急，这一决定并没有得到落实。

在这里，张国焘领导的农工委员会还制定了一个有19条的《劳动保护暂行条例》。其主要内容是规定产业工人8小时工作制，手工业工人10小时工作制，以及因公伤亡之赔偿，疾病死亡的抚恤，失业保险及童工女工保护，产前产后8星期休息等。前委开会讨论并通过了这一条例。事实上，这些条例在当时是不可能实行的。

这时，确定下一步的军事行动方向仍是首要的问题。从缴获的敌人文件中，得知钱大钧、黄绍竑两部准备在会昌集结18个团对付起义军。起义军领导人担心部队继续南下时，集结在会昌的敌人会从背后袭击。为了免除后顾之忧，决定乘黄绍竑部尚未赶到，先击破会昌之敌。

8月30日晨，起义军开始发动进攻。经过一场恶战，到下午5时，起义军占领会昌城。这是起义军在南征途中打的一个大胜仗。钱大钧虽是蒋介石的嫡系，但他的部队在这次战役中伤亡、被俘、逃散达6000人，只剩下3000人向南逃窜。起义军在这次战役中也付出了巨大的代价，伤亡达1700多人。

会昌战役后，经周逸群、谭平山介绍，贺龙在瑞金加入了中国共产党。在一所学校里，张国焘主持了一个简短的入党宣誓仪式。周恩来等在仪式上发表了深情的讲话。贺龙入党后，被编入中央特别小组，同组中有张国焘、周恩来、廖乾吾、刘伯承、周逸群等。

8月31日，前委分析了敌情，决定改变原来取道寻乌入东江的计划，改由长汀（汀州）、上杭入东江。9月2日，敌黄绍竑部5个团从洛口来攻会昌，被起义军击溃。同一天，起义军的先头部队离开会昌，于5日到达长汀。到9月9日，起义军陆续到达长汀。

到长汀后，起义军得到当地党组织和群众的支援和帮助。数百名伤病员被送进傅连暲主持的福音医院,得到了治疗。在长汀,因惧怕帝国主义各国的干涉,又决定仍沿用国民政府的名义,成立了以谭平山为委员长的国民政府。

在长汀期间,革命委员会讨论了财政政策。原来,在临川决定新的财政政策后,实行中又发生了问题。从临川到瑞金,筹款方法极为混乱。在很多地方,依旧实行原有的提款、派款、借款的办法。到长汀后,采用旧办法筹款的结果,不仅收效不大,筹款三天仅得两万元,还闹得满城风雨。在革命委员会的会议上,张国焘、李立三严厉批评了这种做法。会议决定完全取消旧的方法,采用新的政策,对土豪劣绅实行没收和罚款。结果,仅用两天即筹款四万元。

前委也在这里召开会议,对攻取东江的计划进行详细的讨论。当时有两种意见。周恩来、叶挺主张以主力由三河坝经松口取梅县,再经兴宁、五华取惠州,以小部分兵力(至多两团)趋潮汕。另一种意见主张以主力取潮汕,留一部分兵力于三河坝监视梅县之敌,再经揭阳出兴宁、五华取惠州。由于苏联顾问等坚持这一主张,而一般军官在长期行军后渴望得到一个地方休息,也赞成这种主张,于是决定采纳后一种方案。这成为以后起义军迅速失败的直接原因。

按照计划,起义军先后分批离开长汀,向上杭进发。张国焘领导的农工委员会随起义军领导机关的队伍行军。农工委员会约有三四十人,自南下以来,每天忙着安排住所、自行警戒和了解情况等事务,一直没有更多的时间举行会议,草拟文件,实施组织工农和建立政权的工作。向上杭前进,可走水路,农工委员会没有招募当地的船夫,也没有问清河流的情况,便租了两条船,顺流而下。不料,因无人熟悉驾船,险象百出,行船约30公里,不得不弃船登陆,步行前进。可是,他们又走进了一块荒凉的地方。在这里,张国焘和农工委员会的委员们还有一次遇险的经历。张国焘回忆道:

我们这一支又累又饿的农工委员会队伍，循着山洞小路前进，走到天已深黑了，还找不到一个有人的地方。十时左右，才在路上遇到几个行人。他们用很难听得懂的福建话告诉我们，前面是武平县附近的一个市镇，武平县和这个市镇，都被土匪占领了，他们是逃难走出来的。……他们曾警告我们，这一股土匪很凶恶，我们这一大群人，到了这里，便已无法逃出土匪的掌握了。他们又告诉我们，这个市镇上，住了有三四百名土匪，正在演戏取乐，市上商人，又是与土匪互通声气的。

我们听了这些话，也不知是真是假，只得压抑自己的惊慌，故作镇静的对他们说：土匪么？没有关系，我们正是来找土匪的，我们的大军在后面就快要到了。待这几个行人走过以后，我们商决只有用单刀赴会的精神，大摇大摆的走到这个市镇上去再说。于是，我们将自己的队伍编制成为一个打前站的部队，由我任指挥官，其余委员都装成士兵模样，我们循着一条小路，进入了市镇，并在街头上的一间豆腐店，宿营下来。扮演卫士的小小个子的郭亮，演的最逼真，他在那里大叫口令，声势显得特别响亮。他告诉店老板，要他去通知土匪司令，说：我们司令有令，要他们继续演戏，我们的前站部队，就驻在街头上，不到市内去，以免引起误会。这位店老板和土匪通消息后，演戏是停止了，土匪虽向我们警戒，但未引起任何冲突。

……

第二天清晨，当我们整装待发的时候，土匪方面，居然派来一个向导，领我们翻山越岭，走到一条河边的小镇。这条河，原来就是我们前一天遭遇重重险象的汀江。……这样，我们就走出了这个土匪窝，在那小镇上雇到两条船，向上杭进发了[①]。

起义军领导人先后来到了上杭。在这里，详细讨论了土地革命问题。

[①] 张国焘：《我的回忆》第2册，东方出版社1991年版，第315—317页。

南昌起义以后，农工委员会在张国焘主持下，制定了一个《农民解放条例》。条例规定只没收200亩以上大地主的土地。讨论中，虽有不同意见，但还是照原案通过了。此后，在南下途中，许多持怀疑和反对态度的同志向广东农民出身的士兵征求意见，有一个士兵答复说："如果是没收200亩以上的大地主，便是耕者无其田"，因为在广东200亩以上的大地主是很少的。因此，到瑞金后，前委召开会议，决定将没收200亩以上的大地主的土地，改为没收土地，不加亩数限制，并废弃《农民解放条例》，另外提出了一个修正案。

来到上杭后，在讨论国民政府的政纲时，作出了一项重要决定，就是没收地主全部土地，实行耕者有其田。讨论中，张国焘提出，对小地主应有相当的保障，主张改为全部没收50亩以上的大地主的土地，遭到否定。但在第二天，广东省委送来一份详细的政纲，其中对土地问题，规定没收30亩至50亩以上的地主的土地。接到这份政纲后，张国焘召集会议，按照他的意见，通过了没收50亩以上的大地主土地的方案。但这一决定因军务倥偬，在实际上并没有条件去很好地实施。

出上杭，沿汀江继续前行，就进入了广东境内。9月18日和19日，起义军分批离开上杭。张国焘等率领革命委员会机关近千人第二批出发。行军途中，他们虽曾遇到敌人，但安然通过，9月19日，起义军占领三河坝。

三河坝在广东省大埔县的南面，是一个位于三江口上的大镇子。北面的汀江飞流直下，同从西南面奔腾而来的梅江在这里汇合后，向南泻入水深流急的韩江。在三河坝对岸有一座80多米高的笔枝尾山，形如鱼尾，山势险要，松林茂密，群峰叠嶂，可攻可守，大有一山镇三江之势，是兵家必争之地。起义军按照长汀会议的决定，在这里实行了分兵。由朱德率第十一军第二十五师等部留守三河坝，监视梅县方向的敌军。大部队则沿韩江直下，于9月23日顺利进入潮安（潮州），24日占领汕头。前委和革命委员会的大多数领导人陆续来到了汕头。

汕头是广东东部的主要海口城市，是起义军南下的重要目的地。起义军占领汕头后，曾想先在这里站住脚，再图发展。他们一入城，便立即开展了肃清反动分子、恢复社会秩序、组织革命政府、发动群众、张贴革命标语、宣传土地革命、发布各种施政纲领等项工作。

起义军进入广东后，敌人也在潮汕周围悄悄地集结了。黄绍竑、陈济棠、薛岳、钱大钧等部集中2.7万余兵力，抢先控制了自汤坑至五华、兴宁、梅县、松口一线，对起义军取两翼包围态势。钱大钧部在梅县方面牵制留守三河坝的第二十五师；黄绍竑部在粤北渡过韩江上游，绕道潮汕的后背；陈济棠、薛岳、王俊等粤军主力经河源、汤坑，直趋可作为潮汕屏障的揭阳。

起义军这时已不足万人。由于对敌情不够了解，再加上筹饷耽搁了时间，直到9月26日才回师迎击粤军，进驻揭阳。从9月28日起，起义军在揭阳北部向山湖地区的敌军攻击前进，因情报有误，与敌短兵相接，苦战三昼夜，歼敌3000人，自身也伤亡2000余人。敌我双方都疲惫不堪，无力再战。30日凌晨，起义军主力撤回揭阳，敌军也同时退去。

就在这时，黄绍竑部已绕道插入起义军背后。9月30日突然沿韩江西岸向潮州发起袭击。驻守潮州的起义军因无险可守，又因兵力悬殊太大，遂于黄昏时撤守。10月1日凌晨2时，汕头也不得不放弃。

汕头失守前，新任中共广东省委书记张太雷奉中央之命，经香港来到汕头，9月26日与起义军会合。在汕头期间，他召开南方局会议，传达了八七会议精神和中央对前委的指示，要求取消起义军原来所用的"国民党革命委员会"的名义，改为苏维埃，将部队开赴海陆丰地区，会合当地农民武装，改组为工农红军。他要求李立三、张国焘、谭平山等离开部队，起义军的一切事宜由周恩来负责处理。他还传达了中央关于成立南方局的决定。大家因不赞成中央原定张国焘为南方局书记的意见，改推张太雷为

第五章·危急关头

书记。周恩来在会上表示，目前军情紧急，一切变更要待击破汤坑之敌后方能实施。

撤出汕头后，前委和革命委员会领导机关的大多数人于第二天到达普宁县内的流沙。10月3日，从山湖前线撤下来的部队在得到潮汕失守的消息后，也从揭阳辗转来到流沙。在这里，起义军的领导成员周恩来、李立三、恽代英、彭湃、张国焘、谭平山、叶挺、贺龙、刘伯承、聂荣臻、郭沫若等二三十人召开了一次决策性的会议。身患疟疾的周恩来在会上检讨了起义军失败的原因和经验教训后，提出了善后办法。他说：武装人员尽可能收集整顿，向海陆丰撤退，今后要作长期的革命斗争。这工作已经做得略有头绪了。非武装人员愿留的留，不愿留的就地分散。已经物色好了好些当地的农会会友做向导，分别向海口撤退，再分头赴香港或上海。这次会议还决定不再使用"国民党革命委员会"的名义，打出苏维埃的旗帜，实行土地革命。会议开到下午2时左右，因村外山头上发现敌人，便匆忙结束了。

周恩来这时高烧发到40度，他不顾个人安危，找来张国焘和李立三，对他们说：你们赶紧离开部队，潜往上海。我将随部队行动，沿途由我相机处理，除应留下的人员外，一律遣送到香港、上海去。张国焘、李立三看他病成这个样子，劝他离开部队。周恩来回答说："我的病不要紧，能支撑得住。我不能脱离部队，准备到海陆丰去，扯起苏维埃的旗帜来！你们快走吧！不能再讨论了，迟了就来不及了。"

张国焘、李立三在处理了一些善后事宜后，同贺昌和一位中级军官脱离队伍，在向导的引导下，来到一个村庄。在这里，他们换上便装，饱餐一顿，随后乘着夜色溜出村庄，沿着山间小路向海边走去。第二天接近中午时分，他们来到了甲子港。在这里，他们雇用了一条渔船。晚10时左右，他们乘船离开甲子港，循海路驶向香港。

周恩来与张国焘、李立三等分别后，率起义军向海陆丰方向的云落前进。途中遭强敌拦腰截击，虽经反击，仍致溃败，起义军大部损失。周恩来和叶挺、聂荣臻等到陆丰的一个村庄隐藏下来，待病情好转后，乘船在海上漂泊了两天一夜，于10月中旬到达香港。

震惊中外的南昌起义就这样失败了。第二十四师余部1200多人于10月7日到达陆丰，后来公开打出苏维埃的旗帜，与当地农军一起，创立了海陆丰红色政权。第二十五师于10月3日撤离三河坝后，在朱德、陈毅率领下，坚持下来。1928年初发动湘南暴动，随后上井冈山，同毛泽东领导的湘赣边界秋收起义队伍胜利会师。

南昌起义在大革命失败的危难关头，打响了武装反抗国民党反动派的第一枪，标志着中国共产党独立领导革命战争、创建人民军队和武装夺取政权的开端。张国焘参与了发动起义的决策。当共产国际来电后，他又按照中央的决定赴南昌，根据自己对共产国际指示的理解，试图阻止南昌起义。当他的意见被否决后，他又同意起义，而且自始至终参加了起义的全过程。尽管他在许多方面有着错误的认识，但是，我们不能因此而全盘否定他在南昌起义决策过程中的作用。

上海的地下生活

张国焘、李立三等人乘船离开甲子港后，在海上漂泊了两夜一天，在第三天的早晨来到了香港。

经过几天的航行，他们一个个形同乞丐。由于几天没有修面，脸上很脏，长满了胡子。他们头上戴着又脏又破的草帽，脚上穿着经过长途跋涉的黄布鞋，身上穿的依然是在流沙乡下换上的粗白布衣裤，这时也沾满了黄一块黑一块的泥土和油渍。他们走在香港的大街上，引起了行人的注意和猜测。

张国焘等人来到大东酒店，住了下来。接着就分头出去寻找中共在香港的秘密交通站。这时他们已是囊中羞涩。张国焘先找到一个熟人，搞到了一点钱。然后去买了一些衣服鞋袜。经过一番梳妆打扮，与刚刚到来时相比，已是截然不同了。

贺昌找到了中共的秘密交通机构。于是，他们就守候在酒店，等待联络人员的到来。午夜时分，秘密交通的负责人来到酒店，通知张国焘等人，广州国民党当局已从密报中得知他们来到香港的消息，情况紧急，必须马上离开酒店。

张国焘等人被转移到中共的一个秘密交通接待点。第二天早上，他们依照那位秘密交通负责人的安排，分开行动。张国焘被安排在一家小旅馆里，秘密交通的负责人给了他去上海的船票和一笔旅费后，便离开了。当天下午，张国焘悄悄登上了一艘开往上海的轮船。

三天后，张国焘来到了白色恐怖笼罩下的上海。到上海后，他很快就同中共中央联系上了。临时中央政治局常委中分管组织部的李维汉在住所接待了张国焘，同他谈了注意保密等事项。张国焘在这里遇上了李立三，这时他才知道，李立三是与他同乘一艘船来到上海的。接着，中央为他们安排了住处。这是一座两层楼房，坐落在英租界的重庆路一条横巷中。张国焘和李立三住在楼上，房东住在楼下。房东被告知，这是兄弟两人，张国焘是哥哥，是一个教员，因病来上海就医；李立三是弟弟，是一家银行的高级职员，陪同哥哥来上海看病，并顺便做点生意。

张国焘和李立三来到上海后，暂时无事可做，闲居起来。张国焘因装作有病，所以整天闭门不出，李立三则经常出去，很像一位忙于生意的人。中共中央将八七会议《告全党党员书》和一些文件发给他们，让他们阅读。偶尔有同志来，他们也听到了一些有关八七会议的情况。一天，张国焘和李立三谈起看了文件后的感想，他们似乎明白了在汕头时，张太雷为什么要他们离开部队到上海来。由此，张国焘对临时中央政治局产生了不满情绪。

张国焘的这种不满情绪，随着一场事关他是否阻止南昌起义的争论加剧了。

1927年11月6日，张国焘在党内刊物《中央政治通讯》第7期上，看到了10月15日张太雷在南方局和广东省委联席会议上的报告。在这一报告中，张太雷指责张国焘犯了阻止南昌起义的错误，指出：

……后中央又派国焘去，意思是要他去鼓动同志更坚决执行中央的政策。不料国焘假传圣旨，说国际不主张干，他亦极力反对干。此时反而平山主张暴动，成为拥护新政策的一个人。国焘这不仅损失个人的信仰，而且是损失中央的威信，因为他是中央派去的。故此次国焘的行动，实应受处分[①]。

张国焘看了这一报告，十分不满。这时，他得知临时中央政治局要召开扩大会议，便于11月8日给临时中央政治局并扩大会议写了一封信。他在信中分九个问题详细地描述了南昌起义决策的过程，承认了在阻止南昌起义等问题上的一些事实，但他也把责任推卸到了临时中央常委和共产国际代表的身上。他认为，张太雷的报告与事实不符，解释说：

太雷同志说：中央派我去鼓动同志坚决执行中央政策，不料国焘同志假传圣旨。假使我上面所叙述的是真正的事实，那就证明太雷同志的报告，不是记忆错误，或传闻失真，便有点故入人罪了。若说我假传圣旨，我是不心服的。若说我主张没收二百亩以上的土地为大错误，并说我对张发奎取较妥协的态度，对于暴动取较慎重的态度，或更批评我一些别的错误和过失，我都是心服的。

至于我主张仍然用国民政府名义和主张没收五十亩以上的土地等，那

[①] 《南昌起义》（资料选辑），中共中央党校出版社1981年版，第11页。

"八七"以前的中央的确有同样的原则的主张，只可惜我们在山中走了两个月，与世间隔离，遂不自觉其为机会主义了。

……我个人对于八月一日南昌暴动，虽然觉得在这过程中，有许多错误，但是对于那次暴动取"玩"不得的态度，亦未可一概视之为机会主义①。

张国焘写了这封信，事情并没有完结。在随后召开的临时中央政治局扩大会议上，这个问题又进一步升级了。

八七会议后，中共中央于9月以后从武汉迁移到了上海。这时，临时中央政治局的常委只有瞿秋白、苏兆征、李维汉三人，总负责人是瞿秋白。临时中央政治局在白色恐怖的腥风血雨中，领导全党贯彻落实八七会议精神，开展武装斗争和土地革命，先后发动了多次武装暴动，在实践中实现着历史性的转变。但是，八七会议以后，党内的"左"倾情绪也在继续增长，终于在11月9日至10日召开的临时中央政治局扩大会议上，形成了"左"倾盲动错误，并在中共中央领导机关取得了统治地位。

临时中央政治局扩大会议是在瞿秋白的主持下，在共产国际代表罗明纳兹的指导下召开的。会议通过的《中国现状与共产党的任务决议案》强调"不间断的革命"，认为中国革命的形势仍在"不断高涨"，是"直接革命的形势"。根据这种错误的理论，决议案规定了全国武装暴动的总策略，并强调使暴动的城市成为农民暴动的"中心及指导者"。会议通过的一系列决议，都贯穿了这种"左"的指导方针。在这次会议上，罗亦农和刚刚从香港来到上海的周恩来被增选为临时中央政治局常委。

这次会议还根据共产国际代表的提议，通过了一个《政治纪律决议案》，在组织上实行惩办主义的错误政策，不分青红皂白地处分了一大批党内的同志。特别是领导湘赣边界秋收起义的毛泽东，也被解除了临时中

---

① 《南昌起义》（资料选辑），中共中央党校出版社1981年版，第57—58页。

央政治局候补委员的职务。领导南昌起义的前敌委员会被指责为执行了机会主义的旧政策，前委全体成员给以"警告"处分。对于张国焘，作出了如下决定：

> 张国涛〔焘〕同志受中央常委委托赴南昌指导暴动，但国涛〔焘〕同志到九江、南昌后不执行中央命令，反怀疑暴动主张，甚至反对暴动，南昌事变以后，主张联络张发奎，并反对没收一切土地的政纲，这些违抗中央政策和派其往前敌指导使命之结果，反给前敌同志以更坏更右的影响，前委亦因之更加动摇。国涛〔焘〕同志应开除临时政治局候补委员、中央执行委员会委员资格①。

中央的这个决定，显然是把党内斗争简单化了。张国焘虽有错误，但在不让他参加会议的情况下，不经过认真讨论，就把他开除出中央政治局和中央委员会，是不妥当的。

十一月扩大会议结束后，11月30日，临时中央政治局常委给张国焘复信，答复张国焘11月8日的来信。信中说：

> 国焘同志这信中所提各点，本次扩大会议的议决案都可以答复。至于国焘同志的错误之主要点，政治纪律议决案已经说得很明白，事实的经过是：——国际上电报说："如毫无胜利的机会，则可不举行南昌暴动。"这无异乎是说："除非毫无胜利机会，否则南昌暴动是应举行的。"中央常委曾讨论这一问题，大家认为即在汉口亦可见着必有胜利机会，故派国焘同志去前敌，以坚决前敌之发动，这是在汉口的事实。当时出席或参加常委的同志（维汉、太雷、秋白……）都证明的。国焘到前敌去，却因为自己对于张发奎有妥协动摇倾向，而表示怀疑举行暴动的言行，这是在前敌的同志（恩来、立三……）都证明的。事实是如此，国焘同志信的主要意思，

---

① 《中共中央文件选集》第3册，中共中央党校出版社1989年版，第483页。

可以用这种事实答复①。

张国焘对于十一月扩大会议给予他的处分和中央的复信极为不满,情绪消沉起来。会后,瞿秋白曾同他谈过一次话。瞿秋白表示,中央的决议是根据共产国际和它的代表的指示作出的。并告诉他,为防止遇到危险,不便安排实际工作,希望能随时向中央提出意见。经过这场争论,张国焘便迁怒于瞿秋白,同瞿秋白之间的隔阂加深了。

不久,周恩来安排张国焘到一个为从潮汕潜回上海的同志分配工作的机构工作。张国焘因对这个机构的负责人不满,只工作了两个半天就不干了。张国焘后来也承认:"我在那里只工作过两个上午,以后也就不愿去了。这就是我在瞿秋白的中央之下,参加过的惟一工作。"②

十一月扩大会议后,在"左"倾错误方针的指导下,以瞿秋白为首的中共中央的主要工作,都是围绕着实现全国总暴动这个总策略来进行的。中央先后部署了在广州、上海、天津、长沙等大城市举行"总罢工""总暴动"的计划,布置了两湖、江苏、浙江等省的"工农总暴动",并先后发动了宜兴、无锡的农民暴动,以及上海暴动、武汉暴动、顺直大暴动。这种"左"倾盲动错误,特别是不顾客观条件的蛮干,在实际工作中招致了许多重大损失,使大革命失败后艰难地保存下来的革命力量进一步遭到破坏,因而逐渐引起党内不少人的反对。12月,广州起义失败,张太雷牺牲。血的教训终于使瞿秋白等中央领导人有所觉悟,停止了两湖年关暴动。但在这时,并没有从根本上改变"左"的指导方针。

这段时间,张国焘耳闻目睹这些无休止的盲动行为,心中不免产生一些想法。广州起义失败后,他曾向瞿秋白进言,要求他改变政策,停止暴动,保存实力。而瞿秋白则要求他承认过去的机会主义错误,接受八七会

---

① 《南昌起义》(资料选辑),中共中央党校出版社1981年版,第48页。
② 张国焘:《我的回忆》第2册,东方出版社1991年版,第343页。

议和十一月扩大会议的决定,并在根本上赞成暴动政策的条件之下,才可以提出一些补充性质的意见。2月下旬,张国焘同瞿秋白又进行了一次谈话。瞿秋白表示,中央坚持暴动政策,并反对所谓盲动的诬蔑。张国焘回答说,如果再不停止暴动政策,我将另行组织一个工农党,来挽救目前的危机。瞿秋白听了张国焘的话,气愤地走了。这就使张国焘和瞿秋白之间的隔阂更深了,也埋下了日后在中共六大上两人争论的伏笔。

大约在1928年2月上旬,杨子烈从湖北家乡来到上海。她是在汪精卫"分共"时,从武汉回到家乡的。她在家乡住了一段时间,把孩子留给父亲抚养,只身赶赴上海。张国焘夫妇准备单独居住,搬到了北京路附近的一所里弄房子里。这个地方只有项英和一个秘密交通员知道。但是,仅仅住了三个星期,由于出现了叛徒,便不得不再次迁移,搬到了项英为他们找好的一个新住处。不久,为了安全起见,张国焘夫妇又搬到了垃圾桥附近的一个旧式的弄堂里。这个地方比较隐秘,只有项英和邓中夏知道,他们间或来看望一下张国焘夫妇。

此后,张国焘生活中的一项重要内容,便是与陈独秀的频繁往来。

大革命失败后,陈独秀于1927年9月从武汉迁居上海。这时,他住在老靶子路华洋交界的一个弄堂里。八七会议后,中共中央不许他参加任何会议,也没有委派他做任何工作。中央要他去苏联学习,他拒绝了。他对共产国际有着强烈的不满情绪,对八七会议后的中共中央也深怀不满。十一月扩大会议后,他连续给中央写了三封信,表示反对盲动主义。1928年元旦,瞿秋白、周恩来、罗亦农、王若飞、李富春、任弼时曾同他谈话,交换对中国革命问题的意见。

张国焘和陈独秀的会晤,大约每两个星期一次。他们谈话的内容,涉及面很广,主要是发泄对中央盲动政策的不满。张国焘趁机提出了另组工农党的问题。他后来回忆说:

我则指出我们以往一切对中央的劝告，都被当作机会主义的见解，遭受拒绝了。我慎重建议为了有效地挽救中共，和抛弃以往纠纷以及开展以后的光辉前途，应另行组织一个工农党；这个党仍以原有的同志为基础，扩大其政纲要点仍是反对帝国主义和实现土地革命，但不再是共产国际的一个支部。瞿秋白中央的一味盲动，是以共产国际的指示为护符的；罗明那滋〔兹〕等共产国际代表，不懂中国情况，任意胡闹，是祸害的根源。如果命名为"工农党"的新组织，不再是共产国际的支部，而只是国际主义下的友党，一切取决于党内多数，也许可以减少一些这样或那样的错误，进而由黑暗步向光明。

陈先生对我的建议大感兴趣，认为是合情合理的改变党内现状的要图；但他似在遭受这许多打击之后，已无足够的勇气来负担这个艰巨任务，因而他提出了实行起来会遭遇许多困难的话。首先是共产国际不会平心静气的考虑这个建议，反会予我们以无情的打击。同时西欧各国的共产主义者和社会主义者不重视东方问题，自不会予我们以有力的支持。再就内部状况来说，即使多数同志同意我们的见解，经费问题也是难于解决的。

三月初，……陈先生向我表示：现在看来中央机构为了自身安全，正在重新布置，各地组织又大多损毁了；即使瞿秋白等仍高叫暴动，事实上已无力再盲动了。组织工农党的事可以暂时搁置一下，作为我们的最后步骤。现在或许有旁的办法来改变这个现状。这样，我曾向瞿秋白提过一次的另组工农党的事，就因陈先生的慎重，而作罢了①。

这时，中共中央开始着手纠正"左"倾盲动错误。大约在4月间，中共中央收到了共产国际执行委员会第九次全会于2月25日作出的《关于中国问题的决议案》。这个决议案正确地分析了中国革命的性质和革命形势，对纠正"左"倾盲动错误起了重要作用。它指出：目前中国革命正处

---

① 张国焘：《我的回忆》第2册，东方出版社1991年版，第364—365页。

在资产阶级民主革命时期，认为现阶段中国革命已转变为社会主义革命的看法是不正确的，共产国际代表关于中国革命是"不间断的革命"的说法也是错误的。中国革命的第一个浪潮已经过去，目前全国还未出现革命运动的新高潮。中共临时中央政治局接到这一文件后，于4月28日召开会议，对决议进行了认真的讨论，一致表示拥护共产国际的决定，并作了自我批评。此后，在实际工作中基本上结束了"左"倾盲动错误。

与此同时，共产国际关于召开中共六大的指示也传到了中国。中共中央着手布置六大代表赴莫斯科的工作。中共中央派邓中夏通知张国焘、陈独秀等人，要他们以特约代表的身份参加大会。张国焘找陈独秀商议是否接受邀请的问题，陈独秀主张张国焘等人应去出席，而自己不愿去。张国焘劝他还是去参加，陈独秀表示：八七会议的决议对他的批评如此严厉，足以证明共产国际早有牺牲他的决心，即使出席也难有所挽回，因此，他坚决拒绝出席中共六大，于是，张国焘就请邓中夏转告中共中央，接受邀请，出席中共六大。

这样，张国焘在上海八个月的地下生活，终于结束了。

第六章
CHAPTER SIX

莫斯科岁月

出席中共六大

1928年5月下旬，张国焘离开上海，踏上了赴莫斯科出席中国共产党第六次全国代表大会的途程。

这时，"左"倾盲动政策停止执行了，但革命的形势是怎样的，革命究竟如何进行下去，对于中国共产党来说，如同春天的气候一样，令人捉摸不定。面对国民党统治下的白色恐怖和革命遇到的挫折，党迫切需要有一段比较充裕的时间和安定的环境，认真总结一下大革命失败以来的经验教训，特别是八七会议以来党的工作，制定党在新的历史条件下的路线、方针和政策，讨论并部署今后的工作。所以，召开中共六大，自然而然地就提到日程上来了。

中共六大的召开，经过了将近一年的酝酿和准备。1927年八七会议通过的《组织问题议决案》规定：中央临时政治局应在6个月内准备召集第六次全国代表大会。11月，中央政治局扩大会议决定于1928年3月召开六大。1928年1月18日，中央政治局又讨论召开六大的问题，瞿秋白在报告中提出在3—4月召开六大，地点考虑在澳门（多数人主张在香港）。会议要求中央在两周内起草好C.Y.问题、工会问题、土地问题、党纲草案、政策问题等文件的讨论大纲。又过了两个多月，4月2日，中央常委召开会议，由任弼时传达了共产国际在3月间作出的关于召开中共六大的决定。共产国际要求瞿秋白、罗亦农、任弼时、周恩来、黄平立即去莫斯科，并要求陈独秀、彭述之、张国焘、蔡和森参加六大。随后，中央政治局常委决定，瞿秋白、周恩来赴莫斯科负责筹备六大，留下李维汉、任弼时、邓小平等负责中央留守工作，领导国内斗争。大约从5月初开始，各地代表陆续启程，赴莫斯科出席六大。

张国焘作为共产国际指定的特约代表，化装离开上海后，一路顺利。他先从水路到大连，转乘火车到哈尔滨，然后从满洲里秘密进入苏联境内，于6月上旬到达莫斯科，前后只用了两个星期的时间。

张国焘到达莫斯科后，没有在市内停留，便来到莫斯科郊区兹维尼果罗德镇附近的一座乡间别墅。这是沙皇时代一个贵族的庄园，虽略显陈旧，却也透着一些往日富丽堂皇的痕迹。因其白色的墙壁在阳光照耀下闪闪发光，故而得名银色别墅。这座别墅，就成为中共六大召开的地方。主楼共分三层，一层是大会秘书处的办公室，二层有一间可容纳七八十人的客厅，作为举行大会的会场，二层的其他房间和三层是大会代表的住处。

别墅面临一条大道，后有美丽的花园，穿过花园便是一座长满树木、郁郁葱葱的小山，在山后寂静的绿树丛中，蜿蜒着一条潺潺的溪流。在别墅附近，有一处国营农场和一些零落的农舍，田野上一片葱绿，呈现出莫斯科郊外初夏的迷人景色。对于这些，张国焘并无多大兴致，除了对健康检查的结果感到欣慰之外，美丽的景色并没有冲淡他那因对共产国际和中共中央的不满而郁闷的心情。

张国焘是带着情绪来到莫斯科的。这种情绪在6月14日和15日的"政治谈话会"上终于爆发出来了。这次会议是布哈林以共产国际代表的身份召集的一个小范围的预备会议。张国焘和瞿秋白、周恩来、蔡和森、李立三、王若飞、项英、关向应、向忠发、邓中夏、苏兆征等21人出席会议。布哈林在会上提出3个问题，要求与会者发表自己的意见。这3个问题是：（一）关于当前革命形势的估计；（二）关于过去的经验教训即党的机会主义错误问题；（三）关于党在今后的任务和方针问题。会议开始后，张国焘发言，发泄了对共产国际和中共中央的不满。他指责大革命时期共产国际指导中国革命，特别是指导国共合作的政策使中共无所适从，大革命失败后又把失败的责任完全推给中共中央。他认为中共领导的错误，不在于反共产国际，也不在于违反共产国际的指示，恰恰相反，是太过于依赖共产国际。他指责八七会议后的中共临时中央不去争取群众，把暴动当儿戏，犯了盲动主义的错误。他还为自己在国共合作问题和南昌起义问题上的错误进行了辩护。张国焘的发言，指责别人多，检讨自己少，对于党在今后的任务和所应采取的方针，更是没有提出任何建设性的意见。他的这种态度，预示着在六大上将会发生更大的争论。

这时，共产国际和中共中央的多数领导人真心希望利用在莫斯科的安定环境，坐下来认真分析中国革命的形势，总结经验教训，研究党的任务。在中共中央的领导人中，对于一些问题有不同看法，发生一些争论是正常的。尤其是对中国革命形势的估计，争论得最为激烈，甚至争论到斯大林面前。6月上旬，多数代表已经来到莫斯科。6月9日（一说是6月12日前后），斯大林在莫斯科市内的一座大楼里，接见了中共代表瞿秋白、向忠发、周恩来、李立三、苏兆征、邓中夏等人，请他们介绍中国革命的形势和任务，并对中国革命问题发表了意见。斯大林主要谈了两个问题：一个是中国革命的性质，一个是革命的高潮与低潮。这正是六大所要解决的两个带根本性的问题。对于中国革命的性质问题，斯大林指出：中国革命是资产阶级民主革命，不是"不断革命"，也不是社会主义革命，并以俄国的二月革命为例来作了说明。对于中国革命的形势问题，引起了辩论。斯大林认为处于两个高潮之间，现在的形势不是高潮，是低潮，但目前正酝酿着新的高潮。李立三说：现在还是高潮，因为各地还存在工人、农民的斗争。斯大林不同意这种乐观的估计，他用红蓝铅笔在纸上画了几条曲线，然后又在曲线的最低点画了几点浪花，回答说：在低潮时也有几个浪花。他还明确地说：革命高潮是将来的事，而不是眼前的事。斯大林的这些看法是正确的。他的谈话，使中共六大有了明确的方向。

6月17日下午，周恩来主持召开各省代表团书记联席会议。晚上，瞿秋白主持召开预备会议，讨论通过了大会议程，以及大会主席团、秘书处、代表资格审查委员会的组成和名单。

6月18日下午，中共第六次全国代表大会隆重开幕。出席大会的正式代表84人，候补代表34人，代表党员4万多人。大会由瞿秋白致开幕词，共产国际和其他国家共产党的代表致祝词。从6月19日开始，大会开始正式议程。共产国际书记布哈林作了题为《中国革命与中国共产党的任务》的报告，历时9个小时。报告中对于中国革命形势的看法，与斯大林的意见一致。6月20日，瞿秋白代表第五届中央委员会作了长达9个小时的政治报告。他就4月间已写成的书面报告《中国革命与共产党——关于一九二五年至一九二七年中国革命的报告》中未展开的内容，分5个问题加以阐述和补充。这5个问题是：（1）中国革命问题；（2）过去的教训；（3）现在阶段盲动主义的危险；（4）革命形势；（5）党的任务。瞿秋白在政治报告中，比较正确地从理论上阐述了中国革命的性质和任务，批评了右倾机会主义的错误，同时对"左"倾盲动错误承担了责任，进行了自我批评，也希望代表们批评自己。但是，报告中对当前中国革命的形势仍然估计过高，认为革命有无间断的进展，革命显然是高涨的，因此党的总策略仍是武装暴动、夺取政权。报告中认为十一月会议执行党的纪律，处分一大批党的高级干部是必要的，并不认为是在实行惩办主义。这些，显然又是错误的。

张国焘坐在会场内，聆听着布哈林和瞿秋白的报告。他对瞿秋白的报告表示不满。下面是报告结束时的一段对话：

秋白：关于过去的事，或者国焘是对的，秋白对的，独秀对的，这些问题讨论起来是有意义的，但不能同我们目前任务相比。

国焘：你一个人讲了九个钟头，七七八八讲了一大批。

秋白：我们应指出不对的，指出少数主义、改良主义的倾向，大家来纠正，至于辨别个人是非，并不是不需要，希望组织委员会来解决，将来向大会报告即可。这是议事日程上已决定的问题。现在我的报告完了①。

从6月21日起,代表们用了七天时间,分组讨论布哈林和瞿秋白的报告。讨论进行得十分热烈,主要集中在中国革命的性质、中国革命的任务、要不要进行合法斗争、革命的高潮与低潮等问题上。代表们批评了陈独秀的右倾机会主义错误,也批评了瞿秋白的"左"倾盲动错误。

在讨论政治报告时,张国焘于6月21日第一个发言。随后,在6月27日以前,他又作了第二次发言。在两次发言中,他对革命形势和目前工作重心等问题,说明了自己的看法。

对革命形势问题,他注意到了中国革命发展的不平衡,认为:"革命发展不平衡的现状是客观的事实:(1)各省革命的发展互有差别。(2)各省工农革命势力互有差别。"他对大会上争论最大的革命潮流是高涨还是低落的问题,提出了较为正确的看法,明确地说:"'革命潮流'比'革命情绪'有不同之处。革命潮流估量问题,又不能与是否革命混为一谈,既不是一直高涨,也不是长期的低落。而是(1)城市相当的暂时的低落的形式〔势〕。(2)农村斗争彼起此落的向前发展。(3)目前没有广大革命群众运动的高涨形势。根据此种观念,反对'一直高涨'、'高涨'、'上升'之不正确估量。"由此,他认为:"机会主义的倾向仍然存在,应彻底肃清,盲动主义为机会主义的反动,其危险性更大,不应忽视。"同时,他也不否认革命高潮有到来的可能,说:由于"城市中有资本进攻和经济恐慌增加失业等问题,以及白色恐怖的压迫;乡村经济日益破产,地主豪绅军阀的进攻,因此,工农群众的痛苦日增,愤怒愈甚,这只能证明新的高潮迅速到来的可能"。

在谈到党的主要任务时,他指出,"当此群众组织力量薄弱时,表现

---

① 转引自陈铁健:《从书生到领袖——瞿秋白》,上海人民出版社1995年版,第324—325页。

烦闷，是较为普遍的现状，只有群众组（织）力时〔量〕加强时，群众才能由消极烦闷的状态进到积极争斗的行动，这正是我们的任务。""因此，目前的工作重心，是不要放过每一个领导群众争斗或动员群众的机会，以组织广大的工农群众，并进行不断的摧毁敌人实力的工作……在此过程中才能形成强固的群众的布尔塞维克的党，正确的肃清一切党内的不良倾向。只有如此，党才能应付快要到来的革命高潮和实现在此高潮中组织群众的武装暴动、推翻现政权、建立苏维埃政权的任务。"

张国焘对革命形势和党的任务等方面的分析，说明他还是经过认真思考的，认识有了提高。但在他的发言中，也还存在着一些不正确的观点。首先，他对革命动力的认识有错误，认为民族资产阶级和豪绅之间虽有矛盾，"但对我们的压迫是一致的"；一部分城市小资产阶级虽对统治阶级表示不满，"但是对工农和 C.P. 仍是反对"。因此，"现在不能有建立各阶级反帝联合战线的糊涂思想，客观上亦无可能"。其次，他对中国革命的特点是农民战争和武装割据缺乏认识，忽视农村革命根据地的重要性，强调把城市工作放在中心的地位。他虽然认识到中国革命发展的不平衡，但又认为"此种客观事实，既不能用为忽视城市工人的辩护，也不能用为过于重视散漫不相联络的游击战争的倾向的辩护"。他虽然认识到"一县或数县的割据的局面，乃是中国统治阶级政权薄弱的地方的农民斗争的一种方式，而不能称之为割据局面（或可称之为农民割据），如有可能，此种方式应尽量发展之"，但又认为"一省或数省割据之说，目前实是幻想。一省或数省割据的实现，必须在较为广大的革命高潮之下，始言可能。割据的观念，尤其是由农民游击战争包围大城市之割据观念，出自于中国历史上农民革命方式和国民党的革命方式。在现代革命中若无城市工人领导的革命，其成功的可能性甚至微小"[①]。张国焘的这些观点，虽然有个人认识

[①] 以上引文均见《党的文献》，1988 年第 1 期。

水平的局限，但更与当时整个党的认识水平有关。

经过七天的民主讨论，在认真听取代表们批评意见的基础上，6月28日，由瞿秋白在全体大会上作了关于政治报告讨论的结论。

会议期间，张国焘还是比较忙碌的。他利用一切机会，发表自己的见解。大会成立了政治、组织、职工运动、苏维埃运动、宣传、青年、妇女、财政审查、军事、农民土地10个委员会，随后又成立了湖南问题、湖北问题、南昌暴动3个委员会，并在政治委员会之下成立了广州暴动委员会。张国焘参加了政治、苏维埃运动、宣传、青年、军事、农民土地、南昌暴动7个委员会，多次发表自己的意见。6月30日，周恩来向大会作关于组织问题的报告后，张国焘、瞿秋白等11人在大会上就这个问题发了言。7月1日，李立三在大会上作关于农民与土地问题的报告后，张国焘等16人在第二天的大会上发了言。7月1日这一天，项英、罗章龙等29人提议，以第六次代表大会的名义致电中央政治局，着重指出：中央政治局完全接受共产国际第九次扩大会议对中国问题的决定，在国内切实制止盲动倾向，目前中心工作应是组织群众，动员群众参加反帝与城市、乡村群众运动的斗争。张国焘的名字列在29人之中。在讨论这一提议时，共产国际代表米夫反对这一提议，提议不进行讨论。王若飞、夏曦反对米夫的提议，支持29人的提议。这时，张国焘又反过来与瞿秋白等反对29人的提议。经表决，大多数代表赞成给国内发出指示电，并决定将29人提议交政治委员会作为研究材料。

张国焘在多次的发言中，对瞿秋白进行了批评。随着大会的进行，两人的争论也越来越激烈。由于陈独秀、彭述之未出席大会，所以，在会议期间，张国焘是被作为右倾机会主义的代表来看待的，受到了代表们的批评。瞿秋白也曾批评他反对加入国民党的政策，是不敢去和国民党争夺革命的领导权，是右倾机会主义。而瞿秋白是被作为"左"倾盲动错误的代表来看待的，他又参加了会议，因而受到的批评更多，也更为激烈。张国焘一方面批评瞿秋白在八七会议后推行"左"倾盲动错误和实行暴动的总方针；另一方面，他又从城市中心论的观点出发，对瞿秋白在一定程度上根据中国革命实际提出的一省数省乃至一县数县首先胜利的观点，也进行了指责，说："秋白同志现在还不肯放弃他一省或数省直接革命形势的说法"，"一味用农民游击战争，可以包围一大城市而成为割据局面。中国历史告诉我们，洪秀全时代，可以由乡村起来夺取大城市的政权，辛亥革命时代就不同了。……现在我们不能再有用农村革命包围大城市的革命形式的观念了"。由于张国焘缺乏与人为善的态度，有时批评变成了人身攻击。六大的主要负责人周恩来曾回忆说：

> 在"六大"会议上是有"山头"倾向的，不能完全平心静气地讨论问题，特别是与自己有关的问题，把反对机会主义与盲动主义看成人身攻击。那时机会主义的代表是张国焘，盲动主义的代表是瞿秋白同志，两人争论不休①。

张国焘和瞿秋白的争论，涉及中国革命的许多重大问题，这就引起了共产国际领导人的注意和干预。

布哈林在大会上对张国焘和瞿秋白都作了批评，但是，他更多的批评了瞿秋白的"左"倾盲动错误，对于张国焘，他或多或少地说了一些好话。据张国焘回忆，布哈林在报告中曾为他在南昌起义中的行为辩护。6月29日，布哈林在关于政治报告的结论中讲了这样一段话：

> 你们中间曾造了一个这样的环境。张国焘说："我当时想暴动是很危险的，但我不敢说。"他并不是一个小孩子，不是一个小姑娘，你看他也是这样高这样大的人，为什么怕说呢？因为说了就有机会主义的嫌疑。我对于他是很明了的，在这种状况之下，实在是怕说，并要注意他以前是犯

---

① 《周恩来选集》上卷，人民出版社1980年版，第181页。

了一些过错的。他要是乱叫，自然可以说他是机会主义，不守纪律，而将他开除出党籍了①。

显然，布哈林的这段话是有一定的倾向性的。为使张国焘和瞿秋白减少争吵，布哈林甚至在大会的报告中威胁说："就是你们这两个大知识分子在吵架，再吵就把工人干部提拔起来代替你们。"

除布哈林外，共产国际东方部副部长米夫也出面调解。他曾找张国焘谈话，开门见山地说，共产国际希望他与瞿秋白能消除成见，互相合作。张国焘却认为米夫的话带有强制的意思，这样做的结果，会使争论的解决，不能达到水到渠成的顺利效果。

在大会上，张国焘还和李立三发生了争论。6月21日张国焘在大会发言后，李立三在6月23日的发言中批评张国焘说："怎样争取群众的问题，许多同志都没有说到。国焘同志的说话更只有消极的批评，没有积极的主张，找不出他的策略路线在那〔哪〕里……但在国焘的消极批评的反面可以找出来他很有立宪运动、少数运动的趋向，他说在反帝运动上就不应同时去打击国民党，方能抓住少数群众。"对于这一批评，张国焘后来发言说："我说在反日运动中，如果我们积极活动，至少可领导少数群众，其意义与英国的少数运动不同，不能建立反帝各阶级联合战线的意见，也在这句话里表现得显明。这就是说由此反帝热潮中，我们至少可以领导一部分群众反对国民党和一切帝国主义。""我两次发言都说合法运动、立宪运动乃不可能。而立三硬说我赞成合法运动和立宪运动。这种说话为我们辩护中所不应有。"②

大会在激烈的争论中继续进行。7月3日，周恩来向大会作了关于军事问题的报告。7月4日，向忠发作了关于职工运动的报告。7月9日和

---

① 《党的文献》，1988年第1期。
② 《党的文献》，1988年第1期。

10 日，大会通过了经过修改的《中国共产党党章》和各项决议案。10 日，选出了中央委员 23 人，候补中央委员 13 人，组成新的中央委员会。张国焘继续当选为中央委员。11 日，中共六大在雄壮的《国际歌》声中闭幕。

新的中央委员会选出后，还要选举中央政治局。在经过斯大林、布哈林和米夫等人内定的名单里，张国焘仍是中共中央政治局的成员之一。这引起了一些同志的不满。布哈林亲自出马，做中央委员们的工作，明确表示支持张国焘进入中央政治局。他说：一定要把政治路线正确、有政治斗争经验的同志——即使他们过去犯过错误——选到政治局里面去，一定要在国际留下有工作能力和有经验的政治局的代表，"像秋白与国焘"。布哈林虽然在表面上说，我个人不能说谁谁应当进政治局，这要看同志自己的意见，"选与不选听凭你们决定"，但他的这种态度，无疑具有很大的影响力。结果，在 7 月 19 日举行的中共六届一中全会上，张国焘当选为中央政治局委员。由于他犯了机会主义的错误，在选举中得票较少。7 月 20 日，张国焘出席了中央政治局第一次会议。会议选举苏兆征、向忠发、项英、周恩来、蔡和森为中央政治局常委，并决定了中央各部的组织与分工。由于过分强调工人成分和米夫的极力吹捧，向忠发被推举为中央政治局主席兼中央常务委员会主席。

六大是中国共产党历史上一次具有重大意义的会议，它关于中国革命的性质、前途、形势、任务和策略方针的规定，基本上是正确的。六大制定的基本正确的路线，对后来中国革命的发展起了积极的作用。六大也是有缺点的，主要表现在对中间阶级的作用和反动势力内部的矛盾缺乏正确的估计和政策；对中国革命的长期性和农村革命根据地的重要性认识不足；对"左"倾盲动错误的讨论不深入，对其实质缺乏深刻的认识等方面。这反映了当时包括张国焘在内的党内大多数人的认识水平。这些缺点，对后来"左"倾错误的发展是有影响的。

在中共代表团工作

中共六届一中全会结束后,向忠发、蔡和森、李立三等大部分中央委员回国,瞿秋白、张国焘等被留在莫斯科,组成中共驻共产国际代表团,并和暂时留在莫斯科的周恩来、苏兆征等一起参加共产国际第六次代表大会。

从共产国际同中国革命建立联系到中共六大,共产国际主要是通过向中国派驻代表的方式来指导中国共产党的工作。在中共六大开会期间,代表们虽然没有直接批评共产国际,但对共产国际代表鲍罗廷、罗易、罗明纳兹、诺伊曼等人在指导中国革命中的错误,提出了尖锐的批评。为此,共产国际决定改变对中国共产党的领导体制。

建立中共驻共产国际代表团的决定,是在中共六届一中全会上作出的。共产国际代表布哈林在会上发言说:一个同志的结论是很对的,共产国际的代表并不是个个都经过考试的。共产国际经过讨论,认为不派代表比较派那些犯错误的代表还好。今后共产国际对中国党的指导,不是通过共产国际代表,而是主要依靠中国共产党的代表进行。他建议中共中央将有工作能力和实际经验的政治局委员留下一人或两人,作为中国共产党驻共产国际的代表,并提议瞿秋白、张国焘为代表人选。在讨论中,周恩来提议:他们驻国际应是短期的,并应:(一)在短时间内为中国共产党起草出党纲;(二)将近几年中国革命的情况、斗争经验写成小册子向国内外宣传介绍;(三)将各国和国际革命斗争的经验介绍给中国共产党;(四)沟通中国共产党同共产国际以及各国共产党的关系。在布哈林的影响下,会议经过讨论,表决通过瞿秋白、张国焘为中国共产党驻共产国际代表。在7月20日的中央政治局第一次会议上,又指定邓中夏、余茂怀(余飞)任驻赤色职工国际代表,王若飞任驻农民国际代表。由这五人组成中共驻共产国际代表团，负责人为瞿秋白。

瞿秋白、张国焘等留下后，同周恩来、苏兆征等人出席了7月17日至9月1日在莫斯科召开的共产国际第六次代表大会。瞿秋白、苏兆征当选为大会主席团成员，张国焘和瞿秋白、苏兆征一起参加纲领起草委员会。在出席共产国际六大期间，张国焘化名张彪。

在共产国际六大上，布哈林在《关于国际形势与共产国际任务的提纲》中，阐述了"第三时期"理论。这一理论把第一次世界大战后的世界形势划分为三个时期：第一时期（1918—1923年），资本主义严重危机，无产阶级采取直接革命行动；第二时期（1923—1928年），资本主义经济恢复，渐趋稳定，无产阶级继续斗争；第三时期（1928年以后），各资本主义国家内部矛盾日益加剧，殖民地的革命斗争迅速发展，因而将发生帝国主义国家间的战争，以及反帝国主义的民族解放战争。战争将引起革命，进而导致资本主义的总崩溃。无产阶级直接革命的形势就要到来。

"第三时期"理论，是导致在实践中发生"左"倾冒险错误的理论。从它一提出，就引起了波兰代表科斯特鲁蔡娃、中国代表瞿秋白等人的质疑以至否定。

张国焘经常出席大会，耐心地听取各种报告和发言，有时也加入三五成群的议论之中。他从代表们的议论中得知，布哈林本人不完全同意"第三时期"理论，他是为了尊重斯大林和联共（布）多数代表的意见，才提出了这一理论。

7月27日，张国焘在大会第十四次会议讨论布哈林的报告时，作了长篇发言。他在发言中首先表示："我完全同意布哈林同志在提纲中提出的基本路线。"并表示："布哈林同志在提纲中提到的有关中国革命的观点，我完全同意。"

张国焘在发言中，通过分析日、英、美等国在中国的政策和中国的政治形势，得出这样一种结论：美国推行"门户开放"政策，企图通过建立统一的国民党南京政府与日、英瓜分中国，而日、英都不会允许中国建立统一的全国性政府，因此，"帝国主义列强间的冲突就加剧了，尖锐了"。这样，美国就不能不和日、英发生尖锐冲突，这就是未来战争的最大原因之一，也是帝国主义列强在太平洋地区的矛盾的核心问题。在这种国际形势下，国民党内部各派系军阀之间的矛盾就会加剧和扩大，其前景就是内讧，就是向劳动群众扩大和加重课税。

张国焘认为，在上述国际国内形势之下，广大工农群众的唯一出路，只能是坚决进行革命斗争。"新的革命高潮不可避免。在近期内即将到来的高潮中，中国共产党领导的工农革命斗争和过去时期比较，必将更加广泛、更加激烈"。"当前的斗争，不仅是反对国民党，即反对地主、土豪和资产阶级的斗争，而且是直接反对世界帝国主义的斗争。这场斗争势必比以往时期的斗争更为残酷"。

为了迎接在近期内即将到来的革命高潮，张国焘提出："必须争取广大群众，以便组织和实现中国的武装起义。"现在的问题就是"中国共产党能否将千百万群众争取到革命方面来"，"使党的领导能保证利用每个时机去动员和组织广大工农群众"。

张国焘特别注意到："农民群众是革命运动的主要力量之一。土地革命已然是现阶段中国革命的主要内容。我们应当扩大农民运动。但是，由此而产生的中国革命不是纯粹的农民革命。"他强调指出了现阶段农民革命与历史上农民革命的不同，认为："无产阶级领导的现阶段中国革命，就是工人和农民为争取彻底的土地革命，为消灭封建残余，为把帝国主义者驱逐出去，为民族解放，为统一中国，为推翻现存的国民党政权，为实现苏维埃形式的无产阶级和农民的革命专政而斗争的中国革命。"[1]

---

[1] 以上引文均见《共产国际有关中国革命的文献资料》第1辑，中国社会科学出版社1981年版，第388—394页。

张国焘的发言，显然对有关中国革命的认识，较之在中共六大上有了一些变化。一方面，他对于现阶段的中国革命的性质、党的任务，以及农民在中国革命中的地位和作用、农民土地问题的重要性，都有了更加明确的认识；另一方面，他对于革命形势的估计更为乐观了，这不能不说与受布哈林报告的影响有关。

共产国际六大通过了《殖民地和半殖民地国家的革命运动》的提纲，其中规定中国共产党当前的实际任务，是在即将来临的革命高潮中，重新提出准备和进行武装起义。大会还提出，共产国际各支部目前的主要错误倾向是右倾，应坚决反对右倾并反对向右倾错误倾向持调和态度的倾向。共产国际认为，在中国有盲动主义倾向，但一般说来，现在的错误倾向，是右比"左"更甚。这次大会是共产国际的领导方针急剧向"左"转的开端。这种"左"的倾向，影响了张国焘，使他在发言中提出中国共产党在刚刚克服"左"倾错误后，现在又出现了右倾错误。更为严重的是，这种"左"的倾向，极大地影响了中国共产党和中国革命的发展。

9月1日，共产国际六大结束。张国焘当选为共产国际主席团候补委员。

中共六大结束后，张国焘离开莫斯科市郊的乡间别墅，住进了位于市内特维尔斯卡亚大街上的柳克斯旅馆。这座旅馆是供共产国际机关的外国工作人员居住的，离克里姆林宫不远。中共驻共产国际代表团的瞿秋白等人也住在这里。柳克斯旅馆里公寓式的房间，每月要付租金40多个卢布。这时，张国焘每月的薪金是250卢布，这个数目是当时最高的，除了生活开支以外，还有结余。

张国焘和瞿秋白等人住在这里，除了处理中共代表团的日常工作外，还要经常参加共产国际主席团会议，尤其是要经常参加共产国际东方部的会议，讨论中国问题，工作还是非常繁忙的。张国焘和瞿秋白之间经常发生一些争论，特别是对革命形势的估计，甚至一直争论到东方部的会议上。经过两个多月的讨论，仍然没有具体的结果。共产国际东方部的负责人决定将问题交斯大林去处理。

过了不久,大约是在11月初,斯大林约瞿秋白和张国焘会谈中国革命问题。由于张国焘不通俄语,要由瞿秋白把斯大林的谈话翻译给他听,所以,谈话从晚上21点开始,一直到午夜24点才结束。在那间陈设很简单的办公室里,斯大林坐在大办公桌的后面,瞿秋白、张国焘与他隔着桌子对坐。谈话中间,斯大林不停地抽着烟斗。

谈话开始时,斯大林问了一些有关他们在莫斯科生活的情况,使瞿秋白、张国焘感到气氛非常的亲切和融洽。接着,谈话转到了中国国内的问题上。斯大林问到宋庆龄和陈独秀的情况,张国焘一一作了回答。斯大林又问瞿秋白,对这两个问题有何意见,瞿秋白表示大致赞成张国焘的看法。瞿秋白接着向斯大林报告了共产国际东方部最近讨论中国问题的要点,并说明了他个人的见解,请斯大林给以指示。斯大林回答说:我认为中共第六次代表大会的决议已经讲清楚了,现在我没有什么新的意见了。于是,斯大林又把话题转到学习问题上,说:中共的布尔什维克化,首先应学习马克思列宁主义。他讲到他少年时代,在穷乡僻壤,过着极其艰难困苦的生活,直到30多岁,才得到马克思的《资本论》第一册。他讲述了如何在警探环伺的环境中,偷偷地读这本"圣经"的经历,以及后来又如何千方百计地找到《资本论》第二册、第三册和马克思、恩格斯的其他著作,用了几年的时间熟读这些书的情况。他认为自己读了这些书,才真正懂得一点马克思主义。

这次谈话,给张国焘留下了很深的印象。他后来回忆起这次会见,认为斯大林是一个颇具风趣的现实主义者。

这次会见后不久,大约在1928年底,杨子烈也来到了莫斯科。随后,她进入莫斯科中山大学的特别班学习。这个班的同学中,有吴玉章、林伯渠、何叔衡、徐特立、董必武、方维夏、江浩、夏曦、叶剑英、赵世兰、李文宜、杨之华等。由于年龄大的同学较多,别的班的同学都戏称特别班为老头子班。特别班的课程主要有唯物史观、联共党史、妇女运动史、俄文等。同学们都刻苦用功，努力学习。周末，同学们积极参加学校的晚会，或轮流到各大剧院看戏剧演出。

杨子烈不住在中山大学，上完课，她就回到柳克斯旅馆。张国焘夫妇住在旅馆的三楼，瞿秋白夫妇住在二楼。张国焘和瞿秋白两人虽在工作上时有争论，但两家相处得倒也融洽。杨子烈和杨之华经常结伴而行，去中山大学上课。

杨子烈除了自己学习外，还要回到家中照料张国焘的生活。虽然张国焘的月薪很高，但两人的生活还是节俭的。当时莫斯科的物资匮乏，有钱也难买到东西。有时一连三个月，几乎每顿饭都吃鱼，久而久之，夫妇俩一见到鱼就感觉腻味。

张国焘照例参加一些会议，有时也到中山大学、军事学院等处演说，参观一些展览。除此之外，也没有太多的事情可做。于是，他把大量的时间用在读书上面。在莫斯科能够找到的中文出版物，主要是中山大学的教材，他几乎全部阅读过。他把剩余的钱大多用来购买英文政治性书刊。虽然他不会说俄语，但也能看得懂，所以，他也经常购买一些俄文的书刊。

1929年暑期到了，中山大学放假。张国焘夫妇来到坐落在乡下的一所共产国际高级工作人员的休养所。这是沙皇时代一个旧贵族的别墅，十月革命后经重新修建，辟为一处避暑地，楼房高大而富丽堂皇。这里有平整的草地、茂密的森林和芬芳的花卉，风景宜人，空气清新。在休养所旁边，有一湾碧波荡漾的湖水。每当夕阳西下，休养的人们三五成群，或至湖中泛舟，或席草地而坐，或到林中散步，其乐融融。休养所日供4餐，营养丰富，医院设备齐全，技术先进，确实是一处休息的好地方。张国焘夫妇置身其中，得到了休息和快乐。有时，他们还到数公里外的小市镇游玩，购买自己喜欢的东西。一天，他们到一个村庄进行宣传活动，杨子烈还用中国话发表了演说。

40天的休养生活结束了。回到莫斯科后,张国焘进入列宁学校学习。列宁学校实际上是共产国际为各国党训练干部的高级党校,设有俄语班、英语班、德语班和法语班。一年级的课程有政治经济学,以《资本论》为教材,另外还有唯物辩证法、联共党史、党的建设和军事学等。学习方法是由学生按照学习计划,自己阅读,除每周上课时间在10小时左右外,大量的时间要在图书馆度过。张国焘参加英语班的学习,和其他学生一样经常上课。董必武先于张国焘来到列宁学校,两人在一个班,在图书馆也是邻座。由于张国焘是中共驻共产国际代表,不参加学校支部局,也不住在学校,每天仍回柳克斯旅馆住。这时,张国焘不再从共产国际领取薪金,而是从列宁学校每月领取一张饭票和20卢布的零用钱。加上杨子烈在中山大学领取的7卢布零用钱,还不够付40卢布的房租。3个月后,旅馆的管理人员向莫斯科地方法院控告张国焘拖欠房租。后经共产国际有关部门的干预,特许张国焘免缴房租,法院才撤销了这一案子。

同住在柳克斯旅馆的维经斯基得知此事后,埋怨张国焘不该放弃共产国际的薪金,并建议张国焘领回共产国际颁发给他的红旗勋章。当时,凡共产国际或苏联派往中国的军事顾问回国后,都由政府颁发一枚红旗勋章。红旗勋章的获得者,每月可领取50卢布的补助费。颁发给中国军事领导人的这枚勋章,要在张国焘和周恩来两人中选一个,结果给了张国焘。据黄平回忆,当时中国同志很不满意这一决定。张国焘领回了勋章,也得到了50卢布的补助费,生活自然也不那么紧巴了。

中共驻共产国际代表团在瞿秋白的领导下,尽心尽力地工作。其成员先后又增加了陆定一和蔡和森。陆定一于1928年底抵达莫斯科,任驻少共国际代表。中共六大后,蔡和森回到国内不久,就被撤销了中央政治局委员和常委职务。1929年初来到莫斯科后,任驻共产国际代表。他身体有病,一边休养,一边参加代表团的工作。

然而,在这期间,联共内部开展的反布哈林"右倾"的斗争不能不影响到中共代表团。共产国际六大之后，布哈林就很少公开露面了。1929年1月30日，联共召开中央政治局和中央监察委员会主席会议，斯大林在会上宣布党内形成了由布哈林、托洛茨基和李可夫组成的特殊的布哈林集团，并指出这个集团是一个右倾投降主义集团。4月，联共中央和中央监察委员会主席团联席会议全面批判了布哈林等人，并把他们说成是共产国际各支部中的一切机会主义和调和主义集团的中心。随后，布哈林被解除了《真理报》主编和共产国际执委会政治书记处负责人的职务。这年初，张国焘列席了一次联共中央扩大会议。他在会上亲耳听到了要毫不留情地消灭右派的声音。

政治形势在急剧变化着。在联共内部斗争的影响下，共产国际也开展了反对右倾和对右倾的调和派的斗争。7月3日，瞿秋白、蔡和森、陆定一等参加了在莫斯科召开的共产国际执行委员会第十次会议。这次会议通过的决议批准了联共于同年4月作出的关于撤销布哈林在共产国际的工作的决议，并且决定免除他的共产国际执行委员会主席团委员的职务。会议要求各国共产党反对右派，反对同情和庇护右派的调和派，并将一些国家共产党内某些被认为是右派和调和派的人，从组织上清除出共产国际。这次会议标志着共产国际"左"倾路线的形成。

这时，中国共产党内也发生了问题。七八月间，陈独秀接连写信给中共中央，借中东路事件后中共中央采取"拥护苏联"的策略这一问题，全面攻击中共中央的路线。中共中央政治局先是在10月作出决议，警告陈独秀停止一切反党宣传和活动。继而又根据共产国际10月26日的指示，在11月15日作出了开除陈独秀党籍的决定。这件事，在中共驻共产国际代表团中也引起了一场波澜。王若飞不赞成立即开除陈独秀，而主张先与陈独秀辩论并向党内群众进行解释。瞿秋白、张国焘等大多数人拥护中央的决定。党内同志之间有不同意见，本来是很正常的，但在大张旗鼓地反右倾和反对调和派的气氛下，王若飞受到了严厉批评并被停止了在中共驻共产国际代表团和农民国际的工作。这一决定虽然是由共产国际作出的,但瞿秋白、张国焘等也都负有一定的责任。

政治气候的变化,布哈林的倒台,对于当初受到布哈林支持的瞿秋白、张国焘等人来说,在一定程度上可以说是一种灾难。随着一大批在莫斯科学习的熟读苏联教科书的留学生的迅速崛起,中共驻共产国际代表团的地位不可避免地受到了严重挑战。尽管如此,中共代表团仍旧努力地工作着。

1929年7月11日,中共中央根据六大的决议和周恩来在六届一中全会上的意见,写信给中共驻共产国际代表团,指定瞿秋白、张国焘、陆定一、王若飞、蔡和森等组成党纲起草委员会,以瞿秋白为书记,负责起草中共七大的党纲,限三个月完成,六个月内送往中国,委员会的其他人选得由中共代表团和共产国际东方部决定就地增加。这封信在途中耽搁了近半年,到12月才寄到莫斯科。瞿秋白接到信后,于12月18日复信给中共中央说,"我在此一年中,大部的时间是花在这一问题上。……现在的问题,已经是要决定委员会的名单。我的提议是:莫洛托夫、库西宁、米夫、沙发洛夫、秋白、中夏、国焘七人。"这时,共产国际东方部有意要在1930年七八月间召开中共七大,所以,瞿秋白提出,党纲必须在中共七大上提出。

在此之后,中共驻共产国际代表团开始准备起草党纲。然而,从1929年底开始的大规模的"清党"运动,打乱了中共代表团的工作计划。米夫、王明宗派在中山大学掀起的风波和制造的恐慌气氛,使中共驻共产国际代表团再也无法正常工作下去了。

中大风波

共产国际成立之初,即把为各国革命政党训练干部当作一项重要的工作,创办了莫斯科东方劳动者共产主义大学。在东方大学中,先后招收了一大批中国学生。第一次国共合作的实现和大革命的兴起，引起了共产国际和苏维埃俄国的极大关注，于是，创办一所为中国国民党培养革命人才的学校，被提上了日程。1925年10月7日，鲍罗廷在国民党中央政治会议第二十六次会议上，正式宣布了莫斯科中山大学的成立。同年11月开学。

中山大学成立时的全称是"中国孙逸仙劳动大学"，习惯上称之为"中山大学"。1927年7月第一次国共合作因蒋介石、汪精卫相继背叛革命而破裂后，国民党中央执行委员会声明取缔中山大学，并与之断绝一切关系。但是，中山大学并没有因此而更改校名。直到1928年，才改名为"中国劳动者共产主义大学"，并一直使用到1930年秋学校停办。

中山大学成立后，开始招收的学生中，有国民党员，也有共产党员，其中有些人是跨党的。国共合作破裂后，中山大学成为培训中共干部的重要场所。中山大学的第一任校长是拉狄克。1927年夏，他因参加托洛茨基反对派而被解职，校长一职由副校长米夫接任。

中山大学内的矛盾和斗争由来已久。

米夫接任中山大学校长时只有26岁。此人年轻气盛，学识经验虽很平庸，但却装腔作势，颇具野心。他以坚决贯彻共产国际的决议和扶植王明等人而得到联共和共产国际的信任，在担任中山大学校长不久，又于1928年3月当上了共产国际东方部副部长。由于担任过共产国际驻中国代表的维经斯基、鲍罗廷、罗易、罗明纳兹等人相继离开了共产国际的重要部门，米夫俨然成为共产国际中的中国问题权威和有关中国事务的重要组织者。

米夫在中山大学期间，十分注意寻找和培养"真正的布尔什维克"来担任中国共产党的领导人。终于，他发现了一个中国安徽籍的学生陈绍禹（王明）。

王明是中山大学的第一期学生。他于1925年11月来到莫斯科，进入中山大学学习。他刚到中山大学时，努力学习，尤其对俄语和理论课更有兴趣。这时担任副校长的米夫兼任翻译班的列宁主义课。上课时王明经常争着第一个发言,渐渐地,引起了米夫的重视。1927年1月,米夫随联共宣传家代表团访问中国,先后到过广州、上海和武汉,并参加过中共第五次全国代表大会。王明作为米夫的翻译一路陪同,并在五大后去中共中央宣传部担任过两个月的秘书工作。8月,王明随米夫由武汉返回莫斯科。

恰在这时,中山大学发生了支持教务长、代理校长阿古尔和支持党的支部局书记谢德尼可夫的学生之间的分歧,形成了所谓"教务派"和"党务派",并在有关学校工作等问题上展开了激烈的争论。米夫从中国回来后,支持党务派,压制教务派,正式升任中山大学校长。王明等人也因支持米夫并献计有功,更加受到米夫的信任。

王明依靠米夫的权势,利用担任米夫的秘书的身份,虽然逐步控制了中山大学支部局,但在广大同学中仍很孤立。张国焘回忆说:"多数同学称陈绍禹等是'米夫的走狗',只知当翻译,拿高薪,借着米夫的势力,专门做小报告,打击同学。"① 俞秀松、董亦湘等人在中山大学时就反对王明等人的宗派活动,一直受到王明等人的排挤。1927年11月转入列宁学校后,他们经常回中山大学,深得广大同学的拥护。于是,王明等人为排斥异己,巩固在中山大学的权势,便在暑假结束前后捏造罪名,制造了一个旨在打击俞秀松、董亦湘等人的"江浙同乡会"事件。

"江浙同乡会"被捏造出来后,被说成是"反党小组织","江浙同乡会"事件被认为是"反革命事件"。应王明等人的要求,中山大学支部局开始调查这一事件,并请苏联格伯乌(即国家政治保卫局)的人员参加调查工作。经过并不认真地调查,确认在中山大学生存在一个"江浙同乡会"的组织,决定要严加惩办。

恰好在这时,向忠发、李震瀛等率领中国工农代表团来到莫斯科。向忠发在听取了王明等人的汇报后,不作调查,就到中山大学发表了讲话。

---

① 张国焘:《我的回忆》第2册,东方出版社1991年版,第394页。

向忠发认为,"江浙同乡会"是"反党小组织","他们的组织在党内秘密,有中央的组织,亦有各地支部的组织","他们与蒋介石有勾结,受蒋介石的经济帮助,还听说与日本领事馆有勾结"。"他们以后的出路不外:(1)公开的反革命,投向蒋介石来屠杀工农;(2)走到小资产阶级反动政党(如第三党)里去,反 C.P.;(3)留在党内捣乱破坏"。因此,必须"消灭其组织","对组织中领袖和中心人物予以严厉的制裁",对积极分子应"开除党籍或留党察看"①。

向忠发讲话后,惩罚迅速升级。在有格伯乌人员参加的会议上,决定开除 12 名中国学生的党籍、团籍,并有 4 人被捕,一批学生遭到株连。

紧接着,在中共六大开会期间,王明等人在米夫的安排下,在大会秘书处工作。向忠发、王明逢人便说:中山大学问题大得很,里面有一个国民党的"江浙同乡会"的小组织,参加的达 150 多人。米夫也全力配合,对向忠发极力地吹捧,利用他放炮,要他反"江浙同乡会"。在六大结束后,有的代表没有走,还召集了几个报告会,由王明报告了反"江浙同乡会"的斗争。向忠发回国前,还郑重其事地要求瞿秋白、张国焘重视这件事。

米夫、向忠发和王明等人的行为,激起广大学生的义愤。他们纷纷向中共驻共产国际代表团反映和申诉,要求澄清事实真相。中共代表团听取了学生们的意见,派邓中夏、余飞去中山大学调查,与米夫、王明等人控制的支部局发生争执。中共代表团又经共产国际秘书长柏金斯基同意,前往格伯乌机关查阅有关材料。格伯乌只让看了一次材料即拒绝他们再次前往。在这种情况下,中共代表团于 1928 年 8 月 15 日写信给联共中央政治局,表示了中共代表团对苏联当局处理"江浙同乡会"的不同意见。同时写信给中共中央,指出在一些江浙籍学生中,对某些问题意见一致,并不

---

① 向忠发:《中国工农代表团来苏联经过报告》(1928 年 9 月 14 日)。

能说明就是有组织的派别活动。

1928年秋，在广大同学的反对和中共代表团的据理力争下，共产国际监察委员会、联共监察委员会和中共驻共产国际代表团联合组成审查委员会，审理这一事件，作出了并不存在"江浙同乡会"反动组织的结论，认为：江浙同乡会是"莫须有"的事，但是存在部分同志间的感情结合，这种感情的结合发展下去，对党的团结是不利的。

在处理"江浙同乡会"事件的过程中，张国焘同中共代表团的其他成员，以及暂时留在莫斯科的周恩来等采取了一致的立场，他们对米夫和王明等人的宗派活动及在中山大学的所作所为一致表示不满，进行了斗争。张国焘后来回忆说：

代表团对于米夫在中大的措施，曾一致表示不满。在米夫看来，中大内部的事，应完全由任校长的他负责处理，中共代表团不应干涉。而中共代表团看来，中山大学学校当局，只应负教育方面的责任，关于学生的思想能力方面的甄别，和那〔哪〕些学生应派回国担任何项工作等事项，则应由代表团考查处理①。

由于中共代表团对米夫越来越不满，所以，在9月间，张国焘、瞿秋白先后向共产国际东方部部长库西宁提出了撤换米夫的东方部副部长职务的建议。

与此同时，中山大学的学生也向联共中央反映了中山大学的情况，提出申诉。1928年11月间，联共中央组织了一个审查委员会，处理中山大学的纠纷。在一次会议上，米夫和中山大学支部局书记发言说，中山大学的学生受过托派、陈独秀机会主义、盲动主义以及形形色色的小资产阶级意识的影响。学校当局与上述种种非布尔什维克思想作斗争是正确的。这

---

① 张国焘：《我的回忆》第2册，东方出版社1991年版，第394页。

是一种阶级斗争，即无产阶级与非无产阶级的斗争。既然是阶级斗争，那就是残酷的和长期的。现在还有许多学生不满学校领导，除继续进行阶级斗争外，实别无他法。瞿秋白因去黑海休假，没有出席这次会议。张国焘在会上当面驳斥了米夫等人的说法，认为如果将阶级斗争广泛地在中山大学内运用，那就抹杀了教育的作用。学校里可能有少数异己分子，但绝大多数同学是对学校当局的措施不满。

两个星期以后，又召开了第二次会议。博古在发言中坚持中山大学内部的斗争是阶级斗争之说，并指责中共代表团对中山大学的事务干预太多，指责张国焘是机会主义。张国焘反击说，现在是讨论中山大学的领导应采取何种方针，而不是清算中共代表团和我个人。会议不欢而散。后来，监察委员会曾作出一个决议，批评了中山大学领导方面的错误。这使米夫大为不快，从此，与中共代表团的关系更加恶化了。

米夫对中山大学的学生采取了高压政策，有的被放逐到西伯利亚，有的被遣送回国，有的被送到工厂去做工。在对待这一处理措施上，中共代表团再次与米夫意见相左，发生了争论。有一次，米夫把中共代表团成员约到他的办公室里，拿出一份拟送往西伯利亚的十几人的名单征求意见，立即遭到中共代表团成员的反对。张国焘说，将这些所谓不可靠的学生送到西伯利亚，究竟不是一个好办法。为什么不将他们送回中国去？米夫虽感不快，但未表示意见。后来，就再也不找中共代表团商量此类问题了。

米夫、王明等人对中共代表团的不满越来越强烈，双方的争论和分歧也越来越大。

在理论上，米夫、王明等人把共产国际的指示作为攻击中共代表团的武器，以共产国际的文件和苏联经验为教条来评论中国革命的实际问题，在以下几个方面同中共代表团展开了争论：

第一，在党内倾向问题上，右倾是主要危险，还是"左"倾是主要危险？

第二，在对待富农问题上，是联合全体农民反对地主，还是联合中农、贫农以反对地主、富农？

第三，在对待自由资产阶级和改组派问题上，是把他们当作最危险的敌人，还是承认中间势力的存在，联合改组派？

第四，在工人运动的策略问题上，是坚持赤色工会，还是取消赤色工会？

第五，在红军和革命根据地问题上，是坚持城市中心论，还是发展红军和根据地，以农村割据包围城市，实现一省数省首先胜利？

对这些问题的回答，王明等人的观点是错误的，中共代表团特别是瞿秋白的观点是基本正确的。而共产国际却在这些问题上支持了王明等人，认为瞿秋白等人的观点是错误的。

在行动上，米夫、王明等人继续捏造"工人反对派""先锋主义派""托洛茨基派""江浙同乡会残余"等种种罪名，强加在广大同学身上。并称这些"反动派别"在中共代表团的支持下，联合起来反对以支部局为代表的"布尔什维克路线"，形成了反动的"第二条路线联盟"，必须对"第二条路线联盟"进行无情的斗争。于是，中共代表团的成员横遭诬陷，广大同学遭受迫害。其中，最为典型的是他们对所谓"工人反对派"的打击和迫害。

在中山大学中，有一大批工人出身的学生。他们对米夫、王明等人的所作所为非常不满，提出要反对校方的官僚主义。支部局以及少数支持者反对这种提法。于是，形成了两派的对立和斗争。中共代表团干预了这件事。被称为"工人反对派"骨干之一的吴福海回忆说：

> 由于两派的对立和斗争，有的同志到中共代表团去反映情况。中共代表团负责人瞿秋白、张国焘为此到劳动大学讲过话，他们表示支持多数派的意见，要求大家听中共代表团的话，反对无原则的斗争等等。我们还找过当时在莫斯科的邓中夏，他是工人运动的领袖，和我们工人学生比较接近，他对我们比较支持。但是，支部局王明等人，以米夫为靠山，根本不

把中共代表团放在眼里，对代表团的意见不加理睬。我们一些工人学生看到王明等人对待中共代表团的轻蔑态度非常反感①。

王明等人的用意是要通过打击这批工人出身的学生，来打击中共代表团。于是，他们便给李剑如、余笃三（即余笃山）等一批工人出身的学生扣上"工人反对派"的帽子，进行排斥。进而又指责中共代表团是"工人反对派"的"后台"，并把攻击的主要矛头指向瞿秋白，给他扣上了"调和路线""布哈林分子""右倾机会主义"等一大堆帽子，进行诽谤和攻击。

到1929年夏，虽然王明已离开莫斯科回国，米夫也辞去了中山大学校长的职务，但是，他们那个宗派集团的人同李剑如、余笃三等多数学生之间的矛盾和斗争，却达到了高潮，与中共代表团的斗争也愈演愈烈。

暑假快到了，中山大学举行学年总结大会，多数学生反对支部局。总结大会开始时，瞿秋白曾出席会议并发表演讲支持多数学生，对支部局的领导也颇有批评。会议进行了三天，陷入僵局。瞿秋白召集中共代表团成员开会，要求代表团对中山大学的事件采取一致的态度，并要求张国焘去中山大学发表与代表团观点一致的演讲。对于这次演讲的内容，张国焘回忆说：

我这次演说，着重指斥支部局的领导，没有尊重中共六次代表大会的决定，因此，他们反机会主义和盲动主义的斗争，没有顾到党内团结的需要。支部局方面没有与中共代表团取得必要的协调，大多数学生，向代表团陈述他们对学校不满的意见，不能认为不正当，支部局应采取团结最大多数同学的方针，不应压抑自我批评，造成党员中的分裂现象②。

这次大会通过了一个决议，批评支部局的工作，并要求改组支部局。这曾使米夫等人大伤脑筋。

---

① 《党史资料丛刊》，1980年第1辑。
② 张国焘：《我的回忆》第2册，东方出版社1991年版，第401—402页。

于是，支部局又召开党员大会，与反对他们的党员摊牌，并邀请中共代表团的成员参加，企图以"把他们拉出来打"的策略，置中共代表团于被公开批判的地位，把这次大会作为打击中共代表团和中山大学内反对派的一次机会。瞿秋白拒绝出席这次会议，而由张国焘作为中共代表团的代表参加会议。张国焘被选进了大会主席团，并主持了第一天的大会。按照当时苏联的领导体制，高等学校的党组织要接受所在地方党组织的领导，为壮声势，支部局还邀请了中山大学所在地的联共区委书记芬可夫斯基参加大会。会上，广大党员顶住压力，对王明宗派的活动进行了坚决的反击。大会连续开了十天，被称为"十天大会"。

芬可夫斯基首先在大会上讲话。他公开表示支持中山大学支部局的路线，对反对支部局的广大党团员进行了严厉的批评，并指责中共代表团干预中山大学的事情，是侵犯了他的职权。他还认为张国焘出席学生大会，发表演说，是不应该的事情，指责张国焘是右倾调和派。由于芬可夫斯基的讲话不符合中山大学的实际情况，明显袒护支部局一方，当即遭到大多数学生党员的反对。他讲到一半时，学生们打断他的讲话，并试图把他拉下台来。会场里一片混乱，嘶叫声、讥笑声、跺脚声响成一片。

张国焘试图使会场安静下来。他站起来，高声喊叫着，要大家遵守会场秩序。会场渐渐安静下来了，芬可夫斯基继续他的讲话。

等到芬可夫斯基讲完后，张国焘接着讲话，就芬可夫斯基对中共代表团和他本人的批评进行了反驳。他批评这位区委书记，平时不知道如何领导中山大学党的工作。等到问题发生了，又不尊重中共代表团的意见，一味地压抑自我批评。第一天的大会不欢而散。

"十天大会"的主要议题是讨论、通过支部局的工作总结报告。在讨论中，斗争更为激烈。大多数党员对总结报告表示不满，并进行了严厉的抨击。大会虽一再延长，总结报告仍无法通过。最后，学校领导没有作出任何明确的结论，不了了之。随后就宣布放假了。

张国焘曾向共产国际秘书长柏金斯基汇报芬可夫斯基的发言情况，并对自己被指责为右倾调和派表示抗议。但柏金斯基只是耸耸肩膀，不置可否。经过这场风波，张国焘向瞿秋白表示，不愿再过问中山大学的事情。随后，张国焘到乌克兰休假去了。

"十天大会"是以支部局为核心的王明宗派同反对他们的广大党团员之间的一场公开较量，也是广大学生在中共代表团支持下反对王明宗派的一个高潮和顶点。尽管支部局在事前做了精心的策划和准备，企图利用这次会议打垮中山大学内的反对派和中共代表团，但结果却适得其反，大会变成了对王明宗派的公开声讨。所以，"十天大会"在反对王明宗派的斗争中，占有重要的地位。

"十天大会"不仅没有解决矛盾，反而使矛盾加剧。联共中央不满意这种局面，在暑假结束后，变更了中山大学的领导成员。米夫去职，以原莫斯科大学校长威格尔接替；原支部局书记贝尔曼改当教员，书记由托更担任。

一波未平，一波又起。伴随着联共发动反对布哈林"右倾"的清党运动，中山大学校园内掀起了更大的风浪。

联共内部的清党运动，实际上从1929年4月联共十六大通过《关于清洗和审查联共（布）党员和预备党员》的决议之后，就已经开始了。清党开始后，恐怖气氛笼罩着每一个人。张国焘曾旁听过对工业党要犯的审判，看到一些工程师因工作上的失误，即被判为暗害者。他还去参观过集体农场，在那里看到了反富农斗争和反宗教斗争的过火行动。

9月，中山大学新学期开始。联共中央监察委员会向中山大学派出清党委员，由他们和校领导组成了清党委员会。苏联红军总参谋部情报部副部长贝尔津任该委员会主席。10月，召开第一次清党大会后，中山大学也开始了大规模的人人过关的清党运动。

清党运动的展开，为王明宗派彻底打击中共代表团提供了时机。他们收集和捏造瞿秋白及中共代表团的所谓"幕后活动材料"，把自中共六大以来中共代表团的各种文件及其成员的各种讲话，逐字逐句加以审查，找出可攻击之点，作为中共代表团的罪状。

在第一次清党大会上，贝尔津作简短的讲话之后，支部局委员兼秘书盛岳上台发言，对中共代表团进行了诽谤和攻击。盛岳回忆说：

> 我公开谴责瞿秋白及其同伙犯了机会主义的罪行。瞿秋白犯了左倾机会主义。我说，而张国焘则是右倾机会主义。我谴责他们都在中山大学培植"反党第二条路线联盟"。为了论证我的指责，我引证了大量他们的讲话和文章，和提供了关于他们进行幕后活动的充分证据。……发言只限五分钟，可贝尔津允许我讲了四十五分钟①。

当盛岳发言时，米夫、王明宗派的人以及参加会议的联共和共产国际的代表一致鼓掌，表示支持这种攻击，以孤立中共代表团。

这次会议，仅仅是攻击中共代表团的开端。随着清党运动的深入，中山大学内托派组织的破获，米夫、王明宗派的人进而把中共代表团与托派联系起来，进行诬陷和打击。

一天，共产国际秘书长柏金斯基找张国焘谈话，告诉他：中山大学有人供出，刘仁静曾将一份托派的秘密文件交给他看。张国焘得知此事后，在一次清党大会上否认了这种指责，并表示他一贯不赞成托洛茨基的主张。此后，就没有人向他提及此事了。

瞿秋白则没有这么幸运。他被指责同中山大学学生中的托派分子来往较多，参加了中山大学的派别活动。三四月间，柏金斯基还把瞿秋白、张国焘叫到他的办公室里，指责瞿秋白犯有支持刘仁静去土耳其会见托洛茨基，并将一些托派分子送回国内等错误。瞿秋白从此成为应对中山大学托派问题负主要责任的人物。

---

① 盛岳：《莫斯科中山大学和中国革命》，现代史料编刊社1980年版，第245页。

清党在继续进行，中山大学中凡是反对支部局的，除了少数几个工人以外，都分别受到开除党籍、团籍、学籍，或送到西伯利亚做苦工等处分。在这种政治气氛中，大多数学生坚信自己是无愧于党和革命事业的，身处逆境而未动摇坚定的信念。但是，也有一些人自杀了，还有一些人突然失踪了。据统计，到1930年暑假前清党结束时，700多名学生中只有200多人顺利过关，党员被开除者有七八十人，团员大部分被开除，其他的人则分别受到警告、劝告等处分。

由于中共代表团成员并不参加中山大学的清党，所以，中山大学清党委员会无权对代表团的成员进行组织处理。于是，他们就对在中山大学学习的代表团成员的亲属进行打击和迫害。瞿秋白的夫人杨之华受到严厉的指责和处分，其三弟瞿景白"失踪"。陆定一的夫人唐义贞被开除团籍。张国焘的夫人杨子烈也被罚去莫斯科第七印刷厂做工三个月。

清党运动中，米夫、王明宗派对瞿秋白等中共代表团成员的诬陷和打击，是在联共中央和共产国际的支持下进行的。联共中央和共产国际一致肯定中山大学支部局的政治路线，谴责反对派，并批评中共代表团，认为瞿秋白应负中山大学各种反党小组织事件的主要责任。1930年春，米夫召集瞿秋白、张国焘、邓中夏、余飞到他的办公室，板起面孔，傲慢地宣读了《共产国际政治委员会因中大派别斗争关于中共代表团行动问题决议案》。决议案错误地指责说：

> 中共代表团须担负李剑如、余笃山派别行动的部分责任。
>
> 这一派在中大内进行无原则的斗争，走到实际上与托派联盟的道路。中共代表团的多数（瞿秋白、邓中夏、余飞）领导了李剑如、余笃山派的活动。其中少数（张国焘）不是在当初而只是在后来，才对中大内的派别斗争，表示与其他代表立异，甚至在这个时候也没有在共产国际机关的面前采取相当的步骤，来阻止代表团多数解体的行动。
>
> ……

共产国际执委政治委员会有见于此，以坚决的态度谴责中共代表团的代表对于中大派别斗争的行动，并请中共中央以必要限度刷新代表团的成分，并与国际执委政治秘书处商定新的成分[1]。

共产国际政治委员会的这一决议，是米夫的"凯旋之歌"，宣布了米夫、王明宗派在中山大学的斗争中成为"胜利者"。瞿秋白被解除了中共驻共产国际代表团负责人的职务，成为这场斗争的牺牲品。从这一决议中，可以看出瞿秋白等中共代表团的多数成员，是坚持原则的，始终同米夫、王明宗派进行坚决的斗争。而张国焘在斗争的关键时刻，见风使舵，倒向了米夫、王明宗派一边。

1930年4月，周恩来受中共中央派遣来到莫斯科，向共产国际报告工作。他同共产国际就中共代表团问题进行了协商，但是，撤销中共代表团主要成员的职务，是扶植王明教条宗派夺取中国共产党领导权的一个步骤，在既成事实面前，已没有任何协商的余地。最终决定调瞿秋白、邓中夏、余飞回国，张国焘继续留在中共驻共产国际代表团工作。中山大学的斗争也随着1930年秋学校停办而告结束。

回国前后

雅尔塔，位于克里米亚半岛南岸，背靠克里米亚山，南临黑海，气候宜人，风景秀丽。夏日里，遍布田野山冈的葡萄园和其他果园果实累累，挂满枝头，更显出一派生机勃勃的景象。这里是旅游度假的好地方。

在共产国际作出谴责中共代表团的决议后不久，张国焘来到这里，开

---

[1] 《党的建设》，第4期。

始夏季休假。在饱览美景之余，他也在思考着自己如何应付共产国际和中共代表团的工作。想来想去，他决定采取消极的态度。后来，他在回忆录中也承认："对于共产国际和中共代表团所应做的工作，我都采取消极的态度。"

张国焘结束休假，回到莫斯科后，继续去列宁学校学习。平日里，他无事不与共产国际打交道，只在接到共产国际的正式约请时，才去共产国际的办公大楼。尽管如此，共产国际对他仍很客气，重新从共产国际给他支付薪金，并发给他一张特别购物证，可以在国营商店中任意购买物品。这在当时的莫斯科，只有少数要人和外国大使才能享受这种权利。张国焘感觉到了这种变化，也从耳闻目睹中感觉到共产国际与中共中央之间正在酝酿着一场大的风暴。正是这场风暴，为张国焘提供了一个回国的机会。

这时，中国国内和中国共产党党内都在发生着重要的变化。

1930年5月，蒋介石同阎锡山、冯玉祥之间开始了酝酿已久的、空前规模的中原大战。为了应付这场战争，双方都全力以赴，投入前方作战的兵力共达100万人以上，造成后方空虚。这种形势为革命力量的发展提供了有利的时机。

中共六大以后，由于贯彻了六大决议，中国革命的形势也在1929年下半年到1930年上半年出现了上升的趋势，红军和农村革命根据地逐步发展起来，白区党的组织和工作也有了一定的恢复。

在这种有利的形势下，党内以李立三为代表的"左"倾错误却恶性地发展起来了。中共六大以后，中共中央名义上的总书记是向忠发，但实际上主持工作的是中央政治局常委兼宣传部长李立三。1930年3月周恩来赴莫斯科后，向忠发更是事事依靠李立三。李立三从党内早已存在的"左"倾急性病出发，不切实际地夸大当时出现的有利形势，夸大革命的主观力量，认为全国范围内直接革命的形势已经到来，从而走上了"左"倾冒险错误的道路。6月，在李立三的主持下，中共中央政治局召开会议。11日通过了由李立三起草的《目前政治任务的决议》。决议指出：在新的革命高潮日益接近的形势之下，准备一省或几省首先胜利，建立全国革命政权，成为党目前战略的总方针。决议还宣称：在现在全世界革命危机都已严重化的时候，中国革命有首先爆发、掀起全世界的大革命、全世界最后的阶级决战到来的可能。这一决议的通过，使"左"倾冒险错误在中共中央取得了统治地位，形成了"立三路线"。在此之后，李立三开始布置武汉暴动、南京暴动和上海总同盟罢工，并成立了中共中央总行动委员会。7月27日，红军第三军团乘虚攻占长沙，使李立三更加兴奋，以为他的路线是完全正确的。他以狂热的感情，陷入"会师武汉，饮马长江"的浪漫想象之中。

中共中央的六月决议送到莫斯科后，共产国际经研究认为是错误的。实际上，从"立三路线"的内容看，与共产国际在思想体系上是一脉相承的。共产国际提出的"第三时期"理论，反布哈林"右倾"的斗争，以及城市中心论，是推动和助长"立三路线"形成的重要因素。但是，共产国际认为，目前仍没有全中国的客观革命形势，对决议所表现出来的"左"倾冒险错误是不同意的。7月16日，共产国际政治秘书处扩大会议讨论中国问题，正在莫斯科的周恩来和瞿秋白、张国焘参加了会议。会议讨论了《关于中国问题决议案》。7月23日，政治秘书处通过了这一决议案，指出建立红军仍是第一等的任务。共产国际还致电中共中央，认为中国党的主观力量太弱，还没有夺取工人阶级的大多数，不同意布置武汉暴动、南京暴动和上海总同盟罢工。

8月1日和3日，中共中央政治局召开会议，讨论全国总形势和共产国际来电。李立三在会上说：共产国际不了解中国革命发展趋势，重视于国际、遵守纪律是一回事，重视于中国革命又是一回事。他还说：在占领武汉之后，再用另一种方式和国际说话。随后，李立三一再以中央政治局的名义给共产国际和斯大林写信或打电报，谎报中国革命的高潮和战绩，要求批准他的暴动计划。这种公开对抗共产国际的做法，是共产国际所不能容忍的。8月12日和13日，被秘密派往武汉观察形势的共产国际远东局负责人两次向莫斯科报告，说武汉驻扎大量国民党军队，而革命力量不过300人。这时，张国焘也向共产国际执委会政治委员会递交了一份意见书，表示拥护国际路线，反对"立三路线"。

在这种情况下，共产国际决定派瞿秋白、周恩来回国，召开中共六届三中全会，纠正"立三路线"。瞿秋白、周恩来临行前，联名致信共产国际执委会政治秘书处：在中共中央没有新的决定或改变以前，我们正式通知你们，张国焘同志是这一时间的中共中央负责代表。

1930年8月，周恩来、瞿秋白先后回到上海，开始在实际工作中纠正"立三路线"在各地的贯彻。9月24—28日，中共六届三中全会在上海召开。会议根据共产国际七月决议，纠正了李立三对中国革命形势的错误估计。会议决定停止组织全国总起义和集中红军攻打大城市的计划，恢复党、团组织，基本上纠正了李立三的"左"倾冒险错误。但是，六届三中全会也有明显的不足之处，即把李立三的错误归结为个别的策略上的错误，表现了调和妥协的精神；错误地强调党内的主要危险是右倾机会主义，并错误地批判了坚持正确意见、反对李立三的何孟雄。

在六届三中全会上，还激烈地批判了远在莫斯科的张国焘。由于张国焘给共产国际的意见书同三中全会的结论是不同的，会上有十几个人签名要求撤销张国焘的工作。因此，三中全会后中共中央写信给共产国际政治秘书处，要求将张国焘立即派回国内，参加实际工作，以便改正认识。

六届三中全会后，中共中央和各地党组织采取措施，纠正"左"的错误，各项工作逐步转到正常的轨道上来。可是，共产国际对李立三错误的估计突然升级，情况陡然发生了变化。10月间，共产国际执委会通过了《给中共中央关于立三路线问题的信》。11月16日，中共中央收到了此信。信中认定：李立三的错误是反国际的政治路线错误，其实质是反马克思主义的,反列宁主义的。信中还指责三中全会犯了"调和主义"的错误。11月22日,中共中央政治局开会讨论共产国际十月来信,表示完全接受共产国际的指示。

在这纷繁复杂的政治局势中,一度持"消极态度"的张国焘也突然活跃起来。他后来回忆说:"李立三的胡闹所造成的微妙局势,又促成了我的回国。"但是,"回国的代价显然是放下反共产国际的武器。共产国际所一致希望于我的,是我公开宣告我过去对共产国际的不满是我自己的错误,而现在是不折不扣地拥护共产国际的路线"。10月间,柏金斯基约见张国焘。在谈到派他回国的问题时,张国焘回答说:"我决定在适当的场合,表示我拥护共产国际的立场。"① 很快,张国焘找到了这种场合。

六届三中全会后,李立三被共产国际召往莫斯科学习、检讨。李立三到达莫斯科时,张国焘和张闻天、郭绍棠等一起到车站迎接。12月初,共产国际东方部在听取了李立三的检查,审查了三中全会的文件之后,写出了《关于中国党三中全会与李立三同志的错误的报告》。报告全面否定了三中全会。接着,共产国际执委主席团召开会议,讨论"立三路线"问题。会上,在李立三作了检讨发言之后,张国焘作了承认错误的发言。他表示:

<blockquote>自然承认错误不应当只是口头上的,应当在实际工作上来证明。中国党现在正在最紧急的时机,要巩固党必须实行坚决的两条战线上的斗争,反左反右,反对一切国民党式的纠纷小团体斗争。这样才能实行当前最重要的任务。</blockquote>

为了取得共产国际的信任,张国焘在发言中还按照共产国际的调子,批评了李立三和瞿秋白。他说:

---

① 张国焘:《我的回忆》第2册,东方出版社1991年版,第442—443、447页。

立三的错误是半托洛茨基的冒险主义的性质。立三执行了反马克思反列宁反国际的路线。这些错误不单在罗明纳兹影响之下，而且在陈独秀、鲍罗廷影响之下。现在党的领导在红军中实行进攻的策略，没有彻底执行土地革命，不反对富农对于土地革命的影响，这不是"左"的错误，这是右的错误。……这些事实的总和，可见右倾仍是主要危险，必须坚决反对。

三中全会是秋白同志领导的，有了两面派的对待共产国际的态度，而对立三的错误调和，拥护他的错误，而自己没有清楚的路线。……

……

立三同志承认了自己的错误，我昨天和立三谈了七个钟头。我们互有批评自己的严重错误。我同立三决定要彻底抛弃小资产阶级的无原则的斗争。我们有很重大的任务，要看得明明白白。我们党现在有危机。这是很严重的，要救党，要纠正错误，要服从国际路线①。

为了表示自己反"立三路线"的坚决态度，迎合共产国际，张国焘这时还写下了《中国革命能够胜利吗》《党内必须有一个彻底的认识》两篇文章，寄回国内，同时发表在12月21日出版的党内刊物《实话》第4期上。在这两篇文章中，张国焘指责李立三自6月到三中全会"一贯的反对共产国际，他责备共产国际不懂得中国形势，企图以革命者所绝不应采用的外交辞语责备国际右倾，而领导中国反对国际"。他还指责李立三的理论是"中国革命不能胜利的理论"，"立三路线"是"与列宁主义绝不相容的"路线，必须铲除"立三路线"，才能使党有力量去执行组织革命的历史任务，创立胜利的暴动的前提。他批评三中全会"对李立三主义取了一个错误的调和态度"，提出现在的主要任务是"击碎那在三中全会尚占着统治地位的对李立三主义的调和态度"。

张国焘的检查和表态，终于使共产国际感到满意，同意他回国工作了。

---

① 《布尔塞维克》第4卷，第3期，1931年5月9日。

同时，刚刚突然到达中国的共产国际代表米夫，也通过 12 月 16 日召开的中共中央政治局会议，作出《关于张国焘同志问题的决议》，宣布六届三中全会对张国焘的批评及决定是错误的，称张国焘反对"立三路线"的意见是符合共产国际路线的。

圣诞节刚过，张国焘和杨子烈离开了柳克斯旅馆，被安排在一处秘密住所，做回国的准备。1931 年元旦过后，张国焘夫妇以留学德国返国途经莫斯科作掩护，登上了东去的列车。

1931 年 1 月下旬，张国焘夫妇几经周折，回到了阔别已久的上海，很快和中共中央组织部部长赵云（康生）接上了关系。

在张国焘回到上海之前，中共中央刚刚开过六届四中全会，王明等人统治了党中央。

王明自 1929 年 4 月从莫斯科回国后，虽踌躇满志，却不得重用，并因与中共中央意见相左而受到留党察看六个月的处分。中共六届三中全会召开时，王明等人表示同意全会的报告。会后，中共中央决定派遣他们到苏区去参加实际工作，他们也表示同意。但是，在共产国际十月决议作出后，他们先于中共中央在 10 月底就知道了决议的内容。一听到国际来信的消息，他们认为夺取中央领导权力的时机已到，不肯到苏区去了。11 月 13 日，王明和博古联名写信给中共中央，指出"立三路线"是反马克思主义反列宁主义的路线，指责三中全会没有充分揭露其机会主义的实质。接着，王明又写了《两条路线》的意见书，在几十个人中间传阅。

共产国际代表米夫来到上海后，于 12 月 16 日迫使中共中央政治局通过决议，撤销了对王明等人的处分。12 月 26 日，又任命王明为中共江苏省委书记，博古为团中央组织部长。

米夫来中国的目的是贯彻共产国际的意图，扶植王明宗派夺取中国共产党的领导权力。于是，他又向中共中央建议，召开六届四中全会，解决中国共产党所面临的领导危机。在共产国际来电同意后，在上海召开了中共六届四中全会。

1931年1月7日，中共六届四中全会以突然袭击的方式秘密召开，只进行了十几个小时。会议激烈地批评了"立三路线"和三中全会的调和路线，并根据远东局的提议，瞿秋白、李立三、李维汉退出中央政治局。原来不是中央委员的王明，不仅被补为中央委员，而且成了中央政治局委员。向忠发虽然继续担任总书记，但大权却操在王明手里。从此，开始了王明"左"倾教条主义错误在党中央长达四年之久的统治。

王明宗派上台，遭到了何孟雄等许多党员和干部的反对，也引起了罗章龙等人的分裂活动。张国焘一到上海，便注意到了这种变化。他虽然对共产国际有过不满，也同米夫、王明等人进行过斗争，但他回到国内后，见王明等人得到共产国际的支持，已占据了中共中央的领导位置，便主动靠拢，积极支持，以维持自己在党内的地位。

2月7日，张国焘在《实话》第10期上发表了《拥护四中全会与两条战线上的斗争》一文，极力吹捧四中全会是从三中全会调和路线向共产国际路线的真正转变。他说：

> 只有四中全会才开始了这一真正转变。它彻底批评了立三路线，指斥了秋白同志对共产国际的外交手腕和对立三路线的调和主义。反对了三中全会的调和路线，革新了党的指导机关，指出了党的当前任务，要求全党在实际工作中揭发立三路线和在实际工作中执行国际路线。……
>
> 四中全会是完完全全接受了国际路线，它建立了在实际工作中执行国际路线的基础。四中全会是根据国际的指导和批准而召集的，现在又已为共产国际所承认。因此反对四中全会便是反党反国际的。
>
> ……
>
> 只有坚决的拥护四中全会的决议，在四中全会革新了的党的指导下努力工作……这样，才是真正拥护国际路线，才能把国际路线执行出来，使中国革命得到新的胜利。

3月5日，张国焘又在《实话》第13期上发表《执行党的路线与加紧两条战线上的斗争》一文，除继续批评"立三路线"和六届三中全会的调和路线外，吹捧王明说：

我们党内还存在着许多小资产阶级无原则性的派别成见，这些派别观点是最容易混淆两条战线上的斗争，而且右倾分子和立三主义的残余分子都企图利用派别观点来掩盖他们反党反国际的行为。他们或明或暗的反对所谓陈绍禹派，这就是借反对所谓陈绍禹派为名，反对党和国际却是实，因为陈绍禹同志等是坚决执行国际和党的路线的最好同志。

由于张国焘是共产国际派回国内的，再加上他表示拥护六届四中全会的路线，所以，四中全会后的中共中央接受了他。1月10日，张国焘还在回国途中，中央政治局会议就决定，向忠发、周恩来、张国焘为中央政治局常委。他回到上海后，多次出席中央政治局会议，参与了对罗章龙分裂活动的处理和对江西苏区发生的富田事变的讨论等工作。

2月，张国焘受中央委派，取道海路赴天津，以"中央负责同志"的身份解决中共顺直省委的问题。王明上台后，顺直省委的一些干部表示反对。另有一些人则在进行分裂活动，结果使省委基本上陷于瘫痪，另行组织了新省委筹备处。张国焘来到后，对筹备处作了"无情的斗争"，解散了筹备处，并向省委原负责人"作坚决的斗争与严厉的批评，指斥他们'左'右联盟投降右派之严重错误，指斥他们在'立三路线'精神下，反对新省委领导之倾向"。最后，在张国焘的说服下，建立了拥护四中全会的新省委。

六届四中全会后，中共中央决定向各革命根据地派遣中央代表、中央代表机关或新的领导干部。3月10日，周恩来为中共中央起草了《中央关于鄂豫皖苏维埃区域成立中央分局决议案》，决定在鄂豫皖苏区成立中央分局，以直接指导这一地区的土地革命的开展。3月28日，中共中央政治局常委召开会议，决定由张国焘前往鄂豫皖苏区，担任鄂豫皖中央分局书记兼军委书记，以代替此前不久刚刚去鄂豫皖苏区的沈泽民。

张国焘接受了这个对他来说是崭新而又陌生的任务。他在回顾当时的心情时说："大好中原，正是便于驰骋的所在，我为之向往。"

对于这一段时间张国焘的表现，王稼祥曾评价说：

> 六届四中全会后，张国焘却马上从莫斯科回国，表示拥护四中全会，摇身一变，成了王明的心腹伙伴。张国焘之能够被派到鄂豫皖红四方面军代替沈泽民同志的工作，成为四方面军的主要领导人，也是四中全会的把持人王明犒赏的[1]。

---

[1] 《红旗飘飘》，第18期。

第七章
CHAPTER SEVEN

在鄂豫皖根据地

初到鄂豫皖

1931年4月初,张国焘扮作商人,同陈昌浩一起离开上海,乘船逆长江而上前往武汉。张国焘、陈昌浩在汉口码头上岸后,住在一处僻静的地方等候了几天。在负责护送、接应他们的中央特科负责人顾顺章的安排下,很快同鄂豫皖根据地的秘密交通员接上了关系。4月8日,张国焘、陈昌浩在交通员的带领下,乘长途汽车离开了武汉。他们离开不久,顾顺章即被国民党特务机关捕获,叛变了革命。

汽车颠簸了几个小时后,张国焘、陈昌浩随交通员下了车。然后他们沿着山间小路步行前往目的地。在茫茫暮色之中,他们来到了一个村庄,遇上了前来迎接他们的特务队。就这样,张国焘、陈昌浩进入了鄂豫皖根据地。

鄂豫皖革命根据地地处湖北、河南、安徽三省交界的大别山区,战略地位非常重要。气势雄伟的大别山脉位于中央地带,有木兰山、天台山、万紫山、大雾山、大悟山、古角、桐山诸峰纵横盘踞,绵亘数百里,襟长江而带淮河。这里北窥豫中,南瞰武汉,东控江淮平原,西扼京汉铁路,山川交错,水泊棋布,土地肥沃,物产丰富,为历代兵家囊括大江南北、逐鹿中原的必争之地。

鄂豫皖根据地是中国共产党创建的主要根据地之一。早在1927年春,这一地区的黄安、麻城就分别成立了中共县委,领导了农民运动。大革命失败后,两县县委与省委失去了联系。9月初,黄安县委派郑位三等到武汉找到了中共中央长江局机关。长江局书记罗亦农向他们传达了党的八七会议精神,要他们立即回黄安组织武装起义。10月间,中共湖北省委先后派王志仁、吴光浩等一批政治、军事干部到黄安,成立了以王志仁为书记的中共鄂东特委,统一领导黄、麻两县的武装起义。11月14日,黄、麻两县的起义部队和数万农民一举攻克黄安县城,建立了农民政府,曹学楷当选为政府主席。这是鄂豫皖边界地区的第一个工农政权。起义后,建立了中国工农革命军鄂东军,潘忠汝、吴光浩任正、副总指挥,戴克敏任党代表。12月上旬,鄂东军遭敌重围,突围后只剩下72人和50多支长、短枪,王志仁、潘忠汝等牺牲。随后,这支革命武装在吴光浩、曹学楷、戴克敏的带领下,转移到黄陂木兰山坚持游击战争,改编为中国工农革命军第七军。1928年4月第七军重返黄、麻地区,开始在鄂豫边界实行工农武装割据。7月,第七军又改编为中国工农红军第十一军第三十一师,吴光浩任军长兼师长,戴克敏任党代表。10月又组成以王秀松任书记的中共鄂东特委。1929年4月鄂东特委改组为鄂东北特委,由徐朋人任书记。到这时,初步形成了鄂豫边武装割据的局面。5月,吴光浩牺牲,中共中央派来的徐向前等于6月到达鄂豫边,参加红三十一师的领导工作。随后,取得了粉碎敌人三次"会剿"的胜利。

正当鄂豫边根据地日益巩固和扩大的时候,1929年5月,在以徐子清为书记的中共鄂豫特别区委的领导下,商南起义也取得了成功,成立了中国工农红军第三十二师,周维炯任师长,漆德伟任副师长,徐其虚任党代表,开辟了豫东南根据地。同年11月,在中共六安中心县委的领导下,安徽六安、霍山的农民举行起义,1930年1月组成中国工农红军第三十三师,舒传贤任师长,姜镜堂(张明)任政治部主任,开辟了皖西革命根据地。不久,红三十二师一举攻克了商城。

1930年初,中央巡视员郭述申在鄂东北、豫东南巡视工作后回到上海,向中共中央报告了鄂豫皖三省边界地区红军和根据地的情况。周恩来在听取了汇报后,于2月底召集郭述申、许继慎、熊受暄等开会。周恩来讲了当时的政治形势,指出了湖北、河南、安徽三省边界地区的重要战略地位;宣布了中央关于统一三省边界地区党的领导,建立鄂豫皖边区特委,统一该地区的军事指挥,建立中国工农红军第一军军部的决定。4月,郭述申到黄安，在箭厂河召开鄂豫边区特委和红军领导干部会议，宣布了中共中央的决定：成立鄂豫皖特委，由郭述申任书记；红三十一、红三十二、红三十三师合编为红一军，由许继慎任军长，徐向前任副军长，曹大骏任政治委员，熊受暄任政治部主任。会后，部队进行了改编，成立了红一军军部，原来的三个师整编为第一、第二、第三师，并成立了红一军前敌委员会，以曹大骏为书记。至此，鄂豫皖革命根据地正式形成。

红一军成立后，前委决定军长许继慎率军部去商南、皖西向红二、红三师传达中央和特委的决定，整编队伍；徐向前率领红一师向平汉路出击。这时，"立三路线"已在中共中央占了统治地位。积极贯彻"立三路线"的"长江总行动委员会"命令鄂豫皖边区，迅速发动武汉周围地区的起义，配合以武汉为中心的全国总暴动，切断平汉路，以进逼武汉，并准备配合红二军和红六军进攻武汉。红一军领导人虽然实行了向平汉路的出击，但始终没有准备执行进攻武汉的指示。

9月，中共六届三中全会结束了李立三"左"倾冒险错误在中央的统治。但是，会议精神并没有马上传达到鄂豫皖根据地。10月，红一军攻克光山，在这里召开了全军党的代表大会。会议检查了前委的领导工作，进行了改选，并决定将3个师混编。混编后的红一军共6000余人，军长许继慎，政治委员兼政治部主任曹大骏，副军长徐向前。11月上旬，前委决定放弃罗山、光山，南下击敌，并伺机向长江沿岸发展，打通与活动于鄂东地区蕲春、黄梅、广济一带的红十五军的联系。

11月28日，中共中央派来的曾中生到达鄂豫皖根据地，传达六届三中全会精神，并按照中央指示，建立了鄂豫皖临时特委和临时革命军事委员会。12月1日，曾中生派人到但店向前委传达了六届三中全会精神。前委完全拥护六届三中全会纠正"立三路线"的决定，并决定放弃向长江沿岸和蕲、黄、广发展的计划，挺进皖西。

这时，敌人纠集7个师、4个旅不下10万人的兵力，对鄂豫皖根据地进行第一次"围剿"。红一军于11月间奔袭新洲，歼敌1个旅，揭开了反"围剿"的序幕。接着挺进商南、皖西，转战击敌，逐步恢复了皖西根据地。12月上旬，红十五军经皖西、豫南转到鄂豫边的黄麻地区，参加反"围剿"作战，与敌周旋，支撑局面，1931年初跳出敌包围圈，袭占麻城北部的福田河。年初，红一军主力也向豫南进击，取得了豫南反"围剿"作战的胜利。在近1个月的反"围剿"作战中，红一、红十五军和地方武装先后歼敌4个团和4个营，击溃敌军4个团另1个营，消灭了大量反动民团，共计毙、伤、俘敌军5000余人，缴枪近3000支，使敌人的第一次"围剿"遭到了彻底的失败。

1931年1月，红一军军部进驻二道河后，曾中生派旷继勋和红十五军军长蔡申熙等人到红一军，传达中央关于合编红一军和红十五军的决定。随后，红一军向商南转移，与红十五军在长竹园会合。随即开往麻城的福田河，两军正式合编为红四军，归鄂豫皖特委直接领导。军长和政治委员分别由中央新派来的旷继勋、余笃三担任，徐向前任参谋长，曹大骏任政治部主任。全军编为第十、第十一师，共1.25万余人。第十师师长蔡申熙，政治委员陈奇；第十一师师长许继慎，政治委员庞永俊。

第一次反"围剿"胜利后，鄂豫皖临时特委决定转入进攻作战，在运动中歼灭敌人。从1月下旬到2月上旬，红四军先后取得了磨角楼战斗、新集战斗的胜利。红军占领新集后，新集成为鄂豫皖根据地的首府。

2月初，鄂豫皖临时特委召开扩大会议，正式组成中共鄂豫皖特委和鄂豫皖革命军事委员会，曾中生任特委书记兼军委主席，蔡申熙、郑行瑞任军委副主席。会议进一步清算了李立三"左"倾冒险错误在鄂豫皖根据地的错误，总结了第一次反"围剿"的经验，制定了军事斗争和根据地各方面建设的方针、政策。2月中旬，红四军召开全军党代表大会，传达了特委会议精神。

会后，红四军主力利用第一次反"围剿"胜利后，周围敌人处于守势的有利时机，发起进攻作战，向平汉铁路沿线出击，逼近信阳。3月9日，又取得双桥镇大捷，俘敌第三十四师师长岳维峻以下官兵5000余人，缴获长、短枪2000余支，迫击炮10门，山炮4门。

从1931年1月下旬到3月上旬，红四军主力共歼敌1万余人。鄂豫皖根据地进一步巩固和扩大，人口达100余万，红军发展到1.5万余人。3月下旬，鄂豫皖特委决定将活动于皖西的中央教导第二师改编为红四军第十二师，将军委警卫团和光山、罗山、黄安3县独立团编为警卫师。

这时，正值春暖花开的时节，根据地里一派热闹和繁忙的景象。在以曾中生为首的鄂豫皖特委领导下，春耕春播、扩大红军、慰劳红军、恢复政权机构、惩处反动地主、扩大群众组织和地方武装等项工作有条不紊地展开了。

中共六届四中全会后，中央派康荣生来到鄂豫皖根据地，向特委口头传达了全会的精神。因正式文件尚未转来，4月上旬在新集召开的鄂豫皖特区党代表大会虽作出了拥护党的四中全会精神的决定，但实际工作并未受到影响。

鄂豫皖特委根据当时的敌我形势，决定以一部兵力拔除打银尖、大山寨两个最大的地主山寨，以红四军主力集结于商南亲区，准备肃清民团，而后南下蕲春、黄梅、广济地区，恢复和扩大根据地，并向长江沿岸行动，占领武穴，威胁长江，配合中央根据地的反"围剿"斗争。

然而，这个计划还未实行，敌人的第二次"围剿"已部署就绪。还在3月中旬，敌人即开始布置新的"围剿"。敌人集结了十多个师，约十二三万人，准备采用"追堵兼施"的战术，"五月完全肃清"鄂豫皖红军。4月上旬，敌人各路堵击部队开始在根据地边沿地区展开"清剿"。

就在这时，张国焘等来到了鄂豫皖根据地。

张国焘、陈昌浩来到新集后，使鄂豫皖根据地的领导人感到欣慰，对他们寄予厚望。徐向前后来说："他们都是四中全会后的中央派来鄂豫皖革命根据地的领导成员。特别是张国焘，老资格的党员，在党内颇有名气。大家听说来了这么一位'大人物'，都很高兴。"①但是，很快他们就发现，张国焘的所作所为，完全出乎他们的意料。

张国焘来到新集后不几天，皖西根据地告急。4月中旬，敌第四十六师、警卫一旅等部的七个团乘红军主力未在之机，进犯皖西根据地。鄂豫皖特委决定集中红四军主力出皖西击敌。4月13日，张国焘从新集出发去商城的亲区。4月17日晚，在这里同中央派来担任鄂豫皖省委书记的沈泽民会面，当即决定集中主力首先打击进入皖西根据地的敌军。于是由张国焘、陈昌浩、旷继勋率红十、红十一两师由商南东进，于金家寨附近同红十二师会合。徐向前仍按特委原定计划带第十师第二十八团留在鄂豫皖边攻打反动民团据点大山寨、打银尖。据点没有打开，随着也投入了西线的反"围剿"战斗。

这次反"围剿"，红军主要是采取东西两侧往返机动，避实击虚，各个击破，待机反攻的战术，因而仅用1个多月时间即取得了胜利。先后共歼敌5000余人。北面的吉鸿昌部，因有联合红军反蒋的意思，作战并不积极。他曾派人来和红军谈判，因张国焘等人不讲统战政策，谈判未获任何结果。

张国焘以中央全权代表身份来到鄂豫皖根据地不久，便急于改造鄂豫皖的党、政、军领导机关，推行六届四中全会的"左"倾路线和开展"反右倾"斗争。他随军在皖西转战一段时间后，于5月上旬返回新集。5月12日，反"围剿"的战斗还没有结束，张国焘便在新集召开会议，传达中央决定：撤销中共鄂豫皖边特委，成立中共中央鄂豫皖分局、鄂豫皖省委和鄂豫皖革命军事委员会。中央分局直属于中央政治局，其职权系直接代表中央实施领导，高于各省委，有权否定地方党委的决议或解散地方党委。

---

① 徐向前：《历史的回顾》（上），解放军出版社1984年版，第140页。

中央指定由张国焘、陈昌浩、沈泽民、曾中生、舒传贤、徐宝珊、王平章、蔡申熙8人任分局委员，又补充了郭述申、周纯全、高敬亭3人为正式委员，甘元景等15人为候补委员，张国焘任分局书记。鄂豫皖革命军事委员会主席由张国焘兼任，曾中生、旷继勋任副主席，徐向前、郑行瑞、沈泽民、陈昌浩任委员。同时成立中共鄂豫皖省委，沈泽民兼任书记。成立共青团中央鄂豫皖分局，陈昌浩兼任书记。另设鄂豫皖军委皖西分会，姜镜堂任主席。红军和地方武装统归军委直接领导和指挥。从此，张国焘总揽鄂豫皖党、政、军大权于一身，成为鄂豫皖根据地的最高领导人。

不久，张国焘又对红四军的领导干部作了调整。旷继勋仍任红四军军长，原鄂豫皖特委书记曾中生调任红四军政治委员，下辖第十、第十一、第十二、第十三师。第十师师长刘英，政治委员康荣生；第十一师师长周维炯，政治委员余笃三；第十二师师长许继慎，政治委员庞永俊；第十三师师长徐向前，政治委员陈奇。随后，成立了培训干部的"彭（湃）杨（殷）学校"，由蔡申熙任校长，傅钟任政治部主任，李特任教育主任。

鄂豫皖中央分局成立后，在解决当时紧迫的粮食问题，整顿和扩编地方武装，动员群众参军拥军，以及政权建设等方面，做了不少工作，取得了成效。但是，张国焘积极贯彻六届四中全会的"左"倾路线，推行各项"左"的政策，这就引起了军队和地方许多同志的不满和抵制，也引起了中央分局内部的分歧和斗争。于是，张国焘依仗权势，对有不同意见的同志进行了压制和打击。

在成立鄂豫皖中央分局的时候，张国焘首先打击了分局委员舒传贤。1930年1月六安、霍山起义时，舒传贤担任起义总指挥，是皖西根据地的主要创始人之一。后被诬为"妥协改组派"，一度被开除党籍。1931年3月，中共中央决定由他担任鄂豫皖中央分局委员兼组织部长。但是，张国焘成立中央分局时，仍揪住所谓"妥协改组派"的问题不放，不准他参加中央分局的工作。张国焘一面向中央写报告污蔑他对改组派曾有不坚定不敏捷的政治错误；一面成立所谓"审查委员会"来审查他，以"莫须有"的罪名，将舒传贤开除出中央分局。

张国焘对曾中生来到鄂豫皖后纠正"立三路线"，巩固、发展红军和根据地所做的大量工作视而不见，对原鄂豫皖特委及曾中生等人的工作进行责难。他在5月24日给中央政治局的综合报告中说：

中央分局成立时，我们曾指出当地同志和红军将士英勇的奋斗，由奋斗已获得了伟大的成绩，但是并不能证明特区党内的路线就已经是正确的了。的确自中生同志等到后，虽然有了相当的转变，但仍然是对立三路线的调和。我们当时指出三点：第一，特委接受四中全会决议时，曾申明"关于红军曾受到失败"一点不同意，实际有走到取消接受四中全会决议的倾向。第二，在党的第二次代表大会上没有充分发展对立三路线的调和路线与当地具体工作联系起来的自我批评。第三，往长江下游去的军事计划的不正确。当时得到了中生同志的承认错误的表示，我们认为是满意的。……

……我们当前的任务是加紧两条战线的斗争，在实际工作中彻底转变来实现[①]。

在改组红四军领导机关时，张国焘把矛头首先指向了红四军政委余笃三。余笃三在莫斯科中山大学学习时，曾因同李剑如等一起进行了反对米夫、王明宗派的斗争，在联共清党时被开除党籍。后来虽然恢复了党籍，但又被送回国内"学习和考察"。六届三中全会后的中央委派余笃三担任红四军政委。王明上台后，立即派人来替换余笃三的工作，被曾中生以特委代表大会主席团的名义拒绝了。5月31日，中央写信给鄂豫皖中央分局和鄂豫皖省委，再次要求撤换余笃三，指责三中全会后的中央委派余笃三

[①] 《中国工农红军第四方面军战史资料选编》（鄂豫皖时期·下），解放军出版社1993年版，第167—168页。

担任军政委的重要领导工作是"违反党的正确原则",强调无论余笃三现在表现如何,调换其工作的决定,都是异常正确的。于是张国焘便撤换了余笃三的红四军政委职务。

张国焘在组织上采取的一系列措施,为他全面贯彻王明"左"倾教条主义错误提供了组织保证。6月11日,在张国焘的领导下,鄂豫皖中央分局常委会通过了《政治形势与鄂豫皖苏区党的任务》的第三号通告,把王明对于形势和任务的"左"倾分析,照搬到鄂豫皖根据地来。通告指出:当前形势是"在两个政权(革命的工农苏维埃政权和反革命的地主资产阶级国民党政权)对立,全国工人运动高潮日益生长,全国苏维埃革命日益扩大的形势之下,旧社会的整个结构,在它自身矛盾的发展中间已经开始崩溃瓦解,反动统治营垒的命运在迅速的走向死亡"。通告强调:"这种形势,证明我们在反包围会剿的斗争中,已经从反攻转到大举进攻的过渡时期","要坚决执行'一寸苏区土地不让敌人来蹂躏'的策略","集中我们的力量,准备对敌人作大规模的进攻"。并且提出要实行"加紧反对富农""坚决肃反""根本改造职工会和苏维埃政府"等政策,要求"反对实际工作中的机会主义,反对主要右倾危险和'左'倾的立三路线,反对对一切这些倾向的调和路线"。

6月28—30日,鄂豫皖中央分局召开第一次扩大会议。会上,有38名代表发了言。28日,张国焘代表中央分局作了政治报告。30日,他又代表中央分局作了总结报告。

张国焘在两个报告中,指责鄂豫皖根据地一贯执行了"立三路线""三中全会调和路线"和"富农路线",指责鄂豫皖特委在四中全会后仍然没有实行路线的转变。他说:

> 鄂豫皖的党的第二次代表大会一方面虽然反对了立三路线,一方面又对四中全会怀疑,怀疑的地方可以看得出来。如截断长江的决定是立三路

线的残余，不能在实际工作中实现反立三路线、调和路线统治。特区的党，在鄂豫皖有右倾机会主义的根源的地方，在立三路线下更生长起来，反右倾的放松，经过立三路线，经三中全会的调和路线，使这一区域的发展上遭受着巨大的损失。

张国焘在否定过去鄂豫皖根据地党和红军的工作成绩后，极力吹嘘中央分局成立后，贯彻王明"左"倾教条主义错误所取得的胜利。他说：

党在国际和四中全会正确领导之下，加紧了两条战线的斗争，团结了布尔什维克的精神，获得了伟大的胜利。苏区的加强，红军有阵地发展，工会工作的加紧，工人斗争的情绪在党的正确路线下渐渐提高了，国民党的"包围会剿"在党的正确路线下打退了，一直消灭几师敌人。中央派了几位同志来此地成立了鄂豫皖的中央分局，成立正是敌人"包围会剿"紧急的时候。党在这一区域是在刻苦的工作中来转变立三路线及三中全会的调和路线，使这苏区扩大了，开辟了新的苏区①。

对于今后的工作，张国焘提出了一条所谓的"进攻路线"。他说："我们现在所要〔处〕的斗争，环境非常复杂，我们一面要向外面的敌人作斗争，同时还要向内面的敌人作斗争，这就是我们进攻的路线。"对于如何同外部的敌人作斗争，他说："我们怎样来进攻敌人？怎样来推翻国民党的统治？这是件很（艰）巨的任务，只有在国际和四中全会正确路线下求得彻底转变，从刻苦工作中去争取广大群众土地革命。""我们可以打破敌人的'包围会剿'，根本推翻帝国主义和国民党的统治，在这一国内革命首先成功。"对于如何同内部的敌人作斗争，他提出："主要的要反对右倾机会主义，要反对立三路线的残余，尤其是要反对实际工作中的机会主义。

---

① 《中国工农红军第四方面军战史资料选编》（鄂豫皖时期·下），解放军出版社1993年版，第261页。

要反对调和路线及党内和平倾向。"同时加紧"肃反工作"。

会议根据六届四中全会精神和张国焘的两个报告，通过了政治决议案、对皖西北特委工作决议和会议总结，全面贯彻了王明"左"倾教条主义错误路线。

关于鄂豫皖根据地党的领导问题，政治决议案一方面错误地指责过去特委的工作"是在（三中全）会的调和路线之下。所以整个路线上的转变依然不能看见，反而掩盖了立三路线的实制〔质〕。三中全会的调和主义助长了党内家长制度领导下面党内和平的倾向，所以四中全会的决议，虽然到达了苏区，他〔它〕并不曾收到应有的效果"。"在这样领导之下，一切实际工作自然不能有彻底的转变，而是包含着极大的危险，可以重复了立三路线的错误"；另一方面，又吹嘘"四中全会以后，中央派负责同志到苏区组织中央分局，对于鄂豫皖苏区党的路线和工作给了一个有力的转变"，"证明中央分局的领导，确是坚决的执行着国际路线，他〔它〕开始工作虽然只有一个多月，确是有了不少的成绩"。

关于当前形势与任务问题，决议和总结完全重复了王明"左"倾中央脱离实际的"左"倾估计，认为，"国民党统治崩溃过程正在加速进行"，片面强调"党的任务是一刻也不放松时机，动员最大力量去向敌人进攻"，并"准备过渡到全国苏区与红军一致的大举进攻"。提出"在一寸苏区土地也不让敌人蹂躏的口号之下积极进攻，发展土地革命，扩大苏区，用进攻来打破'包围、会剿'，准备转到大举进攻"。

关于各项具体工作，决议和总结全面地贯彻了"左"的错误政策。在土地政策上，认为要集中火力反对所谓"右倾机会主义"和"富农路线"，主张地主不分田，富农分坏田。在劳动政策上，机械地规定八小时工作制，不适当地提高劳动工资。在红军建设问题上，提出"首先改造红军的成分，加紧红军中的肃反工作"。在党内斗争问题上，强调要"彻底完成消灭立三路线，集中火力打击右倾机会主义"和"一切调和主义"，要求"在加紧的反立三路线的工作和反对主要的右倾机会主义危险的中间，坚决执行两条战线的斗争，反对党内和平倾向，要在党内斗争的炮火中间锻炼出一个布尔什维克的一致性的共产党"，"把路线上的转变深入到每个支部中去"。

在这次扩大会议上，一些同志的议论明显表示出对中央分局的不满。张国焘依仗六届四中全会后所造成的政治声势和组织声势，以"残酷斗争，无情打击"的方式，进行了所谓"反右倾机会主义""反立三路线残余"的斗争，打击坚持正确意见的同志。曹大骏、舒传贤等人再次受到严厉批评。陈定侯因对在根据地内过分提高工人工资而影响工农联盟的劳动政策提出过不同意见，被指责为"反对工人斗争""破坏工农联盟"而受到批评。

除此之外，张国焘重点打击了徐朋人和曾中生。

徐朋人是原鄂豫皖特委委员，他抵制张国焘执行的"左"倾土地政策，并反对在春耕大忙时节反复平分土地而影响生产的做法。张国焘便在5月24日给中央的报告中告状说："徐朋人同志违抗中央命令，到这里后，曾有反对四中全会的发言，现在中央分局组织审查委员会审查他，他承认他曾奉右派的使命来这一区，他承认他的错误，但是他还没有公开他到这里后的活动和指出他自己错误的性质，因此我们正在调查他右派组织上活动的证据，来进行他的思想斗争，并给他组织上的严重制裁。"5月31日，中共中央指示鄂豫皖中央分局，对徐朋人"立刻执行中央对一切右派分子的决议原则"。张国焘得到了"尚方宝剑"，便在分局扩大会议上宣布："在反'左'倾与反右倾的两条战线斗争中发现了新右倾小组的活动，如此地徐朋人已经中央分局开除了他的党籍。"

在会上，张国焘还利用职权，组织对曾中生的围攻，给他扣上了"三中全会的调和主义，助长了党内家长制度领导下党内和平的倾向"的大帽子，强迫他承认"错误"。事后，张国焘在给中央的报告中承认会上发生了激烈争论：

经过准备之后，于六月二十八日举行中央分局扩大会。在正式会议中，一般同志均同意中央分局的路线及决议全文，至多在会场上对中央分局有一些次要的批评而已。但在会场上就有许许多多同志中之议论，表示其对中央分局之不满，不是说中央分局督促批评太严，就是说中央分局使党员恐慌离心，不敢说话，不敢做事。……此种言论并未遇党员群众的反抗。就是中生同志也经过了中央分局与他的两天会，批评说服他对中央分局之不满是不正确的，在他完全承认错误与允许将中局路线传达到四军中去后，中央分局才赞成他继续四军政治委员之工作①。

张国焘在会上还任意歪曲党的民主集中制和党的干部政策，公开宣称党委之间发生意见分歧，应以书记的意见为准。他为了打击原有的知识分子干部，还按照他的逻辑，荒谬地提出了一种观点，即："工农同志在工作中犯了错误党可原谅三分，倘是知识分子犯了错误就要加重三分。"后来的事实证明，这些都成了张国焘实现并加强其家长制统治的"理论"。

这次扩大会议还决定，中央分局由张国焘、陈昌浩、沈泽民、周纯全、高敬亭、王平章、郭述申组成常委会，并成立了党的监察委员会，由蔡申熙任主席。

中央分局扩大会议后，7月1日，又召开了鄂豫皖边区第二次苏维埃代表大会。大会根据中央分局的决议，通过了苏维埃政府临时组织大纲、土地法令以及一些条例、决议。大会选举高敬亭为鄂豫皖苏维埃政府主席，王平章为人民委员会委员长，并成立了由周纯全任局长的政治保卫局。会后，开展了重新分配土地和反富农的斗争。

中央分局扩大会议表明，经过张国焘近三个月的活动，王明"左"倾教条主义错误在鄂豫皖根据地已开始全面贯彻。

---

① 《中国工农红军第四方面军战史资料选编》（鄂豫皖时期·下），解放军出版社1993年版，第456页。

南下之争

张国焘来到鄂豫皖根据地后，参加了第二次反"围剿"的斗争。敌人的"围剿"被粉碎后，红军下一步如何行动？红四军领导人同张国焘发生了争论。

1931年夏，蒋介石对江西中央革命根据地发动了第三次"围剿"，对鄂豫皖根据地暂取守势，这正是红四军主动出击，积极向外发展的良好时机。6月初，曾中生等红四军领导人鉴于这种形势和根据地内粮食供应十分困难的情况，向中央分局建议：留一部分兵力结合地方武装扫清商南亲区等地的反动武装，集中主力南下蕲春、黄梅、广济地区，恢复根据地，解决粮食问题，并牵制敌人，配合中央根据地的反"围剿"斗争。对于这一正确的建议，张国焘却给扣上一顶"立三路线残余"的帽子，加以否定。他根据中央5月6日的指示，主张红四军主力集中亲区，解决顾敬之的反动民团。红四军在执行这一任务时，由于亲区地主武装裹挟群众坚壁清野，实行反动的游击战争，单纯军事打击难以奏效。同时，红军所到之处，荒无人烟，粮食供应出现了严重困难。

在这种情况下，红四军领导人又向中央分局和军委会建议：以两个团的兵力留在亲区，以主力南下英山，直取蕲水。这一建议又遭到张国焘等人的反对。军委会不仅不接受这一建议，反而指责这是"揭开了立三路线的面具，来了个实际工作中的机会主义"。

在6月28—30日召开的鄂豫皖中央分局第一次扩大会议上，沈泽民等人与红四军出席会议的曾中生、余笃三、许继慎等人，围绕红军主力是否南下的问题，展开激烈争论。曾中生等仍坚决主张抓住敌暂取守势的有利时机，集中主力南下作战，以配合中央根据地的反"围剿"斗争。这一正确主张得到与会多数人的支持。张国焘为执行中央给予的援助中央根据地反"围剿"斗争的任务，也暂时放弃了原来的主张，同意部队南下。会议决定：红四军以少数兵力留在根据地巩固阵地，而以主力部队南下向外发展。

中央分局扩大会议虽然通过了红四军南下行动的方针，但对于具体部署没有作出决定。因此，7月上旬，鄂豫皖军委会又在商城西南的余家集召开会议，讨论红四军南下的具体行动方向和兵力使用问题。不料，张国焘推翻原来的南下决定，认为要援助中央革命根据地，就须威胁攻占大城市。因此，提出要红四军攻下英山，出潜山、太湖，进攻安庆，威震南京，并限期一个月完成。红四军领导人不同意这个冒险主义的计划，主张消灭敌有生力量，巩固扩大根据地，以牵制敌兵力，即攻下英山后出蕲春、黄梅、广济地区，使之与鄂豫皖根据地连成一片。但张国焘仍按其个人意见作了决定。会后，部队奉命做南下英山，东出潜山、太湖的准备。7月中旬，部队由亲区向东南进发。

这时，红四军的领导又进行了改组。徐向前任军长，曾中生任政治委员，刘士奇任政治部主任。原军长旷继勋改任红十三师师长，他因在5月间给中央的报告中不承认前段工作是"立三路线"的继续，而受到中央的指责。

8月初，徐向前和曾中生率领红四军第十、第十一、第十二师的5个团，冒着酷暑南下，直取英山。仅仅经过两小时激战，攻占了英山城，歼敌1800余人，缴获长短枪1200余支。

这一仗虽然打胜了，但徐向前和曾中生对下一步行动却忧虑起来。在英山城的一幢小楼上，深夜还亮着灯。曾中生和徐向前摆起军用地图，彻夜不眠，反复研究着下一步棋，到底如何走是好。

按照张国焘的决定，攻下英山后，部队应出潜山、太湖，攻打安庆，威胁南京。但曾中生、徐向前等在详细分析和比较了潜山、太湖、安庆地区和蕲春、黄梅、广济地区的情况之后，认为进攻安庆需要通过近200公里的白色区域，沿途有两个旅以上的敌正规部队和大量民团，红军如以一部兵力留守英山，则只能以4个团的兵力进击，毫无胜利把握。而蕲春、黄梅、广济地区原为根据地，有地方党组织和较好的群众基础，且英山至武穴只有120公里路程，敌人兵力也比较薄弱，红军如乘虚而入，先争取主动，可以调动敌人加以歼灭，对于配合中央根据地的反"围剿"斗争也易于见效。而且这一地区恢复之后，可以和黄麻、皖西根据地连成一片，便于巩固。经过反复比较和磋商，政治委员曾中生最后决定：留第十二师守英山，以第十、第十一两师4个团出蕲春、黄梅、广济。他一面部署部队前进，一面写信向张国焘和中央分局报告，说明情况。

8月3日，红四军主力冒着酷暑南下。8月5日进抵蕲春县境。此时得知沿江水涨，武穴附近尽成泽国，于是改变部署，决定先取蕲水、罗田。8月18日，红四军以两个团急行军60公里，突然奔袭蕲春城附近的漕河镇，于第二天全歼敌新八旅，活捉旅长以下1600余人，缴枪1200余支，并乘胜进占广济县城，逼近武穴、蕲春。另以一部兵力奔袭黄梅城，由于城壕水深，随即撤出，占领乡村。红军所到之处，当地党组织和群众纷纷组织慰问，被敌人摧垮的群众组织又很快恢复起来。短短几天，红军就从敌人仓库和地主豪绅家中收缴了许多财物。光是银子就达1800斤，金子20余斤，大洋7万元。金子后来全部送到上海党中央，其他财物解决了红军的给养。接着，红军又在洗马畈地区歼灭敌人3个团的大部。

红四军南下以来，由于坚持了正确的作战方针和灵活机动的指挥，仅仅1个月的时间，就取得了连克英山、蕲水、罗田、广济4城，歼敌7个多团，俘敌5000余人，缴枪4000余支的重大胜利。从而牵制了敌人原拟派往江西的部分兵力，有效地配合了中央根据地的反"围剿"斗争；初步恢复了这一带的工作，组织了800余人的地方武装，形成了以英山为中心的英（山）罗（田）蕲（春）太（湖）大片根据地；筹到了大批款物，解决了部队的经济困难，大大减轻了老根据地人民的负担。

红四军主力没有按照张国焘的决定出潜山、太湖，威逼安庆，曾中生、徐向前预料到他不会善罢甘休。于是，他们在 8 月 20 日与刘士奇联名，直接向上海中共中央写了报告，申述红四军南下的理由，并对张国焘个人专断的领导作风和错误的军事方针提出了批评。报告指出：

> 现在我们的战略是巩固黄、广、蕲苏区，与皖西苏区、黄麻苏区打成一片，同时相机而据武穴（水不退仍然不能去），尤其是准备这一阵地的群众基础。敌人能来则集中力量而必消灭他数师以上，敌人不来则从宿松、太湖、潜山一带巩固阵地的发展而出安庆。
>
> 我们在长期斗争中深深感到红军如果不是共产党领导下的军队，有广大的工农政权的力量维系着，则如是艰苦困难的生活，任何人也带不了的。因此，红军的根本问题还是政治的坚定问题，一切英雄的个人单纯军事观念的领导在此完全要失掉其作用。同时，在战略上，如果想脱离苏区几百里的阵地，如我们由英山直取安庆等，不但做不到而且要发生许多不能解决的困难。如果勉强行之，必然成为单纯军事行动，根本上却忘记了巩固阵地发展任务了。我们深深认识中央苏区胜利的伟大，就是有了强度基础的阵地所致，自然这与把主力束缚在苏区范围内来防御敌人的计划是根本不同的。①

张国焘坐镇后方，得知红四军攻下英山后，徐向前、曾中生没有按照中央分局、军委会的决定去攻安庆，果然大为恼怒，连续三次写信批评，并催促迅速返回。

8 月 27 日，鄂豫皖中央分局、军委会致信曾中生、徐向前，严厉指责他们"抗拒分局命令"是犯了"严重错误"，是"原则上路线上的分歧"，并从四个方面进行了批评：第一，指责红四军南下，"不出潜太、安庆而出武

---

① 《中国工农红军第四方面军战史资料选编》（鄂豫皖时期·下），解放军出版社 1993 年版，第 359、362 页。

穴，政治上原则上是根本错误的"；第二，指责红四军主力南下是"脱离后方无阵地的作战"，出武穴"是错误的"；第三，指责红四军主力南下"攻敌并无把握"，在军事观点看来"也是错误的"；第四，指责红四军主力南下是"不以政治任务为重，而以经济为归，经济问题行〔形〕成了这次红军行动变更的中心原因"。这封信最后命令红四军"火速回来，不能有丝毫的停留"①。

徐向前、曾中生事先曾料到红四军的行动可能要受到批评，所以他们给中央写了报告。但当9月初他们收到这封信后，却没有想到会受到如此严厉的批评。他们意识到问题的严重性，遂决定放弃继续歼敌的有利战机，遵令北返。

红四军突然北返的行动，在广大指战员中引起了不满，议论纷纷。9月4日，部队移驻英山以南的鸡鸣河后，曾中生召开了一次支部书记和指导员以上的活动分子会议，讨论8月27日中央分局、军委会的来信。会上，群情激愤，大多数人认为红四军南下作战已取得很大的胜利，应继续开展英山、蕲春、黄梅、广济地区的工作，不宜北上。会议最后通过了曾中生起草的给张国焘和中央分局、军委会的申明书，决定派红四军政治部主任刘士奇先行北返，面陈一切。

这封信表示"除在组织上绝对服从"外，"在政治上有不得不向中央分局及军委会作极诚恳的申诉之必要"。信中列举大量事实，并做了具体分析，说明张国焘的四条指责"完全凭借片面的根据和纯从主观出发，与我们前方行动的事实意义和客观环境是绝对不相符的"。

申明书指出："我们深深认为配合中央苏区红军的行动，是要以占领敌人要点打击敌人主力两者并重，而且在今日技术拙劣的红军，其战略目的应后者越过于前者。同时要能真正的巩固自己阵地，向敌人做有准备的

---

① 《中国工农红军第四方面军战史资料选编》（鄂豫皖时期·下），解放军出版社1993年版，第367—370页。

（而出发命令）有把握的进攻，尤其是要整个苏区有全盘的计划与准备工作，才能集中主力向外发展，而更有全盘部署进攻有力阵地"，这与那种"绝对没有准备而发命令去占领大城市和高喊进攻安庆威胁南京的主张丝毫不相同的"。

在谈到"军事行动南下路线与攻击目标之改变问题"时，申明书从敌我力量对比和部署、群众基础、行军地利等方面，说明红四军改变攻打安庆的计划，南下蕲水、广济、黄梅地区作战是正确的，并且已经取得了重大胜利，对巩固阵地、配合中央苏区反"围剿"具有重要意义。

申明书对张国焘进攻安庆的冒险计划，提出了尖锐的批评，并对中央分局和军委会的指责进行了辩驳，指出：

安庆之取是不能离开全国革命形势的估量的，而且沿江近处之要镇没有工作，城市驻兵没有工作，城市及近郊党的力量是根本没有关系，英山到安庆近四百里的非苏区，又是山地、清〔民〕团匪军，而后方运输、使役、侦探、干部又无多少的准备，只有一月为限，命令合近代编制一师不足的红军去取安庆威逼南京，这恐近于共产党之夸大狂了。……我们真不懂责限一月必占安庆之命令与立三路线责限两星期必占武汉之命令有什么分别了。分局与军委根据昌浩同志意见，以为当我们已经扑灭英、太之部以后，敌人是如惊弓之鸟了，望风而靡，我军乘胜直追，可以下潜山或太湖，以迅雷不及掩耳之手段进迫安庆，这在军事上及敌我力量上看来是完全可能的事。这未免太近于纸上谈兵了。……如果单就武穴不如安庆政治意义之大而言是对的，可是武汉、南京比安庆意义更大，我们能不能不顾整个的政治形势和大城市群众工作基础之估量，而下一进攻武汉、南京之命令，这是一种明显的事①。

---

① 《中国工农红军第四方面军战史资料选编》（鄂豫皖时期·下），解放军出版社1993年版，第389—394页。

鸡鸣河会议在军事行动方针问题上，坚持了正确的意见。但是，从组织原则上来看，也有不妥当的地方。这件处理不当的事，被张国焘抓住了把柄，大做文章。于是，红四军南下问题遂成了一桩大罪。

张国焘看到红四军领导人的申明书后，认为这是"一个哀的美敦书的报告"，遂于9月上旬在新集召开中央分局和军委会紧急会议。张国焘认为，现在曾中生竟然到了公开反抗的地步，那是他们执迷不悟，除了撤换以外，别无其他办法。于是，他迫不及待地派陈昌浩乘红军仅有的一架飞机"列宁号"到驻麻埠的红四军军部，由陈昌浩接替曾中生担任红四军政治委员的职务。但因机场不好，无法降落，陈昌浩只好折回，改由陆路去麻埠。

9月13日，陈昌浩到达麻埠红四军军部，宣布了中央分局关于免去曾中生红四军政治委员职务，由陈昌浩接任的决定。接着发生了在红军中开始"肃反"抓人、排斥异己的事件，致使一大批对张国焘的错误领导不满、坚持正确意见的同志受到了诬陷和打击。

10月上旬，张国焘在泼陂河召开高级干部和积极分子会议，对曾中生进行斗争。在张国焘的高压之下，一些干部仍然认为曾中生在军事行动方针上是正确的，红四军南下取得了很大胜利。曾中生也坚持认为改变军事行动方向是正确的，不同意张国焘所谓"重复立三路线"的指责。在这种情况下，张国焘虽然被迫承认原定计划，"在决定战略上是疏忽的，所选择的目标在战略上是错误的"，决定红四军"不能到黄、广一带去"也是不正确的，但根据张国焘的意见作出的《鄂豫皖中央分局关于红四军的决议》，却对这场军事行动方针问题上争论的事实真相进行了歪曲，并再次严厉批评了红四军的南下行动和鸡鸣河会议。

决议谎称"军委会当然并没有决定占领安庆的计划"，只是"进逼安庆引陈调元的军队向这方面集中，然后去扫六霍"，反诬红四军南下取得的胜利"是侥幸得来的"，执行的是"要到武穴，然后沿江再往安庆"的计划,是"盲动冒险的立三路线"的盲动计划。决议仍坚持认为"红四军在政治路线上重复了已经破产的立三路线",指责红四军犯了"有系统的整个政治路线上的错误"。

张国焘避开这场争论的实质,抓住鸡鸣河会议这件事大做文章。决议指责这一会议"动摇了党在红军中的威信,这是最危险最有利于敌人的行动,这种行为如果继续下去,足以破坏党、红军和整个苏区",它"在客观上是将红军领导中的立三路线的错误,更加系统化起来,去和中央分局所执行的中央和国际路线相对立,由思想行动上的离开正确路线走到用积极方式来反抗中央分局的正确路线","实际造成了很大的机会给反动派钻入红军中来破坏我们的军队"。决议还说,红四军向中央分局写申明书是"反党的、罗章龙右派所曾用过的斗争方式","等于向敌人公开告密"。

决议强加给曾中生"反抗中央分局的正确路线"和"纵容反革命分子活动"的罪名,指责曾中生"前后三次重复了到长江边上去企图占领蕲水、蕲春、武穴的错误,历次都受到军委会和中央分局的严格批评而不能改正。目前这一次,竟走到了领导四军干部向中央分局对抗的地步"。决议宣布:

> 在中央分局开始工作以来,全部鄂豫皖苏区的党,在路线到处虽有转变,惟有四军中这个转变没有开始。这里主要的负责者就是曾中生同志。……
>
> ……在中生同志的领导之下,四军中一般同志对于中央分局的路线是异常模糊的,对于立三路线错误实质是茫然不确(解)的。中生同志用家长制度的方式去领导红军,丝毫不进行两条战线上的斗争,对于传达中央分局的政治路线有系统的怠工,所以至今红军政治路线上的转变还得从头做起。照这种情形中生同志绝对不能再继续做四军的政治委员。所以中央分局决定撤销中生同志的政治委员,调到后方来考察,另外决定中央分局

的委员陈昌浩做军政治委员，去加强红军的政治领导①。

10月9日，张国焘以鄂豫皖中央分局的名义给中央写了报告，说："此次红四军在中生同志（四军政治委员）领导之下重复立三路线的错误，反抗中央分局的正确路线，抛弃了巩固苏维埃根据地的任务，忽视红军的政治工作与任务，已被撤职。"

这时，王明已去莫斯科担任中共驻共产国际代表。1931年9月，在上海成立了以博古为负责人的临时中央。临时中央于11月3日复信鄂豫皖中央分局，表示"在详细研究了中央局关于四军的决议，中央局的报告与四军的报告及四军领导干部致中央分局的信之后，中央完全同意关于反对四军领导干部反抗中央分局的正确路线的决议"。并且着重指出：

> 四军领导干部违抗中央局的命令，自由决定占领武穴回兵进取六安的策略是严重的政治上与组织上的错误。四军在政治上因领导干部根据着对于中国目前革命形势的错误估计，与对于敌人进攻苏区的危险的忽视及巩固苏区根据地的玩忽，因而走上立三路线式的军事冒险。……在组织上四军违抗军事委员会的命令，自由的更改军事计划，拒绝中央分局的正确指示，召集非党会议来反抗中央局的决议，印发中央局的决议到地方党部及军队中下级党部去，并且不经中局直接向中央报告，企图蒙蔽中央，是严重的反党的错误。……关于错误的实质，原因与意义，中央同意中央分局的决议②。

临时中央在信中还同意鄂豫皖中央分局对曾中生的处理，并且指示说：曾中生"决不能继续在红军中担任任何领导工作，同样军事委员会参谋长

---

① 《中国工农红军第四方面军战史资料选编》（鄂豫皖时期·下），解放军出版社1993年版，第395—405页。
② 《中国工农红军第四方面军战史资料选编》（鄂豫皖时期·下），解放军出版社1993年版，第405—406页。

的职务亦是不能担任"。这就为张国焘进一步打击曾中生，推行"左"倾错误，提供了"尚方宝剑"。

这封信对曾中生等红四军领导人进行了严厉批评，而对张国焘等人却表示了相当的信任。尽管临时中央对张国焘的东出方针并不完全同意，却只在信中委婉地说："军委会及中央分局对于决定出潜、太到六、霍，而不到黄、广去恢复苏区的决定是战略上的疏忽。"仅此而已。

一场关于红四军行动方针的重大争论，以张国焘的"胜利"而落下了帷幕。临时中央在政治上和组织上的支持，使张国焘改造红四军、打击曾中生等领导人的活动合法化。这对以后鄂豫皖根据地和红四军的发展，产生了极为严重的影响。

推行"左"倾政策

张国焘通过一系列组织手段，掌握了鄂豫皖根据地的党、政、军大权后，在政治上、军事上全面贯彻王明"左"倾教条主义错误的同时，还在肃反、土地革命和社会经济、统一战线等方面，积极推行了一系列"左"的政策，给根据地的各项工作造成了重大的损失。

在改造红四军、打击曾中生等领导人的过程中，张国焘首先实行了所谓"大肃反"的"左"倾肃反政策。

本来，在尖锐复杂的斗争中，为了巩固党和红军，保卫根据地，实行肃反是必要的。鄂豫皖特委时期，肃反工作比较注意政策，杀人很少，对保卫根据地，巩固党和红军，起了积极的作用。

王明上台以后，认为在党及苏维埃领导机关中，甚至在一部分红军队伍中存在着"改组派""AB团""取消派"的反革命活动，要求在党、红军、苏维埃政府内部加紧进行肃反。王明的"左"倾肃反政策同宗派主义的干部政策纠缠在一起，使许多革命根据地发生了肃反扩大化的错误。

1931年3月28日，中央政治局作出了《关于富田事变的决议》，下发各根据地。决议指出："反革命势力在苏区还是一个严重的力量……他们更侵入我们的党团、红军、苏维埃与工会中进行他们的破坏工作，以援助南京政府向革命进攻。同时这些反革命分子凭藉着苏维埃区内富农的领导，更利用立三路线'左'的以及极右的口号来破坏工农联合，来削弱党在群众中领导影响与葬送红军的主力。这种反动势力，不是在个别活动，而是有组织的有严密计划的在做工作。"决议要求一切党、团组织"严厉的消灭AB团，一切反革命组织，一直使它们在苏区内无法抬头与进行它们反革命活动"，"立时将一切反动分子与剥削分子，由党、团、苏维埃、工会的以及一切群众组织中清洗出去，特别是旧官僚分子"[①]。

张国焘积极贯彻中央的"左"倾肃反政策和宗派主义干部政策，在鄂豫皖革命根据地造成了极为严重的后果。他到达鄂豫皖根据地不久，便于5月24日向中央报告说："在这一苏区活动最力的反动组织是改组派，他们的领导人物，多半是从前武汉时代国民党省委张国恩等和我们的董必武同志等，在武汉时代我们党和国民党左派共同的活动分子。改组派就是当地富农、地主的一个集团，他们利用苏区的困难和我们的缺点来造谣，反对苏维埃政府"，并认为"这是异常严重的问题"。6月29日，张国焘在鄂豫皖中央分局扩大会议的总结报告中，又提出"加紧肃清改组派的工作"。会议通过的《政治决议案》更把"加紧肃反工作"列为"目前最基本、最迫切的任务"之一，要求："党要在理论上去揭露改组派和其他各种反革命政党政纲，要针对着国民党改组派、第三党、取消派等等反革命的宣传口号，举行日常宣传工作，严密戒严和政治保卫局的工作，去消灭苏区境

[①]《中国工农红军第四方面军战史资料选编》(鄂豫皖时期·下)，解放军出版社1993年版，第408—409页。

内反革命的组织和他们的活动。"

在7月召开的鄂豫皖根据地第二次苏维埃代表大会上,通过了《肃反决议案》,规定"政治保卫局是肃反主要组织",要求"各级苏维埃及革命团体,都必须以极大的力量,经常供给保卫局的材料,特别是要以阶级意识坚决的分子来担任肃反工作"。会后,鄂豫皖苏维埃政府和各县苏维埃政府都建立了政治保卫局。

事实上,"改组派""AB团""第三党""取消派"在鄂豫皖根据地并没有什么组织活动和影响,张国焘夸大敌情,混淆敌我,是别有用心的。他同红四军领导人在南下行动方针问题上发生激烈争论之后,"肃反"就成了他排斥异己的最好借口和最得力的打击手段。他怀着险恶的用心,加快了肃反的步伐。

张国焘来鄂豫皖根据地之前,红四军在双桥镇战斗中活捉了敌第三十四师师长岳维峻。徐向前、曾中生决定留下他做西北军的统战工作。岳部一些受伤被俘的官兵也被安排在红军后方医院疗伤。红四军主力南下以后,政治部保卫局于8月初在后方医院中破获了一个所谓"AB团"的反革命组织,称这个组织是岳维峻组织的,自成系统,成员有120多人,多是岳的旧部,准备在9月15日暴动,炸毁医院,抢走岳维峻。接着,在皖西也破获了一些所谓"改组派"的县委、区委,并牵扯到了部队。据此,张国焘便认为"民团侦探、蒋介石及赤区周围各军队派来之侦探、改组派、AB团、第三党,在许多实际行动中已充分证明连成一气",鄂豫皖苏区"必然有一反革命的极大组织",而"反革命必然有一中心组织"。

正在这时,敌人利用反间计制造的一个阴谋,也被张国焘利用为在红四军中进行大肃反的根据。

敌人的这个阴谋发生在红四军占领英山之后,红十二师师长许继慎率部留守。国民党特务头子曾扩情以黄埔军校同学关系,派了一个名叫钟蜀武(钟梅桥)的人,到英山送信给许继慎,诡称许已与敌勾结,表示欢迎许投靠蒋介石。信中称：

> 继慎吾兄无恙：前由钟俊同志奉书吾兄，幸荷察纳，钦佩无极。比得钟同志返命，即为详呈校座，奉批照办。匍匐来归之子，父母惟有涕泪加怜，或竟自伤其顾之不周耳，宁忍加责难于其子哉？苍苍者天，于孝行役，分无再见，乃复来归，虽犹千里，心实欢喜。只所须名义防地，俟钟俊同志赶赣请示校座，自当照给。校座返京，百务待决，胡一时未能缕缕呈耳，愿吾兄之勿虑也。西望停云，我心劳结，诸希自珍，以候宠命，并颂戎安。弟曾扩情再拜[①]。

钟蜀武到达英山后，红十二师政治部立即将其逮捕。许继慎得知此情况后，连人带信一并送交红四军军部。徐向前、曾中生等经过审问钟蜀武，并根据许继慎的一贯表现，认为"完全是敌人用各种阴谋来破坏我们"。遂将钟蜀武和来信，以及军部的意见送鄂豫皖中央分局处理。同时，徐向前、曾中生等还在8月20日给中央的报告中，说明了这一情况，并指出："这里我们要负责，许继慎在组织上当然不会有什么问题，然而许多社会关系不能打断这一点，我们已严重警告他。总之，这完全是敌人用各种阴谋来破坏我们，这里，我们更有严密党的非常重要意义。"

利用信件离间红军，是敌人的惯用伎俩。后来，沈泽民在1933年10月4日给中央的一份报告中曾谈到这样一件事：敌人"曾由飞机丢下一封刘峙给国焘的信，内容大致说，国焘派去的人已经会到，说国焘肯那样办法，真是中国民族前途之幸，请趁早下手云云。当时我自然付之一笑"，认为"显然是敌人挑拨我内部自相怀疑的一种把戏"，并没有把张国焘当反革命去处理。为什么曾扩情给许继慎送来同类性质的信，却成了反革命的物证呢？其用意并不难识破。

[①] 《红旗周报》第28期，1932年1月18日。

张国焘在新集见到红四军军部送来的人和信后，便以此为线索，在后方机关中加紧肃反，逮捕了鄂豫皖军委会参谋主任李荣桂和第二十八团团长潘皈佛的妻子，以刑讯逼供方式，炮制出一个所谓"许继慎、熊受暄等九人委员会，确有准备把部队拉到长江边，于9月15日举行暴动，投降蒋介石的全盘反革命计划"的假案，污蔑红四军主力南下的作战行动，是曾中生等受了"反革命分子的怂恿和蒙蔽"。事后，张国焘在写给中央的报告中也承认：

> 在肃反紧张中，军事委员会之参谋主任李荣桂（他曾在四军中长期工作，做过师政治委员及全军党委书记等要职）日益表现动摇恐惧，企图洗刷自己。其时并有反革命首领潘皈佛之妻确实供出他来，因逮捕李荣桂，没有费半点力气，他就供出许继慎、熊受暄及他自己之全盘反革命计划，这样就逮捕了许、熊及周维炯等。而反革命之全盘组织就均陆续破获[①]。

张国焘在新集严刑逼供出这个假案后，立即派陈昌浩赶往红四军去执行紧急任务。陈昌浩于9月13日赶到麻埠接任红四军政治委员后，立即开始肃反。他下令逮捕了第十师参谋主任柯柏园、第二十八团团长潘皈佛、副团长丁超等20余人。这突如其来的变故，使一直在前方指挥作战的徐向前感到迷惑不解。

按照中央分局的命令，徐向前率领部队西返。部队一面行军打仗，一面在陈昌浩主持下继续肃反。到斑竹园后，又逮捕了第三十团团长高建斗、政治委员封俊，第三十五团团长王明，第三十六团团长魏孟贤等人。再经余家集，又逮捕了第十二师师长兼皖西军委分会主席许继慎、师政治部主任熊受暄、第十一师师长周维炯，以及前任皖西军分会主席和第十二师政

---

① 《中国工农红军第四方面军战史资料选编》（鄂豫皖时期·下），解放军出版社1993年版，第458页。

治委员姜镜堂等人。

对许继慎、周维炯两位师长被逮捕,徐向前极为痛心。但陈昌浩对徐向前的不满和抗议采取不理睬的态度。他认为肃反抓人,是他职权以内的事,况且又是张国焘的决定。那时中央有规定:政治委员是代表政权与党两方面来领导军队的,政治委员在政治上、在党内比同级军官权限大。政治委员是红军中最高的领导者,是党和政府的代表,有最后的决定权,甚至有权逮捕同级指挥员。

10月上旬,红四军西返到达河南光山县白雀园。张国焘由新集赶来,亲自主持"大肃反"。在他的指挥下,又逮捕了一大批团以上领导干部。同时,大搞"逼、供、信",把肃反向下层发展,先后逮捕了大批营、连、排级干部,甚至班长也不能幸免。一位亲身经历者揭露说:

当时,我在白雀园,亲身经历了这场惊心动魄的"大肃反"。先是整军、师、团、营级的干部,而后波及连排班,我才不过是个班长,也成了"俎上之肉"。在那令人恐怖的日子里,白天照常迎敌作战,如不死于敌人的炮火屠刀之下,晚上就拉回来搞"肃反",班长以上的干部分批进行所谓的"审查"。五个或十几个一批,由张国焘所豢养的那些彪形大汉来传呼,通宵地进行逼供,让被"审查"的干部承认自己是"AB团"、"第三党"、"改组派",是"混进革命队伍的反革命分子"。光是承认了自己是这、是那还不行,还要证明有哪些人,特别是有哪些领导干部是"同党"。如果不承认,又不证明,那就要动刑,轻则跪板凳,重则灌辣椒水,坐老虎凳。很多人被传呼走了,就再也不见回来,天黑被传呼走,天不亮就被杀在白雀园的荒郊①。

许继慎被捕后,张国焘亲自审问,施以严刑。但是,许继慎坚持不向

---

① 萧永正:《从麻城起义到西入川陕》,《天津文史资料》第6辑。

张国焘的打击迫害屈服，拒绝诬加给他的一切罪名，终被张国焘杀害。一位目睹许继慎被害的红军战士回忆道：

> 曹家河水流湍急，冲击着平浅的河滩。河滩上却出现了一幅令人触目惊心的情景：许继慎同志被捆绑在那里，遭受鞭打。当我看见他的时候，他已经被打得血流满面，皮开肉绽。为什么要如此毒打我们的老军长呢？他是打了败仗呢，还是违抗了军令？就是犯了弥天大罪，应该军法从事，也不兴这么毒打呀！我的心怦怦地跳，只听得一声吼叫："绑到马上，拖，拖，拖他！"发出这种残酷号令的不是别人，就是那光头秃脑、贼眉贼眼、心狠手辣的张国焘。在张国焘的吼叫声中，几个惟命是从的打手，把许继慎同志撂倒在河滩上，牵过一匹高大的战马，将许继慎同志拴在那马的两只后腿上，此时，我们红军前任的军长、现任的师长，已经血肉模糊，奄奄一息，听凭张国焘一伙摆布。我的心房颤动，泪眼模糊，但听得一声鞭响，那战马便飞奔在河滩上，许继慎同志的躯体被拖过去，河滩下留下了一片深痕及斑斑血迹。使敌人闻风丧胆的我鄂豫皖红军优秀指挥员，就这样被王明的"钦差大臣"张国焘下毒手，活活拖死在曹家河河滩上[①]。

对于许继慎被张国焘杀害的原因，徐向前后来评论说：

> 许继慎一案，是张国焘做文章的借口。他们把一些人抓起来，逼、供、信，宣称许继慎组织了反革命集团……以证明张国焘东出方针的正确和"肃反"的必要性。他一手拿着中央的肃反指示，一手抓着许继慎等人的"证据"，谁还能说话呀！张国焘这个人不是没有能力，但品质不好，他是借口肃反，剪除异己，建立个人统治[②]。

---

① 萧永正：《从麻城起义到西入川陕》，《天津文史资料》第6辑。关于许继慎之死，还有一种说法：在曹家河河滩并未被拖死，而是此后不久，被用绳子活活勒死。
② 徐向前：《历史的回顾》（上），解放军出版社1984年版，第159页。

在张国焘的主持下，从9月13日到11月中旬，除许继慎被杀外，先后以所谓"改组派""第三党""AB团"等"莫须有"罪名而被逮捕杀害的红四军高级干部还有：第十一师师长周维炯，第十二师政治委员庞永俊、副师长萧方、政治部主任熊受暄，第十师政治部主任关叔衣、参谋主任柯柏园，第二十八团团长潘皈佛、政治委员罗炳刚，第二十九团团长查子清、政治委员李奚石，第三十团团长高建斗、政治委员封俊，第三十二团政治委员江子英，第三十三团团长黄刚、王长先和政治委员袁皋甫，第三十四团政治委员吴荆赤，第三十五团团长王明，第三十六团团长魏孟贤，第三十八团政治委员任难，以及12个团的政治处主任。在此期间，遭杀害的军事系统的高级干部还有：鄂豫皖军委会政治部主任王培吾、秘书长陈翰香，前任皖西军分会主席和第十二师政治委员姜镜堂，曾任第十师副师长的程绍山，曾任第十师参谋主任的范陀，原红一军独立旅旅长廖业祺等多人。经过肃反，红四军4个师12个团的干部只剩下两个人。有的团，营以上干部换过3遍，连、排、班干部，前后也换过2—3遍，有的换了4次。11月20日，陈昌浩在彭杨学校报告肃反经过时说：这次共计肃清改逆（指"改组派"）1000人，富农及一切不好分子计一千五六百人。

在白雀园地区红四军内部进行肃反之后，张国焘等人又有计划地把肃反扩展到各级党政机关、群众团体和地方武装，继续大批诬陷、杀害革命干部和群众中的积极分子。11月，张国焘在黄安县委及军区党委联席会议上所作的结论中说："现在红四军中发现大批的改组派、AB团、第三党等反革命派的活动……现在改组派肃清没有？大部是被破获了，但没有肃清。"他要求加紧肃反工作，"就是一万二万改组派也不奇怪"。12月10日，鄂豫皖中央分局监委发出第一号通告，强调"当党内隐藏了许多资产阶级、豪绅、地主的暗探，利用共产党的招牌来做他们反革命的活动，施用其再也残酷不过的阴谋手段的时候，需要我们以坚决的布尔什维克的精神来发动两条战线的斗争，举行广泛的清洗运动"，"这是我们目前最重要的中心工作之一"。要求"继续并扩大肃反的胜利,必须学习前方肃反经验利用到后方来,广大的举行清洗运动","当清洗某一同志时必须注意他的成分、社会关系、斗争历史、政治倾向以及从日常生活的表现中去找到反革命的线索"。12月18日,鄂豫皖中央分局又发出了加强肃反工作的第十四号通告。这样,"大肃反"、大捕杀的恶浪像瘟疫一样迅速蔓延,整个鄂豫皖根据地掀起了肃反的狂潮。张国焘自己后来也承认:

> 红四军中发现有国民党改组派的大新闻传到了苏区,肃反的浪潮,就跟着泛滥到各个角落。"肃清反革命"、"肃清国民党改组派"的声浪,高唱入云,法兰西大革命时清除贵族反革命的热浪,不期然重现于这个苏区。人们多分辨不清甚么是国民党改组派,甚么是反革命,只要有人指证,谁就要受到这股热浪的冲击。红四军中各师各团的军政干部对于嫌疑人犯,不问情由,便严加审问。审问的方式多系群众性的,被审问者在群情愤慨之下,几乎无法为自己辩护,甚至刑讯的事也发生不少①。

为了保证肃反的顺利进行,张国焘等人还采取了一系列措施。为防止部队发生异动,张国焘等决定,以营为单位拆散混编。中央分局和鄂豫皖省委还组织了巡视团,派到各地和部队各师,监督肃反。

张国焘和中央分局还规定了肃反的对象,主要有三种人:一是从白军中过来的,不论是起义的、投诚的还是被俘的,不论有无反革命活动,一律要审查;二是地主富农家庭出身的,不论表现如何,也要审查;三是知识分子和青年学生。

在肃反中,鄂豫皖省委书记沈泽民还发明了一套找到肃反对象的"理论",这就是从"那些思想意识不好的与非无产阶级观点的分子找反革命线索",从平时"对富农不坚决斗争"的人身上"找到反动派的组织"。按

---

① 张国焘:《我的回忆》第3册,东方出版社1991年版,第105页。

照这种"理论",就把革命与反革命的界限搞混了,使党内两条路线的斗争与同反革命分子的斗争纠缠在一起。于是,就不尊重事实,不深入调查研究,轻信口供。只要有两个人说一个人是反革命,就把这个人逮捕审讯,非要他承认不可,不承认就严刑拷打。结果严刑逼供,揭发"同伙",后方扯到前方,军队扯到地方,越扯越多,越扯越离奇。几个人在一起吃一顿饭,就被说成是"吃喝委员会",反革命;两个人在一起说几句话,就说是搞秘密活动,是"改组派""AB团""第三党"。白色恐怖笼罩着鄂豫皖根据地,搞得人心惶惶,人人自危,连熟人见了面也不敢说话了。

在地方肃反中,许多开创鄂豫皖根据地的党政领导干部首当其冲。皖西是肃反斗争的第一个重点,从鄂豫皖中央分局委员舒传贤、皖西特委书记方英和党、团特委主要委员,各县县委书记,直到基层组织的领导干部,大批地被诬为"改组派""反革命"。英山县委整个组织被打成"第三党",县委书记、组织部长、宣传部长、秘书长和苏维埃秘书长、经济委员会主席、粮食委员会主席、革命法庭秘书长、保卫局长等都被诬为"第三党"。在黄安,党政机关的领导干部,除个别人外,几乎全部被"清洗",一批就逮捕了200多人。在麻城,从县委、县苏维埃的领导人到团县委、区委的领导人,从红军独立营营长到班长、排长和游击队长,被指为"改组派"重要分子的就有50多人。

军事学校和地方武装的肃反,也屡掀恶浪。彭杨军事政治学校是鄂豫皖根据地培养军政干部的场所,学生大多数是党团员。这个人数不多的单位,一次就以"莫须有"的罪名,清洗了49名工作人员和学生。英山警卫营第八连是一个英勇善战的连队,战士都是贫雇农出身,50%以上是党团员。肃反时,竟以"第三党"的罪名,把八连全部干部逮捕杀害,大部分战士也受到牵连。六安独立团,班长以上干部200多人,一律被扣上"反革命"的帽子。

肃反也波及群众团体。团中央分局的秘书长、少先队总指挥和一些团县委书记、工作人员，都被诬为"改组派"。在鄂豫皖特区总工会，肃反开始不久，就有一个副委员长、两个秘书长、两个巡视员，以及光山县总工会的委员长、秘书长、事务主任等人被打成"改组派"。在一些地方，甚至把少先队、童子团的少年分队长、小队长也加以捕杀。后来，为了整徐向前的材料，从事妇女工作的徐的夫人程训宣也被以"改组派"的罪名杀害了。

张国焘还把肃反的矛头指向了知识分子。"大肃反"刚开始，9月19日，鄂豫皖中央分局就发出指示，提出把小资产阶级知识分子在大胆的发展党内斗争中洗刷出去。11月，《列宁报》第62期发表沈泽民所写的题为《淘汰异己分子》的社论，公开宣称："什么是党内异己分子？就是那些出身地主、富农、资产阶级而没有真正无产阶级化的分子。他们多数是知识分子。"按照这些指示，一时间，把红军中留鹅头、戴眼镜、镶金牙的人，还有读过几天书、认识几个字的人，都说成是富农，加以清洗。在张国焘的知识分子犯错误要加重三分的"理论"影响下，肃反中知识分子和青年学生罪加一等，被捕、被杀的特别多。在"淘汰异己分子"的名义下，那些没有被打成"改组派""第三党""AB团"的知识分子干部，普遍被清洗掉了。这样，就在根据地造成了反对、排斥甚至仇视知识分子的气氛。

地方肃反的结果，使大部分最早领导或参加武装起义、创建鄂豫皖根据地并在党和红军中担任重要职务的干部，如徐朋人、曹学楷、戴克敏、王秀松、陈定侯、戴季伦、王宏学、雷绍全、舒传贤、郑新民、方英、陈奇、廖炳国等，都以"改组派""第三党""AB团"的罪名而被杀害了。在肃反中，许多共产党员、革命战士和群众，也被无辜杀害。

张国焘在鄂豫皖根据地大搞肃反，给党、红军和根据地造成了重大损失。但他却于1931年11月25日向中央报告，夸大鄂豫皖根据地的敌情，说"这一苏区整个说来，长期执行了非布尔什维克的路线，党内充满了地主、富农、资产阶级、知识分子、商人、高利贷者，特别是在领导干部中"。他污蔑一些地方的党组织"始终与改组派联系着"，"几乎各级指导机关充满了反革命"，"所有白区的组织大部分组织，大部分成了改组派"，以此来证明他搞"大肃反"、大屠杀是正确的。

张国焘在报告中炫耀说："现在我们可以向中央报告，我们在四军中，在黄、麻、皖西党、苏维埃和地方武装中，肃反都已得确定胜利。""现在的确开始了全苏区及红军的一个彻底转变，这一转变是执行中央路线之中局领导着工农群众长期斗争过程中所获得的。"他宣称："这一肃反比富田事变所得经验还大，可以为全党的教训，特别是各个苏区可以利用这一经验。"

张国焘的报告，得到了临时中央的赞扬。1932年2月18日，临时中央在给皖西北中心县委的指示信中说："最近鄂豫皖肃反工作的深入（见中央红旗副刊肃反专号），给予敌人在苏区内破坏革命的阴谋以致命的打击，这自然是革命的伟大胜利。""研究和学习鄂豫皖肃反的经验与教训，广泛的在党内党外宣传反革命的一切破坏革命的阴谋与罪恶，要成为你们目前一切工作进行中的不可分离的工作。"临时中央肯定和推广张国焘"大肃反"的所谓经验，对其他革命根据地产生了恶劣的影响。

张国焘的报告和中央的指示，严重歪曲了事实真相。实际上，张国焘贯彻王明"左"倾教条主义错误，打着保卫革命利益的幌子，混淆敌我矛盾和是非界限，并利用了广大群众对敌人的仇恨心理，造成了一次规模空前的"大肃反"。鄂豫皖根据地肃反的结果，严重地削弱了根据地党和红军的力量，极大地损害了党的威信，挫伤了广大群众的革命积极性，直接破坏了党的民主集中制和红军内部的民主生活，造成了极为痛心的损失。

即便是在当时，张国焘所领导的肃反，也激起了广大干部和群众的强烈不满和反抗。一些地区贴出标语："张国焘是杀人刽子手！""打倒帝国主义张国焘！"有的地方，群众还捣毁了县政治保卫局。黄安五区的干部和群众，自发地起来保护干部，拒绝保卫局来抓人，并贴出"反对不走群众路线的肃反！""反对保卫局乱捉人！""打倒张国焘！"等标语。

尽管苏区群众痛恨张国焘恣意抓人杀人，但他们对共产党和红军始终是拥护和热爱的，不曾动摇对党的信念。黄安县仙居区的群众为了反抗肃反，掩护区乡干部逃入山里。他们上山之前，仍给区政府送去500多担大米和1000多双鞋袜，在信中还特意写明，这是送给红军的。

忠于革命事业的红军指战员，不少人虽然被捕被杀，仍然是坚贞不屈，前赴后继，英勇战斗。就在从麻城到白雀园一路肃反期间，红四军还不断向外出击，先后取得了武庙集、乌龙集、和凤桥、仁和集、草庙集等战斗的胜利。其中，10月3日的仁和集一战，歼敌第十二师两个团，缴枪千余支。草庙集之战，迫使豫东南之敌退缩商城、固始城内，使根据地扩展到固始城郊。在连续战斗中，一些被诬为"反革命"而遭逮捕的干部、战士，被暂时放出来参加"突击队"，冲锋陷阵，与敌搏斗，其中不少人献出了生命。许多干部、战士虽身陷冤狱，但直到被害都保持了革命的气节。据当时看管"犯人"的人讲，许继慎、周维炯被杀之前，在严刑拷打之下，没有什么口供。周维炯在被杀之前，还义正词严地痛斥张国焘等："我不是反革命，你们才是反革命！老子二十年后还是要革命！"表现出一个革命者坚定的立场。

张国焘在鄂豫皖根据地搞"大肃反"的教训是深刻的。许多年之后，徐向前回顾这段历史，沉痛地说："鄂豫皖根据地的'大肃反'，不是孤立的，那个时候，是教条主义者统治中央的时候。教条主义、主观主义、宗派主义搅在一起，在全党，在各个根据地，搞'肃反'，搞扩大化。""历史的教训，值得注意。我们的子孙后代，一定不要再重演。"[①]

---

① 徐向前：《历史的回顾》（上），解放军出版社1984年版，第161、162页。

土地革命中"左"的政策

土地革命是中国民主革命的主要内容，农民是中国革命的主力军。只有正确地进行土地革命，才能够充分发动农民群众，开展武装斗争，建设农村革命根据地。早在1928年，鄂豫皖革命根据地的黄安地区就开始了土地革命，并制定了基本正确的土地革命政策。当时分配土地的原则和办法是：没收豪绅、地主、反动派的土地，按人口分给贫、雇农；自耕农不分土地进去也不拿出来；富农的好土地没收；小地主分以坏土地；保护中小商人。

1929年5月底至6月初，鄂东北特委召开黄安、麻城、黄陂、孝感四县县委和红三十一师师委第二次联席会议，总结土地革命的经验教训，制定了《临时土地政纲》。同年12月，鄂豫边第一届苏维埃代表大会通过了《鄂豫边革命委员会土地政纲实施细则》，对土地革命政策作了具体规定。这两个早期的关于土地革命的文件，是根据中共六大的精神，结合当地的土地状况制定的，它们对没收土地范围的规定和对各阶级的政策同六大的规定基本上是一致的，是基本正确的。

1929年11月，鄂豫边党的第一次代表大会通过的《群众运动决议案》强调：要"正确运用党对富农的策略"和"正确的运用联合中农的策略"。对于富农，规定在斗争开始的地方，政策可以适当宽些，"可酌量情况实行减租减息"；在斗争发展的地方（苏区）政策可以严些，要"分配富农的剩余土地"，"反动之富农与地主一样处置"，"同情革命的富农应有苏维埃的选举权而无被选举权"。对于中农，指出"联合中农是土地革命胜利的保障"，"今后应切实运用各种策略防止无原则的妨碍中农利益"。

这些文件表明，鄂豫皖根据地初期的土地革命，基本上贯彻执行了依靠贫农、雇农，团结中农，给富农以经济的出路，给一般地主以生活的出路，集中反对和消灭封建剥削制度的正确路线和政策。

1930年，在这一正确的土地革命政策的指导下，鄂豫皖根据地全面开展了土地革命运动。几百万农民掀起轰轰烈烈的打土豪、分田地的斗争，取得了土地革命的伟大胜利。获得土地的翻身农民，踊跃参加红军，支援前线，保卫红色政权。到1930年底，鄂豫皖根据地有7000余人参加红军。1930年6月，红军在黄安七里坪檀树岗扩红，1天就有800人参军，3天共有2000人参军。整个黄安，青壮年几乎全部上了前线。除直接参加红军外，广大农民还参加了赤卫队等地方武装。

1930年夏秋，李立三的"左"倾错误影响到鄂豫皖根据地。在土地政策方面，一是提出"坚决地反对富农"，不但对富农实行了"左"的政策，而且侵犯了中农利益，引起了中农的动摇。二是兴办集体农场，决定在黄安办5个；麻城、黄陂、光山各办3个；罗山办1个。这些农场规模都不大，如黄安的长冲农场，只有40多名工人，19头牛，150亩地，就算是模范农场了。这些做法，引起了农村广大党员和群众的不满。

1930年冬，曾中生来到鄂豫皖根据地。鄂豫皖特委根据六届三中全会的精神，开始纠正"左"的错误。1931年2月，特委扩大会议对土地革命问题又进行了全面检讨，进一步纠正了侵犯中农利益、破坏中小工商业的"左"的政策，解散了集体农场，恢复了正确的政策。正是土地革命的胜利，为鄂豫皖根据地的扩大和巩固，为红军的发展和壮大，以及反"围剿"的胜利，打下了坚实的基础。

张国焘到鄂豫皖根据地后，对土地革命所取得的成果一概加以否定，指责在土地问题上也是一贯执行了"立三路线""三中全会的调和路线"和"富农路线"。在他的领导下，鄂豫皖军委总政治部于10月11日发布的《怎样分配土地问答提纲》指责说：

鄂豫皖苏区的土地虽经过几次的分配，但因过去路线上的错误（立三路线和三中全会的调和路线），土地革命的利益大部分被豪绅地主和富农窃去了，雇农、贫农、中农、工人（要土地耕种的）没有得到土地革命的利益，特别是红军土地没有分配好，红军公田制度没有实现。过去解决土地问题多不正确，鄂豫皖边革命委员会所通过的土地没收细则和鄂豫皖边苏维埃第一次代表会后所颁布的土地暂行法，犯了许多机会主义的路线。地主得着好土地，还在雇人耕种；富农土地不是全部没收，只没收剩余的土地，因此，富农把好土地得着，把顶坏的土地拿出来；工人、农人、士兵有些还未得着土地革命的利益。尤其是去年在立三路线之下，集中农民土地，建立农场，惹得农民不敢要好土地等等严重错误，以致土地问题没有相当解决[①]。

张国焘否定鄂豫皖根据地土地革命的政策和成果，为贯彻执行王明"左"倾土地政策开辟了道路。1931年2月，六届四中全会后的中央与共产国际远东局商议拟定了一个土地法草案。这个草案的主要错误就是规定了"地主不分田""富农分坏田"的"左"倾政策。5月6日，中央发出了《关于成立鄂豫皖省委以及根据地与红军建设等问题的指示》，要求"坚决的勇敢的"执行土地法草案，"立刻坚决的改正过去分配土地问题中所犯的错误路线，立刻没收封建地主、军阀、官僚、豪绅、寺院的土地及一切生产工具。经过苏维埃分配给雇农、贫农与红军士兵。这些剥削者的土地被没收后，不能再取得任何土地。富农的土地也同样的没收，一般当他们自己愿意耕种土地时，可以分得较坏的土地"。

为了贯彻中央的这一指示，6月11日召开的鄂豫皖中央分局常委会，提出了"加紧反对富农工作，彻底实行土地法令"的任务。6月底，张国

[①]《中国工农红军第四方面军战史资料选编》（鄂豫皖时期·下），解放军出版社1993年版，第513—514页。

焘在鄂豫皖中央分局扩大会议的政治报告和总结报告中,指责原鄂豫皖特委"依然继续立三时代的富农路线",强调"富农路线是主要危险,要坚决反对富农"。7月1日召开的鄂豫皖区第二次苏维埃代表大会,也指责"皖西北苏区因苏维埃政权中混进了富农、地主、反革命分子,所以对土地问题的决议,不仅是执行上犯了错误,而在原则上是离开了没收地主阶级的土地与平均分配一切土地,是彻头彻尾的富农路线"。这次大会决定"重新分配一切土地"。7月14日,鄂豫皖中央分局又发出了"反富农问题"的第七号通告。接着,在根据地内发动了一场大规模的"重新分配土地"和"反富农"的斗争。

在这场重新分配土地的运动中,张国焘执行了"地主不分田,富农分坏田"的"左"倾政策,规定:平均分配一切土地是根据阶级路线按人口与劳动力混起来分配。地主阶级和富农的土地应全部没收过来。地主阶级的土地被没收后,不能取得丝毫土地;富农如果要种田地,可分给以较坏的劳动份地。张国焘还提出:对反动家属可以罚做苦工,否则驱逐出境不得分土地权。这实际上是一种在经济上消灭富农,在肉体上消灭地主的政策。这种不给地主以生活出路的过"左"政策,会使他们流离失所或铤而走险,走上反抗的道路,破坏社会秩序,影响根据地的安定。而在经济上消灭富农的政策,不仅会把富农推向自己的对立面,而且还会影响中农的生产积极性,对根据地农业生产的发展是十分不利的。

张国焘执行"左"倾土地政策,重新分配土地,还严重地侵犯了中农的利益。首先,在平分土地中实行打乱平分的办法,要求"使中农自动地拿出土地来平分","对过去分得好的土地不愿拿出来重新分配的人,要号召广大群众起来与他斗争"。这样就使一部分中农的土地在平分一切土地时被侵犯。其次,在划分阶级的工作中,搞扩大化。鄂豫皖中央分局第七号通告规定:"富农和富裕的中农的分别,主要的是在是否有剥(削)性。"按照这一规定,就会把一些对别人有轻微剥削的富裕中农划为富农,把一些富农划为地主，并且把略有一些耕地和农具，除了租佃地主的土地之外，自己也有几亩园子的佃农当作富裕中农，乃至定为富农，加以打击。甚至把一无所有靠给地主土豪抬轿子为生的轿工，也当作"狗腿子"处治。这样做的结果，损害了中农的利益，影响了对中农的团结。

张国焘在鄂豫皖根据地推行"左"倾土地政策，不但搞乱了阶级阵线，扩大了打击面，削弱了可以团结的力量，损害了土地革命的成果；而且由于一再"重新分配一切土地"，地权不稳定，也影响了农民的生产积极性，损害了农业生产，以致造成了根据地的粮食困难，根据地各级政府不得不以相当多的精力和人力去解决粮食问题。

在土地革命中，鄂豫皖根据地还实行了一系列"左"的经济政策。一是打击了部分中小工商业，把一些中小商人也划为"富农""剥削分子"而没收其财产；二是贯彻王明"左"倾的劳动政策，脱离现实，提出过高的劳动条件和福利要求，不适当地提高工人工资，机械地限制工时；三是实行"左"的税收政策，主张"把捐税的负担移至有财产的剥削阶级身上"，对民族工商业课以重税，打击了根据地内的工商业。这些政策实行的结果，造成许多店铺倒闭，白区的商人也很少到根据地里做生意，再加上敌人的封锁和摧残，致使根据地内物资供应越来越困难。仅以食盐为例，以致到了市面上没有盐卖，部队吃盐极端缺乏的地步。

张国焘到鄂豫皖根据地后，还执行了"左"倾的统一战线政策。

王明上台后，根本否认"中间营垒"和"第三派"的存在。他认为，不但资产阶级的大中阶层及一切资产阶级改良的派别，都各是反动营垒的一翼，而且上层小资产阶级在武汉时代后已转入反动的营垒，革命阵营里只剩下了工人阶级、雇农和贫农，中农是巩固的同盟者，加上城乡的广大的半无产阶级成分和小资产阶级的下层。王明的这种"理论"，从根本上否认了建立革命统一战线的可能性。

张国焘在鄂豫皖根据地也贯彻了这一套"理论"，对工人、农民和下层小资产阶级以外的一切社会成分,实行了所谓在政治上"打倒一切"的政策,把中间势力都赶到敌人那一边去,更谈不上利用矛盾、分化敌人了。

当时,鄂豫皖根据地周围的敌军,派系复杂,蒋介石的中央军同西北军之间早就存在着矛盾,1931年九一八事变后,这种矛盾一度相当尖锐。第二十二路军总指挥吉鸿昌在被迫辞职前,受到共产党和红军的影响,不愿与红军作战。在对鄂豫皖根据地的第二次"围剿"中,他的部队走大路,对着两边的山头放枪,虚晃一枪了事。他曾经派人前来鄂豫皖根据地,要求与红军建立联系,联合反蒋。如果统战工作做得好,不仅争取吉鸿昌合作反蒋是有可能的,而且必将对分化和瓦解西北军产生重大影响,从而有效地削弱敌人"围剿"红军的力量。事实上,不久以后,吉鸿昌本人就加入了中国共产党。但是,当时张国焘在"绝不妥协"的口号下,拒绝争取这一可以争取的力量,不与吉鸿昌部联合,丧失了联合对敌的有利时机。后来,张国焘也承认这是个失策,他说:"不会运用统一战线的这一事实,不但表现在中央苏区,在鄂豫皖也曾发生过同样的现象,吉鸿昌在失败了的时候,甚且公开地说'最后无出路的时候,我只好找共产党联合'。但是我们也没有利用敌人里面的消极情绪,而我们提出的,正是绝不妥协,绝不让步。如果我们当时采取了正确的策略,我们当时的情况也不会这样。"[①]

张国焘在鄂豫皖根据地还实行了要兵不要官的兵变政策,放兵不放官的俘虏政策,对瓦解敌军造成了很大的障碍。敌第三十四师师长岳维峻在双桥镇战斗中被俘后,得知徐向前原是他的部下,遂提出:"蒙多多关照,只要不杀我,我答应你们提出的一切条件!"徐向前同曾中生、旷继勋商量后,决定留他将来做西北军的统战工作。后来,岳维峻的家属托人与中共中央联系,愿出几万元钱赎他。徐向前等表示同意,提出要20万套军

---

① 《干部必读》第6期,1936年2月10日。

装。张国焘来到鄂豫皖根据地后，收到了10万套军装和一些银元。但张国焘既要钱，也要人命，借口岳维峻组织反革命团体，把他枪毙了。杀俘虏，是张国焘到鄂豫皖以后才发生的。这种政策，不仅破坏了红军的传统，而且造成了恶劣的影响，不利于分化、瓦解敌人。

张国焘在鄂豫皖根据地推行一系列"左"的政策，给各方面的工作造成了不应有的挫折和损失。但是，这并不是说张国焘所做的一切工作都是错误的，更不能因此而否认鄂豫皖根据地党和红军的全部工作。在这一时期，尽管有王明"左"倾教条主义错误和张国焘推行这一"左"倾错误所造成的危害，但鄂豫皖中央分局和鄂豫皖省委以及红四军的领导机关，始终坚持了反对帝国主义、反对国民党反动统治的斗争，在十分艰难困苦的环境中，发动群众，坚持武装斗争，坚持土地革命，为巩固、发展红军和根据地，做了大量的工作。徐向前等领导人实行了正确的军事方针，领导反"围剿"战争，不断取得胜利。广大党员、干部、红军指战员和农民群众，忠于党和革命事业，进行了英勇顽强的斗争。这些都使得鄂豫皖根据地在原有的基础上，仍然取得了新的发展和胜利。

第四次反"围剿"失败

经过第一、第二次反"围剿"，鄂豫皖革命根据地得到进一步巩固和发展，红军发展到3万人。10月间，在麻埠组成了红二十五军，军长旷继勋，政治委员王平章，原第十二师改编为第七十三师，第七十四、第七十五师也在积极筹建中。该军成立后，即在皖西一带活动。与此同时，游击战争也猛烈发展，独立营、独立团、赤卫军发展到20多万人。为了统一指挥，迎接更大规模的作战行动，中共中央决定成立红四方面军。红四方面军下辖红四军和红二十五军，共4个师，即第十、第十一、第

十二、第七十三师。原红四军军部改编为方面军总部。徐向前任总指挥，陈昌浩任政治委员，刘士奇任政治部主任。

1931年11月7日，黄安七里坪的河滩上，红旗招展，欢声雷动。苏区军民热烈欢庆十月革命胜利14周年，热烈欢庆中国工农红军第四方面军成立。徐向前在《历史的回顾》中记述了成立大会的热闹场面：

> 红四方面军成立大会，是在倒水河河滩上开的。那天人山人海，锣鼓喧天，红旗如林，刀枪耀目；部队武装整齐，精神抖擞；周围的田坎、山坡上，聚拢着无数前来庆贺的群众。选择十一月七日这一天在七里坪召开红四方面军的成立大会，有两重意义：一是为了庆祝"十月革命节"；二是七里坪乃当年黄麻起义队伍首次集合攻打黄安的出发地，因而也是大别山区第一支工农红军的诞生地。会前，确定由王树声同志担任阅兵总指挥，组织各部队进行了认真的演练。
>
> 我是开会的前一天从新集赶到七里坪的，张国焘、陈昌浩也都去了。第二天的大会，我和陈昌浩骑马检阅了部队，并讲了话。
>
> ……
>
> 红四方面军的成立，是鄂豫皖革命根据地发展史上的一件大事。标志着党领导的武装斗争，走向新的发展阶段[1]。

红四方面军成立后，立即投入到第三次反"围剿"的准备和政治动员中去。

自从中央根据地粉碎敌人的第三次"围剿"之后，敌人在对中央根据地实行报复的同时，在鄂豫皖苏区周围也增加兵力到15个师。重兵云集，"围剿"已具箭在弦上之势。但是由于1931年九一八事变爆发后，全国掀起了声势浩大的抗日反蒋浪潮，国民党统治阶级内部各派系的斗争也在加

---

[1] 徐向前：《历史的回顾》（上），解放军出版社1984年版，第165—166页。

剧。在鄂豫皖地区的敌军中，自8月底吉鸿昌被迫辞职后，原西北军与蒋介石之间的矛盾也有发展。这些使得蒋介石集团难于应付。他们对鄂豫皖苏区的"围剿"终因兵力不足，迟迟未能部署就绪。

鄂豫皖中央分局根据中央的指示和当时的敌我态势，提出了向外线出击的进攻策略，以打破敌人的第三次"围剿"计划。10月28日，中央分局指出："我们要进攻敌人，根本不让他们的第三次'包围会剿'计划能够实现，我们要在他们布置未妥的时候，就先把第三次'包围会剿'打破，然后乘胜前进，求得更伟大的胜利。"①

根据中央分局和军委会决定的方针，红四方面军趁敌人尚未部署就绪，采取进攻策略，开始南下作战，所选定的第一个目标就是黄安城。

黄安城，是南线敌人离根据地中心区最近的一个重要据点，处于根据地和游击区的包围之中。守敌修筑了许多工事，碉堡林立，构成了一个比较完整的防御体系。经过几天深思熟虑，徐向前召开军事会议，提出长期围困、逐步削弱、创造条件攻城歼敌的作战方案。

黄安战役从1931年11月10日开始，到12月22日结束，历时43天，共歼敌1.5万余人，俘敌第六十九师师长赵冠英以下官兵近万人，缴枪7000余支、迫击炮10余门、电台1部。这是红四方面军成立后攻下的敌整师设防的第一个坚固据点。

黄安战役后，1932年1月中旬至2月上旬，根据军委会的决定，红四方面军又乘胜挥戈北上，组织商（城）潢（川）战役。红军在豆腐店地区以10个团的兵力，击溃敌19个团的兵力，使刚刚投入鄂豫皖战场的蒋介石嫡系部队一出马就大败而归，敌第二师遭到歼灭性的打击，师长汤恩伯也被撤了职。商城守敌第五十八师惧怕重蹈黄安覆辙，也弃城南逃，红军不战而克商城。这次战役，歼敌约5000余人，缴枪千余支。随后，红军

---

① 转引自《中国工农红军第四方面军战史》，解放军出版社1989年版，第148页。

乘胜北上，围固始，克三河尖，敌军闻风丧胆，纷纷退守光山、罗山、潢川、麻城、宋埠等地，依托工事坚守。

在黄安、商潢战役胜利前后，全国各革命根据地都获得了重大胜利。中华苏维埃共和国临时中央政府也于1931年11月间在江西瑞金成立，毛泽东当选为主席，项英、张国焘当选为副主席。在全国红军的一片胜利声中，临时中央对形势的"左"倾估计有了进一步的发展。1932年1月9日作出的《争取革命在一省与数省首先胜利的决议》指出："目前的任务：为扩大苏区，为将几个苏区联系成整个一片的苏区而斗争，为占领几个中心城市以开始革命在一省数省首先胜利而斗争。"决议要求："依照中央最近的军事训令来努力求得将中央区、闽粤赣、赣东北、湘鄂赣、湘赣边各苏区联系成整个一片的苏区，并以占取南昌、抚州、吉安等中心城市，来结合目前分散的苏维埃根据地，开始湘鄂赣各省的首先胜利。在大江以北，应以鄂豫皖区为中心，而将皖西北、鄂东、鄂豫边、湘鄂西苏区联系一起，造成威胁武汉、长江上下游及平汉铁路的形势。"

黄安、商潢战役的胜利，也冲昏了张国焘等鄂豫皖中央分局主要领导人的头脑。1932年1月10—20日，鄂豫皖省第一次党员代表大会召开。会议讨论了政治报告以及组织、红军建设、反帝等问题，选举了以沈泽民为书记的新省委。张国焘在会上所作的报告中提出："估计国民党主力只剩下七师人，其余的都是杂色部队"，"红军有这样力量，已经不论多少敌人都不怕了"。在张国焘这一乐观估计的影响下，鄂豫皖省委提出了所谓"偏师"说，认为今后进攻根据地的主力将由帝国主义直接担任，国民党军队只能作为一支"偏师"，要红军准备"夺取武汉"和"直接与帝国主义作战"。

鄂豫皖省党代会闭幕不久，1月28日，日本侵略军进攻上海，南京国民政府被迫宣布于1月30日迁都洛阳。2月17日，鄂豫皖省委又通过了关于目前形势和党的紧急任务的决议，具体提出了所谓"偏师"说，指出：

目前这种客观形势对于鄂豫皖苏区提出了一个严重的问题，就是国民党政府的迁都洛阳，一方面表示国民党由于进攻苏区与红军的失败已经成为帝国主义所斥逐的走狗，或者可说是降了级的走狗，不过降级都是地主资产阶级所欢迎的。因为从此在进攻苏区与红军的战场上主要的火线将由帝国主义者所直接担负，而国民党的洛阳政府和其他军阀政府只能担任偏师的职务。迁都洛阳，证明蒋介石以鄂豫皖苏区为中心的包围会剿将加紧执行，同时日本的积极进攻武汉将使鄂豫皖苏区要和日本帝国主义直接冲突。摆在各苏区尤其是鄂豫皖苏区面前的第一件大事就是我们快要和帝国主义者直接战争。

同时也就向鄂豫皖苏区党提出了一个严重的任务，就是：

采取坚决进攻的策略，动员千万万广大群众去加紧鄂豫皖苏区打成一片，加紧巩固苏区根据地，消除苏区向南方发展的障碍，夺取武汉门户与湘鄂西取得联系，造成红军在长江边与京汉路线行动自如，与苏区包围武汉的形势。我们要拿这个来准备与帝国主义直接战争和准备夺取武汉，完成一省数省首先胜利①。

鄂豫皖省委提出"偏师"说后，临时中央于3月6日写信给鄂豫皖中央分局，批评说："若说在进攻鄂豫皖苏区中帝国主义军队已经是主力，而国民党军队是偏师是绝对错误的。"中央认为：

这里对于反动统治的崩溃的程度的估计是过分的。以为国民党政府及其他军阀政府在进攻苏区、红军中只担任偏师的任务，这是不顾事实的胡说。迁都洛阳后的国民党政府，口头上说长期的抵抗日本或征讨东北伪国，而实际上却以全部力量来进攻鄂豫皖苏区。汪精卫电询各省主席"清剿"计划、军事计划早在蒋介石及其外国的军事顾问的指挥之下订立了，三月

---

① 《中国工农红军第四方面军战史资料选编》（鄂豫皖时期·下），解放军出版社1993年版，第606页。

一日起正在调动军队之中,用于进攻鄂豫皖苏区的武力约在十五师以上,设立了三个"清剿"司令部(鄂南、鄂东、皖西)……可以把它当做无关重要的偏师么?不,绝对不能够的。对于国民党这个进攻有丝毫的忽视与轻敌,将造成极大的罪恶①。

临时中央虽然批评了"偏师"说,但是,它对当时形势与任务的估计也是"左"的,不可能从根本上纠正"左"倾的"偏师"说。3月31日,张国焘、陈昌浩又给中央政治局写了报告,继续坚持与帝国主义直接作战的说法:"现我们不但以打破敌人'围剿'、推翻国民党统治为主要口号,并在三月前即提出准备与帝国主义作战为中心口号。在此口号下,不但加紧进行反帝宣传,并在军事上、物质上积极准备,目的以在更厉害的经济封锁条件下与技术更进步之外国军作战而取得胜利。"

张国焘等中央分局主要领导人的这些严重的"左"倾冒险主义思想,为后来的反"围剿"斗争埋伏了危机。

红四方面军取得商潢战役胜利,在固始地区稍事休整之后,军委会决定东进打击皖西敌人,向东扩大根据地。红四方面军决定留第十二师在潢川、商城地区活动,总部率第十、第十一师于3月18日东进,并在独山与第七十三师会合。

这时,皖西敌人以苏家埠为枢纽,北迄六安,南至霍山,沿淠河东岸构成一线防御,共部署了6个旅12个团的兵力。红四方面军根据对敌情的分析,决定发起苏家埠战役,以地方武装从西面袭扰迷惑敌人,红军主力则渡过淠河,从敌人侧后分割包围苏家埠、青山店,伺机消灭六安增援之敌。

3月21日晚,徐向前指挥红军主力渡过淠河,分别将敌军包围于苏家

---

① 《中国工农红军第四方面军战史资料选编》(鄂豫皖时期·下),解放军出版社1993年版,第618—619页。

埠、青山店。鉴于苏家埠、青山店等地寨高壕深，强攻不易奏效，遂决定采用围困办法消灭守敌，并吸引六安、霍山之敌出援，待机打敌援兵。敌人两次调兵增援都被红军击溃，其残部又被围困于韩摆渡。4月下旬，蒋介石任命第七师代师长厉式鼎为皖西"剿共"总指挥，率3个多师15个团共两万余人，自合肥大举增援。

张国焘见敌人来的兵力比较多，提出要撤出苏家埠、韩摆渡之围。徐向前认为，援敌数量虽多，但其远道而来，疲惫不堪，士气低落，建制杂乱；而红军士气旺盛，以逸待劳，因而有着击破敌人援兵的可能，主张坚决地打下去，夺取整个战役的胜利。陈昌浩支持徐向前的正确意见，同意打。

5月1日，诱敌部队与敌人接触后，边打边撤。5月2日，当敌人进入苏家埠以东之预定地区后，红军立即发起猛攻，经过两日激战，援兵全部被歼，厉式鼎也被活捉。5月8日，困守苏家埠、韩摆渡的敌军，全部投降。

历时48天的苏家埠战役胜利结束。这次战役，共歼敌3万余人，其中俘虏皖西"剿共"总指挥厉式鼎以下官兵2万余人，缴步枪1.2万余支、机枪171挺、炮43门、电台4部，击落敌机1架。这是鄂豫皖红军取得的一次空前的伟大胜利。5月23日，中华苏维埃临时中央政府发来贺电，祝贺红四方面军取得苏家埠大捷，指出："你们的胜利，给予全国反帝国主义反国民党的革命运动无限的兴奋，更加强了苏维埃红军对于全国革命运动的领导。"

当红四方面军在苏家埠地区作战期间，敌张钫部第二十路军进驻潢川，趁隙南犯，进占双柳树、仁和集地区，修筑工事据守，并准备继续向前推进。徐向前回到商城得知这一情况后，立即决定发起潢光战役，歼灭双柳树、仁和集的敌人，收复潢川、光山南部根据地。

6月12日，战役开始。仅用5天时间，战役即胜利结束。此役总歼敌8个团和反动民团一部，毙伤俘敌近万人，缴枪7000余支，收复并进一步扩大了潢、光南部根据地。

从1931年11月到1932年6月中旬，经过黄安、商潢、苏家埠和潢光四大战役，红四方面军先后共歼敌6万余人。蒋介石对鄂豫皖根据地发动的第三次"围剿"尚未展开即被粉碎。鄂豫皖根据地和红军得到了迅猛发展。根据地面积扩大到4万余平方公里，人口达350余万，拥有26个县的革命政权，红军发展到4.5万人，地方武装、赤卫队也发展到20万人以上。这是鄂豫皖根据地发展的鼎盛时期。

在红四方面军将要取得苏家埠战役胜利的时候，1932年5月5日，南京国民政府同日本签订了卖国的《淞沪停战协定》。接着，以向美国借得的1200万美元作军费，购买大批军火。蒋介石在"攘外必先安内"的口号下，积极准备对红军的大举进攻，企图彻底摧毁各个革命根据地。在国民党第四次全国代表大会上，蒋介石还特别提出鄂豫皖苏区的"危险"，决定把它作为进攻的主要目标。

蒋介石鉴于过去几次反"围剿"作战指挥员不得力的状况，决定"御驾亲征"，任鄂豫皖三省"剿匪"总司令，任命李济深为副总司令。5月22日，国民政府军事委员会正式公布了这一任命。6月21日，蒋介石在庐山召开军事会议，确定了"围剿"红军的战略部署：首先集中主要力量消灭鄂豫皖、湘鄂西两区的红军，然后全力进攻中央根据地。企图以重点进攻、分区"围剿"的办法，达到各个击破红军的目的。为便于指挥，蒋介石把总司令部设在武汉，副部设在蚌埠。下组左、中、右3路军。除了何成浚指挥的左路军专门对付湘鄂西苏区外，中路和右路军全力负责"围剿"鄂豫皖苏区。敌军总兵力共24个师又6个旅，约30余万人，另有4个航空队。

敌人对鄂豫皖根据地的第四次"围剿"迫在眉睫。尽管这次反"围剿"斗争形势严峻，但鄂豫皖根据地仍存在着粉碎敌人"围剿"的有利条件。红四方面军总指挥徐向前和政治委员陈昌浩向鄂豫皖中央分局建议，红军必须立即进行准备,以对付敌人的进攻。然而,中共临时中央却在6月5日的军事训令中,给鄂豫皖的红四方面军下达了这样的任务:除以红二十五军巩固皖西北新发展苏区外,主力应向西行动,扩大与巩固鄂东苏区,以一个师以上的兵力过京汉路,配合红三军行动,造成京汉路两旁孝感、武胜关间比较巩固的新苏区,必要时可重新进攻黄陂,威吓武汉,调动敌人进攻湘鄂西力量,求得战争的解决,以造成包围武汉的形势。作为鄂豫皖中央分局和军委会主要领导人的张国焘,更是被红四方面军四大进攻战役取得的胜利冲昏了头脑,对形势作了极为错误的估计。6月18日,他致电临时中央,把潢光战役歼敌八个团夸大为三个师,并认为"目前已根本消灭'围剿'""现在是我们由冲破包围已经进到消灭敌人包围的时候"。根据中央的训令,他提出红四方面军当前的作战计划是:第一步进逼罗山,破坏京汉路,并以歼灭新到这一带的敌第二、第八十师和第十五路军为目的;第二步,沿京汉路南下,歼灭宋埠、黄陂一线之敌,威逼武汉。6月19日,鄂豫皖中央分局在新集召开党、团活动分子联席会议,根据张国焘对形势的"左"倾分析和战略计划,作了动员报告。报告把即将到来的敌人第四次"围剿"说成是"敌人的势力大大崩溃"的表现,是"集中所有残余力量来同我们作最后的挣扎";认为"从武装力量对比来说,我们已占了优势",已转变到与敌人"决定全局胜负的战争";强调红军主力即将出击京汉路,"不是冲破敌人的'围剿',或对敌人'围剿',一个打击的问题,而是根本消灭'围剿',争夺一省数省首先胜利"。

同临时中央和张国焘的估计相反,这时敌强我弱的力量对比并没有根本改变,而且敌人"围剿"的形势较前几次更为严重。在鄂豫皖根据地,所面临的形势极为严峻。敌人将所谓"王牌"主力部队大部分集结于京汉路北起信阳,南至武汉一线。敌人的战术是:"纵深配备,并列推进,步步为营,边进边剿";遇红军主力,则据地固守,待援合围;击破红军主力后,则并进长追,四面堵截。敌人计划第一步攻占黄安、七里坪、新集和商城等要地,将红军主力驱出鄂豫边境;第二步,实施东西夹击,将红军主力压迫至长江北岸,聚而歼之。同时,提出"三分军事七分政治"的口号,编组保甲,实行"连坐法",强化各级党政机关和地方武装,动员外逃的土豪劣绅"回乡执政",以配合其军事进攻。

6月下旬,根据鄂豫皖中央分局的决定,徐向前、陈昌浩率领红四方面军主力由潢川地区西进,并以红十二师向京汉路信阳至广水段出击。6月25日,攻下鸡公山,歼敌第三十五师一个团。此时,红军已连续作战七个多月,部队十分疲劳,病号日增,战斗力显著下降。因此,徐向前、陈昌浩再次向中央分局建议,停止在京汉路的作战行动。6月27日,向河口地区集结。

在黄安县城西北30多公里处,有一个山区小镇夏店。张国焘在这里召开中央分局会议。除了随红军行动的中央分局委员外,鄂豫皖省委书记沈泽民也赶来参加会议。会上,徐向前再次提出暂时停止进攻作战的建议。可是,张国焘和沈泽民对迫在眉睫的"围剿"仍然漫不经心,反对红军进行休整,主张采取积极进攻的策略,红军主力应乘胜南下,围攻麻城。

围绕着红军下一步行动问题,会议展开了激烈争论。陈昌浩在军事问题上支持徐向前的意见。张国焘先是摆出听取意见的姿态,不多说话,最后,他作出决断说:现在已转变到我们同敌人决胜负的时候了。决胜负的战争,不是你死就是我活,绝不是马马虎虎的小事情。我们要趁热打铁,才能成功。红军下一步的任务是要实施不停顿的进攻,围攻麻城,夺取麻城,以实现威逼武汉的计划。

一招不慎,全盘被动。后来的事实证明,张国焘和中央分局决定南下围攻麻城,是第四次反"围剿"斗争中最为失策的行动。当时,如果按照徐向前、陈昌浩的意见去做,红军主力选择适当位置,抓紧时间进行休整,抽出一部分兵力,配合地方武装,肃清根据地内的反动民团,进一步巩固根据地,敌人发动"围剿"时,红军仍可处于主动地位。但以红军主力南下夺取麻城的决定作出后，红军就没有时间进行反"围剿"的准备工作了。

按照张国焘的决定，7月6日，红四方面军主力向麻城地区开进，以迅雷不及掩耳之势，包围了麻城守敌，并在麻城以北地区全歼敌第三十一师第九十三旅，生俘敌旅长章祖卿以下官兵2000余人。随后，又在中馆驿包围敌第三十师第九十二旅，切断麻城守敌与外部的联系。但是，麻城守敌依托坚固城墙顽抗，红军久攻不下。

徐向前同陈昌浩经过研究，认为麻城外围地势平坦，敌工事坚固，强攻不易奏效，加上援敌已与守敌靠近，于是决定以黄安独立第一师继续监视麻城守敌，主力向西南出击，占领仓子埠，进逼黄陂县城。武汉守敌极为恐慌，蒋介石见麻城被围，情况危急，于是急忙调兵遣将，企图夹击红军。

红军的一系列作战行动，虽然给敌人以一定的打击，但并未打乱敌人的"围剿"部署。正当徐向前率领红军主力围攻麻城的时候，东线敌人于7月7日向霍邱县城进犯。至7月9日，城外已全部失守，红七十三师一部被迫退守城内。

徐向前接到红二十五军军长旷继勋关于坚守霍邱县城的报告后，认为再不能死守此城，应撤至城外，占领有利地形，相机歼灭来犯之敌。于是立即派蔡申熙去霍邱，但已经来不及了，经过激烈巷战，红军一个团的守城部队全部损失。旷继勋利用夜暗脱险。此战后，旷继勋被撤职，改任蔡申熙为红二十五军军长。

与此同时，西线敌情也已非常严重。可是，张国焘不仅无视当前严重的敌情，而且夸大围攻麻城以来所获胜利的意义，令红军再次围攻麻城。他提出：打下麻城、宋埠、歧亭、黄陂，打到武汉去，实现数省政权的首先胜利，完成准备同帝国主义直接作战的先决条件。

8月2日，徐向前、陈昌浩率领红十、红十一、红七十三师等部，冒着盛夏酷热，再次围攻麻城。8月8日，红十一师攻占大陡坡山，全歼敌一个团。随后，积极做强攻麻城的准备。就在这时，敌人已经向根据地大举进攻了,各路敌人都已逼近根据地中心区域。蒋介石见几路"进剿"军未遇到红军的有力阻击,于是下令改变步步为营、稳扎稳打的战术,于8月7日发起总攻,要各部队以疾速秘密的手段,深入根据地中心区,逼迫红军于一隅而歼灭之。

当红军河口独立团与来犯的敌人接触时,中央分局已获得急报,但仍令徐向前加紧围攻麻城。到敌人向七里坪急进,并向河口突进的时候,张国焘才感到局势严重,惊呼:"今天打出了一个厉害的敌人来了。"于是急忙决定放弃围攻麻城的计划,要徐向前、陈昌浩率红军主力星夜向西转移,迎击敌人。红军处于更加被动的境地。

自6月上旬发觉敌人积极部署第四次"围剿",到8月上旬投入反"围剿"作战的两个月内,张国焘基于对形势的"左"倾估计和"坚决进攻"的战略方针,在战略指导上招招出错。一是6月中旬潢光战役结束后,不适时转入反"围剿"准备而继续向京汉路出击;二是当敌人"围剿"部署业已就绪并开始向根据地内推进时,仍两次令红军主力围攻麻城;三是当敌人逼近根据地中心时,不实行诱敌深入、待机破敌的方针,却令红军仓促应战。这样,就不仅丧失了进行反"围剿"准备的充裕时间,使根据地军民在精神上、组织上、物质上处于毫无准备的状态,而且极大地消耗了自己的力量,致使红四方面军的反"围剿"作战,一开始就处于极为不利的局面。张国焘的"左"倾领导,在第四次反"围剿"中,从一开始就丧失了措置裕如的能力。

红四方面军受命西进后,向黄安急进。麻城到黄安,相隔百里之遥。红军用一个夜晚就赶到了黄安。8月11日中午,红十二师在黄安以西下徐家、冯寿二地区与敌先头部队第十师遭遇,趁敌立足未稳,突然发起攻击,给敌以很大杀伤。当时,蒋介石对第十师失利甚为恼怒,急电卫立煌纵队加强防守,并令陈继承第二纵队限8月14日以前占领七里坪。

8月13日,红军主力赶到黄安地区时,敌已筑好工事固守。正当部队原地休息，准备战斗时，得到情报，敌人正向红军两翼迂回。外出勘察地形的徐向前急忙赶回指挥部。

此时，张国焘已从后面赶来，正和陈昌浩躺在一间屋里休息。徐向前把观察的实情和分析讲了一遍，果断地提出转移。三个人经过一番争论，最后决定：部队连夜撤出，转移去七里坪，再寻找机会打击陈继承纵队。当天下午，黄安失陷。

红四方面军主力到达七里坪后，不顾疲劳，下决心要打好这一仗。8月15日下午1时许，敌第二师两个团攻到悟仙山大寨，红军乘敌仰攻，展开猛烈反击，当即将敌两个团大部歼灭。敌第二师师长黄杰急调部队增援。红军参战部队突破敌前沿阵地后，与敌人展开肉搏。经过激烈战斗，敌第二师全线溃退。红军再接再厉，反复冲杀，与敌第二、第三师激战，肉搏十余次。鉴于天色将明，敌据险顽抗，且后续部队已到，而红军伤亡较大，后续兵力不足，再攻也攻不动了，徐向前决定连夜撤出战斗。战局转成相持状态。

在冯寿二、七里坪的两次作战，虽给敌人以很大杀伤，但没有击破敌人的一路，因而也就没能使整个战局发生有利于红军的变化；相反，却使红军受到重大伤亡和消耗，作战继续处于被动地位，这就为以后作战带来更多的困难。究其原因，是多方面的，但造成战役指导上失误的总根源，在于张国焘一味强调进攻，不懂得采取积极防御的战略方针。

七里坪战斗后，8月22日，敌陈继承纵队奉命由七里坪绕道宣化店，配合北线敌张钫纵队，会攻新集。张国焘对敌军这一部署调整又做了完全错误的估计，他在8月29日给中央的电报中称陈继承纵队业已溃退，敌人"已无斗志，军阀内部又起冲突，敌经济恐慌急剧，全国群众革命情绪更为高涨"，提出"全国红军应趁此时机起来消灭'围剿'，迅速完成一省数省首先胜利"。于是，命令红军主力北上打击敌张钫纵队，保卫新集。其结果，正适应了敌人的战役企图。

这时，红四方面军主力已北移檀树岗作短暂休整补充。随后留第十师于檀树岗、七里坪地区阻击南面敌人，总部率主力北上。但刚刚到达新集以北，陈继承纵队即由西面赶来。于是，张国焘又令红四方面军在浒湾西北至西南的扶山寨、四面山、金兰山一线迎头堵击敌人。9月1日，敌人的试探进攻被击退。9月2日，敌人以第三、第八十师在4架飞机的掩护下猛攻，红军与敌展开激烈的肉搏战，阵地数次失而复得。经5天激战，歼敌2000多人，敌人又转入据地固守。这时，敌卫立煌纵队和张钫纵队南北夹击，与陈继承纵队构成对红军主力三面合围之势。这种局面，完全出乎张国焘的意料。于是，他一面令红四方面军向东转移，一面责成鄂东北道委留在当地，领导地方武装坚持斗争，自己则率中央分局、鄂豫皖省委和省苏维埃政府等机关撤出新集地区，随红四方面军主力经白雀园、余家集、挥旗山、汤家汇，向皖西的金家寨转移。9月9日，敌人进占新集，14日进占商城。

9月上旬末，红四方面军主力到达金家寨地区，与红二十五军会合。此时，红四方面军总部准备消灭麻埠一路敌人，但行抵东、西香火岭，因行动暴露，敌已戒备，而尾追之敌又已逼近，遂转而南下。9月20日，敌人进占金家寨。

在敌人大军压境、前堵后追的严重形势下，张国焘由盲目轻敌一变而为惊慌失措，认为红四方面军再也"没有打第二仗的力气"了。张国焘、陈昌浩、徐向前联名于9月13日、24日两电中央，报告近期作战情况，请求各根据地红军配合。电报说："敌分路合进，每路均三师人，互相策应，我军已与敌转战一月。在黄安、七里坪两次激战，敌第二、第十、第八十九师受重挫，退回黄安补充。敌第三、八十、八十三师又取道新集西北，协同五十八师及张钫部进攻，激战三日，敌第八、（八）十两师又受重挫。因敌人分路合进，我军尚未能消灭敌之一路，现正移师皖西，首先消灭进攻金家寨之敌。七里坪、新集已自动放弃。"电报还提出：当前红军最大的困难是补充人员不易。现有伤病员近万人，四分之三得烂脚病，缺医缺药。要求中央"紧急动员各区红军及工农群众急起策应我军"。

苏区中央局接到电报后，当时在前方的周恩来、毛泽东、朱德、王稼祥等复电鄂豫皖中央分局，建议红四方面军采取诱敌深入到有群众工作基础的、地形便于我们的地方，掩护红军主力目标，严格地执行群众的坚壁清野，运用广大的游击队，实行扰敌、截敌、袭敌与断绝交通等，疲劳与分散敌人，在运动中选择敌人薄弱部分，猛烈打击与消灭敌人一部后，迅速转移，以便各个击破敌人，粉碎敌之"围剿"。这个建议无疑是正确的，但是，这时的红四方面军已失去实行中央局这个建议的条件。

红四方面军撤离金家寨后，转至英山燕子河一带。在这里，张国焘召集陈昌浩、徐向前、曾中生等研究下一步的军事行动。决定以郭述申和独立第四师师长徐海东等带少部兵力及地方武装，在皖西和潜太地区扰敌后路，主力红军则先取英山，再向黄麻地区转移。

10月上旬，红四方面军主力经罗田、团陂、新州、八里湾等地，回到黄安地区。

红军转战两个多月，回到黄麻老根据地，只见到处断垣残墙，满目疮痍，群众无米缺柴，生活非常艰难。根据地遭敌践踏，乡亲们受苦受难，战士们疲惫不堪，因此，在部队到达河口地区后，徐向前准备让部队在这里休整，抓紧时间补充，另找战机，部署新的作战。谁知红军一到，就与敌第一、第八十八师遭遇。原来，敌人发觉红军主力已跳出其合围圈后，即命胡宗南部第一师和第八十八师、第十三师在麻城、黄安地区堵截，卫立煌、陈继承两纵队赶忙掉头向西尾追。

敌人的追堵，又使休整计划落空了。红四方面军以疲惫之师被迫应战。经过激战，将敌八十八师1个旅和第一师1个团全部击溃，歼敌2000余人，缴枪1000余支。10月9日下午，敌第二师由冯秀驿向河口东红军据守的仙人洞、邹家集、两河口一线阵地猛攻。红军以刺刀、手榴弹打退了敌人七八次冲击，毙伤敌近千人。红一师政治委员甘济时在战斗中牺牲。红二十五军军长蔡申熙负重伤，第二天也牺牲了。

鄂豫皖根据地的中心区域已被敌人占领，红军处境更加困难。10月10日晚，在敌人紧逼的情况下，张国焘在河口以北的黄柴畈召开了紧急会议。到会的有沈泽民、陈昌浩、徐向前、徐宝珊、王平章、吴焕先等领导人。对于红军下一步的行动，出现了意见分歧。张国焘认为两个月来，红军经过几次战斗，都未能击溃敌人，现在已经完全处于被动地位。苏区大片土地已被敌人占领，红军已无回旋余地，只有跳出敌人的包围圈，才能保存红军的力量。沈泽民提出，红军主力不应脱离苏区，应该留下来继续坚持游击战争，以待时机。徐向前不赞成上述两种意见，主张红军主力转移外线作战，待机重返苏区。他认为在敌强我弱，红军在苏区既已失掉以运动战方式歼灭敌人的机会，又没有回旋余地的情况下，将内线作战转变为外线作战，调动和歼灭敌人后再回苏区的办法是可行的。最后张国焘根据多数人的意见作了决定：留下红七十五师和地方武装，由沈泽民负责，坚持游击战争；红四方面军总指挥部率第十、第十一、第七十三师和少共国际团跳出苏区，到平汉铁路以西活动。

这次会议作出的向京汉路西转移、在外线调动打击敌人、待机打回根据地的决定，在当时情况下是必要的。但是，这次会议是仓促召开的，对部队下一步的行动计划与安排很不周密，会后也没有在部队中进行传达动员，只是在一些干部中做了简单的布置。广大指挥员甚至不少高级干部，都不了解这次行动的意图与计划，只知道要过铁路，准备同贺龙的部队会合。红军指战员就是这样在不明白的情况下，怀着沉重的心情，依依不舍地踏上了转移的征途。他们没有想到，这次转移，竟是越走越远。

10月11日黄昏，红四方面军第十、第十一、第十二、第七十三师和少共国际团，共13个团2万余人，携1.5万支枪，分左右两个纵队由四姑墩向西进发。第二天拂晓，于广水与卫家店之间越过了京汉铁路。天刚一亮，敌第十、第八十三、第八十八师就跟上来了。红七十三师后卫团被切断了。激战3小时，才将敌人击退，把丢失的行李、电台抢回来。10月13日，红军左右两个纵队在铁路以西陈家巷地区会合后，开始了漫长的征程。

红四方面军主力撤离鄂豫皖根据地后，留下来的红军重建红二十五军，紧紧依靠群众，坚持了艰苦卓绝的游击战争。1934年11月红二十五军奉命长征后，当地党组织和人民又组建了红二十八军，坚持了三年的游击战争，直到抗日战争爆发后编为新四军第四支队。

鄂豫皖根据地第四次反"围剿"斗争，从8月上旬开始，到10月中旬为止。红四方面军苦战两个多月，虽歼敌万余人，但终因张国焘的错误指导，未能扭转战局，在内线未能打破敌人的"围剿"的形势下，被迫转移到外线，遂导致了第四次反"围剿"的失败。

第四次反"围剿"的失败，原因是多方面的，既有客观上的原因，也有主观上的原因。但是，张国焘来到鄂豫皖根据地后，在政治、军事、土地革命、财政经济、肃反等方面所推行的一系列"左"倾政策，则是造成反"围剿"失败的最根本的原因。正如《中国工农红军第四方面军战史》所指出的：

> 张国焘到达鄂豫皖革命根据地以来，全面贯彻了第三次"左"倾路线的各项错误政策，并逐步建立起他的家长制统治。这就在很大程度上损害了革命力量和人民战争的基础，为严重的反第四次"围剿"斗争种下了不利因素。而张国焘的错误指导，则是造成这次反"围剿"斗争失败的直接原因。开始，张国焘基于轻敌的形势估计和执行"左"倾冒险主义的战略方针，一方面无视严重"围剿"即将到来的事实，毫不进行必要的准备，另一方面又坚持不停顿的进攻，大大疲惫和消耗了自己。这就使红军在敌人严重"围剿"面前，丧失了措置裕如的能力。当转入反"围剿"作战之后，张国焘又不采取诱敌深入、待机破敌的方针，却令红军在不利条件下

与敌实行决战，以致继续受制于敌。等到几仗均未打好，才不得不匆忙将部队主力转移到外线，最后被迫战略转移，终致反"围剿"斗争的失败①。

亲身经历了这场战争的徐向前也回顾说：

失败的教训，概括地说，主要是：第一，错误地估计了客观形势和敌我力量对比。头脑发热，盲目轻敌，没有及早进行反"围剿"的准备，丧失了主动地位。第二，在敌人重兵压境的严重形势下，未采取避强击弱、诱敌深入、各个击破的作战方针，而是率尔应战、正面硬顶、孤注一掷，始终未能形成战役战斗中的优势。第三，王明路线的推行，搞得根据地民穷财尽，毁坏了根据地的坚实基础和抗敌能力。相当一部分群众，脱离我们；还有成千上万的群众，只跟着红军"跑反"，无法形成人民战争的海洋。今天回想起来，那时完全粉碎敌人的"围剿"，虽有不少困难，但如果分局领导人，尤其是张国焘不犯这些带根本性的错误，争取胜利是有希望的②。

---

① 《中国工农红军第四方面军战史》，解放军出版社1989年版，第203—204页。
② 徐向前：《历史的回顾》（上），解放军出版社1984年版，第211—212页。

第八章
CHAPTER EIGHT

从鄂豫皖到川陕

西征途中

1932年10月，红四方面军主力越过京汉路，向西转移的行动，打乱了敌人的部署。

蒋介石企图消灭红军于大别山区的计划落空后，又重新调整部署，令卫立煌率第十、第八十师及独立第三十四旅等，跟踪追击；胡宗南第一师在北面沿花园至襄阳的公路，萧之楚第四十四师在南面沿京山至宜城的公路，实行平行追击；原在襄阳、枣阳、宜城地区的刘茂恩第六十五师和冯鹏翥第六十七师，则依托沙河堵击。敌人总的企图是，将红军主力围歼于襄（阳）、枣（阳）、宜（城）地区。

红四方面军主力西越京汉路后，在大洪山区且行且战，向西转进。部队冒着蒙蒙细雨，在崎岖的山间小道上艰难地行进。10月19日拂晓，到达枣阳以南40余公里的新集以西地区。这里，南面是大洪山，北面是桐柏山，西面是武当山，红三军曾在这里开展过游击战争。枣阳西南部曾建立过苏维埃政权，并与鄂豫皖苏区有过联系。红四方面军到达这里之前，张国焘、徐向前、陈昌浩商量，准备在这里稍事休整，待机打回鄂豫皖苏区。可是，当红四方面军到达时，这里的苏区政权、军队早已不存在了，只留下一片断垣残墙的荒凉景象。

部队正准备做饭吃，敌第八十三师就追上来了。徐向前立即命令红十一师组织阻击。激战数小时，打退了敌人多次进攻，迫敌后退了数里。为了给第二天的反击造成有利态势，红四方面军总部命令红十二师派部队迅速占领新集西南十公里的制高点乌头观，但未能如愿。当晚，敌第十师和独立第三十四旅赶到，占领了这个制高点。

10月20日晨，敌人以第八十三师和独立第三十四旅全力向宋家集、吴家集红军阵地发起猛攻,企图左右钳击,合围歼灭红军于新集以西地区。红四方面军总部决定,以红十、红十一师扼守宋家集、吴家集一线,红十二师扼守关门山、刀锋岭阵地,依托有利地形,予敌以一定杀伤后,集中力量向敌独立第三十四旅发起猛击,实行两面夹击,予以歼灭。战斗开始后,进展比较顺利,敌独立第三十四旅伤亡惨重,敌旅长罗启疆也被击伤,向后溃退。只有乌头观敌人凭险顽抗,红十二师久攻不下,致使围歼敌独立第三十四旅的计划未能实现。黄昏,敌第四十四师一个旅由双河场赶来增援,战局呈对峙状态。

10月21日,敌军集中兵力又向红军发起猛攻。下午,有一股敌人突破了前沿,攻到指挥所附近,情况十分危急。张国焘此时已不知所措。徐向前果断地决定,把指挥所的工作人员和警卫连约300人集合起来,抵抗敌人。红十一师师长倪志亮、政治委员李先念获知总部被围的消息,也立即率部来援,终于击败敌人,保证了总部的安全。这一天的战斗,从早到晚,战士们与敌人多次肉搏,双方伤亡惨重。入夜,西南方向的敌军范石生第五十一师向红军侧后攻击;北面的胡宗南第一师也从襄(阳)花(园)公路压迫过来,与当面之敌对红军形成合围态势。

在这严重的情况下,张国焘提出向西南方向渡过丰乐河,进入襄河以东地区活动。但该方向已被敌人堵截。为摆脱被动局面,徐向前与张国焘、陈昌浩研究决定,从敌人防守比较薄弱的西北方向突围。这样,就失去了再打回鄂豫皖根据地的可能。正如徐向前所说:"枣阳新集战斗,是我军转移以来打得最凶恶的一仗。""敌众我寡,四面受敌,部队被迫突围,向北转移。这样一来,我企图在外线寻机歼敌、打回根据地的计划,即告失败。"①

10月22日上午,部队到达襄阳西南十余公里的土桥铺地区时,敌刘茂恩部第六十五师等部已经摆好阵势。这时,红军指战员因连日行军作战,

---

① 徐向前:《历史的回顾》(上),解放军出版社1984年版,第216—217页。

已经极度疲劳。徐向前的两条腿都迈不动了。陈昌浩也累得躺在地上。张国焘已累得倒卧在地,不能说话,用手势向徐向前表示要他指挥。红军战士在徐向前的指挥下,不顾疲劳,奋勇冲杀,击退了进攻之敌,控制了沙河地段,打开了通路。入夜,红军胜利地通过沙河和襄(阳)花(园)公路,继续向西北转进。

新集和土桥铺两次战斗,是红军撤出鄂豫皖苏区后进行的两次最大的战斗,共歼敌3000余人,缴获炮5门、机枪30余挺、枪1000余支和弹药100余箱。这两仗,虽然没能给敌人以歼灭性的打击,但粉碎了敌企图在襄阳、枣阳、宜城地区围歼红军的计划,为以后的继续转进创造了条件。

在离开鄂豫边向西转进的时候,发生了把数以千计的红军伤员遗弃的事情,造成了令人痛心的损失。张国焘在回忆录中也不得不承认:

尤其是一千个以上的伤兵就地被抛弃的事情,使全军十分痛心。
……
遗弃伤兵的事件,迅即成为全军议论的题目,大家都极感痛心。有的检讨没有根据地作战是不智的,要求迅速脱离敌人追击,以期有喘息的机会。又有不少士兵动了思乡之念,想着不如仍回到自己家乡鄂豫皖区去打游击,就是死也希望死在本乡①。

遗弃伤员事件,是张国焘推行"左"倾错误造成的一个恶果。

10月22日夜,红四方面军经枣阳以西的隆兴寺、七方冈,向西转进。这时正值深秋,所经地区,由于连年军阀混战加旱灾,田园荒芜,庐舍废弃,荆棘漫野,满目凄凉。当地群众大多迁居外逃,甚至数十里内渺无人迹。红军冒着严霜冷雨,忍饥耐寒,昼夜行进。10月25日,在新野以西构林关地区再次突破刘茂恩部的堵截,经厚坡、下瓦亭、马蹬铺,于10

---

① 张国焘:《我的回忆》第3册,东方出版社1991年版,第143—144页。

月29日到达淅川以南的宋湾。10月31日，鄂豫皖中央分局致电中央，报告了近日的情况。并说："我军虽因每日作战，长期行军，甚为疲劳，但士气仍是极旺，随时可与敌决死战。"

红四方面军继续西进，于11月初到达鄂豫陕交界的南化塘。这里，北面是秦岭山脉和伏牛山，南面是武当山和汉水，山高谷深，交通闭塞，粮米较丰。红四方面军总部经过研究，准备在这里发动群众，建立根据地，并向中央报告撤离鄂豫皖的原因和打算。但是，部队才休息了三天，工作尚未开始，敌第四十四、第六十五、第一、第五十一师又跟踪而来。在敌人三面进逼的情况下，红军只好迅速转移，准备经鄂陕交界的漫川关，进入汉中。

漫川关是鄂西北进入陕南的一个隘口。这里崇山峻岭，地势险恶，土地贫瘠，居民稀少，当红军进到漫川关以东康家坪、任岭地区时，敌杨虎城部三个团已据漫川关防守，堵住了去路。敌胡宗南部的两个旅也由郧西赶至漫川关东南任岭、雷音寺、七里峡、古庙沟一线。敌四十四师也抢占了漫川关东北的张家庄、马家湾一线，敌第六十五师和第五十一师也尾追至漫川关以东大沟口、当山地区；第四十二师则经漫川关以北的石窑子向南压来。在这里，敌人共动用了五个师又三个团的兵力，企图将红四方面军围歼于漫川关以东五公里长的悬崖峡谷之中。

面对危急情况，张国焘惊慌失措，极力主张把部队化整为零，分散突围。他在节节失败的情况下，变得谦虚起来，征求徐向前的意见。陈昌浩也说由徐向前决定。徐向前根据得到的情报，认为北面敌兵力较小，又是敌人两股部队的接合部，是个弱点，可以从那里突围出去。

敌情不允许他们多讨论，最后按徐向前的意见，一致决定：以一部兵力牵制当面之敌，集中力量从北面接合部实行突围，夺路前进。入夜，红十二师第三十四团，在红七十三师第二一九团的配合下，向敌第四十四师展开猛烈的冲击。这一仗，第三十四团的第二营500多人，伤亡300多人，最后只剩下100多人，还是死打硬拼。经过反复冲杀，终于夺取了北山垭口，从张家庄至马家湾之间敌第四十四师两个旅的接合部，打开了一条通路。红军利用黑夜，沿着小路向北急进。到天亮时，突出包围圈，脱离了危境。接着，红军经野狐岭陡峻山地，沿一条上是峭壁、下是深谷的羊肠小道夺路北上。翻过野狐岭，又攻占了竹林关，一路攀岩涉水，于11月19日到达陕西商县西面25公里余的杨家斜。在此期间，将鄂豫皖革命军事委员会改称西北革命军事委员会。

红四方面军在杨家斜休息一天后，为贯彻进入汉中的计划，准备从商县以西取道凤凰咀去镇安、柞水地区。当行至凤凰咀以东时，遇上敌胡宗南部的阻击，只好避开敌人，折而向北。部队抵达曹家坪后，总部开会决定分两路越秦岭，一路走汤峪，一路走库峪，向关中平原转进。

11月23日，红四方面军进入关中平原。这时，国民党北路军总指挥兼陕西省主席杨虎城急忙调孙蔚如第十七师在王曲、子午镇一带阻击，而尾追的敌人第一、第六十五、第四十四、第五十一、第三十五等师，也扑向关中；敌第二、第四十二两师，沿陇海路匆忙西进，企图合围红军。红四方面军先后在王曲、子午镇等地同敌展开激战。在王曲镇歼敌四个营。子午镇一仗，又击溃陕军一部。

红四方面军继续转进，到达户县以南的彷徨镇后，分为两个梯队前进。张国焘带红十一、红七十三师先行；徐向前、陈昌浩指挥红十、红十二师殿后。第二梯队在彷徨镇尚未出发，敌人又围上来了。徐向前紧急指挥部队实施反击。激战数小时，歼敌胡宗南师一部及陕军警备旅数千人。张国焘率第一梯队闻讯后，返回接应，战斗已临近结束。战斗中，红十师代师长曹光南不幸牺牲。

在这里，鄂豫皖中央分局收到了中央11月27日的来电。电文指出：

（一）虽然在临城（可能是七里坪——引者注）战役中，红军获得伟大的胜利，击溃敌人九师主力，坚强了自己。但是由于对于国民党崩溃过分估计及由此而产生的对四次"围剿"严重性的估计不足，使我们不得不离开原有的根据地，这是很大的损失。

（二）现在任务是要红四方面军在豫、鄂、陕边建立新的根据地，发动当地的群众的革命斗争，给红军主力以整理补充，并尽量扩大红军，以准备向敌人反攻，继续向西入陕与长期行动是不适当的。

（三）迅速与红第二军团取得联系与行动的呼应。特别是在向敌人反攻准备时期，这有极重要的意义。

（四）帮助领导鄂豫边区，恢复鄂豫边苏区，发动在这些区域中的游击战争，最高限度的发展土地革命的斗争，这是创造与巩固鄂豫边苏区的不可分离的步骤。

（五）红军主力整理休息补充之后，应取向回发展的方向，造成时时威胁襄、樊及武汉形势，所以与鄂豫皖苏区取得密切的联系，是十分必要的①。

中央的这一指示，远远脱离了红四方面军当前的实际。红四方面军在敌军的紧追之下，已远离鄂豫边进入陕西境内，此时的客观形势已使中央这个计划无法实现。当11月28日红四方面军到达周至县以南马召镇附近的新口子时，为敌骑兵所阻，不能通过，后面又有追兵，要回鄂豫边区已经不可能了，只有翻越秦岭，向南发展。鉴于此情况，张国焘决定红四方面军南进汉中。11月29日，红四方面军由新口子出发，再次翻越秦岭。

秦岭，高耸入云，气吞万里，山连山，水连水，海拔在2000米以上。北坡到处是峭壁悬崖，极难攀登。此时已届严冬，雨雪交加，寒风刺骨。但是，战士们仍是单衣，穿草鞋，白天行进于崇山峻岭之间，夜晚宿营于悬崖老林之中。沿途人烟稀少，粮食缺乏，战士们饥寒疲累，艰苦异常。

---

① 《中国工农红军第四方面军战史资料选编》（鄂豫皖时期·下），解放军出版社1993年版，第699页。

经过9天的艰苦行军，一连翻过9座海拔2000米至4000米的大山，途经老君岭、厚畛子、下佛坪、都督河、黄柏源等地，于12月7日抵达秦岭南麓城固西北约40公里的小河口。在这里，爆发了一场反对张国焘的行动。自离开鄂豫皖根据地以来，张国焘的日子很不好过。后来，他在回顾这时的情况时说：

> 我们离开鄂豫皖西行，中共中央事先是毫不知道的。他们似是因为不知道我们的处境，对我们的行动颇感焦虑。最先是告诉我们一些敌情，等到我们到达豫西南一带的时候，就转而反对我们继续向西退却的指示。等我们越过秦岭进到关中时，中央来电的语气就更加严重了，甚至说"如果你们再继续向西逃跑，那我们就公开反对了"。
>
> 我军越过京汉铁路西进的时候，政治部的口号仍是强调在鄂豫皖区外围消灭敌人。有些政治工作干部，总以为我军在鄂北一带兜圈子，目标仍是指向鄂豫皖区。等到他们知道我军行动的箭头指向西面，就开始有所疑虑。他们纷纷议论，向西是没有前途的，远离了全国的其他苏区。这些见解与中央的指斥如出一辙。
>
> ……
>
> 这些反对意见，终于汇集起来，形成不满现有领导的反对派[①]。

红四方面军到达小河口的当晚，部分高级干部便商议同张国焘进行斗争。这次行动，是由于对张国焘在红军撤出鄂豫皖苏区后的无止境退却感到怀疑和不满而发生的。先是曾任红四军政治部主任的余笃三和总部干部王振华、朱光计议到中央揭发张国焘的错误，要求中央采取措施加以纠正。他们将此事告诉红七十三师政治部主任张琴秋，张认为不妥。入夜，王振华、朱光、李春霖、张琴秋到曾中生、刘杞处谈论对张国焘的意见，并推

[①] 张国焘：《我的回忆》第3册，东方出版社1991年版，第171、173—174页。

举曾中生以书面形式向张国焘陈述大家对其领导和当前行动方针的意见，要求停止向西北无止境的退却，争取在陕鄂一带创建新的根据地；希望张国焘能采纳大家的意见，并将这一意见转报中央。

张国焘得知这一情况后，于12月8日在小河口召开师以上干部会议。会上，大家对张国焘提了不少意见，进行了批评，并要求把红四方面军今后的行动方针报告中央。张国焘一方面表示欢迎大家提意见，并在会上宣布成立前敌委员会，以示加强集体领导，随后还委任曾中生为西北革命军事委员会参谋长，张琴秋为红四方面军总政治部主任；另一方面，对大家提出的意见不置可否，更不上报中央。徐向前因带先头部队出发，未出席此次会议。

这次会议没有形成同张国焘的公开对抗，是因为他当时仍是中央代表，广大干部对他的错误还缺乏更多的认识。尽管如此，这次行动仍是有积极意义的，迫使张国焘不得不将其家长制的领导暂时稍加收敛。这对以后川陕根据地的迅速创建，有着一定的积极影响。但是，就在这次会议后，张国焘对反对他的人却怀恨在心，也在伺机进行打击报复。

小河口会议后，红四方面军继续南进，在秦岭出口处许家庙、沈贤村击溃敌第十七师第五十一旅两个团的堵截，于12月10日夜进入汉中平原的城固以西汉水岸边的沙河营。因为那一带回旋余地小，决定去大巴山北麓的西乡、镇巴一带落脚。当晚，在茫茫夜色中，尾追的敌军梦想着汉水会助他们一臂之力，没想到，红军乘夜色徒涉汉水，又把他们甩掉了。至此，红四方面军转战两个多月，行程3000余里，终于摆脱了西进以来的被动局面。渡过汉水后，全军人数还有1.44万人。

12月中旬，红四方面军进驻西乡以南的钟家沟地区。红四方面军领导人了解到陕南一带连年干旱歉收，粮食极缺，大军久驻给养有很大困难。从陕南党的地下工作人员提供的情况得知，四川军阀正在混战，川北敌人的防务极为空虚，红军回旋的余地也大，特别是川北一带有共产党领导的游击战争和农民运动。为此，红四方面军在钟家沟召开团以上干部会，决定挥师入川，翻越巴山，首先占领通江、南江、巴中地区，创建川陕革命根据地。

12月17日，红四方面军以第七十三师第二一七团为先遣队向川北进军，主力于12月19日出发。这时正值隆冬，冰雪封山，红军战士拖着疲惫不堪的身躯，依靠革命英雄主义和团结一致的精神，攀鸟道，履冰雪，战风寒，终于征服了人迹罕至的巴山。

翻越巴山后，红四方面军一路急行军，直下通江县城。接着，兵分3路展开：徐向前率第十一、第十二师西进巴中；陈昌浩、王树声率第七十三师北取南江；王宏坤率第十师东向万源。张国焘率总部及后方机关坐镇通江及苦草坝。1个月之内，红军连战皆捷，共歼敌3个团，溃敌8个团，占据通江、南江、巴中3座县城及周围大片地区，初步实现了进军川北的战略任务。在占领通江后的第五天，即12月29日，在通江成立了以旷继勋为主席的川陕省临时革命委员会，作为省苏维埃政府正式成立前的最高政权机关。在共产党员张逸民影响下，南江北部的土著武装任玮璋部2000余人起义，参加了红军。

四川，号称"天府之国"。但此时的四川境内，"诸侯"蜂起，连年混战。红军入川前，全省分别为刘文辉、刘湘、田颂尧、邓锡侯、杨森、李家珏、罗泽州、刘存厚等军阀分割控制。蒋介石的中央政府和中央军鞭长莫及，只得容忍所谓"川人治川"和军阀割据的现状。1932年10月，一心想当"四川王"的刘湘，同刘文辉展开争夺成都的大混战，全省大小军阀多被卷入。12月间，"二刘之战"再次爆发。以川北为其地盘的第二十九军军长田颂尧，站在刘湘一边，倾其主力30个团西出成都参战，后方仅有十几个团防守。红军一举进据通南巴，就是利用了这个有利时机。

通南巴地区，位于川陕边。背靠巴山天险，俯视川东盆地，层峦叠嶂，林木际天，河川纵横，土地肥沃，地势险峻，南低北高，进可攻，退可守。

但是，川北人民在田颂尧的残酷统治下，长年挣扎在饥寒交迫、水深火热的境况中。军阀混战，更给群众带来了无穷无尽的灾难。

红四方面军入川，田颂尧继续在成都参加混战。他在川北一角割地称雄，从未和红军较量过，认为乘虚而入的红军，不过是些东流西窜的"残匪"，就更不放在眼里了，要在成都之战结束后再来"回剿"红军。追击红军的胡宗南、刘茂恩等蒋介石的嫡系部队，要从陕南入川"进剿"，田颂尧怕请神容易送神难，拒绝他们进入川北。

张国焘、徐向前、陈昌浩等红四方面军领导人决定：抓紧有利时机，深入发动群众，开展土地革命斗争，建立以通南巴为中心的川陕革命根据地，并充分做好迎击敌人进攻的准备工作。这时红四方面军总部在通江，前线指挥部驻巴中，将三个师部署于巴中、南江一线，对付田颂尧的反扑；以一个师部署于通江及其以东地区，牵制刘存厚部，并保障战略后方的安全；另以少许兵力监视陕南的敌人。

红军初来乍到，要立脚生根，关键在于发动群众。为此，西北军委颁发了关于土地问题的布告，提出反对军阀地主豪绅、废除苛捐杂税、没收地主土地分给农民、建立苏维埃政权等主张。红四方面军各部队组成工作队，分片包干，分兵发动群众，打土豪、分田地，建立各级红色政权和群众组织。1933年2月7日，在通江召开了中共川陕省第一次党员代表大会，选举袁克服任中共川陕省委书记。会议通过了《关于目前的政治形势与川陕省委的任务》等决议，决定发展党的组织与扩大红军，广泛分配土地，充分发动群众，彻底打垮封建势力，为创建和发展川陕革命根据地而斗争。2月中旬，在通江县城召开了川陕省第一次苏维埃代表大会。大会宣布以《中华苏维埃共和国宪法大纲》为根本大法，通过了《川陕省苏维埃临时组织法大纲》，正式成立了省苏维埃政府，熊国炳任主席。并将现有地区划为红江、赤江、赤北、南江、巴中五县和巴中特别市及陕南特区，建立各级苏维埃政权机构。省苏维埃政府成立后，即发表文告，号召广大人民动员起来，全面彻底地实行土地革命，准备粉碎敌人的围攻。此外，共青团、工会、妇女会等群众团体也相继建立。赤卫队、儿童团、宣传队、俱乐部、洗衣队、缝纫队、运输队、代耕队、耕牛农具合作社等，如雨后春笋般地建立起来。从县城到乡村，结成一张纵横交织的巨网，把大多数贫苦农民团结和组织起来。依靠这些组织，红军的粮食、兵员、服装、运输等问题，都较好地得到解决，少数地主武装的叛乱活动，也及时被粉碎了。

为了分化敌人，红四方面军总部以张国焘、徐向前、陈昌浩的名义，致书刘湘、杨森、刘存厚等人，提出互不侵犯。

通南巴地区的开辟，土地革命的开展，各级党政组织的建立，特别是中共川陕省委和川陕省苏维埃政府的成立，标志着川陕边根据地的初步形成。

反三路围攻到反六路围攻

红四方面军进军川北，迅速占领通南巴地区的胜利，给敌人以很大的震动。蒋介石连续电示四川各派军阀立即停战言和，共同对付红军。1933年1月21日，四川军阀的成都混战暂告结束。1月27日，蒋介石任命田颂尧为川陕"剿匪"督办，并拨给100万发子弹和20万元军费，要他乘红军立足未稳，迅速组织围攻。1月28日，田颂尧宣誓就职后，委任第二十九军副军长孙震为"前敌总指挥"，主力部队开始东调，于2月中旬开始了对川陕根据地的三路围攻。

军情紧急。红四方面军总部决定在通江召开紧急军事会议，商讨粉碎敌人进攻的对策。

通江是座一面傍水、三面临山的小县城，只有几百户人家。在城里有座小巧玲珑的公园，红军来到后命名为"列宁公园"。在城中心有一座天主教堂。离教堂不远，是一座颇具规模的孔庙。西北军委和红四方面军总部的办公机关就设在教堂和孔庙里。

军事会议在列宁公园张国焘的办公地点召开。出席会议的有张国焘、徐向前、陈昌浩、王树声、曾中生、周纯全、傅钟等人。表面看来，红四方面军的主要领导人是三巨头：张国焘、徐向前、陈昌浩。但实际上，大权在握的是张、陈两人，张国焘有中央代表、西北军委主席、中华苏维埃中央政府副主席的身份，一贯搞家长制统治。陈昌浩虽然最年轻，但曾是莫斯科中山大学的活跃人物。他能写能讲，又是红四方面军的总政治委员，说话很有分量，有时连张国焘也不得不让他几分。有一次，陈昌浩签署布告把自己的名字写在前面，张国焘看后自然不高兴，但又不便问陈昌浩，曾私下对别人念叨："是军委主席大还是总政委大？这样签署布告行吗？"陈昌浩拿定主意要干的事，张国焘一般都同意，如果徐向前持不同意见，他们就两票对一票，使徐向前孤掌难鸣。但是，张国焘和陈昌浩对徐向前的军事才能又不能不倚重和依赖。只是在政治方面，很少要徐向前参与重大问题的决策。徐向前分工管作战，大部分时间在前线，因这次要确定军事战略方针和部署，张国焘才要他赶回后方参加会议。

徐向前在发言中首先分析了周围的敌情，川北的地形特点和敌人可能进攻的主要方向，建议以"收紧阵地""决战防御"的方针打破敌人的围攻。与会者完全同意这一新的作战方针。会议确定作战事宜由徐向前负责，政治动员、群众工作、后方工作、肃反工作、支前工作由张国焘、陈昌浩、周纯全等人负责。

2月18日，坐镇阆中的田颂尧令孙震率主力38个团共6万余人，分左中右3路向通南巴进击，企图将红军消灭在大巴山下，至少是压迫回陕南境内。这是田颂尧、孙震根据蒋介石"着重左翼，防匪西窜"的指令制定的计划。蒋介石认为，只要红军被压到大巴山以北，他即可动用嫡系部队胡宗南、刘茂恩部继续追剿，将红军一网打尽。

根据敌情，徐向前将红七十三、红十一师扼守于北起南江的三江坝，南至巴中的曾口场一线，抗击敌左纵队；红十二师屏障于巴中至通江以南，对付敌之中、右纵队和杨森部；红十师置于通江以东，抵御刘存厚部。

南江的木门、长池、三江坝，是敌人的主攻方向。红军战士浴血奋战，仅10天时间，即歼敌左纵队5000余人。与此同时，向巴中、通江方向进击的敌人也遭到红军的顽强阻击。

3月8日，红十一师阵地八庙垭失守。半夜，张国焘打电话给徐向前，告诉他这一消息。八庙垭是南江至巴中间的重要防地，徐向前得知这一消息后一夜未睡，天不亮就从巴中赶到那里，组织部队反击，采取正面攻击和两翼迂回的战法，一举歼敌一个团又一个营，夺回了八庙垭。此后，因敌人攻势越来越猛，徐向前命令全线部队边打边撤，逐次"收紧阵地"，至3月18日，先后放弃了南江、巴中两县城，并收缩防线，与敌人形成对峙状态。徐向前率前指移驻通江城。

4月下旬，敌人再次发起全线进攻，徐向前指挥红军灭敌一部后，于4月29日又主动撤离通江县城，收紧阵地，将主力红军集中到方圆不及百里的空山坝地区，待机反攻。田颂尧被"胜利"冲昏了头脑，令左纵队的13个团孤军冒进，进入空山坝以南的余家湾、柳林坝地区，企图一举消灭红军。东部之敌刘存厚也赶紧派出八个团进占空山坝以东的竹峪关。

空山坝是巴山南麓一座海拔2500多米的高山。半山坡上有几间破旧的茅草房屋，隐蔽在茂林修竹之中。张国焘、徐向前、陈昌浩就住在这里。他们经过多次研究，认为敌左纵队已经孤军深入深山狭谷地带，供应困难，士气沮丧，我军利用有利地形围歼冒进之敌是有相当把握的。于是确定了立即全歼敌左纵队的反攻部署。

为造成敌人的错觉，并解除翼侧刘存厚部的威胁，徐向前首先派一部兵力东出，突袭竹峪关，将敌八个团击溃。同时令王树声率第七十三师顶住敌左纵队的进攻，为反攻争取时间。接着，徐向前在空山坝主持召开军事会议，张国焘、陈昌浩、曾中生及各师主要负责人出席了会议。会议分析了敌我态势和总反攻的有利条件，对总反攻作了部署。

5月20日晚，各部队开始行动。5月21日上午陆续到达阵地，筑起工事。敌左纵队的13个团全部被包围在柳林坝、余家湾地区。下午4时，徐向前发出总攻击令。经3昼夜激战，全歼敌7个团，溃敌6个团，敌左纵队被彻底摧垮。可惜红军在余家湾以西的大两路口配置兵力不足，被孙震率一部夺路而逃。敌中纵队和右纵队见左纵队溃败，吓得抱头鼠窜。徐向前令部队沿南江方向和通江、巴中方向猛打穷追，扩张战果。红军一鼓作气，直趋广元、苍溪、仪陇附近，沿途共俘敌6000余人。

至6月中旬，历时4个月的反三路围攻战役胜利结束。红军先后共毙、伤敌1.4万余人，俘敌1万余人，缴长短枪8000余支，机枪200余挺，迫击炮50余门，田颂尧军损失过半，残部退守嘉陵江沿岸。在反三路围攻的同时，根据地内还进行了分配土地和剿灭土匪的斗争。反三路围攻胜利后，以通南巴为中心的根据地扩展到3万平方公里，人口逾200万。红四方面军也迅速扩大到4万人。此后，川陕根据地进入一个巩固和发展的新阶段。

反三路围攻的胜利，还进一步促进了敌人营垒内部的矛盾和分化。田颂尧不仅损兵折将，而且还被蒋介石撤销了川陕"剿匪"督办的职务。他对三路围攻期间其他军阀见死不救、保存实力的做法，大为恼火。这时，再次爆发的刘湘、刘文辉川西混战，胜负未分，欲罢不能。其他军阀慑于红军的威力，自保"防地"，谁都不想贸然进攻红军。4月间，驻陕南的敌第三十八军军长兼第十七师师长孙蔚如，因对蒋介石排斥异己的政策不满，同时鉴于红军力量日益壮大，继续同红军作战于己不利，遂在中共地下工作人员的推动下，派人到川北与红四方面军联系，要求互不侵犯。红四方面军即派徐以新赴汉中谈判。在空山坝大捷的影响下，孙蔚如终于同红军达成了互不侵犯、共同反蒋的秘密协议。这次统战工作的成功，减轻了红四方面军对陕南方面的顾虑，得以集中全力对付四川之敌，对根据地的发展和对敌斗争，都起了积极作用。

反三路围攻胜利后，暂时出现了有利于根据地建设的相对稳定局面。红四方面军领导人抓住时机，召开会议，开展了巩固根据地和加强红军建设的工作。按照分工，张国焘、曾中生着重抓地方工作和建设，徐向前、陈昌浩着重抓军队工作和建设。

6月25日，在通江召开了中共川陕省第二次党员代表大会。曾中生代表川陕省委在会上作了政治报告。会议对加强党的建设、加强红军和地方武装的建设、深入和扩大土地革命等问题作出了具体决定，使根据地的进一步巩固和建设有了明确的目标。

6月底，徐向前、陈昌浩在旺苍县的木门场主持召开了军事会议。会议的第一个议题是由徐向前总结反三路围攻的经验，并提出摆在红军面前的中心任务是：整编队伍，加强训练，提高战斗素质，为粉碎敌人的新围攻和发展川陕根据地，做好充分准备。

木门会议的另一个议题是停止部队内部的肃反问题。红四方面军来到川北后，刚刚站稳脚跟，张国焘就再一次进行肃反。1933年2月，他在川陕省第一次党员代表大会上，首先发动了所谓反"右派"斗争，把那些对他有过意见的人诬为"右派"，是所谓"反党活动"，并说"右派是托陈取消派的新生力量"，而"托陈取消派"又是"目前反革命派别的领导中心"，以此来为肃反制造"理论"根据。三四月间，当反三路围攻战役处于紧张阶段，红军指战员正在前线浴血奋战的时候，张国焘借口部队"不纯"，令陈昌浩和政治保卫局进行肃反。许多从鄂豫皖根据地来的骨干，如红十师参谋主任吴展、红七十三师第二一七团政治委员闻盛世、第二一八团政治委员陈少卿和大批中下级干部、老战士惨遭杀害。陈少卿只是因为所属第三营一仗没有打好，便被以"改组派"的罪名抓起来，并株连全团排以上干部，几乎全被抓，有的被关，有的被杀，有的被罚做苦工。

接着，张国焘又在高级干部中捏造罪名，进行陷害。他先是诬陷原鄂豫皖军委会总经理部主任余笃三为"托陈派首领"，加以捕杀。继而，又逮捕了红七十三师政治部主任赵箴吾、参谋主任杨白以及总部工作人员李春霖、王振华、王占金等多人，其中多数被杀害。6月28日，张国焘在《干部必读》第16期上发表《红军中的肃反工作》一文，提出，"在红四方面军中，过去是改组派、AB团、第三党的混合组织做反革命活动的中心。现在是托陈取消派起主要的反革命作用了"。他无中生有地诬陷余笃三等人就是红四方面军中的"托陈取消派"，说，"红四方面军中托陈派的主要领袖，也就是整个反革命的领袖，就是余笃三、赵箴吾、王振华、徐永华、王振亚、杨白等；他们利用红军过铁路西进和此次收紧阵地的机会，大大活动，说什么'红军要垮台'；并且说，'看呀，红军和苏维埃快失败了，到底托洛斯基对，快快开小差，投降国民党'"。6月，张国焘又诬陷原川陕省临时革命委员会主席旷继勋"通敌"，将其秘密处死。

徐向前等人对肃反不满，尽力保护了一些干部。红九军第二十三团政治委员陈海松年仅20岁，作战勇敢，是个优秀干部，也被保卫局列入黑名单，要抓起来。徐向前得知后气愤地质问陈昌浩。由于他的力争，保护了陈海松等人。李先念在红十一师，也没照保卫局的黑名单抓人，保护了不少同志。

在木门会议上，大家对肃反意见极大，议论纷纷，慷慨激昂，强烈要求停止部队内部的肃反，终于迫使张国焘、陈昌浩同意停止肃反。

木门会议的再一个议题是部队扩编和整训问题。为适应形势的需要，会议决定将红四方面军的四个师扩编为四个军，并通过整训，加强政治工作和军事训练，恢复彭杨干部学校，进一步提高部队的军政素质。

木门会议后，红四方面军于7月上旬进行整编，由原来的四个师扩编为四个军。这时，川陕根据地最高军事领导机关为西北革命军事委员会，张国焘任主席，徐向前、陈昌浩任副主席，曾中生任参谋长。下为红四方面军总指挥部、总政治部,徐向前任总指挥,陈昌浩任政治委员兼总政治部主任,王树声任副总指挥,傅钟、曾传六任总政治部副主任。红十师改为红四军,军长王宏坤,政治委员周纯全,政治部主任徐立清,共三个师八个团;红十一师改编为红三十军,军长余天云,政治委员李先念,参谋主任文建武,政治部主任张成台,共三个师八个团;红十二师改编为红九军,军长何畏,政治委员詹才芳,副军长许世友,参谋主任王学礼,政治部主任王新亭,共两个师六个团;红七十三师改编为红三十一军,军长王树声(兼),政治委员张广才,政治部主任黄超,共三个师七个团。红四方面军直属机关有参谋处、总经理部、总医院、彭杨学校和警卫一团、二团,妇女独立营等单位。整个方面军共四万人。

木门会议后,红军各部队掀起了军事训练和政治教育的热潮。通过整训和总结作战经验,部队的军政素质得到了很大提高,为迎接新的战斗任务奠定了基础。

8月1日,川陕省苏维埃政府在巴中召开了第二次苏维埃代表大会,明确宣布把中共六大通过的十大政纲,作为施政方针。大会具体讨论了土地革命、扩大红军、肃反、财政经济等各项工作。

8月8日,川陕省委在新场坝召开了地方武装代表会议。会上宣布成立中国工农红军川陕省军区指挥部,张广才任指挥长。

在这几次会议后,整个川陕根据地积极贯彻会议精神,扩大红军、土地革命和根据地的各项建设,都掀起了新的高潮。

正当红军练兵运动进入高潮,根据地各项建设事业蓬勃发展的时候,张国焘认为难关已经渡过,大局已定,于是,再次开展了反对所谓"右派"和"托陈取消派"的肃反斗争。虽然在木门会议上作出了停止部队肃反的决定,但仅过了一个多月,张国焘便又一次掀起了肃反的浪潮。

这次肃反,张国焘把主要矛头指向小河口会议期间批评过他的曾中生等一批领导骨干。7月底,张国焘即以西北军委主席的名义,公布命令,内称奉中央革命军事委员会的命令,免去西北军委参谋长曾中生的职务,另行分配工作,参谋长一职由倪志亮接任。8月1日,张国焘以"右派首领""与托陈派、改组派、AB团、第三党联合起来,形成小组织的活动"等捏造的罪名,秘密逮捕了曾中生。陈昌浩在后方最高领导机关党团活动分子会上的报告中,把曾中生等人反对张国焘错误的正确行动,诬蔑为"在小河口时中生、王振华、余笃山、朱光、李春霖等公开组织开小差","公开开会,在中生指示之下,托陈派、右派、改组派们一致联合反对党的领导,并提出其政纲,并分配其反革命党羽到各师去活动,企图深入其反革命组织"。他们的活动是"以反对个人来掩饰其反革命,到处活动宣传党的领导不正确。所谓'个人独裁','军阀投机','家长制度',企图以推翻党的领导来间接推翻红军"。8月31日,张国焘在《干部必读》第45期上发表《右派的根本错误》一文,攻击曾中生等说:在鄂豫皖根据地,"中生曾以这种立三路线的观点反对鄂豫皖中央分局的正确路线,形成小组织式的斗争,结果助长了改组派、AB团、第三党"。"在上次红四方面军脱离鄂豫皖赤区过铁路西征的艰苦斗争中,右派就形成起来",并"与托陈派、改组派、AB团、第三党联合起来,形成小组织的活动"。在"混进到党的领导机关"以后,"已然进行其小组织的反党活动,使小组织合法化"。张国焘等人逮捕曾中生后,施以严刑拷打,强迫承认。张国焘并亲自出马进行审讯。

徐向前听说曾中生被捕的消息后,极为震惊,打电话问陈昌浩。陈昌浩搪塞说:"这是张主席决定的,不过是'审查审查'罢了。"

曾中生被关押审讯期间,正气凛然,一直坚持同张国焘斗争,拒绝写所谓承认"错误"的"自首书"。他身陷牢狱,心系军中,奋笔疾书,写下了著名的《与"剿赤"军作战要诀》,对四川的敌情、地形、敌人作战特点和红军战斗要领作了通俗的阐述,成为红四方面军的重要军事教材之一。这本书被张国焘隐匿作者姓名,用"西北革命军事委员会"的名义印发各部队，受到红四方面军广大指挥员的热烈欢迎，对于普遍提高红军干部的指挥能力和战术水平，帮助部队总结实战经验，发挥了重要作用。

这次肃反除逮捕了曾中生外，还将原独立师政治委员刘杞开除党籍。至此，西征途中在小河口会议上曾表示过反对张国焘的同志，几乎全部被逮捕或遭到杀害。此外，红四方面军参谋主任舒玉章和独立师师长任玮璋、参谋长张逸民等人，也先后被杀害。不仅如此，张国焘还把自己所在的地区视为"独立王国"，排斥、打击中央和白区党派来的干部，假借肃反之名，对他们肆意关押和杀害。四川白区党组织派来川陕苏区的200多名党团员，几乎全被杀光。四川省委书记罗世文被逮捕，遭到长期监禁。中央派来的干部何柳华（即廖承志）也被长期监禁起来。另外，还杀害了陕南特委书记杨珊。按照张国焘手里的"黑名单"，还包括红四方面军的一些师、团、营首长，但因徐向前、李先念及各军主要领导干部坚决抵制，且部队又将担负新的作战任务，这些"黑名单"上的人才得以幸免。

自红四方面军进入川北以来，张国焘在领导川陕根据地的工作中，虽然在一定程度上执行了党的反帝反封建的民主革命纲领，为实行土地革命和武装斗争，为建立红色政权、发展红军和根据地，做了许多工作，但是，他仍继续执行了王明"左"倾教条主义的各项错误政策，对革命事业造成了严重干扰和损失。

在对形势与任务的估计上，他不顾九一八事变以来国内阶级关系的新变动，和王明"左"倾教条主义错误所造成的中国革命运动的挫折，过分夸大了国民党统治的危机和革命力量的发展，因而提出川陕党的任务就是"采取最坚决的进攻敌人的路线""争取苏维埃政权在西北一省数省的首先胜利"。

在军事上，提出了"一寸土地也不让敌人侵犯"的错误口号；制定过大的扩红任务，要求"完成三十万铁的红军"，忽视地方武装的建设。

在土地革命中，继续实行"地主不分田，富农分坏田"的政策和过左的划分阶级的政策，并侵犯了中农的利益。

在社会肃反工作中，造成了肃反扩大化的错误。社会肃反，常常不分首恶胁从，不区分罪恶大小，简单地予以杀戮，规定"是罪魁，是国民党员、区正、团正、甲长、侦探、坐探要一律斩尽杀绝"。对社会上反动组织的成员和反动政权的下层人员，也不加分化利用，只是一味打击和镇压，结果杀人过多，在农村造成了贫雇农的孤立和不良的政治影响。地方肃反，大搞"逼、供、信"，错杀了很多基层的干部、党员。

在经济政策方面，也发生了没收工商业者的财产，侵犯中小商人利益的现象。陕南的小商人到根据地贩货，一次就被杀30多人，以后就很少有人来做生意了。

在党内斗争问题上，提出"加紧党内两条路线的斗争，反对右倾主要危险"的口号，搞宁"左"毋右，越"左"越好；对坚持正确意见的同志，实行宗派主义的过火斗争和打击政策，窒息了党内的民主生活，助长了盲目服从的倾向。

张国焘的这些错误，对当时和以后红四方面军及川陕根据地的建设，都带来了严重危害和不良后果。

粉碎敌人的三路围攻后，经过一段时间的部队整训和根据地建设，红四方面军领导人经过认真分析当时的客观形势，认为有利于红军发起外线进攻。一方面，经过第二次党员代表大会、第二届苏维埃代表大会的召开和土地革命的开展，红色政权愈加巩固；红军经过扩编和训练，战斗力明显增强。另一方面，苏区周围的田颂尧、杨森、刘存厚等军阀慑于红军威力，各保自己；而东南部实力最雄厚的刘湘，正忙于"安川"大业，与刘文辉争雄，暂时还顾不上对付红军。这样，红军趁势出击，对敌各个击破，进一步扩大根据地，解决财力、物力的困难，不仅是必要的，也是完全可能的。于是，红四方面军接连发动了三个进攻战役。

第一个是攻打田颂尧部的仪陇、南部战役。8月12日，徐向前命令部队出击。经半个月的时间，红九军克仪陇全县及嘉陵江以东南部地区，占领了100多口盐井，胜利实现了战役企图。同时，红三十一军和红三十军分别进占了广元、昭化、苍溪、阆中的一部分地区。此役共歼敌3000余人，缴枪千余支。大片盐井开工生产后，基本解决了根据地的缺盐问题。

仪陇、南部战役结束后，红四方面军领导人接到了经过四川省委转来的8月25日中央给红四方面军的指示信。在这封信里，中央根据王明"左"倾教条主义错误对形势和任务的估计，要求："采取积极进攻的路线，在巩固原有阵地基础之上，来迫切的争取苏维埃首先在四川全省的胜利。"并且指出：

> 在这里，中央要求你们深刻领略你们过去轻易将红军主力离开鄂豫皖苏区而没有为保卫苏区根据地战到最后可能的错误。你们应当了解：红军是苏区的支柱，没有红军，则苏维埃政权无从树立得起。苏区是红军政治的、经济的基础，没有这样的基础，红军不但将无从壮大，而且必流成散漫的游击队伍。因此，你们必须用一切力量来执行中央给予你们要在渠江与嘉陵江之间，创造一个巩固的根据地的指示，将现有苏区内敌人一切残余的力量，完全肃清，把其他苏区都变成通、南、巴一样的整个的苏区[①]。

接到中央的这封指示信后，红四方面军总部进行了认真地讨论，并表示赞同。

第二个是营山渠县战役。营山、渠县位于川陕苏区以南，是杨森的防地。红军反三路围攻胜利后，杨森为保存地盘和实力，一面派出代表与红军谈判，向红军提供情报和医药等，要求"互不侵犯"；一面在军内和防区内加紧防共、清共，设立"清共委员会"，强化保甲组织，大肆逮捕和处决共产党嫌疑分子。当徐向前将战役计划提交红四方面军其他领导人讨

---

① 《中国工农红军第四方面军战史资料选编》（川陕时期·上），解放军出版社1993年版，第458页。

论时，负责掌握同杨森秘密谈判的张国焘、陈昌浩才告诉他，红军已同杨森有"互不侵犯"的口头协定。徐向前认为红军没有必要被杨森的某些口头保证捆住手脚。他分析了打不打杨森的利弊关系后指出：打是上策，不打是下策，如果杨森同意红军改造他的部队，真心实意和红军联合，有那样的把握，当然可以不打，但这种把握是不存在的。陈昌浩支持徐向前的意见，主张打。张国焘也未反对。打杨森的决心就这样定下了。

9月23日拂晓前，红三十军从正面突击，红九军和红四军一部从背后突击，不到两天就解决了战斗。杨森赶忙增兵营山、渠县、蓬安防堵；同时接连致电刘湘告急求援。徐向前率部队冒雨前进，向纵深突击。9月29日，攻下渠县城北的险要据点楼佛寺、杨家寨。随后于9月30日克达县的石河桥，10月3日解放营山，10月6日占领蓬安对面的周口。是役历时半个月，共歼杨森部3000余人，缴枪2500余支，根据地向南扩展百余里，有90多万人民群众得到了解放。

第三个是攻打刘存厚的战役。金色的10月，秋风送爽。在得胜山召开的军事会议上，徐向前提出了奇袭老牌军阀刘存厚的战役部署：先以一部兵力沿嘉陵江东岸积极佯动，造成西进的态势，麻痹刘存厚；以主力十余个团秘密向东线集结，出敌不意，发起攻击。战法是中央突破，两翼迂回，争取将敌一网打尽。各部队开始行动后，刘存厚误以为红军在西线攻打田颂尧和杨森，没有多加戒备。10月17日拂晓前，徐向前下达攻击令，红军突然出现在东线，分左中右三路纵队打向刘存厚的腹地。敌人遭此突然袭击，全线崩溃。红军于10月19日克宣汉，20日克达县，21日又克万源。刘存厚的独立王国遂告覆灭。

徐向前、陈昌浩于10月20日抵宣汉后，接见了川东游击军派来的联络代表，对他们主动配合红军作战表示敬意，并立即派出红九军副军长许世友率一部兵力急赴宣汉以东的南坝场增援，协助川东游击军和群众解决围在该地的溃敌约八个团。

川东游击军是 1931 年夏由中共四川省委派王维舟去宣达地区组织起来的。红四方面军入川后，王维舟曾派人去通南巴联系，因沿途敌人警戒森严，派出的人有去无回，未能如愿。这次红军发起宣达战役，王维舟得到消息后，召集紧急会议，连夜部署，发动附近的数万农民参战。许世友率红九军一部抵南坝场与川东游击军会师后，依靠广大群众的有力配合，将敌 8 个团全部击溃。11 月 2 日，在宣汉城西门外广场上，召开了 4 万多人的群众大会。会上宣布川东游击军改编为红三十三军，王维舟任军长，杨克明任政治委员，下辖 3 个师。全军共约 1 万人。不久，又调罗南辉任副军长。川东游击队改编为红三十三军，壮大了红四方面军的力量，对川陕根据地的巩固和发展有着重要的作用。但是，张国焘在该军成立后不久，即将第九十七师师长蒋群麟、第九十八师师长冉南轩，3 个团长及其以下 50 余名干部杀害，并将军政治委员杨克明撤职。原川东地下党的干部，不仅受到排斥，而且先后被杀害者达 200 余人。

宣达战役仅用了 11 天的时间，将敌 6 个团全部或大部歼灭，生俘敌旅长以下官兵 4000 余人，缴枪 8000 余支，子弹 500 余万发，银元 100 余万，棉布 20 万匹，棉衣 2 万余套，还有兵工厂、被服厂、印刷厂、造币厂及库存的大量粮食等物资。这是红四方面军入川以来的一次最大收获。

三次进攻战役的胜利，使川陕根据地进入鼎盛时期。红四方面军扩大到近 8 万人，根据地达 4.2 万余平方公里，人口 500 余万。根据地西抵嘉陵江东岸，东至万源、城口，南达营山、渠县及开江、开县地区，四川军阀为之震动。

1933 年 9 月，成都平原的"二刘之战"终以刘文辉败北退居西康而告结束。踌躇满志的刘湘决心以其第二十一军为基干，回师"剿赤"，以完成他的"安川"大业。10 月，蒋介石在调动 50 万大军开始对江西中央根据地进行第五次"围剿"的同时，对四川军阀停止内争深表嘉许，特任命刘湘为四川"剿匪"总司令，拨款 200 余万元，枪万余支，子弹 500 万发资助，并限令3个月内将川陕边红军"肃清"。

10月4日，刘湘在成都宣誓就职，其总司令部设在成都。他聘请"一贯先天大道"的首领、外号"刘神仙"的刘从云担任最高顾问。经过一番谋划磋商，制定了分六路围攻红军的"进剿"计划。具体部署是：以第二十八军为第一路，总指挥邓锡侯，率18个团，由广元、昭化、剑阁出动，进击木门、南江方向，阻止红军"西窜"；以第二十九军为第二路，总指挥田颂尧，率24个团，由苍溪、阆中向巴中方向进攻，并阻截红军"南窜"；以新编第六师和第二十三师为第三路，总指挥李家钰、副总指挥罗泽州，率15个团，由南充、蓬安向巴中东南方向进击；以第二十军为第四路，总指挥杨森，率12个团，由广安、岳池向鼎山场、通江方向进击；以刘湘之第二十一军主力为第五路，总指挥王陵基，率24个团，由开江、开县向宣汉、达县、万源方向进击，并负责支援各路；以第二十三军和陈国枢部为第六路，总指挥刘帮俊，率18个团，由开县、城口向万源方向进击。刘湘投入"进剿"川陕根据地的兵力共达110余团，约20万人，另有空军两队，飞机18架，妄图分三期围歼红四方面军于大巴山下，实现其"三个月内"完成"剿赤"大业的梦想。

11月16日，刘湘下达第一期总攻击令，同时颁布赏罚令及《封锁匪区条例》。但各路军阀顾虑重重，直至12月上旬，在刘湘一再催促下，才相继投入战斗。

早在10月底，徐向前就在东线率红四军第十师追击刘存厚溃军时，与刘湘的第五路第二十一军遭遇，打响了反六路围攻的第一枪。激战五昼夜，共杀伤敌军5000余人。但因敌众我寡，红军遂转入内线，撤至南坝场、宣汉、达县一线与敌对峙。

面对四川军阀联合进攻的严重形势，张国焘在10月6日出版的《干部必读》第53期上发表题为《消灭刘湘》的文章，提出，"我们应当更加百倍努力，彻底消灭刘湘的整个进攻计划"，"我们必须采取最坚决的进攻路线，必须坚决巩固这一赤区，而且大大扩大这一赤区，彻底消灭刘湘，来获得四川全省的首先胜利，消灭刘湘，就是目前最中心而最紧迫的任务"。这时，西北军委也在通江召开会议，讨论和部署反六路围攻。鉴于敌人兵力强大，为避免不利条件下的决战，根据反三路围攻的经验，决定仍采取收紧阵地、积极防御的战略方针，以求得在收紧阵地、节节抵抗的过程中，大量疲惫和消耗敌人，为反攻破敌创造条件。

通江会议决定，东线为主要防御方向，配以红四军全部、红九军和红三十军各两个师，以及红三十三军，共20余团，对付敌第五、第六两路，由徐向前指挥；西线为牵制方向，配以红三十一军主力、红三十军和红九军各1个师，共10余团，对付敌第一、第二、第三、第四路，由红四方面军副总指挥兼红三十一军军长王树声、红三十军政治委员李先念共同指挥；另以红三十一军的2个团监视陕南方向敌军。各县区的地方武装和游击队、赤卫军，就地配合红军作战。各县党政军民领导机关，组织"战斗委员会"，统一领导对敌作战、运输粮食弹药、坚壁清野、扩大红军和地方武装等项工作。会后，徐向前和王树声分别去东西两线，陈昌浩居中调度，张国焘坐镇后方，准备迎击敌人的六路围攻。

12月7日，川陕省苏维埃政府召开了粮食会议，紧急布置公粮的集中、保管和运输工作。12月11日，中共川陕省委召开了第三次党员代表大会。张国焘在会上作报告，传达和贯彻中央8月25日的指示信。大会确定当前的紧急任务是深入群众中去，动员和组织广大群众参加革命战争，以最大的决心和努力保卫川陕根据地，坚决粉碎刘湘的进攻。川陕根据地的八万红军、九万多地方武装和广大群众，万众一心，准备迎敌。

12月中旬，刘湘的第一期总攻正式开始。在东线，敌第五、第六两路在飞机和强大炮火掩护下，分路强渡州河、前河。徐向前指挥红军乘敌半渡之际，发起反击，经两天激战，歼敌3000余人后，主动放弃宣汉、达县，将部队撤至庙场、井溪场、东升场、双河场、碑牌河、北山场一线，利用山险隘路，构筑工事，继续抗击敌人。并以红四、红三十三军各一部，全歼了万源城附近和罗文坝南北地区的地主武装、号称"神兵"的乌合之众2000余人。

12月下旬，急于在围攻红军中夺取头功的王陵基，又向东线发起突击。徐向前组织部队节节抗击，杀敌甚众。1934年1月间，红军将阵地收缩至固军坝、罗文坝、马渡关至红灵台一线。王陵基部猛烈推进。1月23日夜，徐向前令红三十军向冒进的敌左翼第四师发起反击，将敌第十二旅大部歼灭，敌左翼兵团的攻势顿时瓦解。

马渡关要隘系从宣汉、达县通向万源、城口的交通枢纽，是敌军右翼兵团的主攻方向。1月24—28日，红军与川军双方在马渡关前展开一场激烈的阵地争夺战。此战红军共歼灭川军3000余人。在达到大量消耗和杀伤敌军的目的后，红军于1月28日夜间转移。敌军第三师虽进占了马渡关，但伤亡惨重，士气低落。王陵基只好暂停进攻，令所部就地休整。敌我双方暂呈对峙局面。

西线红军在王树声、李先念的指挥下，节节抗击敌第一、第二、第三、第四路的进攻，亦杀伤川军甚众。至1月中旬，西线红军撤至北起旺苍坝、南沿东河至千佛岩、尹家铺、鼎山场一线，继续抗击和牵制敌人，配合东线作战。地方武装和赤卫军在东西两线的战斗中有力地支援了红军。

这时，春节将至，敌人下令停止进攻，等过节后待机进攻。红四方面军领导人认为东线红军实施反击的时机和条件已经具备，遂集中擅长进攻的红四军第十师、红九军第二十五师、红三十军第八十八师实施反击。2月10日夜，徐向前下达攻击令。3个主力师分别向马鞍山、毛坝场等地猛进猛插。11日拂晓前发起攻击，经1天激战，红八十八师和红十师攻占马鞍山，全歼郝耀庭部，郝被击毙。徐向前和陈昌浩率红二十五师直取胡家场，当天歼敌精锐第三师第七旅大部，进而向马渡关敌第八旅逼近，经2天多的激战，红军未能突破敌阵地，徐向前决定停止反击，令部队就地构筑工事,与敌对峙。马鞍山反击战历时5天,红军在宽约10公里的地段上向前推进了15余公里,歼敌2个多旅。匆忙从万县赶回前线督战的王陵基,被刘湘召往成都,撤职查办,软禁起来。第五路总指挥由第一师师长唐式遵接任。

红四方面军在欢庆胜利中,度过了新春佳节。

刘湘的第一期总攻,虽损兵折将近两万人,但他仍不肯罢休。1934年春季,刘湘令川军连续发起第二期、第三期总攻。在东线,唐式遵令所部向红军发起重点进攻,企图突破红军防线,直取万源、通江。徐向前指挥红军利用有利地势,坚守红灵台、老鹰嘴、毛坪一线,不断予敌以重大杀伤。唐式遵致电刘湘,恳请刘湘从西线突击。但西线各路军阀各保实力,不愿冒进。至4月底,刘湘的第三期总攻又告失败。东西两线的红军,共杀伤敌军两万余人,逐步收紧阵地,主动放弃巴中、南江。刘湘黔驴技穷,捧出高级顾问"刘神仙"登台拜印,挂上"剿匪"总司令部前方军事委员长的头衔,统领各路军阀,准备发起第四期进攻。

6月下旬,刘湘的第四期总攻开始,共投入140余个团的兵力。在东线,刘湘孤注一掷,将其总兵力的五分之四,计80余团10万多人投入战场。面对敌人的强大攻势,7月上旬,西北军委在万源前线召开军事会议,研究作战方针。会议确定了从东线开始反攻的计划。同时,根据对下一步敌人将重点夺取万源的判断,决定红军利用万源一线山高林深的有利地形,实施坚守防御,创造反攻条件。

7月中旬,敌军开始了以万源为主攻方向的全力猛攻。徐向前以一部兵力坚守阵地,将主力部队置于二线休整训练。为夺取万源,敌唐式遵部以人海战术,整师整旅地向红军阵地猛攻,遭到红军的殊死抵抗。到8月上旬,敌军共发动五次大规模进攻,伤亡万余人却未能前进一步。经过万源保卫战,红军总反攻的条件终于成熟了。

战局的发展,使张国焘感到欣慰。7月21日,他在《干部必读》第

85期上发表《从收紧阵地,到最后胜利》一文,指出,东西线的伟大胜利"昭示我们收紧阵地已经结束了,以后不是收紧阵地,而是彻底胜利快要到来了","九个月的艰苦作战胜利的果子快成熟了","现在我们的任务就是实现大举进攻敌人的彻底胜利",只要"大家一致起来,不以过去的胜利为满足,运用全身气力,不顾一切牺牲,坚决与敌人决一死战,那么最后胜利就在目前"。

张国焘根据电台侦察的情报,提议以青龙观为反攻的突破口,徐向前和陈昌浩均表示赞成。红四方面军总部召开作战会议,决定了反攻部署:第一梯队由红三十一军1个师,红四、红九军各两个师,共14个团组成,担任主攻任务;第二梯队由红三十军2个师和红三十三军1个师组成,协同第一梯队向纵深发展,迂回歼敌。其余部队继续坚守阵地,相机转入反攻。奇袭青龙观的任务,交给红九十三师第二七四团。攻击时间定在8月9日深夜。

入夜,第二七四团组成的突击队按照预定计划,从青龙观北面的悬崖绝壁处攀援而上,打响了总反攻的第一枪。趁守敌惊慌失措之际,大部队沿两侧的山路猛攻而上,仅两个多小时即歼敌千余人,一举抢占了青龙观。徐向前又连夜挥军突进,几天之内将敌军阵地劈成两半,造成了分割包围刘湘主力部队的有利态势。刘湘的主力第一、第二、第三师在东面,已被闪电般进击的红军抄至后方。徐向前在宣汉的马渡关地区,决定红军主力向东迂回,截断东面敌军的退路,打一个歼灭战。

但在这时,远在通江洪口场的张国焘打电话给徐向前,要他率部队向西,迂回打击与红军处于平行位置的范绍曾第四师等部。徐向前力主向东,不同意向西,但在电话里和张国焘讲来讲去,硬是讲不通。陈昌浩同意徐向前的意见,也通过电话向张国焘陈述理由,张国焘还是听不进意见。这次"马拉松"式的电话,竟打了五六个小时,最后,张国焘不耐烦地喝问:"你们听不听我的意见?听,就按我的意见办;不听就算了!"这样,徐向前、陈昌浩只好命令部队向西。

向西迂回的结果，劳而无功。范绍曾见红军西进，慌忙率部逃跑，五昼夜竟南窜200余公里。徐向前令部队停止追击，回师向东。但东边的敌3个师已经撤至宣汉附近的马家场、东升场一线，筑起防御阵地固守。至此，红军的东线反攻遂告结束。由于张国焘的错误命令，东线反攻未能更大量地歼灭敌人。

东线敌军自攻夺万源以来，付出1.3万多人伤亡的代价，最后竟全线崩溃，一退数百里，又被红军在追击中毙、伤、俘上万人。西线各路军阀的部队大为震动，惶惶不可终日。刘湘于8月23日致电蒋介石请罪，声称耗资1900万元，官损5000人，兵折8万人，难以为继，请免四川"剿匪"总司令等职。

在东线红军坚守防御和反攻的同时，西线红军在王树声、李先念的指挥下，逐次收紧阵地，积极防御，有力抗击敌第一、第二、第三、第四路的多次进攻，配合了东线红军的防御和反攻。西线敌军见东线刘湘主力业已溃败，遂转攻为守，调整部署，企图沿小通江河西岸的山地筑垒防御，与红军对峙。徐向前令东线主力红军冒雨向通江东南集结，向西突击。从8月28日起，连续突破敌两道防线，兵分三路，向巴中、仪陇、营山方向，追击第三、第四两路的溃逃之敌。

9月11日，徐向前、李先念率红三十军及红九十三师克罗中后，准备从西北的黄猫垭（黄木垭）、旺苍坝地区，对敌第一、第二两路实施大纵深迂回，同西线红军合力歼敌。张国焘又来电话反对，要搞浅迂回，令部队向巴中正北的长池方向进击。徐向前说这样迂回太浅，很可能还是追着敌人屁股打，张国焘不听。电话中讲来讲去，没有结果。张国焘最后很不高兴地说："你们不听我的话算了，随你们的便吧！"

徐向前和李先念商量后，决定来个机断专行，不听张国焘的，当即令部队紧急集合，火速奔向黄猫垭。由于红军战士极度疲劳，经一天一夜急行军，赶到黄猫垭的刚够一连人。

黄猫垭地势险要，四周是崇山峻岭，卡住正面的山垭口，就能挡住敌军西撤的道路。这时，敌军打前站的人员正大摇大摆地向黄猫垭走来，他们做梦也没想到会在这里当了俘虏。红军先头连队从俘虏的口供中得知大股敌人还在后面，于是立即投入紧张的战斗准备。入夜，敌第二路先头部队果然冲上来了，企图夺路而逃。拂晓前，敌人的兵力愈来愈多，攻势愈来愈猛。恰好，徐向前、李先念率大部队赶了上来，旋即令部队展开，包围敌人。

上午9时许，徐向前下令发起总攻击。经半日多激战，红军全歼敌军10余个团，计毙、伤其旅长以下官兵4000余人，俘旅长以下1万余人，缴获长短枪7000余支，迫击炮40余门。

到9月下旬，北起广元、南至阆中的嘉陵江东岸地区均被红军收复，十个月的反六路围攻胜利结束。东西两线红军和地方武装，先后共毙、伤敌六万余人，俘敌两万余人，缴枪三万余支，炮百余门，击落飞机一架。这次战役是红四方面军入川以后规模最大、历时最长、战果最辉煌的一次战役。

红四方面军反六路围攻的重大胜利，为川陕根据地的巩固和发展创造了条件。由于张国焘的干扰，东线反攻丧失了大量歼敌的战机。当红三十军的部队追击敌军到嘉陵江边，于9月22日占领苍溪后，徐向前决定派主力一部乘江防空虚打过嘉陵江西，建立前进阵地，以利尔后发展。在先头部队已乘船出发的情况下，张国焘又阻止了这一行动，使红军再次丧失了扩大战果的有利时机。

撤离川陕

金秋十月，本是人们满怀喜悦、收获丰收果实的季节。但在川陕根据地，却呈现着另一番景象。

反六路围攻虽然以红军的胜利而告终，但十个月的战争旷日持久，战争程度异常惨烈，根据地军民付出了极大的代价。红四方面军伤亡了两万余人，部队减员比较严重。长期的战争，使根据地内兵员、物力、财力已到了枯竭的地步；大巴山下，到处都是荒芜的土地和饥饿的人群；野菜挖光了，盐井破坏了，伤寒、痢疾等疫病蔓延，夺去了许多人的生命，新冢满目，哀鸿遍野，令人触目惊心。根据地急需的粮食、食盐、衣被、药品严重匮乏，人民群众和红军都面临饥荒、疫病的严重威胁。如果没有一定的时间休养生息，医治战争创伤，要再对付敌军大规模"会剿"，的确是心有余而力不足了。

这时，其他根据地红军的处境，甚至比红四方面军还不如。反六路围攻胜利前夜，红二军团一度活动在万县、奉节边境，有同红四方面军会合的迹象，但因遭到敌人的堵截，后转至湘鄂川黔边。1934年11月，红二十五军被迫撤离鄂豫皖根据地，向西转移，开始长征。更为严重的是，1934年10月，正当红四方面军胜利结束反六路围攻战役之际，江西中央根据地的中央红军，因第五次反"围剿"失败，开始了战略转移。消息传到红四方面军，领导人都深为震动。

蒋介石为实现其对各地红军各个击破的企图，在挥军大举围追堵截西征的中央红军的同时，对其他根据地也加紧了"围剿"。在川陕，六路围攻被粉碎后，落得个失败下场的敌人并不甘心。10月，蒋介石亲自策划了"川陕会剿"计划。他一面令辞去四川"剿匪"总司令之职的刘湘于10

月22日"复职",并在南京亲自接见他,面授机宜;一面令陕西杨虎城部进袭红四方面军后背,以呼应川军。1934年底,蒋介石又以"刘湘及川中内外绅士迭请中央派兵入川"为口实,着嫡系部队胡宗南一部,由甘入川,接管了川北咽喉要地广元、昭化的防务。对四川各路军阀,蒋介石拨款240万元,以补充兵力和装备。蒋介石还派出以贺国光为首的国民政府军事委员会委员长行营驻川参谋团入川,监督指导作战。在川陕苏区周围,蒋介石重新部署的"会剿"兵力达200个团以上,企图以稳扎稳打、筑碉封锁、步步为营、南北夹击的合围战术,置红四方面军于死地。

在这样的严峻形势下,究竟怎么办?这是红四方面军领导人日夜考虑的问题。10月26日,西北军委以主席张国焘和副主席陈昌浩、徐向前的名义,发布了《为彻底消灭刘湘,冲破"川陕会剿"告全体指挥员、战斗员》书,指出:"以刘湘为首之四川军阀之残破势力,正在补充整理力图反攻;整个国民党统治及其头目蒋介石等鉴于四川军阀之失败,全国统治危险,必然企图援助川敌,甚至抽调陕南、鄂西,及甘肃之一部分兵力(如胡宗南师、孙蔚如、范石生各部)企图布置'川陕会剿'。""我们的任务就是刻不容缓的准备我们百战百胜的红四方面军的铁拳,在已有胜利的基础上,坚决消灭川敌之进攻,击破'川陕会剿',为'赤化全川',争取苏维埃在西北首先胜利之任务完全实现。"①

为了迅速恢复和加强各项工作,加强红军建设,巩固胜利成果,激励军民克服困难,准备力量冲破"川陕会剿",川陕根据地的党、政、军各方面召开了一系列会议。

10月间,中共川陕省委召开了第四次党员代表大会,作出了政治决议提纲。决议指出:"敌人是在准备重新进攻的计划","党的任务在于坚决

---

① 《中国工农红军第四方面军战史资料选编》(川陕时期·下),解放军出版社1993年版,第366页。

的进攻策略下","不仅要摧破四川军阀的一切力量,而且同时要粉碎四川周围(陕、鄂、甘)的敌人","赤化全川"。

11月1—9日,红四方面军在通江县毛裕镇召开了党政工作会议,到会的有连以上政治工作干部800余人。陈昌浩主持了会议。会上,张国焘作了政治报告和总结报告,陈昌浩作了党政工作报告,徐向前作了军事工作报告。这次会议着重总结了反六路围攻以来的党政工作经验,通过和制定了《红四方面军政治与党务工作决议案》及一些条例。会议对全面加强部队的政治思想工作,激发广大指战员的革命英雄主义精神,有着重要的推动作用。

会议估计了川陕根据地所面临的形势,确定了当前的任务,即:敌人六路围攻虽然失败,但为挽救其反动统治,正在部署对川陕的"会剿"。目前我们的中心任务就是全力巩固反六路围攻的胜利成果,在继续坚决进攻中来准备应付更大更残酷的战争,以达到消灭敌人,冲破"川陕会剿""赤化全川,争取西北首先胜利"之目的。

张国焘在政治报告中分析了川陕根据地所面临的形势和任务,指出:"现在四川的军阀正在企图补充其破铜烂铁的队伍,招致胡宗南、孙蔚如他们来参加作战,形成一个'川陕会剿'。……我们就要准备好,来冲破这'川陕会剿',来准备进攻敌人,先发制人,给他各个击破。这就是放在我们面前的任务。""冲破'川陕会剿'是我们的中心工作。"①

毛裕镇会议是加强红四方面军政治工作建设的一次重要会议,实际上也是一次冲破敌人"川陕会剿"计划的政治动员。但是,对于如何冲破"川陕会剿",会议没有进行细致的讨论。红四方面军下一步的具体行动方向,仍不明确。张国焘虽然在报告中提了不少口号,但也拿不出具体措施

---

① 《中国工农红军第四方面军战史资料选编》(川陕时期·下),解放军出版社1993年版,第310页。

来。为此他愁眉苦脸，提不起精神来。他曾同徐向前谈及当前的军事行动方针，但议而未决。徐向前回忆说：

> 会议期间，张国焘和我闲谈时，曾问我：你看将来该怎么办？现在根据地物力、财力很困难，如果刘湘再发起新的进攻，该怎么个打法？去汉中行不行？据我观察，张国焘这时对老根据地已失去信心，不过没有明说就是了。我说，西渡嘉陵江的战机已经丧失，敌人筑碉防御，我们再向南部一带发展，有很大困难。汉中地区是块盆地，南面有巴山，北面有秦岭，回旋余地不大，去不得的。我看还是依托老区想办法比较好。因为是随便交谈，他对我的意见未置可否①。

继毛裕镇会议之后，红四方面军又于11月中旬在巴中清江渡召开了军事会议。会议由徐向前主持并作军事报告。参加者为师以上干部和少数团级干部。会议除系统地总结红军入川以来，特别是反六路围攻作战的基本经验，研究加强部队建设和军事训练外，着重研究制定了打破敌人"川陕会剿"、向川陕甘发展的战略方针和作战计划。

这一计划，是委托徐向前准备和提出的。其主要内容是：依托老区，发展新区，以打击胡宗南部为主要目标，夺取甘南的碧口和文（县）、武（都）、成（县）、康（县）地区，并伺机向岷州、天水一带发展，以打破敌人的"川陕会剿"计划。由于徐向前提出的这一计划，是将川陕根据地扩展为川陕甘根据地，所以被称为"川陕甘计划"。他的基本点不是脱离老区，而是在依托原有根据地的基础上，发展新区。

会上，张国焘、陈昌浩等人都认为这是一个比较切实可行的计划，表示赞同。会后，部队开始了大规模的整训，并将原来的15个师缩编为11个师，准备执行新的"川陕甘计划"。

---

① 徐向前：《历史的回顾》（中），解放军出版社1985年版，第384页。

红四方面军领导人在制定行动计划、领导练兵整编的同时,一直密切关注着中央红军的动向。12月19日,中革军委电示红四方面军"重新发动进攻""钳制四川全部的军队"。这样,除了执行"川陕甘计划"外,配合中央红军行动又成了红四方面军的主要任务。于是,红四方面军主力即行西移,后方机关也转移到旺苍坝地区。

在这里,红四方面军领导人一面通过电台不断地向中央报告红四方面军的行动,一面多方搜集有关中央红军的消息,就连敌方的报纸也成为了解动向的一个渠道。1935年1月1日,张国焘在《干部必读》第99期上发表《中央红军西征》一文,写道:"据反动报纸传出消息,中央红军的一部分主力是在大举西征。……不管反动报纸如何造谣,可是于他们造谣之中,已经泄露出一些真实消息来了。"文章还说中央红军正在向贵州进发,这可以使红四方面军和红二、红六军团同中央红军密切联系,协同作战。1月4日,张国焘致电中央,在报告了敌人动态后,指出:"东方城口一带山大、穷困、人口少,西方有嘉陵、剑阁、碧口之险,再采取决战防御亦非良策。"这封电报,实际上向中央暗示了外线作战和发展新区的意图。

长征中的中共中央和中央红军也在积极寻求与红四方面军取得联系。就在张国焘的《中央红军西征》一文发表的当天,中央政治局在贵州猴场开会,作出了创建川黔新苏区的决定,并特别责成书记处与军委,保持同红二、红六军团与红四方面军的密切的通讯联络。加强对于他们在政治上与军事上的领导,使他们以积极的行动,来配合我们的反攻。1月中旬,具有伟大转折意义的遵义会议召开后,中央红军向川黔边的赤水河进军,拟从泸州至宜宾一带渡江北上,向川西北转移。中共中央发电报将遵义会议的情况简要地告诉红四方面军领导人,不久又致电红四方面军,要求派一个师南进,接应中央红军北上。

接到中央的电示,红四方面军领导人立即开会,讨论如何策应问题。

最后决定仍按清江渡会议制定的方针，向川陕甘发展，先打下广元、昭化，控制嘉陵江两岸川陕交界的咽喉要冲，进而可以图川西平原、甘南、陕南，伺机接应中央红军。

这时，胡宗南部的丁德隆旅刚奉命入川，进据广元、昭化，另有两团抵三磊坝、羊模坝一线，以固广元、昭化侧背，1个团开进川陕边的阳平关，遥为策应。红四方面军总部决定趁胡宗南部刚刚入川，立足未稳，先取广、昭，后击甘南。1月22日，徐向前率红四方面军发起广昭战役，以一部兵力逼近嘉陵江东岸的广元，而以主力11个团连夜涉水渡江，向敌侧背三磊坝、羊模坝地带进击，切断两城敌军的联系，完成了对广元、昭化的包围。1月24日攻城开始，但因敌军凭坚固守，红军久攻难克，胡宗南又不出兵来援，吸打援敌的计划难以实现，相持下去十分不利。2月初，徐向前、陈昌浩决定撤围回师，另图发展。

正当广昭战役进行之际，中央红军已离开遵义，向赤水城前进，准备由贵州北部经四川南部渡过长江，转入四川。1月22日，中共中央政治局、中革军委致电红四方面军领导人，通报了中央红军的战略行动方针，要求红四方面军积极策应。指示电说：

> 为选择优良条件，争取更大发展前途计，决定我野战军转入川西，拟从泸州上游渡江，若无障碍，约二月中旬即可渡江北上，预计沿途将有许多激烈的战斗。这一战略方针的实现，与你们的行动有密切关系。为使四方面军与野战军乘蒋敌尚未完全入川实施"围剿"以前，密切的协同作战，先击破川敌起见，我们建议：你们应以群众武装与独立师、团向东线积极活动，钳制刘敌，而集中红军全力向西线进攻。因我军入川，刘湘已无对你们进攻可能，你们若进攻刘敌，亦少胜利把握，与我军配合作战距离较远，苏区发展方向亦较不利；西线则田部内讧，邓部将南调，杨、李、罗兵单力弱，胜利把握较多，与我军配合较近，苏区发展亦是有利的。故你们宜迅速集结部队完成进攻准备，于最近时期，实行向嘉陵江以西进攻。

至兵力部署及攻击目标，宜以一部向营山之线为辅助方向；而以苍溪、阆中、南部之线为主要方向。在主要方向宜集中主力，从敌之堡垒间隙部及薄弱部突入敌后，在广大无堡垒地带寻求敌人，于运动战中包围消灭之。若你们依战况发展，能进入西充、南充、逢溪地带，则与我军配合最为有利。

红四方面军是在广昭战役打响以后，才接到这封电报的。这时，中央红军已离开遵义，向川黔边的赤水方向前进，红四方面军策应其渡江北上的行动刻不容缓。西北军委在旺苍坝召开紧急会议，讨论策应中央红军渡江北上的问题。

按照中央的来电，红四方面军的任务是集中全力西渡嘉陵江，突入敌后，在运动中寻机歼敌，策应中央红军渡江北进。这就意味着红四方面军主力将要离开川陕根据地，向嘉陵江以西发展。这显然是一个牵动川陕根据地和红四方面军全局的战略性问题。会议认为，如果不是中央红军处境艰难，中央不会作出这样的决定，因此，红四方面军头等重要的任务，是西进策应中央红军作战。

这时，中央红军因在赤水城和土城受阻，一渡赤水，改道向古蔺、叙永前进。会上，大家讨论来讨论去，找不出立即执行中央战略方针的好办法来。原因有三：一是苍溪、阆中、南部一带处嘉陵江中游，江阔水深，对岸沿江及纵深地带有邓锡侯、田颂尧两军几十个团筑垒防守，红军又缺渡河船只，如无一两个月的时间做准备，就难以完成渡江西进的任务；二是川陕苏区的东部、南部有刘湘、李家钰、罗泽州、杨森等部共100多个团的配置，如红军主力渡江作战，川军乘虚进击，川陕根据地就有丧失的危险；三是像四川那样的地形，山险路隘，派出少部兵力远离根据地作战，只能是有去无回。

会议经过反复讨论，最后决定：暂时停止与胡宗南部的角逐，适当收缩东线兵力，准备放弃城口、万源一带地区，集中主力准备西渡嘉陵江。

具体部署是：由张国焘指挥红三十一军和总部工兵营大力收集造船材料，隐蔽造船，进行强渡江河的训练，并监视广元、昭化敌军动向；由徐向前指挥12个团的兵力进击陕南，迷惑和调动沿江的守敌北向，为在苍溪、阆中一带渡江创造战机，并接应红二十五军。同时以红九军第二十五师布于转斗铺地区，保障进攻陕南部队左翼侧后的安全。

2月3日，徐向前率12个团的兵力突袭陕南。10多天内先后攻占了宁羌（今宁强）、沔县（今勉县）和阳平关等重镇，歼敌4个多团，俘敌团长以下4000余人。蒋介石赶忙调兵向川陕边增援。胡宗南部丁德隆旅由广昭调阳平关地区；邓锡侯部的5个江防团北进接替广昭的防务；第四十九、第六十、第六十一等师，亦向陕甘南部移动。红军达到了虚晃一枪、调动敌人的目的。2月中旬，红军回师川北，拟从嘉陵江中段渡江西进，策应中央红军入川。红四方面军出击陕南的战略目的，是为了吸引沿江敌人北向，以便红军从嘉陵江中段突破，而不是为了打击杨虎城部，所以这次战役行动是有节制的。

红四方面军回师川北以后，准备西渡嘉陵江，但这时的形势又发生了新的变化。2月16日，朱德、周恩来、王稼祥致电红二、红六军团和红四方面军领导人，改变了拟从泸州上游渡江向川西转移的计划。电报说：

> 我野战军原定渡过长江直接与红四方面军配合作战，赤化四川，及我野战军进入川黔边区继向西北前进时，川敌以十二个旅向我追击并沿江布防，曾于一月二十八日在土城附近与川敌郭、潘两旅作战未得手，滇敌集中主力亦在川滇边境防堵，使我野战军渡江计划不能实现。因此，军委决定我野战军改在川滇黔边广大地区活动，争取在这一广大地区创造新的苏区根据地，以与二、六军团及四方面军呼应作战。

此后，中央红军在毛泽东等人的组织指挥下，声东击西，四渡赤水，调动和打击敌军，扭转了长征以来被动挨打的局面。

中共中央和中革军委根据实际情况暂时放弃了向川西转移的计划，但红四方面军受 1 月 22 日中央电示作战方针的牵动，已若箭在弦上，非进不可。因为陕南战役已达到调动敌人北向的目的，同时东线红军在敌人进逼下已放弃了城口、万源等地，后方机关也转移到南江地区。根据这种情况，红四方面军领导人认为：红军趁势从嘉陵江中游西渡，实现"川陕甘计划"，机不可失，而且也便于下一步策应中央红军北上。在取得一致意见后，遂令东线红军逐步收缩，向嘉陵江东岸集中。

3 月初，徐向前先率一部兵力，克苍溪、仪陇，歼守敌五个多团。至此，北起广元、南起南部城的嘉陵江东岸，均为红军控制，扫清了渡江作战的障碍。3 月 8 日，中革军委电询敌情及红四方面军目前所采取的战略方针和发展方向。3 月 11 日，红四方面军致电中革军委，报告了敌人的动态，并告知"我军目前在南部大捷，拟大进，彻底灭敌，配合西方军行动"，表明了西渡嘉陵江、配合中央红军行动的决心。随后，徐向前带参谋人员沿江勘察地形，选择强渡点，准备渡江。

嘉陵江，是四川省境内的四大河流之一，起源于陕西省凤县的嘉陵谷，由北而南，自广元起汇合白龙江水流，一泻千里，直下长江。两岸山峦耸立，江面宽阔坦荡，中上游穿行于高山峡谷之间，奔流湍急，的确是一道难以逾越的天堑。凭借着自然天险，敌军在西岸以 53 个团的兵力，设置了一道人为的屏障。

3 月 28 日，张国焘、徐向前发出渡江命令，并在塔子山附近直接指挥作战。命令发出后，塔子山上的几十门大炮和轻重机枪一齐开火，掩护着满载渡河勇士的六七十只木船，飞速驶向对岸，一举攻占了滩头阵地，全歼守敌一个营。红军后续部队趁势架起浮桥，陆续渡江。川军的江防被冲开了。

拂晓前，接到报告说：红三十一、红九军分别从各自的渡河点强渡成功。徐向前命令第一梯队的红四军准备跟进，投入战斗。这时，一轮红日冉冉升起。待主渡部队的半数兵力已经过江后，张国焘、徐向前等走到江边，踏上浮桥，向对岸走去。

红四方面军的左、中、右三路纵队胜利渡江后，左翼红九军和红四军一部连克阆中、南部两城，折而北进，抵思衣场地区；中路红三十军及红九军一部攻占剑阁；右翼红三十一军直指剑门关。张国焘、徐向前在中路，抵达剑阁后，张国焘留在了这里。随后，徐向前要副总指挥王树声立即率红八十八师星夜向剑门关疾进，会同右翼红三十一军一部，火速抢占这一横扼川陕通道的险关要隘，为下一步的进击创造条件。

自古以来，剑门关就以"插翅难渡"的险要地形而著称，为历代兵家所重视。那里的地形特点造成南攻容易北攻难。北面，山岩峭立，山势险峻，的确有"一夫当关，万夫莫开"的地形条件；南面则不同，地势由低而高，坡度较大，容易进击。东西两侧的高山，是川军的重点防守区域，一旦被红军攻占即可形成从东、西、南三面攻关的态势。4月2日下午，王树声令部队发起攻击，经激战后攻占了东西两制高点，尔后全力攻关，仅半日时间即解决战斗，全歼守军三个团。接着，红军又乘胜推进，攻占了昭化。至此，渡江战役的第一阶段即告结束。

战役第二阶段是进击。敌军的江防部署被打破后，正慌忙调集兵力，调整部署，形成新的防线。田颂尧部逃向射洪、盐亭、三台地区集结；邓锡侯部一部退向广元以北，一部沿梓潼、绵阳、彰明、中坝、江油固防。4月上旬末，徐向前令右路向北推进至羊模坝、三磊坝地区并围广元，中路一部出青川、平武，以固右侧安全；以中路主力和右路全部直取江油。邓锡侯为保障成都及其老巢绵阳的安全，一面令被围在江油的1个旅凭坚死守；一面亲率18个团赶来增援。徐向前决定以1个师继续围城，另3个多师布于江油以南，形成口袋阵势打援。4月14日和15日，红军与川军激战于塔子山、雉山关一带，将援敌击溃，歼敌4个多团，俘敌3000余人，并乘胜追击，克中坝、彰明、北川。4月中旬，北部的青川、平武也落入红军手中，仅江油围攻不下。至此，渡江战役遂告胜利结束。

嘉陵江战役历时24天，红军勇猛顽强，神速果断，连克阆中、南部、剑阁、昭化、梓潼、平武、彰明、北川8座县城，控制了东起嘉陵江、西至涪江100多公里的广大地区，共歼敌12个多团，1万余人，创造了红军战史上大规模强渡江河作战的范例。

渡江之后，根据"川陕甘计划"，红四方面军应继续向甘南进击。而这时，蒋介石派驻重庆"会剿"红军的"参谋团"令川军和胡宗南部队从四面八方加强防堵和合围，拟将红军渡江部队与川陕根据地的联系切断。徐向前这时深感兵力不足，不断打电报给在后面的张国焘、陈昌浩，催后续部队来援，及早进击甘南，但迟迟得不到答复。原来，张国焘正在后面搞大搬家。徐向前后来回忆说：

谁知，我们在前面打，后面可就搬了家，放弃川陕根据地。那时张国焘在剑阁，陈昌浩在旺苍坝地区，搞一锅端，大搬家。我打电报左催右催，提议把南边的部队向北集中，迂回碧口，抄胡宗南的后路，进取甘南。但张国焘死活不吭气，叫人干着急。部队只好就地发动群众，补充兵员、给养，待命出动。后来他说，那时他正注视中央红军的动向，对西出或北出，下不了决心。这样一拖拖了个把月，使我们打胡宗南的计划流产了。……我们耽误了时间，敌人加强了准备，再想啃就啃不动了。后来，三十军、三十一军一部向摩天岭攻了一下，人家凭险固守，我们没打出个名堂，只好作罢。

……只是由于张国焘慢慢腾腾，瞅来瞅去，忙着在后面搞大搬家，才使进击甘南的战机丧失，未达到战役的预期目的[①]。

由于张国焘决定放弃川陕根据地，红四方面军后方机关、中共川陕省委和省苏维埃政府机关、红三十三军和地方武装，以及部分地方干部，陆

---

① 徐向前：《历史的回顾》（中），解放军出版社1985年版，第404页。

续撤到嘉陵江以西。在川陕边,只留下刘子才、赵明恩等300余人就地坚持斗争。这支英雄的红军,在强敌压境、处境艰难的情况下,坚强不屈,浴血奋战,坚持了将近5年的艰苦斗争,直到全面抗战爆发以后,才在国民党军队的进攻下,全部壮烈牺牲。

红四方面军终于离开战斗了27个月的川陕根据地,踏上了新的征程。对于红四方面军撤离川陕根据地的诸多因素,徐向前后来作了中肯的分析。

第一,红四方面军愈来愈面临优势敌人的联合进攻。敌人营垒内部各派系之间的相互争斗和四分五裂,本来是革命武装和红色政权得以立足生存和发展壮大的一个基本条件。在敌我力量对比为敌强我弱的局面下,尤其如此。红四方面军最初进入川北通南巴地区建立根据地,正是因为利用了四川军阀各派系之间你争我夺,彼此混战,而又不愿让蒋介石的势力染指四川"剿赤"事宜的有利时机。但红军反六路围攻以后,形势发生了变化,四川军阀不仅暂时结束混战,联合起来一致对付红军,而且允许蒋介石的嫡系部队进入四川"剿赤",并甘愿服从蒋介石在军事上的统一指挥。徐向前说:"敌人营垒的暂时稳定和统一,造成从四面八方联合压迫我军的严重局面。蒋介石在川陕根据地周围部署的兵力,达二百个团以上,层层筑碉,严密封锁。一旦'川陕会剿'开始,敌东西堵截,南北夹击,势必陷我军于背腹受敌、进退失据的极端不利境地。这与我们以往反三路围攻、六路围攻时,背靠巴山,只对付川敌一面、两面、三面的进攻,是显然不同的。"① 红四方面军主力强渡嘉陵江以后,川陕根据地红军兵力减弱,敌人以重兵压进。敌胡宗南部于3月28日占宁羌,王缵绪部于4月4日占南部、16日占阆中,唐式遵部于4月8日占南江、长池,使川陕根据地面临更加严峻的局面。

这时,摆在红四方面军面前的有两种选择:一种是固守根据地,拼出

---

① 徐向前:《历史的回顾》(中),解放军出版社1985年版,第405页。

全力，同敌人决一死战；另一种是冲破敌人的"会剿"，打到外线去。显然，在强敌压境的情况下，前一种选择将使红军和根据地都陷入绝境，而后一种选择虽然会失去一些地盘，但能保存有生力量，并求得发展壮大，建立和发展新的根据地。所以，在清江渡会议上，红四方面军领导人就制定了"依托老区，收缩战线，发展新区"的"川陕甘计划"。"依托老区"不是"死守老区"，"发展新区"需要"走出老区"。

第二，川陕根据地已处于民穷财尽的境地。任何战争都离不开人力、物力、财力的支持，革命战争也是如此。到川陕根据地后期，粮食、衣被、兵源都已相当匮乏，到了连生存都发生困难的地步。徐向前说："如果敌人的'川陕会剿'来临，我们缺乏支持战争的人力、物力、财力，即便咬紧牙关，勉力支撑，但毕竟难以持久。要想再打一场类似反三路围攻或反六路围攻那样的战争，说到底，叫心有余而力不足。"[1]

造成川陕根据地民穷财尽的状况，有两方面的原因。一是长期战争的消耗和破坏。红四方面军从入川到强渡嘉陵江的2年零3个月时间里，仅战役规模的大仗，就打了16个月。红军在军事上取得了胜利，但战争毕竟给根据地带来巨大消耗；敌军在根据地两进两出，烧杀掳掠，破坏更甚。二是"左"倾错误政策所导致的恶果。张国焘在川陕根据地推行了不少"左"倾政策。在阶级政策上，对地主、富农、保长搞肉体消灭；在土地政策上，实行地主不分田，富农分坏田，并侵犯中农利益；在经济政策上，打击中小工商业，把小经纪人当资本家打倒，结果失去了一些同盟者，使得根据地商业凋敝，物资紧张；在肃反政策上，大反所谓"右派"和"托陈取消派"，杀害了大批优秀的干部。川陕根据地的人力、物力、财力消耗几尽，红军只能另找生路，以图生存和发展。

第三，策应中央红军的战略需要。1935年1月22日中央政治局和中

---

[1] 徐向前：《历史的回顾》（中），解放军出版社1985年版，第407页。

革军委电令红四方面军西渡嘉陵江，配合中央红军作战。徐向前说，从这时起，红四方面军"就把冲破蒋介石的'川陕会剿'计划和策应中央红军的战略任务，紧密结合，变成这一时期全军的战略行动方针"。中央在电报中要求红四方面军"集中全力向西线进攻"，并指出"西线……胜利把握较多，与我军配合较近，苏区发展亦是有利的"。电报还说："若你们依战况发展，能进入西充、南充、逢溪地带，则与我军之配合最为有利。"这说明，跳出川陕根据地，向西突进，是中共中央和中革军委的战略部署，而向西线发展苏区也是中央的意图。红四方面军正是根据中央的部署和意图，来决定自身的发展方向的。徐向前后来说："假如不是为了策应中央红军的战略需要，我军实行'川陕甘'计划，就没有必要渡江西出，同川敌作战，而是应当直接出西北方向，寻歼胡宗南部。对此，稍懂战略问题的人，不难一目了然。嘉陵江战役结束不久，我军转而进军川西北，终于实现了一、四方面军的胜利会合，更是有力的证明。"[①]

在为西渡嘉陵江而收缩战线和撤离川陕根据地的过程中，根据张国焘的指示，在部署和政策上都发生了一些严重的错误。首先是不适当地实行"坚壁清野"，强令焚烧和破坏沿途的房屋、财产，给根据地人民群众造成了很大的损失，引起了老百姓的不满，损害了党和红军在人民中的声誉，使留下来的小股红军处境极为困难。其次是红四方面军主力撤离川陕根据地之后，没有留下足够的兵力在根据地坚持斗争。徐向前后来说，当时要是把红三十三军留下来，情况会好得多。

---

① 徐向前：《历史的回顾》（中），解放军出版社1985年版，第409页。

第九章
CHAPTER NINE

长征路上（上）

会师与分歧

从强渡嘉陵江起，红四方面军实际上就开始了长征。

强渡嘉陵江战役之后，红四方面军主力集中在涪江地区，就地休整，发动群众，筹粮扩红。涪江流域的江油、中坝一带，是比较富庶的地区，红四方面军在这里补充了武器、弹药、粮食、被服、经费、兵员等，同在川陕苏区后期的情形相比，有了很大的改善。

红四方面军渡过嘉陵江后，蒋介石担心它与中央红军会合，形成更大的力量，建立新的根据地，因而迅速调兵遣将，以江油、中坝为中心，对红四方面军实施东西堵截，南北夹击，企图消灭红四方面军于涪江地区。

就在红四方面军取得西渡嘉陵江战役胜利后不久，中革军委于1935年4月29日发出了《关于野战军速渡金沙江转入川西建立苏区的指示》。5月上旬，中央红军胜利渡过金沙江，日益接近川西北地区。

这样，在涪江地区的红四方面军同时面临着两个任务：打破敌人的合围部署，策应中央红军北上。因此，红四方面军就不能够在此地久留。张国焘来到江油后，立即在江油附近召开高级干部会议。各个军的负责人都参加了这次会议。徐向前回忆说：

会上，张国焘讲了撤出川陕根据地，是为了迎接中央红军北上。两军会合后，要在川西北创造根据地，赤化川、康、陕、甘、青等省。为打破蒋介石的合围部署，方面军下一步应占领北川、茂县、理县、松潘一带地区，背靠西康，作立脚点。他还提出，那带是少数民族杂居地区，应成立苏维埃西北联邦政府，以利开展工作，云云。陈昌浩也发了言。大家没有异议，一致同意按张国焘的意见行动[1]。

根据会议的决定，红四方面军制定了《开展与巩固松理茂赤区》的计划，即首先在岷江流域上游的松潘、理番（今理县）、茂县、懋功（今小金）、汶川地区打开一个新的局面，以摆脱当前的不利局面，进而为以后的发展创造条件。5月上旬，红四方面军各部队先后撤出彰明、中坝、青川、平武等地，向西进发，准备首先突破邓锡侯在土门、北川河谷设置的防线，进而占领岷江流域的松潘、茂县、理番、汶川。

要进入松、茂、理、汶地区，北川河谷是唯一的通道。敌人在察觉红军有西移的动向后，急忙调兵到土门、北川河谷布防固守。北川河谷南面，耸立着伏泉山、千佛山、观音梁子等高山，山峰陡峭，东西蜿蜒百余里，是南扼川西平原、北控北川河谷的天然屏障。土门地处北川河谷中段，是东达北川、西进茂县的要隘。为打破敌人固守北川河谷的计划，红四方面军总指挥部决定发起土门战役。第一步，南打夺取伏泉山、千佛山、观音梁子，控制北川河谷，造成攻打成都的态势，以吸引和调动敌人兵力南向。第二步，突破土门要隘，主力乘势西进。

土门战役从4月底开始，到5月22日结束。敌人在该地区先后投入兵力约20个旅，被红军歼灭1万余人。此役为保障红四方面军西进，与中共中央和中央红军胜利会师起了重要作用。

战役进行过程中，红军于5月15日占领茂县。随后，红四方面军继续向西急进。5月22日，红九军一部从文镇关、茂县间西渡岷江，6月3日占领理番。与此同时，红九、红三十军主力沿岷江左岸南下，控制了文镇关、雁门关、威州等要点，一部直逼汶川。红四军和红三十一军一部也分别转进至松潘、平武以南的镇江关、片口等地。

---

[1] 徐向前：《历史的回顾》（中），解放军出版社1985年版，第412页。

松潘、理番、茂县、汶川地区是汉族和少数民族杂居的区域，地广人稀，交通闭塞，生产落后。这一带属高山寒荒地区，境内高山连绵，河谷纵横，地势险要，物产贫瘠，自然环境恶劣。红四方面军进入这一地区，首先必须发动群众，打开这里的革命局面。这时，中央红军已进入川康边，正在经会理、冕宁，向北进军，两个方面军的会师指日可待。迎接中央红军，成为红四方面军的又一当务之急。

为了发动群众，红军向当地少数民族宣传中国共产党关于少数民族问题的主张，公布了对少数民族的政策纲领。红四方面军总部进驻茂县后，张国焘于5月18日宣布成立"中国共产党西北特区委员会"。5月30日，又宣布成立"中华苏维埃共和国西北联邦政府"，并在西北联邦政府之下设立了少数民族委员会。当天，张国焘以西北联邦政府主席的名义发布了《中华苏维埃共和国西北联邦政府成立宣言》。《宣言》称："中华苏维埃共和国西北联邦政府的成立，树立了西北革命斗争的中心，统一了西北各民族解放斗争的领导，从此南取成都、重庆，北定陕、甘，西通青、新，进一步与中央红军西征大军打成一片。中华苏维埃革命不仅在东南各省更加巩固发展，从此在西北也打下了强固的基础，这便是给帝国主义国民党蒋介石一个致命的打击，同时也就是赤化全西北具体的开始。"[1]经过红军的宣传，党和红军的影响在群众中日益扩展开来，随即开展了建立各级革命政权、组织革命武装、分配土地等工作。

为了迎接中央红军，红四方面军总部在茂县召开了会议。会议确定由红三十军政治委员李先念和红九军军长何畏率红三十军第八十八师和红九军第二十五、第二十七师各一部，西进懋功地区，扫清敌人，迎接中央红军。会议要求全军各部队迅速动员，做好两军会师的思想准备和物资准备。

即将与中央红军会师的喜讯，激起红四方面军全军上下无比高涨的热

---

[1] 《中国工农红军第四方面军战史资料选编》（长征时期），解放军出版社1992年版，第28页。

情。广大指战员欢欣鼓舞,"迎接中央红军北上"成为官兵的普遍口号。各部队纷纷展开竞赛,做好充分的准备,迎接中央红军。

6月2日,张国焘、陈昌浩、徐向前联名致电朱德、毛泽东、周恩来:

一、我们已派一小队向西南进入懋功与你们联络,你之先头部队确联络后,请即指示以后行动总方针,我方情况请问我先遣之指挥员同志,即可得知大概也。

二、四川一带情况有利于我们消灭敌人作战巩固之后方根据地,确是兵心分□把握的。

三、一切详情以后再说,特先数语,略达大概。

饱尝千辛万苦,历经浴血征战,红四方面军和中央红军就要会师了。

6月12日,中央红军先头部队红一军团第二师第四团翻过终年积雪、空气稀薄、人迹罕至的夹金山,到达懋功县城东南的达维镇,在达维的木城沟与前来迎接中央红军的红四方面军先头部队第二十五师第七十四团(一说为第二十七师第八十团)胜利会师。

达维,是一个有近百户人家的村庄。红七十四团是6月9日进占该村迎接中央红军的。现在终于迎来了红四团。红一、红四方面军先头部队会师的喜讯,通过电台迅速传到各自的总部。

会师不久,红二十五师师长韩东山立即向驻懋功的红三十军政治委员李先念报告了会师的喜讯,李先念又立即报告了驻在理番的红四方面军总部。

此时,驻在茂县的张国焘得到报告后,于当天致电朱德、周恩来、毛泽东,表示:"数月来我方另与西(征)军配合行动,今日会合士气大为振奋,西征军艰苦卓绝之奋斗,极为此间指战员所欣服,者〔诸〕同志意见侵〔认〕为目前西征军须稍为休息,可立将我军包抄打主要方向。"并请求"立发整个战略便致作战今后两军行动大计"。

同时，张国焘还打电话给在理番的徐向前，要他代表红四方面军领导人写一份报告，火速派人去懋功，转送中央。当晚，徐向前以张国焘、陈昌浩、徐向前的名义起草了致毛泽东、周恩来、朱德等的信件，并派人送往懋功，继由红二师的电台发出。这封信详细介绍了川西北的敌我态势，并向中央建议："西征军万里长征，屡克名城，迭摧强敌，然长途跋涉，不无疲劳，休息补充亦属必要，最好西征军暂住后方固阵休息补充，把四方面军放在前面消灭敌人，究以先打胡先打刘何者为好，请兄方按各方实况商决示知为盼。"该信最后表示："红四方面军及川西北数千万工农群众，正准备十二万分的热忱欢迎我百战百胜的中央西征军。"①

同一天，红二师师长陈光向红一军团和中革军委报告了先头部队在达维会师以及红二十五师已于8日占领懋功的消息。

在以后的几天里，中共中央、中央红军的领导人和红四方面军的领导人互相致电，热烈祝贺两军胜利会师。6月15日，张国焘、陈昌浩、徐向前及红四方面军全体指战员发出致毛泽东、朱德、周恩来及中央红军全体指战员的贺电，指出：

懋功会合的捷电传来，全军欢跃。你们胜利的转战千余里，横扫西南，为反帝的苏维埃运动与神圣的民族革命战争，历尽坚〔艰〕苦卓绝的长期奋斗，造成了今日主力红军的会合，定下了赤化西北的最有利的基础的条件。我们与你们今后在中国共产党统一指挥之下，共同去争取西北革命的胜利，直至苏维埃新中国胜利。

6月16日，朱德、毛泽东、周恩来、张闻天及中央红军全体指战员复电张国焘、徐向前、陈昌浩并转红四方面军全体指战员，指出：

来电欣悉。中国苏维埃运动二大主力的会合，创造中国革命史上的新

---

① 《中国工农红军第四方面军战史资料选编》（长征时期），解放军出版社1992年版，第52页。

纪录，展开中国革命新的阶段，使我们的敌人帝国主义、国民党惊慌战栗。我们久已耳闻你们的光荣战绩，每次得到你们的捷电，就非常欣喜。此次会合，使我们更加兴奋。今后，我们将与你们手携着手，打大胜仗，消灭蒋介石、刘湘、胡宗南、邓锡侯等军阀，赤化川西北。我们八个月的长途行军，是为苏维埃而奋斗。我们誓与你们一起，为苏维埃奋斗到底。特此电复。

6月17日，毛泽东、朱德、周恩来、张闻天等中央领导人翻过夹金山，来到达维，受到红四方面军先头部队的热烈欢迎。6月18日，中央领导人离开达维向懋功进发，当天到达懋功。晚上，毛泽东、周恩来、朱德、张闻天等和中央红军的几位领导人接见了前来迎接他们的红三十军政治委员李先念。毛泽东充分肯定了红四方面军的战绩，并对红四方面军全体指战员表示亲切的关怀和慰问。李先念汇报了岷（江）、嘉（陵江）地区的地理条件、群众条件和红军的情况，认为会师后首先向岷嘉地区发展比较有利。

毛泽东等中央领导人在懋功休整了三天后，沿抚边河北上。6月23日，到达两河口。

懋功会师，粉碎了蒋介石妄图阻止中央红军和红四方面军会师，各个消灭红军的计划，使两支红军主力走到了一起，标志着党和红军团结胜利的一个新开端。两大红军主力会师，壮大了红军的力量，为日后统一在中共中央和中革军委的直接领导下，开创新的局面，创造了十分有利的条件。

中央红军和红四方面军会师后，如何正确分析形势，尽快确定新的战略方针，打破蒋介石的围堵计划，建立新的根据地，成为党和红军面临的首要问题。

还在两军会师前夕，张国焘等红四方面军的领导人就在考虑下一步的战略行动方针问题。徐向前回忆说：

对于战略发展方向问题，方面军总部那时没有讨论过。当然，领导层里并不是毫无考虑。我军刚进入川西北地区，张国焘就宣布成立苏维埃西北联邦政府，出布告，写条例，发指示，建立各级地方人民政府，忙得不亦乐乎。表面看来，似乎要铺开摊子，在这里立脚生根。其实不然，大家都在考虑下一步向哪个方向发展。因为谁都清楚，川西北山大地广，人稀粮少，不适合大部队久住。又是少数民族地区，历史上形成的隔阂不易消除，红军要建立革命根据地，谈何容易呀！我和李先念同志交换过意见，认为还是原来的川陕甘计划比较好。如果中央红军上来，两军的力量加在一起，北上消灭胡宗南一部分主力，争取在川陕甘边创造根据地，与通南巴的游击区打通联系，再图发展，似为上策。而张国焘、陈昌浩呢？据我观察，是个举棋不定的态度。有时说北取陕、甘，有时说南下川西南边，拿不出个成熟的方案来。当时，迎接中央红军是当务之急，战略发展方向问题亦需两军会合后才能决定，大家都有等待的思想，想等党中央上来后再说①。

正是在这种考虑和心情之下，当两军的先头部队一经会师，红四方面军的领导人立即电请中央，速决今后两军行动大计。

这时，中共中央、中革军委也根据对全国政治形势和两军即将会师这一新情况的分析，着手制定下一步的战略行动方针。

两军会师正值日本帝国主义向华北步步进逼的紧急关头。日本帝国主义的加紧入侵和蒋介石的倒行逆施，激起了全国人民的极大愤慨，抗日反蒋的新高潮即将到来。这表明，中国的政治形势正向有利于革命的方向发展。

两军会师后，总兵力达10余万人，士气高涨，战斗力大为增强。红四方面军主力正位于岷江两岸的镇江关、片口、北川、茂县等地，可随时向东向北出动。尽管蒋介石还在部署对红军的围追堵截，但是，追击中央红军

---

① 徐向前：《历史的回顾》（中），解放军出版社1985年版，第422页。

的国民党军主力薛岳等部尚在川西地区，北面胡宗南部20余个团尚未全部集结。由于其远离统治中心，交通不便，补给困难，战斗力大为下降。四川军阀屡遭重创，减员较大，士气颓丧。同时，川陕甘地区的国民党军队派系庞杂，内部矛盾重重，不易协同作战。这些情况表明，中央红军和红四方面军会师后，存在着使中国革命在川陕甘地区胜利发展的有利条件。

中共中央和中革军委原计划在川西北地区建立根据地，但在两军会师前后，发现川西北地区地广人稀，山高地瘠，贫穷落后，给养困难，又多系少数民族聚居区，不利于红军的生存和发展，不适宜于建立根据地。这也要求中央尽快寻找和确定新的落脚点。

根据对当时形势和所处地理环境的分析，中共中央和中革军委决定放弃遵义会议制定的关于在川西北建立根据地的计划，集中力量向东、向北发展，在川陕甘建立根据地。6月16日，中共中央、中革军委领导人朱德、毛泽东、周恩来、张闻天就两军会师后的战略方针问题，致电张国焘、徐向前、陈昌浩，指出："为着把苏维埃运动之发展放在更巩固更有力的基础之上，今后我一、四方面军总的方针就是占领川陕甘三省，建立三省苏维埃政权，并于适当时期以一部组织远征军占领新疆。"目前计划，红四方面军全部和中央红军主力"均宜在岷江以东，对于即将到来的敌人新的大举进攻给以坚决的打破，向着岷、嘉两江之间发展。至发展受限制时，则以陕、甘各一部为战略机动地区。因此坚决的巩固茂县、北川、威州在我手中，并击破胡宗南之南进是这一计划的枢纽"。"以懋功为中心之地区纵横千余里，均深山穷谷，人口稀少，给养困难。大渡河两岸直至峨眉山附近情形略同。至于西康情形更差。敌始封锁岷江上游（敌正进行此计划），则北出机动极感困难。因此邛崃山脉区域只能使用小部队活动，主力出此似非良策。"

中央制定的这一战略方针，红四方面军总指挥徐向前是赞同的。因为这一方针与他设想的"川陕甘计划"有相似之处。但是，张国焘、陈昌浩的态度却不同。住在茂县的张国焘、陈昌浩没有同住在理番的徐向前商量，就于6月17日复电中央。复电虽然表示"同时〔意〕向川陕甘发展，组织远征军，占领青海、新疆，首先集主力打"，但又提出："北川一带地形给养均不利大部队行动；再者水深流急，敌已有准备，不易过。"由岷江向东打条件不具备，"沿岷江东打松潘，地形粮食绝无"。主张中央红军大部沿大金川北上占阿坝，红四方面军北折茂县、北川等地，并进至松潘以西地区，或"暂时利〔向〕南进攻"。张国焘实际上提出了一个与中共中央不同的战略方针。对于这一点，张国焘后来也毫不掩饰，他说："我与毛泽东等在懋功初会时，双方在政治军事以及两军的关系上，就表现了针锋相对的看法。这些情形，现在说来，有些似是可笑的，可是确系不折不扣的事实。"①

中央主张北上，张国焘主张南下，显然，两种战略方针存在着严重的分歧。中共中央和中革军委的领导人继续通过电讯联系，同张国焘耐心地交换意见。

6月18日，中共中央复电张国焘、陈昌浩、徐向前，强调指出："目前形势须集中火力首先突破平武，以为向北转移枢纽。其已过理番部队，速经马塘绕攻松潘，力求得手。否则兄我如此大部队经阿坝与草原游牧区域入甘、青，将感绝大困难，甚至不可能。向雅（安）、名（山）、邛（崃）、大（邑）南出，即一时得手，亦少继进前途。因此力攻平武、松潘，是此时主要一招，望即下决心为要。"

6月19日，张国焘又以张国焘、徐向前的名义致电中央，提出平武地形不利我方进攻，同意打松潘。主张"一方面军南打大包山，北取阿坝，以一部向西康发展；四方面军北打松潘，东扣岷江，南掠天（全）、芦（山）、灌（县）、邛（崃）、大（邑）、名（山）"，并认为"目前给养困难，

---

① 张国焘：《我的回忆》第3册，东方出版社1991年版，第217页。

除此似别无良策"。

6月20日，中央再次致电张国焘，指出："从整个形势着想，如从胡宗南或田颂尧防线突破任何一点，均较西线作战为有利，请你再过细考虑！""如认为绝无办法，则需暂时抛弃川陕甘方针，改变为向川西南发展。"中央认为，这一方针关系全局，要张国焘"立即赶来懋功，以便商决一切"。

为了统一思想，解决意见分歧，中共中央政治局决定在两河口开会，商决两军会师后的战略方针。

6月25日，张国焘在骑兵护卫下到达两河口，毛泽东、张闻天、周恩来、朱德等几十人冒雨站在路旁，欢迎他的到来。随后，召开了会师大会，朱德、张国焘先后讲话，气氛热烈而欢欣。晚上，毛泽东设宴招待张国焘，请他喝了当地出产的青稞酒。

6月26日，中央政治局在两河口召开扩大会议，讨论战略方针问题。会议由张闻天主持。出席会议的有张闻天、毛泽东、周恩来、朱德、博古、王稼祥、张国焘、刘少奇、邓发、凯丰，以及刘伯承、李富春、林彪、聂荣臻、彭德怀、林伯渠等。

周恩来在会上作了目前战略方针的报告。他首先回顾了中央红军撤离中央苏区后战略方针的几度变化。接着，围绕目前行动方针问题，阐述了在松潘、理番、茂县一带不利于建立根据地，必须北上川陕甘建立根据地的理由，指出："一、地域宽大，好机动。"松潘、理番、懋功地域虽大，但多是狭路，敌人易封锁，想在这些地方逼死我们，我们也不易反攻。"二、群众条件，人口较多。"过去两个方面军的根据地，人口都比较多，要扩大红军，必须在人口多的地方才好。松潘、理番、懋功、汶川、抚边这一带，人口只有20万，又是少数民族区域，不利于红军扩充。"三、经济条件。"这一带人烟稀少，粮食缺乏，有些地方甚至还不能自给。草原上的牛羊也有数。生活习惯也不适宜。其他物资如布、皮等，都不容易解决。基于这种分析,他得出结论说:懋、松、理这一地区的地域虽大,却不利于建立根据地。"我们如陷在懋、松、理,就没有前途。"因此,必须迅速前进,去"川陕甘"。回头向南是不可能的;东过岷江,敌人在东岸有130个团,对我不利;向西北,是一片广漠的草原;可走的只有一条路,就是北向甘肃。在那里,"道路多,人口多,山少。在此必定会遇到敌人,我可用运动(战)消灭敌人"。如果敌人前进得慢,我们可以在这个广阔的地区前进,并向陕西迎击敌人。四川方面的现有地区,可以作为游击区。至于到那里后是否还要扩大地区,要在到达那里后再决定。为了实现这个战略方针,目前要迅速向松潘同胡宗南作战,这样才能向西北突破;要高度机动,使敌人对我们的估计发生动摇,使其部署赶不上我们,我们不被牵制,才能消灭他;要坚决统一意志,两个方面军部队大,要统一指挥,集中于军委。以上是最高原则,必须实现。

周恩来报告以后,张国焘发言。他首先讲了红四方面军离开鄂豫皖根据地以后的作战情况。在谈到战略方针问题时,他一方面表示同意中央政治局关于在川陕甘建立根据地的方针,另一方面却鼓吹其南下的主张。他说,目前接近我们的敌人主要是胡宗南和刘湘,其他都是配角。如果我们的战略方针是向南,向成都打,这些敌人是不成问题的。向东打地势限制。向西要过草地,冬天没有帐篷,冷得很,夏天是雨季,长途行军会大减员。松潘北边的情况还没有确切调查。发展条件虽然甘南于我有利,但一定要打下胡宗南。胡敌一定会来追我,至少以15—20个团的兵力牵制我,还有蒋介石的其他部队。我们去甘南还是站不稳的,还是要移动地区,还是要减员。所以,要向甘南发展,一定要打下胡敌几个团,才能立稳。两大主力会合以后,力量增加了,指挥统一了,经验增加了,但另一方面,敌人也不会让我们很容易地占领大的区域。

毛泽东在发言中,同意周恩来的报告,并提出5点意见:(一)要用全力到新的地区发展根据地。在川陕甘建立根据地,可以把创造苏区运动放在更加巩固的基础上，这是向前的方针。要对四方面军同志作解释，他们是要打成都的。一、四方面军会合后有实现向北发展的可能。（二）战争性质不是决战防御，不是跑，而是进攻。根据地是依靠进攻发展起来的。我们过山战胜胡宗南，占取甘南，迅速向北发展，以建立新的根据地。（三）应看到哪些地方是蒋介石制我命的，应先打破它。我须高度机动，这就有走路的问题，要选好向北发展的路线，先机夺人。（四）集中兵力于主攻方面，如攻松潘。胡宗南如与我打野战，我有20个团以上，是够的；如不与我打野战，守堡垒，就一定要打破驻点，牵制敌人。现在就是迅速打破胡敌向前夺取松潘。今天决定，明天即须行动。这里人口稀少，天冷衣食困难，应力争在6月突破，经松潘到决定地区去。（五）责成常委、军委解决统一指挥问题。

朱德发言说，同意周恩来的报告，背靠西北，面向东南这一总的战略方针应决定下来。要迅速打出松潘，进占甘南，打下敌人，建立根据地。

会上，彭德怀、林彪、博古、王稼祥、刘伯承、聂荣臻、凯丰、刘少奇等也都发了言，一致同意周恩来报告中提出的北上方针，认为当前最关键的是从松潘打出去。

张闻天在周恩来作结论之前发言。他指出，在战略方针问题上大家既然意见一致，就应团结一致来实现。目前这个战略方针是前进的，唯一正确的。要实现这个战略方针，首先要进攻或控制松潘。他批评了避免战争、退却逃跑的倾向，强调创造川陕甘苏区只有依靠决战胜利，应用尽力量克服困难。他还特别强调在组织上应该统一。

周恩来在作结论时说，各位同志都是同意的意见。我们的战争方针当然是进攻的。过去在路上也讨论过，但那时是无后方的运动战。现在不同了，要转入反攻，建立根据地，进入更广大的地区同敌人战斗。从两个主力会合至到达预定地区，口号是赤化川甘陕。各部队要行动，行动应迅速。

最后，会议全体通过了周恩来报告中提出的战略方针，并委托张闻天起草一个决定。

6月28日，中央政治局作出了《关于一、四方面军会合后的战略方针的决定》。决定指出：

一、在一、四方面军会合后，我们的战略方针是集中主力向北进攻，在运动战中大量消灭敌人。首先取得甘肃南部以创造川陕甘苏区根据地，使中国苏维埃运动放在更巩固、更广大的基础上，以争取中国西北各省以至全中国的胜利。

二、为了实现这一战略方针，在战役上必须首先集中主力消灭或打击胡宗南军，夺取松潘与控制松潘以北地区，使主力能够胜利的向甘南前进。

三、必须派出一个支队向洮河夏河活动，控制这一地带，使我们能够背靠于甘青新宁四省的广大地区有利的向东发展。

四、大小金川流域在军事政治经济条件上均不利于大红军的活动与发展。但必须留下小部分力量，发展游击战争，使这一地区变为川陕甘苏区之一部分。

五、为了实现这一战略方针，必须坚决反对避免战争退却逃跑，以及保守偷安停止不动的倾向。这些右倾机会主义的动摇是目前创造新苏区的斗争中的主要危险①。

两河口会议是两大红军主力会师后的一次重要会议。会议正确地分析了两军会师后的形势和川陕甘、川康边的实际情况，确定了两军共同北上，在川陕甘创建根据地的战略方针，为两个方面军的行动指明了方向。

根据两河口会议所确定的战略方针，中革军委于6月29日制定了《松潘战役计划》。

这时，蒋介石判断红一、红四方面军会合后，可能入西康、青海或北上陕甘，故集结川军主力刘湘、孙震、李家钰等部约90个团以上，固守

---

① 《中共中央文件选集》第10册，中共中央党校出版社1991年版，第516—517页。

江油（不含）、汶川地带，以阻止红军东进。以胡宗南所部27个团，固守甘肃文县和四川松潘、平武、江油地区，阻止红军北上。以杨森、邓锡侯等部约50个团，由宝兴、大川、牛头山地段向北筑垒推进，阻止红军南进。以刘文辉、李抱冰部约15个团，在康定、丹巴、泸定地域筑垒并扼守大渡河右岸，阻止红军向川康边发展。以薛岳部周浑元、吴奇伟两纵队向绵阳集中；郭勋祺部集结新津，均策应岷江东岸的行动。万耀煌部留靖溪、雅州筑垒待机。同时，调于学忠为川陕甘"剿匪"总司令。

中革军委估计敌军的这一部署，是企图阻止红军入甘南和岷江东岸，并防堵红军复渡大渡河，及利用西北广大的草原以封锁和困饿红军。如果发现红军进攻松潘并向甘南发展时，胡宗南部将首先向南坪、松潘集中兵力，以扼阻和截击红军，川军和薛岳部将以主力出剑门、昭化、广元，一部出碧口、文县沿陕甘南部侧击红军，以配合由潼关、汉中、西安西进之敌和甘肃五马，与红军作战。

基于上述敌情和估计，《松潘战役计划》确定，红一、红四方面军根据目前的战略方针，以运动战消灭敌人的手段，北取甘南为根据地，以达赤化川陕甘之目的。首先进行的战役，就是要迅速、机动、坚决地消灭松潘地区的胡宗南部，并控制松潘以北及东北各道路，以利北向作战和发展。计划规定，岷江西岸为进攻松潘的主力，由两个方面军的主力组成左、中、右3路军北进，其中中心在左路及中路。另以12个团组成岷江支队和懋功支队，钳制敌人，掩护主力北进，并适时北撤跟进。

就在《松潘战役计划》发布的同一天，中共中央政治局常委会议决定，增补张国焘为中革军委副主席，徐向前、陈昌浩为中革军委委员，为解决两军会合后的统一指挥，实现北上战略方针，提供了组织上的保证。

按照《松潘战役计划》规定的进军路线，红军迅速向松潘开进。从6月29日起，岷江、懋功两支队分别集中于岷江东岸平夷堡、大石桥和清夷堡、懋功地区，钳制东、南两面之敌，掩护主力北进和后方安全。中央红军和红四方面军第三十军第八十九师共16个团编为左路军，林彪任司令员，彭德怀任副司令员，聂荣臻任政治委员，杨尚昆任副政治委员，由卓克基、康猫寺、马塘等地出发，向松潘西北黄胜关、两河口地区开进，协同红四方面军主力进攻松潘。7月6日，由红四方面军10个团组成的中路军，在司令员兼政治委员徐向前的率领下，从理番出发，计划经马塘、壤口、墨洼、洞垭向黄胜关前进。同一天，由红四方面军8个团组成的右路军，在司令员兼政治委员陈昌浩的率领下，从茂县出发，计划经黑水、芦花、毛儿盖向松潘前进。王树声率领由红四方面军8个团组成的岷江支队，则控制北川至茂县一线阵地，继续阻止和牵制川军，并吸引胡宗南部南向。红一军团和红八十九师一部于7月2日翻越长板山雪山，进至芦花、黑水地区。接着，翻越打鼓山、拖罗冈（又名仓德山）雪山，于7月10日进到松潘以西的毛儿盖地区，并于7月11日攻占哈龙，7月16日攻占毛儿盖，歼灭胡宗南部第一师补充旅约1个营，俘敌300余人，缴获长短枪200余支，轻重机枪19挺，电台1部，并击落敌机1架。与此同时，红三、红五、红九军团也进至黑水、党坝地区。

6月30日前后，毛泽东、张闻天、周恩来、朱德等中共中央和中革军委领导人离开两河口北进。此后，连续翻越梦笔山等大雪山，于7月10日到达上芦花（今黑水县）。在这里，一面筹备粮食，做过草地的准备工作，一面耐心地等待张国焘执行两河口会议决议，率军北上，会攻松潘。

然而，他们等来的却是一个接一个意外的消息。

南下与北上之争

松潘，是四川西北部的重要城镇。它控制着由四川北出甘南的交通要道。红军占领这个地区，可以避免西绕茫茫草地，直出甘南。这时，胡宗南部仍分散在松潘、平武、文县地区，尚未集中，碉堡也未筑成，且缺乏粮食。红军如果集中力量向东突进，攻占松潘，将会迅速取得松潘地区，打开进入甘南的道路。这对于红军主力迅速北上，创建新的根据地，是十分有利的。

然而，这种有利的形势，却因张国焘日益膨胀起来的争权野心和坚持其南下主张，被蒙上了一层浓重的阴影。

在两河口会议上，张国焘虽然同意了中共中央提出的北上战略方针，但实际上他还是惧怕敌人，想避开敌人主力，南下四川、西康。

张国焘从两河口返回茂县途中，在埋番下东门见到了徐向前。他对会见中央领导人及两河口会议的情况不愿多谈，只是说，中央红军一路很辛苦，减员很大，和我们刚到通南巴时的情形差不多。徐向前问他下一步向哪个方向打，他说，中央的意见，要北出平武、松潘，扣住甘南，徐图发展。我看还是先取川西南比较好，否则，粮食、给养都不好办。徐向前说，北打有北打的困难，南打也有南打的困难。平武那边，地形不利，硬攻不是办法；松潘地区不利大部队展开，我和昌浩商量，准备扣住黑水，分路迂回突击，或许能够取胜。南下固然能解决目前供应上的困难，但一则兵力有限，二要翻越雪山，且不是长久立足之地，万一拿不下来，北出将会遇到更大的困难。张国焘最后表示同意先打松潘，但仍坚持南取邛崃山脉地区的意见，并要徐向前第二天赶去懋功，当面向中央陈述他的意见。徐向前因战局紧张，无法脱身，没有去成。

张国焘回到茂县后，又打电话给徐向前，要求按照中央决定，攻打松潘。但是，当各路红军开始行动时，张国焘又借口所谓"统一指挥"和"组织问题"没有解决，延宕红军的北上行动。

还在两河口会师大会后，张国焘就向周恩来询问中央红军的实力。周恩来坦率地告诉他，遵义会议时有三万多人，现在可能不到了。张国焘一听，脸色就变了。他自恃红四方面军有八万多人，比中央红军多得多，个人野心进一步膨胀起来。6月29日中央政治局常委会决定他担任中革军委副主席后，他并不满足，一再要求中央改组中革军委和红军总司令部。

为了实现其争权野心，张国焘暗中进行了一些活动。红一军团和红三军团是中央红军的两大主力，张国焘首先把手伸向了这两个军团。时任红一军团政治委员的聂荣臻后来回忆说：

> 在两河口会议结束后的第二天，有这么一件事，引起我警惕。张国焘忽然请我和彭德怀同志两人去吃饭。席上，开始他东拉西扯，说我们很疲劳，称赞我们干劲很大。最后说，他决定拨两个团给我们补充部队，而实际上不过是相当两个营的兵力，一千人左右。我们从张国焘住处出来，我问彭德怀同志，他为什么请我们两个人吃饭？彭德怀同志说，拨兵给你，你还不要？我说，我也要。往下我再没有说下去，因为我那时脑子里正在打转转[①]。

张国焘特别"关心"彭德怀。当时任红三军团军团长的彭德怀后来回忆说：

> 张国焘派秘书黄超来亦念，住在我处。说此地给养艰难，特来慰劳。送来几斤牛肉干和几升大米，还送来二三百元银洋。我想这是干吗？黄住下就问会理会议情形。我说，仗没打好，有点右倾情绪，这也没有什么。他们为什么知道会理会议？是不是中央同他们谈的呢？如果是中央谈的，又问我干什么？……他又说到当前的战略方针，什么"欲北伐必先南征"。我说，那是孔明巩固蜀国后方。他又说，西北马家骑兵如何厉害。把上面这些综合起来，知来意非善，黄是来当说客的。不同意中央北上的战略方针，挑拨一方面军内部关系，阴谋破坏党内团结。把全国形势看成黑漆一团，这是明显的。……送了一点点吃的这倒不稀奇，送二三百元银洋引起

[①] 《聂荣臻回忆录》（上），解放军出版社1983年版，第279页。

我很高警惕：完全是旧军阀卑鄙的手法。

……

在亦念时，黄超谈话就说出来了，他说，实际主事人是毛而不是张闻天（当时张闻天是总书记，他们并没有放在眼下）。这话当然不是一个不满三十的黄超所能理解的，而是老奸巨猾的张国焘口里吐出来的[①]。

聂荣臻和彭德怀都没有被张国焘拉动。张国焘的幕后活动没有奏效，便迫不及待地公开向中央提出无理要求了。

这时，中共中央派出由李富春、林伯渠、李维汉、刘伯承等组成的慰问团，到杂谷脑慰问红四方面军，并传达两河口会议精神。张国焘赶忙来到杂谷脑，限制慰问团的行动，对慰问团实行封锁。对于按照中央决定，在慰问后留下担任苏区四川省委书记的李维汉，张国焘更是采取了不欢迎的态度。李维汉后来回忆说：

我们在杂谷脑住了几天，林伯渠告诉我，苏区省委书记当不成了，这里不欢迎。……

不久，中央打电报给我，要我在四方面军担任纵队政治部主任。我已了解张国焘反对中央的一些底细，这个纵队政治部主任是没有办法当的，也不能当。于是我婉转地给中央发了一封电报，让中央知道我不能在红四方面军呆下去的处境，陈述我不懂军事，无法胜任纵队政治部主任职务等等，以此为理由，要求返回中央机关。……中央接到我的电报后，明白我的处境不妙，立即回电叫我返回中央机关工作[②]。

中央慰问团在杂谷脑期间，张国焘还向李富春表示，非常关心"统一组织问题"，提出要充实红军总司令部，徐向前、陈昌浩参加总司令部的

---

① 《彭德怀自述》，人民出版社 1981 年版，第 200—202 页。
② 李维汉：《回忆与研究》（上），中共党史资料出版社 1986 年版，第 361—362 页。

工作，以徐向前为副总司令，陈昌浩为总政治委员。并建议军委设常委，决定战略问题。李富春鉴于此事重大，于7月6日电告了中共中央。

7月8日，张国焘抓住凯丰在《前进报》上发表《列宁论联邦》一文，批评"西北联邦政府"这件事，大做文章，专门召开了中共西北特委第二次常委会议。他在会上散布对中央的不满情绪，攻击中央一些同志对他的批评。他围绕红四方面军过去的领导和组织是否正确这个总题目，讲了四个问题，大意是说：第一，红四方面军离开鄂豫皖是正确的，没有原则上的错误。后来从川陕根据地撤出来，也是对的。第二，肃反路线是正确的。第三，红四方面军党的领导和提拔工农干部的政策也是正确的。第四，特委对政权问题的了解是列宁主义的，成立西北联邦政府是正确的。中共中央政治局应当反对那种说红四方面军作战英勇，但领导是不正确的企图，应当打击这种企图。张国焘讲话以后，一些人发言要求中央政治局召集会议，统一认识。会议还拟定了致中共中央电的要点。同一天，中共川陕省委致电中共中央，认为成立西北联邦政府在理论上、组织上都是正确的，而凯丰的批评是不正确的。

7月9日，中共川陕省委再次致电中共中央，建议加强总司令部，徐向前任副总司令，陈昌浩任总政治委员，周恩来任参谋长。军委设主席一人，仍由朱德兼任，下设常委，决定军事策略问题。并请中央政治局速决速行。

7月10日，张国焘亲自出马，致电中央，借口毛儿盖战斗开始，胡宗南将集结兵力于松潘及其东北地区，提出：为了将主力迅速开到毛儿盖东北地带，消灭胡宗南部，"我军宜速决统一指挥的组织问题，反对右倾"。

7月16日，陈昌浩也紧步张国焘的后尘，致电中革军委，称"浩甚望指挥统一"。7月18日，他又致电张国焘、徐向前并转朱德，建议由张国焘任军委主席，朱德任前敌总指挥，周恩来兼参谋长。提出："中政局决大方针后，给军委独断决行。"并声称："职坚决主张集中军事领导，不然无法顺利灭敌。"

除连续发出电报外,张国焘还派人找中央红军的同志了解会理会议、遵义会议的情况。他在公开场合和私下谈话中,散布"中央政治路线有问题""一方面军的损失和减员应由中央负责""遵义会议是不合法的""军事指挥不统一"等,进行挑拨和煽动。张国焘是中央政治局委员,又是红四方面军的最高领导人,只有他能出席中央政治局会议,因此,他散布的话很容易迷惑和欺骗一些人。在此期间,张国焘唯恐他过去的错误行为被揭露,竟下令将一直同他作斗争的原西北革命军事委员会参谋长曾中生在卓克基秘密处死,事后造谣说曾中生已"逃跑投敌",以欺骗群众。

张国焘的这些活动,实质上是要攫取更大的权力,取毛泽东等的领导地位而代之。徐向前后来评论说:"张国焘怀有野心,想当头头,一再制造分歧,破坏了两军会合后的团结局面。"①

中共中央对于张国焘延宕红军北上的错误,始终采取党内斗争的正确方针,希望他能够觉悟过来,服从中央领导,加强两支主力红军的团结,共同北上。7月10日,朱德、毛泽东、周恩来致电张国焘,指出:"分路北上原则,早经确定,后勿〔忽〕延迟致无后续部队跟进,切盼如来电所指,各部真能速调速进,勿再延迟坐令敌占先机。"并提出:"弟等今抵上芦花,急盼兄及徐陈迅速集中指挥。"

对于张国焘提出的改组中革军委和红军总司令部的要求,中共中央在坚持组织原则的前提下,从团结的愿望出发,在一定程度上予以考虑。毛泽东和张闻天、周恩来等就中央的人事安排问题,进行了反复磋商。张闻天顾全团结北上的大局,主动表示自愿让出自己在中共中央负总责的职位。当时担任中央队秘书长的刘英回忆道:

---

① 徐向前:《历史的回顾》(中),解放军出版社1985年版,第429页。

毛泽东、张闻天等同志一直商量怎样使一、四方面军团结一致，统一行动，认为关键就在张国焘。恩来同志发高烧，病中仍为此事烦心。我听到毛主席和闻天反复商量，谈的很具体。毛主席说："张国焘是个实力派，他有野心，我看不给他一个相当的职位，一、四方面军很难合成一股绳。"毛主席分析，张国焘想当军委主席，这个职务现在由朱总司令担任，他没法取代。但只当副主席，同恩来、稼祥平起平坐，他不甘心。闻天跟毛主席说："我这个总书记的位子让给他好了。"毛主席说："不行。他要抓军权，你给他做总书记，他说不定还不满意，但真让他坐上这个宝座，可又麻烦了。"考虑来考虑去，毛主席说："让他当总政委吧。"毛主席的意思是尽量考虑他的要求，但军权又不能让他全抓去。同担任总政委的恩来商量，恩来一点也不计较个人地位，觉得这样安排好，表示赞同①。

在经过充分酝酿后，7月18日，中央政治局常委会在芦花召开扩大会议，讨论组织问题。张闻天主持会议并提出关于人事安排的意见："军委设总司令。国焘同志担任总政治委员，军委的总负责者。军委下设小军委（军委常委），过去是四人，现增为五人，陈昌浩同志参加进来，主要负责还是国焘同志。恩来同志调到中央常委工作，但国焘同志尚未熟习前，恩来暂帮助之。这是军委的分工。"张国焘在讨论中提出要提拔新干部，有的可到军委，并要向中央委员会增补人员。毛泽东说，提拔干部是需要的，但不需要这么多人集中到军委，下面也需要人。会议最后决定，张国焘任红军总政治委员，增补陈昌浩为中革军委常委，博古任红军总政治部主任。同一天，中革军委发出通知，"奉苏维埃中央政府命令：一、四方面军会合后，一切军队均由中国工农红军总司令、总政委直接统率指挥。仍以中革军委主席朱德同志兼总司令，并任张国焘同志任总政治委员。"

对于这次解决组织问题，彭德怀后来高度评价说：

---

① 《在历史的激流中——刘英回忆录》，中共党史出版社1992年版，第79页。

毛主席在同张国焘的斗争中，表现了高度的原则性和灵活性。在黑水寺开中央会议时（我没参加），张国焘要当总政委，洛甫提议把总书记交给张国焘，毛主席不同意。宁愿交出总政委，不能交总书记。张国焘当时不要总书记，他说，总书记你们当吧，现在是打仗呗。如果当时让掉总书记，他以总书记名义召集会议，成立以后的伪中央，就成为合法的了。这是原则问题[①]。

在初步解决了组织问题之后，7月19日，中革军委制定了《松潘战役第二步计划》，计划指出"依据目前敌情的变化，证明军委6月29日松潘战役计划中关于敌情的判断，是完全正确和适用的"。然而，"由于我军调动未能高度迅速，及地理、气候和番民关系，致先遣部队与后续部队相隔过远，各方面的配合亦尚未完全协调"。因此，计划将中央红军和红四方面军混编为五个纵队和一个支队，继续北进，夺取松潘。7月21日，中革军委又发出《关于一、四方面军组织番号及干部任免的决定》。决定组织前敌总指挥部，以徐向前兼任总指挥，陈昌浩兼任政治委员，叶剑英任参谋长。中央红军第一、第三、第五、第九军团依次改为第一、第三、第五、第三十二军。红四方面军第四、第九、第三十、第三十一、第三十三军番号不变。

为了分清一些大的是非问题，统一认识，促进两个方面军的团结，从7月21日到22日，中央政治局又在芦花召开扩大会议，集中讨论红四方面军的工作。会议由博古主持。出席会议的有张闻天、毛泽东、周恩来、朱德、王稼祥、凯丰、邓发、李富春、刘伯承、张国焘、徐向前、陈昌浩等。

会议的第一天，张国焘首先报告了红四方面军从鄂豫皖第四次反"围剿"以来的发展情况，他的评价是：总的说，红四方面军的战略战术一般是正确的，缺点错误是有的，但不承认在鄂豫皖和川陕根据地时期有路线

[①] 《彭德怀自述》，人民出版社1981年版，第204页。

问题。他还对放弃鄂豫皖和通南巴根据地进行了辩解。接着，徐向前、陈昌浩分别介绍了红四方面军军事方面的特点和政治工作情况。

会议的第二天，徐向前、陈昌浩因指挥部队行动，未参加会议。邓发、朱德、凯丰、周恩来、张闻天、毛泽东相继在会上发言，肯定红四方面军各项工作的成绩，肯定自张国焘到鄂豫皖后，红四方面军执行了中央的正确路线，因此，才有胜利和发展。同时，也指出了红四方面军领导工作中的某些错误。

毛泽东发言说，红四方面军从鄂豫皖起，关于红军的扩大巩固，两个苏区的发展和巩固，无数次击破敌人，总的看国焘领导是没有问题的，路线是正确的，其他个别问题不正确。军事指挥上的缺点，军委将另行讨论。在鄂豫皖粉碎敌人第四次"围剿"时，没有充分准备，没有准备打，又打得不好。在通南巴打退了刘湘部队，胜利后又放弃是个严重错误，找不出任何理由说明为何要放弃。在鄂豫皖几次没有打退敌人，因为没有准备，那时退出是正确的，但在通南巴是打退了刘湘，在胜利后进攻中放弃的，是不对的。毛泽东还指出，红四方面军领导对建立政权有不足和错误的地方，没有严格了解建立政权与建立红军的密切关系，提出西北联邦政府在组织上、理论上都是错误的。

周恩来在发言中充分肯定了红四方面军的长处，也批评了张国焘的错误，指出轻敌、分散兵力是第四次反"围剿"失利的主要原因，撤出鄂豫皖是不对的；撤出通南巴是为了与中央红军配合，是对的，但退出后缺乏明确的发展方向；在少数民族未发动的情况下成立西北联邦政府是不妥的。

张闻天在发言中指出，退出鄂豫皖是不妥的。没有能够粉碎第四次"围剿"是因为开始时领导对形势估计上有"左"的倾向，认为那时蒋介石不是对付我们，所以，在战略方面没有准备，很仓促地跑上去。鄂豫皖退出以后，在通南巴打了胜仗还是放弃了，反映对根据地的重要了解不够。退出通南巴时，把所有干部、游击队统统带走也是不好的。出通南巴后缺乏明确的战略方针，没有一定的发展方向，造成了现在一些困难。在西北联邦政府问题上，少数民族还没有发动就成立联邦，结果必将是徒劳的。

博古最后作结论说，同意总的估计，国焘执行了四次"围剿"后党的路线。

芦花会议在指出张国焘领导红四方面军工作中某些错误的同时，肯定红四方面军英勇奋斗的成绩，肯定红四方面军是执行中央路线的，对促进两个方面军的团结，有着重要的作用。这也表明，中央对张国焘仍是采取积极团结的方针。

芦花会议进行当中，徐向前、陈昌浩即于7月22日率军从芦花出发，向松潘县毛儿盖地区进军。进占毛儿盖后，一面了解敌情，准备攻取松潘，一面为中央领导人准备住处。中共中央和中革军委的领导人在会议结束后，离开芦花，翻越仓德山和打鼓山，于7月28日到达毛儿盖。

还在7月中旬，蒋介石就在成都召开了薛岳部师以上将领参加的军事会议，部署新的围堵计划。蒋介石判断红军主力可能向西北移动，但松潘西北是草地不能行动，其突围路线可能是两条：一条是从毛儿盖、松潘经腊子口出甘南；一条是从理番出平武、青川、碧口，沿阴平故道再出文县、武都。7月18日，敌在《川甘边歼匪计划大纲》中判断红军的企图是以一部袭取松潘；"以大部经毛儿盖，进窜岷县；一部经阿坝，进窜夏河；期达越过洮、黄两河，接通'国际路线'，或由陇中窜向陕北、宁夏，与陕匪合股；如其不成，仍回窜川北"①。根据上述判断，蒋介石调整了各部的位置，对围堵红军北上进行了重新部署。到8月初，胡宗南部主力已在松潘地区完成集结，并在松潘城北的漳腊修建了飞机场，配置了战斗机。薛岳部已由雅安进抵文县、平武地区，与胡部靠拢。川军已先后占领了懋功、绥靖（今金川）、北川、茂县、威州及岷江东岸地区，正逐步紧缩对红军

---

① 《中国工农红军第四方面军战史资料选编》（附卷），解放军出版社1993年版，第551页。

的包围，并利用土司藏兵阻止红军北上，企图将红军围困和消灭于岷江以西、懋功以北地区。

在这种形势下，中革军委被迫放弃原定的《松潘战役计划》，决定迅速北进向夏河流域发展。8月初，中革军委召集会议，朱德、毛泽东、张闻天、博古、王稼祥、张国焘、刘伯承、陈昌浩、徐向前、叶剑英出席了会议。会议研究了敌情，认为松潘地区敌人兵力集中，凭垒固守，红军屡攻难克，决定放弃攻打松潘的部署，改为执行夏洮战役计划。为实现这一新的计划，徐向前和陈昌浩建议集中红军主力，向一个方向突击。张国焘主张分左、右两路军行动，会议采纳了他的意见。8月3日，红军总部制定了《夏洮战役计划》。计划规定：以中央红军第五、第三十二军和红四方面军第九、第三十一、第三十三军组成左路军，由朱德总司令、张国焘总政委率领，以马塘、卓克基为中心集结，向阿坝地区开进；以中央红军第一军和红四方面军第四、第三十军组成右路军，由前敌总指挥部徐向前总指挥、陈昌浩政治委员指挥，以毛儿盖为中心集结，向班佑、巴西地区开进，万一无路可走，再改道阿坝前进；以彭德怀率第三军和第四军一部作总预备队，掩护中央机关前进。

《夏洮战役计划》制定后，部队开始做北上准备，派人侦察行进道路，但是，张国焘又节外生枝，要求中央召开政治局会议，解决"政治路线"问题。为了统一认识，毛泽东、张闻天等分别找张国焘、陈昌浩做工作。毛泽东找张国焘谈话，张国焘反复说，对工农干部，我是很重视他们的啊，他们打仗勇敢，有经验。毛泽东从张国焘的谈话中，了解到他要把红四方面军的干部尽可能多地提到中央委员会和中央政治局的意图。陈昌浩、傅钟也来找张闻天谈话。张闻天了解到问题后也及时同毛泽东商量。张闻天对毛泽东说，傅钟拿了一个名单来，上面写着红四方面军哪些人进中央委员会，哪些人进政治局，说是张国焘提出的名单。毛泽东看了名单之后说：中央委员可以增加几个，政治局委员不能增加那么多。张闻天同意毛泽东的意见。随后，毛泽东、张闻天又找其他政治局委员商量，取得了一致的意见。

8月4—6日，中央政治局在毛儿盖十八寨之一的沙窝寨召开扩大会议。出席会议的有张闻天、毛泽东、周恩来、博古、朱德、张国焘、邓发、凯丰，以及刘伯承、陈昌浩、傅钟共11人。会议的议程有两项：（一）红一、红四方面军会合后的形势和任务；（二）组织问题。

会议开始即由张闻天就第一项议程作报告。他根据已起草好的《中央关于一、四方面军会合后的形势与任务的决议》草案，对形势与任务作了系统的分析和阐述。张闻天报告后，进行了两天的讨论，最后通过了这一决议。决议重申了两河口会议创造川陕甘根据地的决定，指出：红二十五、红二十六军等活跃在这一地区，红一、红四方面军会合后力量增大；西北几省反动统治薄弱，又接近苏联、蒙古。这些都是有利条件。决议强调指出：创造川陕甘根据地，是放在红一、红四方面军前面的历史任务。为此，要加强党在红军中的领导，提高党中央在红军中的威信；要加强红一、红四方面军的团结，一切有意无意地破坏团结的倾向，都是对于红军有害，对于敌人有利的；要在部队中坚决反对右倾机会主义的动摇，其具体表现在对于党中央所决定的战略方针表现怀疑，在于对红一、红四方面军力量的不信任，在于碰到某些困难即表示悲观失望，消极怠工，不负责任，与自暴自弃，在于对目前时局的估计不正确，怀疑到革命形势的存在，推想到苏维埃运动的低落，因而对革命前途悲观失望。决议针对张国焘要求清算中央政治路线的问题，申明了遵义会议对这个问题所作的结论，即中央的政治总路线是正确的，没有粉碎敌人第五次"围剿"的主要原因是军事路线上的错误，经遵义会议已得到了纠正。

张国焘在发言中，继续对中央确定的建立川陕甘根据地的方针提出反对意见。他说，政治局决定整个革命问题不能偏向西北一边。从西北发展到东南是可能的，但不能限于一种因素。他提出，一方面军的领导应检查自己的缺点错误。一方面军退出中央苏区后,是打掩护战,受了很多损失。而且有失败情绪,部队疲劳,纪律松弛。他还继续为自己辩护,拒绝中央的批评,说红四方面军西征是运动战,怎么却说成是逃跑?退出通南巴是否轻视根据地?这些提法都是不对的。到了少数民族区域一定要组织政府,不管你叫不叫联邦。西北特委所领导的少数民族工作原则上是正确的。陈昌浩在发言中也说,退出通南巴没有错。

会议在进行第二项议程时,张闻天代表中央政治局提出了预先经过磋商的名单,提升红四方面军的徐向前、陈昌浩、周纯全为中央委员,何畏、李先念、傅钟为候补中央委员;两位同志进政治局,陈昌浩为委员,周纯全为候补委员。在讨论中张国焘先后两次发言。他提出在坚决提拔工农干部上还可以多提几个人。他的发言,遭到与会者的反对。毛泽东说,四方面军中的干部有很多好的干部。我们只提出补几个同志为中央委员,这是很慎重的。本来政治局不能决定中央委员,现只是在特别情况下这样做。其他干部可以吸收到各军事、政治领导机关工作。张国焘又提出,本来我们的意见,要提这几个同志都到政治局的,这样可以提拔工农干部,他们有实际经验,又可以学习领导工作。毛泽东一方面肯定"国焘同志的意见是很好的",一方面说红四方面军的好干部将来很可以吸收到中央机关及其他部门来。会议经过讨论,坚持不增加人数,但为了顾全大局,搞好团结,也做了一些让步,决定进政治局的两位同志都是正式委员。同时还任命陈昌浩为红军总政治部主任,周纯全为红军总政治部副主任。会议还决定,恢复红一方面军番号,成立红一方面军总司令部,由周恩来兼任红一方面军司令员兼政治委员。

沙窝会议后,张国焘因未达到全部目的,且受到批评,脸色阴沉,不愿说话。陈昌浩也向徐向前发泄不满,说中央听不进国焘的意见,会上吵得很凶。徐向前说:"这些事情我管不了,现在的问题是部队在这里没有粮食吃,吃黄麻吃得嘴都肿了,我们不能呆在这里挨饿,得赶快走。等找到有粮吃的地方，你们再争吵去！"

为执行《夏洮战役计划》，前敌总指挥部徐向前总指挥、陈昌浩总政治委员于8月10日发布《右路军行动计划》。决定右路军分三个梯队蝉联北进，并以有力的先遣兵团两个团向班佑侦察前进，占领班佑、撤路、包座地域，以其主力控制之，掩护右路军主力北上；以一部向松潘之敌佯攻，以吸引胡宗南部大部于松潘城附近；岷江两岸的牵制部队殿后，逐段掩护，适时向主力靠拢，衔接前进。8月13日，前敌总指挥部将右路军的行动计划电告张国焘。

张国焘带着满腹的不高兴回到毛儿盖后，立即召开军以上干部会议，再次提出要西出阿坝，占领青海、甘肃边远地区，而不是经阿坝北进东出。他甚至还要抽兵南下，出击抚边、理番。

针对张国焘的错误主张，8月15日，中共中央致电张国焘，指出："不论从地形、气候、敌情、粮食任何方面计算，均须即以主力从班佑向夏河急进，左路军及一方面军全部应即日开始行动。""目前应专力北向，万不宜抽兵回击抚边、理番之敌。"该电还提出变更行进部署，要求"一、四方面军主力均宜走右路，左路阿坝只出一部，掩护后方前进"。同一天，张国焘派出左路军先头纵队，从卓克基向阿坝前进，但仍不按中央电示向班佑行动。直到8月19日，才一面令红五军主力由查理寺向班佑探查道路，一面坚持夺取阿坝。

8月19日，中央政治局在沙窝召开常委会议，研究常委的分工问题，同时也讨论了对待张国焘错误的方针问题。会上，王稼祥提出要同张国焘作斗争的问题。毛泽东说，在毛儿盖时已经说过，斗争是需要的，但目前开展斗争是不适宜的。目前我们应采取教育的方式。写文章，不指名，不引证。可指定专人搜集材料，研究这个问题。

8月20日，中央政治局在毛儿盖再次召开会议，着重讨论红军的行动方向问题。张闻天、毛泽东、博古、王稼祥、陈昌浩、凯丰、邓发以及非政治局成员徐向前、李富春、聂荣臻、林彪、李先念出席了会议。周恩来因病，朱德、张国焘、周纯全因随左路军行动而缺席。毛泽东在会上作了关于夏洮战役后的行动方针的报告。他提出，我们的行动方向，一是向东（陕西），一是向西（青海、新疆）。红军主力应向东，向陕、甘边界发展，不应向黄河以西。目前我们的根据地应以洮河流域为基础，将来向东发展，后方移至甘肃东部与陕西交界地区。陈昌浩、王稼祥、凯丰、林彪、博古、徐向前相继在会上发言，一致赞同毛泽东的报告，主张红军向东发展，并指出，目前左路军应迅速向右路军靠拢，左路军的行动应以右路军的进展为转移。徐向前完全赞同毛泽东的意见，并说：原则上的问题，中央早已决定，战略方针当然是向东。我军北出甘南后，应坚决沿洮河右岸东向，突破岷州王均部的防线，向东发展。万一不成，再从河左岸向东突击。陈昌浩也主张快速北进，集结最大兵力，向东突击，以实现中央的既定方针。会议气氛良好，意见一致，毛泽东为之欣慰，特地表扬了陈昌浩的发言。毛泽东在作会议结论时说：向东还是向西，是一个关键问题，应采取积极向东发展的方针。夏洮战役应采取由包座至岷州的路线，可集中三个军，甚至全部集中走这条路线。左路军应向右路军靠拢。阿坝要迅速打一下。应坚持向东打，不应以一些困难转而向西。会议决定由毛泽东起草一个决议，以补充6月28日中央政治局关于战略方针的决定。

同一天，中央政治局通过了毛泽东起草的《中央政治局关于目前战略方针之补充决定》。决定指出："为实现六月二十八日关于目前战略方针之基本的决定，要求我们的主力，迅速占取以岷州为中心之洮河流域（主要是洮河东岸）地区，并依据这个地区，向东进攻，以便取得陕、甘之广大地区，为中国苏维埃运动继续发展之有力支柱与根据地。"当前战役一个有决定意义的关键，应力争控制洮河，首先是其东岸地区，"集结最大限度的主力于这个主要方向，坚决与果敢的作战，灵活与巧妙的机动，是这个战役胜利之保证"。决定针对张国焘要红军主力西进的主张，明确指出：

"政治局认为，在目前将我们的主力西渡黄河，深入青、宁、新僻地，是不适当的，是极不利的（但政治局并不拒绝并认为必须派遣一个支队到这个地区去活动）。""政治局认为目前采取这种方针是错误的，是一个危险的退却方针。这个方针之政治的来源是畏惧敌人夸大敌人力量，失去对自己力量及胜利的信心的右倾机会主义。"①

毛儿盖会议是一次重要的会议。它改变了夏洮战役计划的具体部署，变右路军为北进主力，具有重大的历史意义。后来的历史发展证明了这一改变的正确。

从懋功会师到毛儿盖会议的三个多月时间里，中共中央和张国焘之间展开了反反复复的北上与南下之争。究其原因，主要是由于张国焘对敌人的恐慌畏惧心理，对前途的悲观失望情绪，以及急剧膨胀的个人野心所造成的。对于这时张国焘的心态，朱德的分析入木三分，他说：

当时他愿意北上，又不愿意北上的原因，就是想争官坐……到了毛儿盖后，他悲观失望了，他感觉革命没有前途，拼命想往西，到西藏、青海，远远的去躲避战争，他却不晓得，在那里人口稀少，地理条件虽然好，只想取巧，采用脱离群众的办法。他最错误的观念是想到一个偏僻最落后的地方去建立根据地。中央完全否决了他这些意见，中央决定还是北上②。

张国焘没有参加毛儿盖会议。会后，徐向前、陈昌浩立即于8月20日晚将会议决定的内容电告朱德、张国焘说，"中政局议定：夏洮战役前途主要向东发展，拟右路主要由洮右岸捷路向岷州、哈达铺进，争取洮河东岸，洮西及夏河县用一部力量，免大部放在洮、黄二河之间之不利，不宜分兵出西宁。左路主力应速攻取阿坝，不然则向右路靠近以便集中灭

---

① 《中共中央文件选集》第10册，中共中央党校出版社1991年版，第543—546页。
② 《朱德传》，人民出版社、中央文献出版社1993年版，第353页。

敌。"8月21日，陈昌浩、徐向前又致电朱德、张国焘，提出："左路可以一部经阿坝，不必肃清该敌，只可迅速向目的地前进。""目前主力西向或争取西宁不当。"

毛儿盖会议后，徐向前、陈昌浩下令右路军出动，兵分两路，向北进发。中共中央和中革军委随右路军行动。英勇的红军踏上了征服大草原的艰难征程。

经过六七天的行军，右路军终于跨越了"魔毯"，先后走出了草地，到达班佑。中共中央和前敌总指挥部领导人来到班佑后，决定取消原定向拉卜楞寺前进的计划，转经巴西、阿西、包座向俄界前进。随后，中央领导机关进驻阿西，前敌总指挥部进驻巴西。

红军经草地北上，出乎敌人的预料。8月26日，胡宗南发现红军北上，即令其第四十九师于8月27日由漳腊向包座疾进，企图会同其已控制包座地区的一个团，在上下包座至阿西茸一线堵截红军北上。

上包座位于四川省松潘县北部，是进入甘南的必经之路，也是胡宗南部补给线上的一个重要地点。该地处于群山之间，地形十分险要。在其南部的大戒寺驻有敌军一个营，其北的求吉寺驻有两个营。

右路军到达班佑、巴西地区后，为开辟前进道路，决定歼灭当面之敌，夺取上包座。鉴于红三军因殿后尚未通过草地，红一军在长征途中减员太多，徐向前、陈昌浩向中共中央建议，攻打包座的任务由红四方面军的第三十、第四军承担。中央批准了这一建议。

8月29日，徐向前命令部队发起攻击。第三十军的战士忍着饥饿和疲劳，连续作战，英勇突击，到31日，攻占了上包座，并歼灭敌援军第四十九师大部。与此同时，第四军一部也向求吉寺之敌发起猛烈攻击，歼敌1个营。是役，共毙、伤敌师长伍诚仁（伤）以下4000余人，俘敌800余人，缴获长短枪1500余支、轻机枪50余挺、电台1部，以及大批粮食、牦牛和马匹。

包座战斗的胜利,是红一、红四方面军会师后,红四方面军在党中央直接领导下取得的一次重大胜利。这次战斗取得了歼敌一个师的重大战果,打开了红军北上向甘南进军的门户,为实现中共中央北上战略方针创造了有利的条件。

分　裂

北上的通路已经打开,有利的形势出现在面前,但是,严重的党内斗争却又爆发了。

包座战斗之后,右路军红一军由阿西进到拉界地区,红三军位于班佑、巴西、阿西地区,红四、红三十军位于求吉寺、上包座地区,中共中央和前敌总指挥部驻潘州。右路军在党中央的直接领导下,一面休整,一面等待左路军向班佑地区集中,共同北上。

这时,位于松潘、漳腊地区之敌胡宗南部,因其第四十九师大部被歼,持重不出。蒋介石令其绕道文县开赴西固(今舟曲)堵截红军,胡宗南则要求待薛岳部到达松潘、漳腊、南坪接防后才能开动。东北方向之敌于学忠部,尚远在陕甘交界的徽县、两当地区。甘肃南部之文县、武都、西固、岷州等广大地区,敌人兵力空虚。红军如从巴西地区到西固、岷州,仅有五六天的路程,而且多为汉人居住区,路大、粮多、房多。在这种情况下,如果左路军能够执行中央指示,迅速向东与右路军靠拢,集中全力向东北开进,将会迅速开创一个新的局面。

然而,这一有利的时机又因张国焘的延宕而丧失了。还在右路军进入草地的同时,左路军先头部队于8月21日占领了阿坝。但张国焘到达阿坝后,坚持左路军以阿坝为后方,出夏河、洮河地区,左右两路分兵北进的主张,按兵不动。

为督促张国焘迅速北进，并向右路军靠拢，8月24日，中央政治局在草地致电张国焘，告诉他毛儿盖会议《关于目前战略方针的补充决定》的主要精神。电报指出："我军到甘南后，应迅以主力出洮河东岸，占领岷州、天水间地区，打破敌人兰州、松潘封锁计划；并依据以岷州为中心之洮河地区，有计划的大胆的向东进攻，以便取得甘、陕两省广大地区，为中国苏维埃运动的有力根据地。""若不如此，而以主力向洮河以西，令敌沿洮河封锁，刚我被迫向黄河以西，然后敌沿黄河东岸向我封锁，则我将处于地形上、经济上、居民条件上比较大不利之地位。因这一区域，合甘、青、宁三十余县，计人口不过三百万，汉人不及半数。较之黄河以东，大相悬殊，而新疆之上，宜以支队，不应以主力前往。""目前应令右路军全力迅速夺取哈达铺，控制西固、岷州间地段，并相机夺取岷州为第一要务。左路军则迅速出墨洼、班佑，出洮河左岸，然后并肩东进。"

徐向前和陈昌浩经过商量，认为张国焘总和中央闹别扭不好，而且从军事上来看，左右两路军集中兵力出甘南是上策。因而，他们也于8月24日致电朱德、张国焘，陈说利害，"目前箭已在弦，非进不可"，"弟意右路军单独行动不能彻底消灭已备之敌，必须左路马上向右路靠近，或速走班佑，以便两路集中向夏、洮、岷前进。主力合而后分，兵家大忌，前途所关，盼立决立复示，迟疑则误尽中国革命大事。"

在中共中央一再电示和徐向前、陈昌浩的劝告之下，张国焘才开始令左路军向班佑行动。8月27日，红军总部决定左路军向班佑开进，与右路军靠拢。8月28日和29日，第五军、第九十三师先后由查理寺地区出发。8月30日，第二十五师、红军总部也分别由阿坝和查理寺向东北前进。8月31日，朱德、张国焘致电倪志亮、周纯全，令左路军第二纵队北进，规定第七十三、第八十一、第二六二、第二六九团和红军大学及供给部，于9月8日集箭步塘向班佑前进；第二十七师和第三十二军及独立团，于9月12日和13日，先后集中查理寺向班佑前进。9月1日，左路军第一纵队东进到葛曲河（白河）。

8月底，中共中央也在考虑走出草地和占领包座后的行动计划。毛泽东找徐向前和陈昌浩，商量如何做张国焘的工作，催他带左路军向右路军靠拢的问题。徐向前说，如果他们过草地困难，我们可以派出一个团，带上马匹、牦牛、粮食，去接应他们。毛泽东说，这个办法好，一发电报催，二派部队接，就这么办。随后，他们一面令红四军第三十一团准备粮食，待命出动；一面于9月1日以徐向前、陈昌浩、毛泽东的名义致电朱德、张国焘，告之以目前的行动计划，指出：目前情况极有利向前发展。提出右路军以主力向前推进，以第一、第二两军控制罗达地区，第四、第三十两军主力控制白骨寺地区，其一部控制包座，平行向东推进，以便随时与胡宗南部进行有把握的作战。待左路军到达，即以两个支队分别向东南之南坪佯动，而集中主力向东北武都、西固、岷州间打出去。

然而，这一重要的计划，却又遭到了张国焘的抵制和破坏。他在率左路军东进到葛曲河后，很快变卦，再次主张南下。9月3日，他致电徐向前、陈昌浩并转呈中央，称"（葛曲河）上游侦察七十里，亦不能徒涉和架桥，各部粮只能吃三天，二十五师只二天，电台已绝粮，茫茫草地，前进不能，坐待自毙，无向导，结果痛苦如此，决于明晨分三天全部赶回阿坝。""如此影响整个战局，上次毛儿盖绝粮，部队受大损；这次又强向班佑进，结果如此。再北进，不但时机已失，恐亦多阻碍。""拟乘势诱敌北进，右路军即乘胜回击松潘敌，左路备粮后亦向松潘进。时机迫切，须即决即行。"9月5日，张国焘致电倪志亮、周纯全，说左路军先头兵团决转移阿坝，令第二纵队现地筹粮待命。

这样，张国焘就再次提出了他的南下主张。北上与南下之争，再次成为牵动全局部署和有关红军前途、命运的斗争焦点。张国焘提出的"理由"，实际上是他坚持南下的借口。徐向前评论说：

这时张国焘连北进的方针也不同意了，实际上是要南下。他的"理由"，并不能成立。一是所谓葛曲河涨水，无法徒涉和架桥。其实，四方面军有支一百多人的造船队，就在左路军，就地取材，营造简便渡河工具，不成问题。二是所谓粮食缺乏。其实，阿坝那带，粮米较毛儿盖地区要多，张国焘以前来电也说过。我们从毛儿盖出发，每人只带了供两、三天食用的炒青稞，还不是通过了草地？他们的粮食，绝不会比我们少，过草地有什么不行？更何况我们还要派部队带粮去接应他们呢！所以，张国焘这是找借口，与中央的北进方针相抗衡①。

中共中央和前敌总指挥部领导人面对这突如其来的变化，甚为焦虑。此时，前敌总指挥部已命令红一军向俄界地区探路前进。而这时敌人在文县、武都、西固、岷州一线兵力不多，碉堡尚未筑成，难以阻我突击。为不失良机，中共中央一方面部署早日北进，一方面也在反复讨论如何使张国焘放弃其错误主张，转而北上。毛泽东、张闻天、周恩来等几乎天天开会研究，并多次同陈昌浩谈话，希望能找出妥善的解决办法。

徐向前和陈昌浩也多次商量，认为既然北进是毛儿盖政治局会议讨论决定的方针，且右路军占领包座后又打开了北进通道，无论如何，都不应变更原决定。于是，他们商定发电报陈述意见，劝说张国焘执行中央的决定。

9月8日9时，徐向前、陈昌浩致电朱德、张国焘，在通报了敌情和红一军的位置以后，请示："胡不开岷，目前突击南（坪）、岷（州）时间甚易。总的行动究竟如何？一军是否速占罗达？三军是否跟进？敌人是否快打？飞示，再延实令人痛心。"并指出："中政局正考虑是否南进。毛、张皆言只有〔要〕南进便有利，可以交换意见；周意北进便有出路；我们意以不分散主力为原则，左路速来北上为上策，右路南去南进为下策，

---

① 徐向前：《历史的回顾》（中），解放军出版社1985年版，第447页。

万一左路若无法北进，只有实行下策。如能乘（敌）向北调时（取）松潘、南坪仍为上策。请即明电中央局商议，我们决执行。"

张国焘接电后，仍坚持南下主张，并开始调动部队。当天，他电令左路军中红四方面军驻马尔康地区的红三十一军政治委员詹才芳：

> 九十一师两团，即经梭磨直到马尔康、卓克基待命，须经之桥则修复之。望梭磨、康猫寺路，飞令军委纵队政委蔡树藩将所率人员移到马尔康待命。如其听（原文如此——引者注）则将其扣留，电复处置。

面对日益严重的局面，9月8日晚上，中共中央领导人张闻天、毛泽东、博古、王稼祥在周恩来的住处召开非正式会议，通知徐向前、陈昌浩参加。会前，毛泽东等拟好了一份致张国焘的电文。会上念了一下，征求徐向前和陈昌浩的意见。陈昌浩表示同意电报的内容，建议力争左右两路军一道北上；如果不成，是否可以考虑南下。徐向前表示同意中央的意见，对南下问题考虑不成熟，没有表态。会议一致通过，向左路军领导人发出这份电报。当晚22时，该电以与会七人的名义发出。全文如下：

朱、张、刘（伯承）三同志：

目前红军是处在最严重关头，须要我们慎重而又迅速地考虑与决定这个问题。弟等仔细考虑的结果认为：

（一）左路军如果向南行动，则前途将极端不利，因为：

（甲）地形利于敌封锁，而不利于我攻击，丹巴南千余里，懋功南七百余里均雪山，老林，隘路。康□天芦雅名邛大直至懋抚一带，敌垒已成，我军绝无攻取可能。

（乙）经济条件，绝不能供养大军，大渡河流域千余里间，术〔求〕如毛儿盖者，仅一磨西面而已，绥崇人口八千余，粮本极少，懋抚粮已尽，大军处此有绝粮之虞。

（丙）阿坝南至冕宁，均少数民族，我军处此区域，有消耗无补充，此事目前已极严重，决难继续下去。

（丁）北面被敌封锁，无战略退路。

（二）因此务望兄等熟思深虑，立下决心，在阿坝、卓克基补充粮食后，改道北进，行军中即有较大之减员，然甘南富庶之区，补充有望。在地形上、经济上、居民上、战略退路上，均有胜利前途。即以往青宁新说，已远胜西康地区。

（三）目前胡敌不敢动，周、王两部到达需时，北面仍空虚，弟等并拟于右路军抽出一部，先行出动，与二十五、（二十）六军配合行动，吸引敌人追随他们，以利我左路军进入甘肃，开展新局（面）。

以上所陈，纯从大局前途及利害关系上着想，万望兄等当即立断，则革命之福。

恩来、洛甫、博古、向前、昌浩、泽东、稼祥

与此同时，即 9 月 8 日 22 时，张国焘以朱德、张国焘的名义[①]电令徐向前、陈昌浩：

一、三军暂停留向罗达进，右路军即准备南下，立即设法解（决）南下的问题，右路皮衣已备否。即复。

这封电报，标志着中共中央的北上方针和张国焘的南下方针之争，达到了针锋相对的明朗化地步。接到这封电报后，陈昌浩改变了态度，同意南下。徐向前不愿把红四方面军的部队分开，也只好表示南下。陈昌浩去中央驻地反映这一意见，受到中央领导人的批评。

[①] 当时张国焘违背中共中央战略方针的指示和电报，大都是以朱德、张国焘的名义联署的。中共中央在 1936 年 7 月 14 日致共产国际书记处的报告中指出："朱德同志过去与中央完全一致，分离以来受国焘挟制，已没有单独发表意见的自由，但我们相信基本上也是不会赞助国焘的。"朱德在 1960 年 11 月 9 日的谈话中也指出："到阿坝时，张就变了，不要北上，要全部南下，并发电报要把北上的队伍调回南下，我不同意，反对他，没有签字。"

9月9日，中共中央再次致电张国焘并致徐向前、陈昌浩，指出：

陈谈右路军南下电令，中央认为是完全不适宜的。中央现恳切的指出，目前方针只有向北是出路，向南则敌情、地形、居民、给养都对我极端不利，将要使红军受空前未有之困难环境。中央认为：北上方针绝对不应改变，左路军应速即北上，在东出不利时，可以西渡黄河占领甘、青交通〔界〕新地区，再行向东发展。如何速复。

对于中共中央的一再电示和劝告，张国焘竟置若罔闻，一意孤行。9月9日，他致电中革军委，坚持"乘势南下"的主张。同时，他又背着中央密电陈昌浩，令其率右路军南下。据毛泽东在1937年3月中共中央政治局扩大会议上说，他从叶剑英的报告中得知了这一电报的内容，"这电报上说：'南下，彻底开展党内斗争'"。

鉴于张国焘无视党纪、军纪，公然一再违抗中央指示，顽固坚持南下，陈昌浩改变初衷同意张国焘的意见，以及敌情和红军所处的位置不容滞留等原因，在巴西的毛泽东、张闻天、博古等紧急磋商，认为再继续等待、说服张国焘率部北上已没有可能。当晚，毛泽东到徐向前的住处，站在院子里问：向前同志，你的意见怎么样？徐向前回答说：两军既然已经会合，就不宜再分开，四方面军如分成两半恐怕不好。毛泽东听后，要徐向前早点休息，遂告辞而归。接着，毛泽东、张闻天、博古三人赶到红三军驻地阿西，与在此养病的周恩来、王稼祥举行紧急会议，决定为贯彻执行已定的正确方针连夜率红三军和军委纵队先行北上。并通知在俄界的林彪、聂荣臻，行动方针有变，要红一军在原地待命。随后，进行了秘密准备。

就在中共中央准备先行北上之际，张国焘于9月9日24时再致电徐向前、陈昌浩并转中央，坚持其南下主张。电报称：

（甲）时至今日，请你们平心估计敌力和位置，我军减员、弹药和被服等情形，能否一举破敌，或与敌作持久战而击破之；敌是否是〔有〕续增可能。

（乙）左路二十五、九十三两师，每团不到千人，每师至多千五百战斗员，内中病脚者占三分之二。再北进，右路经过继续十天行军，左路二十天，减员将在半数以上。

（丙）那时可能有下列情况：

1．向东突出蒙〔岷〕西封锁线，是否将成无止境的运动战，冬天下〔不〕停留行军，前途如何？

2．若停夏、洮是否能立稳脚跟？

3．若向东非停夏、洮不可，再无南返之机。背靠黄河，能不受阻碍否？上三项诸兄熟思明告。

4．川敌弱，不善守碉，山地隘路战为我特长。懋、丹、绥一带地形少岩，不如通、南、巴地形险。南方粮不缺。弟亲详问二十五、九十三等师各级干部，均言之甚确。阿坝沿大金川河东岸到松岗，约六天行程，沿途有二千户人家，每日都有房宿营。河西四大坝、卓木碉粮，房较多，绥、崇有六千户口，包谷已熟。据可靠向导称：丹巴、甘孜、道孚、天、芦均优于洮、夏、邛、大更好。北进，则阿西以南彩病号均需抛弃；南打，尽能照顾。若不图战胜敌人，空言鄙弃少数民族区，亦甚无益。

5．现宜以一部向东北佯动，诱敌北进，我则乘势南下。如此对二、六军团为绝好配合。我看蒋与川敌间矛盾极多，南打又为真正进攻，决不会做瓮中之鳖。

6．左右两路决不可分开行动，弟忠诚为党、为革命，自信不会胡说，如何？立候示遵。

在张国焘发出这封电报不久，9月10日凌晨，中共中央率红三军和红军大学离开巴西、阿西等地，向俄界进发。同时，叶剑英也以"打粮准备南下"的名义，带走了军委纵队，并带走了一份十万分之一的甘肃省地图。

张国焘很快得到了中共中央先行北上的消息。9月10日凌晨4时，他致电林彪、聂荣臻、彭德怀、李富春并转周恩来、张闻天、博古、毛泽东、王稼祥，说：

甲、闻中央有率一、三军单独东进之意，我们真不（以）为然。

乙、一、四方面军已会合，□□忽又分离，党内无论有何讨论，决不应如是。只要能团结一致，我们准备牺牲一切。一、三军刻已前开，如遇障碍仍请开回。不论北进南打，我们总要在一块，单独东进恐被敌击破。急不择言，幸诸领导干部三思而后行之。候复示！

当天早晨，徐向前和陈昌浩得知了中央率红一方面军部队单独北进的消息。这时，红四方面军有人不明真相，打电话来请示：中央红军走了，还对我们警戒，打不打？陈昌浩拿着电话筒，问徐向前怎么办？徐向前说：哪有红军打红军的道理！叫他们听指挥，无论如何不能打！从而为维护红军的团结作出了重要贡献。陈昌浩同意徐向前的意见，做了答复，避免了事态的进一步恶化。随后，陈昌浩给张国焘写了报告。陈昌浩还派人送信给彭德怀，要他停止北进，遭到彭德怀的拒绝。他还派李特带一队骑兵追赶上去，"劝说"中央领导人率军南下，受到毛泽东的严厉批评和拒绝。李特带回了红军大学中大部分红四方面军的人员。

中共中央率红三军等部于9月10日当天到达拉界。是日，中央政治局发出在阿西所拟的给徐向前、陈昌浩的指令，指出：

（一）目前战略方针之惟一正确的决定，为向北急进，其多方考虑之理由，已详屡次决定及电文。

（二）八日朱张电令你们南下，显系违背中央累次之决定及电文，中央已另电朱张取消该电。

（三）为不失时机的实现自己的战略计划，中央已令一方面军向罗达拉〔俄〕界前进，四、三十军归你们指挥，应于日内尾一、三军后前进，有策应一、三军之任务。以后右路军统归军委副主席周恩来同志指挥之。

（四）本指令因张总政治委员不能实行政治委员之责任，违背中央战略方针，中央为贯彻自己之决定，特直接指令前敌指挥员（党员）及其政委并责成实现之①。

徐向前、陈昌浩接到该指令后，没有北上。陈昌浩的态度很坚决，指责中央是"右倾机会主义""逃跑主义"，决心南下。徐向前也决定和红四方面军部队在一起，走着看。

同日，中共中央致电张国焘，其内容与9日致张国焘并致徐向前、陈昌浩电基本相同。电报指出：

阅致徐、陈调右路军南下电令，中央认为完全不适宜的。中央现在恳切的指出，目前方针只有向北，才是出路。向南则敌情、地形、居民、给养都对我极端不利，将使红军陷于空前未有之困难环境。中央认为：北上方针绝对不应该改变，左路军应速即北上。在东出不利时，可以西渡黄河，占领甘、青、宁、新地区，再行向东发展。

同一天，中共中央还发布了《为执行北上方针告同志书》，指出：目前形势完全有利于我们。无论如何不应该再退回原路。"南下是草地、雪山、老林；南下人口稀少、粮食缺乏；南下是少数民族的地区，红军只有减员，没有补充。敌人在那里的堡垒线已经完成，我们无法突破。南下不能到四川去，南下只能到西藏、西康，南下只能是挨饿挨冻，白白地牺牲生命，对革命没有一点利益。对于红军，南下是没有出路的，南下是断路。""只有中央的战略方针是惟一正确的，中央反对南下，主张北上，为红军为中国革命，取得胜利。你们应该坚决拥护中央的战略方针，迅速北上，创造川陕甘新苏区去！"②

---

① 《中国工农红军第四方面军战史资料选编》（长征时期），解放军出版社1992年版，第145页。
② 《中国工农红军第四方面军战史资料选编》（长征时期），解放军出版社1992年版，第146页。

9月11日，中共中央率红三军、军委纵队等部继续北进，于当晚陆续到达甘南的俄界（今高吉），与先期到达的红一军会合。当天，中共中央再次致电张国焘，令其立即率左路军北上。电报指出：

（甲）中央为贯彻自己的战略方针，再一次指令张总政委立刻率左路军向班佑、巴西开进，不得违误。

（乙）中央已决定右路军统归军委副主席周恩来同志指导，并已令一、三军团在罗达、俄界集中。

张国焘再次拒绝了中央的命令。9月12日，他又致电中央，指责说："诸兄不图领导全部红军，竟率一部秘密出走，其何以对国际和诸先烈。"声称："弟自信能以革命利益为前提，虽至最严重关头，只须事实上能团结对敌，无不乐从。诸兄其何以至此，反（？）造分裂重反团结，敬候明教。"同日，他还致电林彪、聂荣臻、彭德怀、李富春，诱令红一、红三军南下。电报称："一、三军团单独东出，将成无止境的逃跑，将来真会悔之无及。""望速归来受徐、陈指挥，南下首先赤化四川，该省终是我们的根据地。""诸兄不看战士无冬衣，不拖死也会冻死。不图以战胜敌人为先决条件，只想转移较好地区。自欺欺人，真会断送一、三军团。请诸兄其细思吾言。"这样，张国焘在反对中央北上战略方针，分裂党和红军的道路上越走越远了。

为了揭露和批判张国焘的分裂主义，确定下一步的行动方针，中共中央于9月12日在俄界召开了政治局扩大会议。出席会议的有张闻天、博古、毛泽东、王稼祥、凯丰、刘少奇、邓发。非政治局成员参加的有蔡树藩、叶剑英、林伯渠、李维汉、杨尚昆、李德；红一军的林彪、聂荣臻、朱瑞、罗瑞卿；红三军的彭德怀、李富春、袁国平、张纯清。

会议首先由毛泽东作关于同红四方面军领导人张国焘的争论与目前行动方针的报告。报告说，中央常委决定的向北发展的战略方针，请政治局批准。有同志反对这个方针，有他机会主义的方针，代表是张国焘。中央同张国焘作过许多斗争，想了许多办法与他们的干部接近，纠正其军阀主义倾向，但是没有结果。对于张国焘，要尽可能做工作，争取他。最后作组织结论是必要的，但不应马上作。中央应继续坚持北上的方针。一、四方面军会合后，是应该在川、陕、甘创建苏区。但现在只有一方面军主力一、三军，所以，当前的基本方针，是要经过游击战争，打通同国际的联系，整顿和休养兵力，扩大红军队伍，首先在与苏联接近的地方创造一个根据地，将来向东发展。报告还讲到加强党内团结问题，以及与红四方面军的关系问题。毛泽东报告以后，彭德怀报告了改变军队编制等问题。

随后，会议进行了讨论。邓发、李富春、李德、李维汉、王稼祥、聂荣臻、杨尚昆、林彪、博古等发言，一致同意中央对这次事件的处理，拥护中央断然率红一、红三军北上和统一改编军队。大家在发言中还揭露了张国焘制造分裂、争夺权力的阴谋活动。张闻天在作总结性发言时指出，中央同张国焘的斗争，是两条路线的斗争。一条是中央的路线，一条是右倾的军阀主义——张国焘主义。张国焘错误的发展前途，必然是组织第二党。但是，只要还有一线可能，我们还要争取他。

毛泽东在结论中指出，同张国焘的斗争，是两条路线的分歧，是布尔什维克主义与军阀主义倾向的斗争。张国焘是发展着的军阀主义倾向，将来可能发展到叛变革命，这是党内空前未有的。关于目前的战略方针，同在川、陕、甘创造根据地的计划是有变更的，因一、四方面军已经分开，张国焘南下，使中国革命受到相当严重损失。但是我们并不是走向低落，而是经过游击战争，大规模地打过去。一省数省首先胜利，是不能否认的，现在如此，将来也是如此，不过不是在江西，而是在陕、甘。

会议决定，红一、红三军和军委纵队编为中国工农红军陕甘支队，彭德怀为司令员，林彪为副司令员，毛泽东为政治委员，王稼祥为政治部主任，杨尚昆为政治部副主任；由毛泽东、周恩来、彭德怀、林彪、王稼祥组成五人团，负责军事领导；由李德、叶剑英、邓发、蔡树藩、李维汉组成编制委员会，主持部队整编工作。

会议根据毛泽东所作的报告和结论的精神，作出《关于张国焘同志的错误的决定》①。决定指出：张国焘与中央争论的实质是对目前政治形势与敌我力量对比估计上有着原则的分歧。张国焘夸大敌人的力量，轻视自己的力量，以致丧失了在抗日前线的中国西北部创造新苏区的信心，主张向川、康边界地区退却。决定揭露了张国焘分裂党、分裂红军的严重错误，指出，张国焘的机会主义和军阀主义倾向，使"他对于中央的耐心的说服、解释、劝告和诱导，不但表示完全的拒绝，而且自己组织反党的小团体同中央进行公开的斗争，否认党的民主集中制的基本组织原则，漠视党的一切纪律，在群众面前任意破坏中央的威信""这种倾向的发展与坚持，会使张国焘同志离开党"。决定提出，必须采取一切具体办法去纠正张国焘的错误，并号召红四方面军中全体忠实于共产党的同志团结在党中央的周围，同张国焘的错误倾向作坚决的斗争，以巩固党与红军。

俄界会议后，中共中央率陕甘支队迅速北上了。根据俄界会议的精神，党中央对于张国焘的错误，仍然坚持党内斗争的方针，在严肃指出他的错误的同时，希望他悬崖勒马，幡然悔悟。为此，9月14日，中共中央在北上途中再次致电张国焘、徐向前、陈昌浩，指出：

（一）四方面军目前行动不一致，而发生分离行动的危险的原因，是由于总政委拒绝执行中央的战略方针，违抗中央的屡次调令与电令。总政委对自己行为所产生的一切恶果，应该负绝对的责任。只有总政委放弃自

---

① 因时间紧迫，该决定在俄界会议上只是原则通过。北上到达哈达铺以后，在9月20日召开的中央政治局常委会上，决定"关于国焘问题的决议的起草，由洛甫负责"。这一决定由张闻天写成并通过以后，没有立即公布。直到1935年12月，才在中央委员范围内公布，在红一方面军高级干部中口头传达。该决定见《中共中央文件选集》第10册，中共中央党校出版社1991年版，第556—558页。

己的错误立场，坚决执行中央的路线时，才说得上内部团结与一致。一切外交的辞句，决不能掩饰这一真理，更欺骗不了全党与共产国际。

（二）中央率领一、三军北上，只是为了实现自己的战略方针，并企图以自己的艰苦斗争，为左路军及右路军五〔之〕四军、三十军开辟道路，以便利于他们的北上。一、三军的首长与全体指战员不顾一切困难，坚决负担起实现中央的战略方针的先锋队的严重任务，是中国工农红军的模范。

（三）张总政委不得中央的同意，私自把部队向对于红军极端危险的方向（阿坝及大小金川）调走，是逃跑主义最实际的表现，是使红军陷于日益削弱，而没有战略出路的罪恶行动。

（四）中央为了中国苏维埃革命的利益，再一次地要求张总政委立即取消南下的决心及命令，服从中央电令，具体部署左路军与四军、三十军之继续北进。

（五）此电必须转达朱、刘。立复。

但是，张国焘再一次拒绝了中央的劝告和挽救，继续顽固地坚持其南下的错误主张，率左路军和右路军中的红四、红三十军南下了。毛泽东多次说过，南下是绝路。后来的事实，完全证明了这一判断的正确性。

第十章
CHAPTER TEN

长征路上（下）

另立"中央"

1935年9月，中共中央率红一、红三军和军委纵队一部先行北上后，张国焘置党中央的一再电示和耐心劝告于不顾，在加紧南下部署的同时，进行了一系列分裂党、分裂红军的活动。

初秋的阿坝，寒冷好像过早地降临到了这座川西北的小镇。张国焘从葛曲河折回阿坝后，立即大造反对党中央的舆论，并开始了对留在左路军的朱德等人的围攻。他先派人同朱德谈话，要朱德写反对中央北上的文章，被朱德坚决拒绝。

9月13日，张国焘在阿坝的格尔登寺大殿内召开川康省委扩大会议。张国焘要省委、省苏维埃、法院、保卫局、妇女部和儿童团的负责人都来参加会议，以壮大声势。曾参加过阿坝会议的余洪远回忆了会场的情景：

> 我把牲口拴在会场旁边，一看会场旁边演戏台子上挂了一个横幅，心里突然冷了一下。横幅上写着"反对毛、张、周、博向北逃跑"。……进了会场，一看就不像一个高级干部会议，到的人非常复杂，少先队的，十七八岁、十五六岁的也参加了会议，中共妇女部、少共妇女部、青年团、反帝大同盟、省工会还有戒烟局的都到了，嘈杂的很。

张国焘首先在会上讲话。他说："毛儿盖会议是错误的，北上是行不通的，还是要南下，建立天（全）芦（山）雅（安）根据地，相机向四川发展。"他还大肆攻击中央率红一、红三军北上是"逃跑主义"，极力鼓吹其南下主张是"进攻路线"，并扬言要对"经过斗争和教育仍不转变的分子"给予"纪律制裁"。

接着，一些人逼迫朱德当场表态"同毛泽东向北逃跑的错误划清界限"，"反对北上，拥护南下"。朱德稳坐在会场里，不予理睬。张国焘说："总司令，你可以讲讲嘛，你对这个问题的认识怎样？是南下，是北上？"朱德从容不迫地说：北上决议，我在政治局会议上是举过手的，我不能出尔反尔。我是共产党员，我的义务是执行党的决定。"南下是没有出路的！"这时，会场的气氛更加紧张。有人对着朱德喊叫：既然你拥护北上，那你现在就走，快走！朱德说：我是中央派到这里工作的，既然你们坚持南下，我只好跟你们去。刘伯承见一部分人蛮横地围攻朱德，便说：现在不是开党的会议吗？你们怎么能这样对待朱总司令！这样一来，一些人的攻击目标就转移到了刘伯承身上。刘伯承和朱德一样表明了拥护中央北上方针的坚定立场。他说：我同意北上，从全国形势来看，北上有利，南下是要碰钉子的。薛岳、李抱冰并没有走，向南走，就会碰到薛岳和川军，打得好可以蹲一段，打不好还得转移北上。

最后，会议在张国焘的操纵下，通过决议，指责中共中央先行北上，说："中央政治局一部分同志，洛、博、周等同志，继续他们的右倾机会主义的逃跑路线，不顾整个中国革命的利益，破坏红军的指挥系统，破坏主力红军的团结，实行逃跑。"决议坚持张国焘的南下方针，鼓吹只有南下打击敌人，建立苏区，才是唯一正确的"进攻路线"。决议提出要用"纪律制裁"来贯彻南下的"进攻路线"，说："在斗争中不愿意执行党的进攻路线，经过斗争和教育仍不转变的分子，应当予以纪律制裁，使党团结像一个人一样。"会后，迅速在各军中传达了这一决议。

在阿坝会议前后，张国焘还以总政治部、总司令部党总支等名义，召开"党的活动分子会议""党团大会""干部会议"等一系列会议，并在会上大讲反对逃跑主义和今后向南行动等问题，宣扬反对"右倾机会主义的向北逃跑"，只有南下"才是真正的进攻路线"等思想，并提出"打到成都吃大米"的口号，以期扩大其错误主张的影响。

10月初，张国焘南下到达卓木碉（今马尔康市脚木足）后，加紧了分裂党的活动。10月5日，在卓木碉白赊喇嘛寺内，张国焘主持召开高级干部会议，出席会议的有朱德、刘伯承、徐向前、陈昌浩、王树声、周纯全、李卓然、罗南辉、余天云等军以上干部约四五十人。在这次会议上，张国焘公然宣布另立"中央"，打出了分裂主义的旗帜。徐向前在《历史的回顾》中记述了这次会议的情况：

> 会议由张国焘主持。他的发言，蛊惑人心，欺骗性很大。大意是：中央没有粉碎敌人的第五次"围剿"，实行战略退却，是"政治路线的错误"，而不单是军事路线问题。一、四方面军的会合，中止了这种退却，但中央拒不承认自己的错误，反而无端指责四方面军。南下是终止退却的战略反攻，是进攻路线，而中央领导人被敌人的飞机、大炮"吓破了胆"，对革命前途"丧失信心"，继续其北上的"右倾逃跑主义路线"，直至发展到"私自率一、三军团秘密出走"，这是"分裂红军的最大罪恶行为"。他攻击中央领导人是什么"吹牛皮的大家"，"'左'倾空谈主义"，还说他们有篮球打、有馆子进、有捷报看、有香烟抽、有人伺候才来参加革命；一旦革命困难，就要"悲观"、"逃跑"等等。他宣布中央已经"威信扫地"，"失去领导全党的资格"，提倡仿效列宁和第二国际决裂的办法，组成新的"临时中央"，要大家表态。
>
> 另立"中央"的事，来得这么突然，人们都傻了眼。就连南下以来，一路上尽说中央如何如何的陈昌浩，似乎也无思想准备，没有立即发言表态支持张国焘。会场的气氛既紧张又沉闷，谁都不想开头一"炮"。张国焘于是先指定一方面军的一位军的干部发言。这位同志长征途中，一直对中央领导有意见，列举了一些具体事例，讲得很激动。四方面军的同志闻所未闻，不禁为之哗然。大家你一言，我一语，责备和埋怨中央的气氛，达到了高潮。
>
> 张国焘得意洋洋，要朱德同志表态。朱总的发言心平气和，语重心长。他说：大敌当前，要讲团结嘛！天下红军是一家。中国工农红军在党中央

统一领导下，是个整体。大家都知道，我们这个"朱毛"，在一起好多年，全国和全世界都闻名。要我这个"朱"去反"毛"，我可做不到呀！不论发生多大的事，都是红军内部的问题，大家要冷静，要找出解决办法来，可不能叫蒋介石看我们的热闹！

张国焘又让刘伯承表态。刘讲了一通革命形势相当困难的话，弦外之音是要讲团结，不能搞分裂。张国焘为此怀恨在心。不久，便将刘的参谋长职务免去，调他去红军大学工作。

张国焘见朱德、刘伯承都不支持他，脸色阴沉，但不便发作。接着，就宣布了"临时中央"的名单，以多数通过的名义，形成了决议[①]。

为了壮大声势，会议通过的另立"中央"的组织决议，擅自将许多头衔强加给一大批拥护党中央的同志，宣布：以包括红军各方面军、南方红军游击队的领导人和中共驻共产国际代表团的负责人等在内的38人组成"中央委员会"；以任弼时、陈绍禹（王明）、项英、陈云、朱德、张国焘、陈昌浩、周纯全、徐向前、李维汉、曾传六组成"中央政治局"；以朱德、张国焘、陈昌浩、周纯全、徐向前组成"中央书记处"；以朱德、张国焘、陈昌浩、徐向前、林彪、彭德怀、刘伯承、周纯全、倪志亮、王树声、董振堂组成"军事委员会"；以朱德、张国焘、徐向前、陈昌浩、周纯全为常务委员。决议还宣布："毛泽东、周恩来、博古、洛甫应撤销工作，开除中央委员及党籍，并下令通缉。杨尚昆、叶剑英应免职查办。"[②]

到这时，张国焘基于对革命形势的错误估计和政治野心的急剧膨胀，逐步将同党中央在战略方针上的分歧，激化成为在政治上、组织上的尖锐对立；从抗拒中央指令坚持南下，发展到另立"中央"。张国焘分裂党、分裂红军的活动，发展到了登峰造极的地步。

---

① 徐向前：《历史的回顾》（中），解放军出版社1985年版，第458—460页。
② 《中国工农红军第四方面军战史资料选编》（长征时期），解放军出版社1992年版，第230页。

卓木碉会议后，朱德、刘伯承等对张国焘另立"中央"的分裂主义行为进行了不懈的斗争。朱德后来回忆说：

那段时间张国焘造反。我们当时的处境很困难，但碰上困难有什么办法呢？坚持吧！

他那几天想叫下边互相打架，下边有人要打架，我反对。我对他说：我们现在是如何支持下去，下面再打架，就活不下去了。要不要命？我们都要命。我威胁他，打架被制止了。

这时他又搞了个"中央"，我说：要搞，你搞你的，我不赞成。我按党员规矩，保留意见，以个人名义做革命工作，不能反中央。一直和他斗，我们人少，但理直气壮。我们的办法是，他搞他的，我们做我们的工作，只要革命，总会到一块的[①]。

张国焘另立"中央"、率军南下的反党分裂活动，在随左路军南下的红一方面军广大指战员中引起了强烈不满。由红一方面军调任红四方面军第九军参谋长的陈伯钧就曾直接找张国焘谈话，坚持原则，陈述己见，呼吁团结，反对分裂。红五军（原红五军团）、红三十二军（原红九军团）的干部、战士对张国焘的分裂行为很不满，有的提出：单独北上，找党中央去！有的说：如果张国焘要阻拦我们，就跟他干！

张国焘对于这些坚持原则、反对分裂和南下的指战员肆意进行打击迫害，甚至逮捕或杀害。朱德等则尽一切可能保护遭到迫害的干部、战士，以避免不必要的牺牲。

红军总部侦察科长胡底，因反对张国焘的分裂活动，并说了"张国焘是军阀""张国焘是法西斯"等话，便被秘密毒死。

红五军参谋长曹里怀因对张国焘不满，被调任红军总部一局局长。他

[①] 转引自《徐向前传》，当代中国出版社 1991 年版，第 232—233 页。

从机要科得知红一方面军主力已胜利到达陕北吴起镇的消息，悄悄告诉了两个盼望北上的同志，不料被张国焘发现了，遂把他关押起来。张国焘召开紧急会议，说曹里怀泄露军事机密，要严加惩处。朱德担心曹里怀会被处死，立即说：曹里怀就讲了那么几句，你安他反革命够不上。他这红小鬼我知道，井冈山时期就跟我们在一起，你有什么理由乱杀人呢？这样，曹里怀才免遭毒手。

红三十军参谋长彭绍辉写了一封不赞成南下错误方针的长信给朱德，不料这封信落到张国焘手中。张国焘把彭绍辉找来谈话。彭绍辉一进门，有人就上前扇了他一个嘴巴，并拔出驳壳枪，把枪顶在彭绍辉的胸口上。朱德见状，急忙上前把枪夺下来。他让彭绍辉回去，使彭幸免于难。

总卫生部部长贺诚、红军大学教育科长郭天民和长征途中一直被关押着的廖承志等，都是由于受到朱德的保护而免遭不测。

还有一次，红五军的20多个掉队人员被张国焘派人抓住，强加给他们的罪名是"一股有组织的反革命武装，抢老百姓的东西，准备武装叛乱"。红五军保卫局长欧阳毅说明这是些零星的掉队人员，不是有组织的反革命武装。张国焘的追随者说欧阳毅是"假革命""反革命"，用手枪对准了他，又是朱德挺身而出，加以制止。被抓的20多人也安全回到了红五军。

面对张国焘的高压政策，朱德、刘伯承等人一面同张国焘斗争，一面利用同部队接触的机会，耐心地教育红一方面军的指战员顾全大局，掌握正确的斗争方针和策略，并注意和红四方面军广大指战员搞好团结。

胡底牺牲后，朱德找红军总部三局局长伍云甫谈话，叮嘱他：注意不要闹，注意团结红四方面军的同志。不要性急，斗争是要斗争，不过是又要团结又要斗争，胡底同志就是因为过于性急，张国焘就把他陷害死了。刘伯承也对陈伯钧说：你还年轻，斗争可要注意方法呀！不要以为张国焘不杀人！张国焘是要杀人的！在朱德、刘伯承等人的引导下，红一方面军干部、战士的情绪逐渐稳定下来,增强了战胜张国焘分裂活动的信心。

张国焘对朱德、刘伯承等人反对分裂、反对南下的立场和活动甚为恼火,但是,出于种种顾虑,张国焘始终未敢对他们采取极端措施。朱德等人的处境虽然非常艰难,但他们仍坚持工作,在逆境中不当"空头司令",尽量发挥自己的作用。

张国焘另立"中央"、公开分裂党的行为,在红四方面军的广大干部、战士中也引起了疑问和不满。他们同样珍视并渴望党和红军的团结。作为红四方面军总指挥的徐向前,就对张国焘在卓木碉会议上的做法,明确表示了自己的态度。他在《历史的回顾》中这样写道:

这次会议,明显带有突然袭击的性质。所谓"决议",并未经郑重讨论,不过是一哄而起罢了。我在会上没有发言,也没有举手表决,对眼前发生的一切,既不理解,又很痛心。拥护吧,没有多少道理,原来就有党中央,这边又成立一个,算什么名堂? 反对吧,自己有些事还没想清楚,说不出个所以然来。我当时就是那样的水平,头一回遇上如此严重的党内斗争,左右为难,只好持沉默态度。会后,张国焘找我谈话,我明确表示,不赞成这种做法。我说:党内有分歧,谁是谁非,可以慢慢地谈,总会谈通的。把中央骂得一钱不值,开除这个,通缉那个,只能使亲者痛,仇者快,既便是中央有些做法欠妥,我们也不能这样搞。现在弄成两个中央,如被敌人知道有什么好处嘛! 我的主导思想是希望团结,不要感情用事,免得越弄越僵,将来不堪收拾。张国焘呢? 大言不惭地以列宁反对第二国际、成立第三国际的事例为自己辩解,根本听不进我的劝告[①]。

在朱德、徐向前等人的教育和影响下,红四方面军的不少同志,脑子里都打了问号。在张国焘的高压之下,他们虽然不敢公开表示自己的意见,

---

① 徐向前:《历史的回顾》(中),解放军出版社1985年版,第460页。

但对张国焘的盲目崇拜心理，开始发生动摇，其中有些人对张国焘的分裂活动深感痛心和忧虑。

张国焘另立"中央"的活动所以能够一时得逞，原因是多方面的。其中，张国焘长期在红四方面军中推行高压政策和愚民政策，实行个人独裁，是重要的原因之一。朱德曾这样评论说："张国焘的领导四方面军是一贯以个人为出发点，因此党的组织、军事上的组织也就很薄弱了。总之，一切都从个人出发，凡是反对他的，都会遭到他的征服，或者被赶走了，或者被杀掉了。这种机会主义路线和正确的路线是势不两立的，结果，他搞的党、政、军都集中在他一个人手里，成为一个'独裁者'。"[1]张国焘正是利用党的组织的薄弱和一些党员对党的知识缺乏了解，利用其高压政策的威慑作用，并利用一些党员对他的盲目崇拜，以售其奸。

尽管如此，张国焘另立"中央"的分裂活动是注定要破产的。朱德、刘伯承等人的坚持斗争，徐向前等人的不懈努力，广大干部、战士的怀疑和觉醒，成为后来中共中央战胜张国焘分裂活动的重要因素之一。

南下碰壁

两大主力红军会师三个月后，又因张国焘坚持其分裂主义和南下方针，暂时分离了。红四方面军和红一方面军留下来的部队的指战员，怀着迷茫的心情，开始踏上前途未卜的南下征程。

阿坝会议结束后，张国焘又于9月15日以"中国工农红军总政治部"的名义，发布了《大举南进政治保障计划》。计划继续对党中央进行攻击，坚持南下方针，指出："由于中央政治局中个别右倾分子的逃跑路线，断

---

[1] 转引自《朱德传》，人民出版社、中央文献出版社1993年版，第353页。

送了我们大举北进进攻敌人的时机。右倾机会主义故意迟延我们北进中的必要准备工作。目前北方天气渐寒,草地不易通过,敌人在我们的北面已集结相当兵力,碉堡已完成一部,这种情况下,北进是显然不利的。""因此我们目前的战略方针是集中主力,大举向南进攻,消灭川敌残部,在广大地区内建立巩固的根据地,首先赤化全川,这是消灭蒋介石主力,赤化川陕甘的先决条件。""只有大举南进,消灭川敌残部,才是真正的进攻路线。"计划提出:"必须坚决执行党的进攻路线,反对右倾机会主义的逃跑路线,才能顺利完成我们南进的战略方针。"① 9月17日,张国焘又发布了南下命令。

位于包座、班佑地区的红四、红三十军及红军大学的部分人员,在徐向前、陈昌浩的率领下,奉张国焘的命令南下,回头再次穿越草地。经过几天的艰苦行军,红三十军和红四军分别于9月17日和18日返回毛儿盖,随后继续南进,沿黑水、芦花以西的山路向党坝、松冈开进。与此同时,红军总部机关和左路军也奉张国焘的命令,从阿坝、马尔康等地出发南下。到9月底,两路南下部队分别集结于马塘、松冈、党坝一带。

这时,蒋介石的行营参谋团和四川"剿匪"总司令刘湘见红军一部北上,大部突然南下,遂对留在川西北的红军意图作出了两种估计:一是渡岷江向东攻击;一是袭取懋功、丹巴向南进攻。根据这种估计,立即沿大小金川布阵防堵,对在川各军做了部署,企图凭借高山峡谷,阻止红军南下。

张国焘在10月5日卓木碉会议上另立"中央"后,为贯彻其南下方针,打开通往天全、芦山的通道,实现在川康边创建根据地的计划,立即以"中革军委主席"的名义,于10月7日发布了《绥(靖)崇(化)丹(巴)懋(功)战役计划》。计划规定:以第九军第二十五师、第三十一军

---

① 《中国工农红军第四方面军战史资料选编》(长征时期),解放军出版社1992年版,第223页。

第九十三师及第五军组成右纵队,由王树声率领,沿大金川右岸前进,抢占绥靖、丹巴;以第四、第三十、第三十二军及第九军第二十七师大部组成左纵队,由徐向前、陈昌浩率领,从大金川以东地区进攻,夺取崇化、懋功;以第三十三军及第九军第二十七师一个团,驻守马塘、梦笔山地区,屏障红军总司令部驻地卓木碉;以第三十一军第九十一师师部及第二七七团、红军大学留驻阿坝,组成阿坝警备区掩护后方。

10月8日,左、右两路纵队按预定计划开始行动,先后向大小金川沿岸急进。

大小金川地区,地形复杂,易守难攻。沿途多深山绝壁,峡谷激流,不便大部队展开。战役开始后,右纵队第九军第二十五师首先向绰斯甲附近的观音河铁桥强攻,但因守敌刘文辉部事先已将铁索桥砍断,并筑有防御工事,凭坚固守。红军改以乘船在下游三公里处强渡,又因敌人火力猛烈,河流湍急,渡船触石翻沉,强渡未能奏效。右纵队渡河受阻,延迟了出动时间。

鉴于这种情况,总部临时调整部署,令左纵队第四军从党坝地区出动,西渡大金川,沿西岸袭取绥靖、丹巴;第三十军由大金川东岸进取崇化,转攻懋功;第九军第二十七师向两河口、达维进击。这样,整个战役的进攻任务,几乎全由左纵队承担了。

按照这一新的部署,第四军于9月11日渡河成功后,沿右岸急进,9月12日克绥靖,击溃守敌刘文辉部两个团后,继续向南猛进,9月16日占领西康之丹巴县城。与此同时,第三十军也沿大金川东岸向南进攻,经一路战斗,于9月15日攻占崇化,随后以一部继续向懋功方向发展。第九军第二十七师也同时向南急进,于9月15日夜间对绥靖以东之两河口守敌杨森部第七旅发起攻击,经3个小时激战,将敌击溃,继而连夜跟踪追击,于9月16日攻克抚边,歼敌2个营大部。接着,又于9月19日夜袭占达维,击溃杨森部第四旅。第三十军占崇化后,即兵分两路,挥师东进，其中一路于9月20日攻克懋功，守敌杨森部2个旅向夹金山以南逃窜。进占达维的第二十七师当即主动截击这股逃窜之敌，俘获一部。该师继而迅速向东南发展，连克日隆关、巴郎关、火烧坪、邓生等地，此后，与邓锡侯部守敌相持于牛头山一带。至此，历时15天的绥崇丹懋战役以击溃杨森、刘文辉所部6个旅，毙、俘敌3000余人的战果而告结束。红军占领了丹巴、懋功两县城，抚边、绥靖、崇化3屯以及达维、日隆关、绰斯甲等要镇，达到了主要的战役目的。绥崇丹懋战役是红军以两过草地的疲劳之师，在地形十分复杂的条件下进行的，充分表现了红军指战员不怕困难、英勇顽强的战斗作风。

红四方面军南下川西南作战，引起了蒋介石的高度重视。他将"围剿"红军的军事重心移至重庆，正式成立"重庆行营"，派大批军政官员入川，并对川军进行了整编。整编后的川军，虽紧缩了约三分之一的名额，但充实了建制，补充了武器弹药，战斗力有所增强。这时，蒋介石令川军集中力量对付南下的红四方面军；胡宗南部北向甘南，对付北上的红一方面军主力；吴奇伟部南下，对付红二、红六军团；李抱冰部则扼守西康一带。

绥崇丹懋战役后，川敌为扼阻红军前进，在自南而东加强兵力、筑碉封锁的同时，再次调整部署，企图力拒南下红军于天全、芦山、宝兴西北山区，确保川西平原，进而消灭红军。

根据上述敌情，红军总部和红四方面军总指挥部估计，趁势南攻，打击川敌，夺取天全、芦山、名山、雅安、邛崃、大邑地区，有较大把握，遂制定了《天芦名雅邛大战役计划》，并于10月20日由张国焘以"军委主席"的名义发布。计划规定的战役纲领是：以主力乘胜速向天、芦、名出动，彻底消灭杨森、刘文辉部，并迎击主要的敌人刘湘、邓锡侯部，取得天全、芦山、名山、雅安、邛崃、大邑广大的根据地为目的；对康定、汉源、荥经、灌县方向，采取佯攻姿态，配合主力行动。

按照这一计划，10月24日，战役开始。中纵队在红四方面军总指挥部的率领下,翻越终年积雪的夹金山,以迅猛之势向宝兴进击。11月1日,一举攻占宝兴县城,击溃杨森第二十军的3个旅,乘胜进占灵关镇、双河场,连续打垮刘湘教导师的1个旅和1个团的阻击,直逼芦山城下。沿途共俘敌千余人,缴获步枪2000余支,轻重机枪50余挺。与此同时,左、右两纵队亦从两翼日夜兼程,长驱疾进。左纵队翻越夹金山后,于11月7日攻占大川场,歼敌邓锡侯部第七旅一部,前锋进抵邛崃县境。右纵队于10月28日攻克西康金汤设置局所在地金汤镇后,旋即攻克天全以西之紫石关、大岗山,击溃刘湘模范师的1个旅,于11月10日占领天全县城。随即向东迂回,协同中纵队包围芦山。刘湘为解芦山之围,急令其独立旅向名山地区增援,遭红三十、红九军各一部钳击,全部被歼。11月12日,红军向芦山城发起攻击,守敌弃城逃跑,该城遂被红军占领。至此,红军在10余日内连下宝兴、天全、芦山等县城,占领了邛崃以西、大渡河以东、青衣江以北及懋功以南之川康边广大地区,共毙、俘敌1万余人,击落敌机1架,造成了红军进则可以东下、横扫川西平原的战略态势。

战役进行过程中,张国焘和红四方面军总部在红军主力西取康定、泸定,还是东进川西平原问题上,发生了意见分歧。张国焘提议,重点夺取康、泸,将来以道孚为战略后方,在西康地区发展。10月31日,张国焘致电徐向前、陈昌浩,称:"西康为我惟一后路,不可以西康落后说自误。……在敌能守住邛、大、名、天、芦一带碉堡线时,即宜不失时机取康定为好。"11月6日,张国焘再次致电徐向前、陈昌浩,要求他们"查明沿金川两岸转移兵力即取康泸办法"。

而徐向前和陈昌浩则认为,还是按原定的作战计划,重点加强左翼的攻击,夺取天、芦、名、雅地带为上策。理由一是这一带人口和粮食较多,部队易于补充;二是与川敌作战,较易得手,如能乘胜东下川西平原,可获更大的补充,利于过冬;三是距离转战于川黔边的红二、红六军团较近,能对他们起到有力的策应作用。11月7日,徐向前、陈昌浩致电张国焘,指出："如能多集中兵力在这带打，甚有把握。如马上进西康，补难，减员更大，力分散，天气极冷。对二、六军团配合无力。""弟意目前仍在此寻机打敌，先打开左翼局势，然后配合四军夹击天全。……此地决战得手，则截东或西进均易，西进只是万一之路。"张国焘接电后，未再坚持他的意见。徐向前、陈昌浩遂挥军向名山、邛崃地区进击。

恰在此时，北上到达陕北的中共中央于11月12日来电指示："关于方针你们目前应坚决向天全、芦山、邛崃、大邑、雅安发展，消灭刘、邓、杨部队，求得四方面军的壮大，牵制川敌主力残部，（以利）川、陕、甘、晋、绥、宁西北五省局面的大发展。"这与徐向前、陈昌浩的主张正好相似。

红军南下的初步胜利，给蒋介石、刘湘以极大震动。蒋介石急调薛岳部增援，并令其空军频繁出动配合。刘湘急调其主力王瓒绪、唐式遵、范绍曾等部以及李家钰部，星夜兼程，集结于名山及其东北地区之夹门关、太和场、石碑岗地区，以图阻止红军攻势，屏障成都平原。敌军兵力合计达到80余个团。

11月13日，红军集中中纵队全部及右纵队第四军计15个团的兵力，向朱家场、太和场发起猛攻，14日占领该地，击溃敌暂编第二师两个团。接着，乘胜前进，于16日攻占邛崃、名山大路上的重镇百丈。敌赶忙出动6个旅的兵力，进行反扑，激战半日，被击退。红九军第二十七师乘胜沿百丈通邛崃的大路进击，势如破竹，仅第七十五团1个营即连破敌堡200多个。当天下午，相继占领了黑竹关、治安场、王店子。这时，徐向前、陈昌浩令部队停止前进，主力向百丈周围靠近，以第九十三师围攻名山，以第三十二军向名山至洪雅的大路突击，吸引邛崃方向的援敌出动。

11月19日拂晓，敌人十几个旅在飞机、大炮的掩护下，从东、北、南3面向突出于百丈地区5公里长的弧形红军阵地，发起了猛烈进攻。红军指战员忍着疲劳、寒冷和饥饿，与优势之敌展开了浴血苦战，从而拉开了百丈决战的战幕。百丈战斗，是一场空前剧烈的恶战，打了七天七夜，红军共毙伤敌1.5万余人，自身也伤亡近万人。敌我双方都打到了筋疲力尽的地步。由于敌我力量悬殊太大，红军如长期固守，与敌人拼消耗，显然不利。在这种情况下，红四方面军总部决定放弃原定计划，从进攻转入防御。11月下旬，红三十、红九军撤出百丈一带，转移到北起九顶山，南经天品山、五家口，至名山西北附近之莲花山一线，据险防守。至此，天芦名雅邛大战役被迫中止。

在百丈战斗的同时，红三十二军和红四军一部分别在天全、飞仙关渡过青衣江南进，于11月25日占领荥经，继占汉源，歼守敌一部。12月初，敌薛岳部由东面向荥经进攻，红军在予敌以杀伤后，于12月中旬撤出荥、汉地区，移至青衣江以北地区。在西面大炮山之红三十三军，则继续巩固阵地，与李抱冰部对峙。

南下红军自9月中旬从草地南返，连续作战两个多月，广大指战员经历了种种艰险，克服了重重困难，以英勇顽强、不怕牺牲的精神，浴血奋战，取得了许多战斗的胜利。但红军依然没有能够取得决定性的胜利，百丈一仗又遭受重大损失，不得不转入防御。因此，百丈战斗是南下红军由战略进攻转入战略防御的转折点，也是张国焘南下错误方针碰壁的主要标志。

百丈战斗后，四川军阀主力集中于东面的名山、邛崃地区，薛岳部六个师向南面的雅安、天全地区集结，第五十三师李抱冰部则部署于西南的康定、泸定地区。各部敌人采取堡垒战术，稳扎稳打，加强封锁，在巩固既有阵地的基础上步步推进。这样，红军东进、南出均不可能，处境极为被动，日渐不利。红军只好以巩固天全、芦山、宝兴、丹巴地区为中心任务，在大川场、天台山、五家口、莲花山、姚桔、金鸡关直到雅安、荥经、天全三县交界之山区地带，构成一条自东北向西南的防御线，与敌对峙，并发动群众，准备过冬。红军总部和红四方面军总部移驻芦山城北的任家坝。随后，进行了红军内部的训练和整理工作，开展了发动群众和建立党、政、军地方组织的工作。

然而，由于这些地区多为藏族居住区和汉藏杂居区，情况非常复杂，加之历代反动政府长期推行大汉族主义统治，民族之间的隔阂甚深；红军数万大军集中该地区，势必造成与民争粮的矛盾；而藏族上层反动分子，不仅组织反动武装反对红军，还利用一切机会煽动和威胁群众，不与红军合作。因此，在这一带发动群众遇到了很大的困难，这样，也就很难在这一带形成一块根据地。没有巩固的根据地，红军的生存受到了很大的威胁。

百丈战斗后，进入了隆冬季节，寒冷异常，风雪连绵。位于折多山和夹金山附近的丹巴、懋功地区，更是下了十几年不遇的大雪，漫山皆白，地冻三尺。这对于处在困境中的红军来说，无异于雪上加霜。粮食没有来源，派出去筹粮和打野牦牛的人员，不仅收获不大，而且大都得了雪盲症，有些战士甚至被冻死在雪地里。由于当地不产棉花，衣着单薄的红军战士不得不用棕榈制成衣服，以抵御高原隆冬的严寒。在这种恶劣的条件下，红军战士还要经常与敌人战斗，伤病增多，造成大量减员。由于这一带人烟稀少，经过发动群众，虽有些人参军，但为数寥寥，难以弥补部队的减员。

南下以来的严酷现实，深深地教育了广大的红军指战员，在他们中间日益增长着怀疑和不满。越来越多的人清楚地认识到，中央关于"南下是绝路"的预见是英明的。张国焘的南下方针是错误的。

正当张国焘率红四方面军南下碰壁、处境艰难的时候，中共中央率红一、红三军坚持北上，9月中旬从川陕甘边出发，经过艰苦转战，已于10月间胜利到达陕北，与红十五军团会合。接着，又胜利地粉碎了敌人对陕北根据地的第三次"围剿"，歼敌三个多师，使根据地迅速扩大，红军也得到了发展壮大。

在此期间，全国的政治形势也在发生着急剧的变化。日本帝国主义侵占冀东和察哈尔北部后，又酝酿"华北五省自治"，促使民族矛盾进一步激化。12月，北平爆发的一二·九运动迅速席卷全国，标志着全国抗日民主运动新高潮的到来。面对这种形势，12月25日，中共中央在陕北瓦窑堡召开政治局会议，作出了《关于目前政治形势与党的任务的决议》，确立了抗日民族统一战线的策略方针。

中共中央先行北上以后，一直与南下的红军总司令部和红四方面军保持着电台联系，一方面转告敌情、北上红军的情况以及全国的政治形势，指示行动方针，另一方面在继续对张国焘的南下错误方针进行批评、斗争的同时，也尽力对他进行教育、挽救，以维护党和红军的团结。中央到达瓦窑堡后，即于11月12日向红四方面军发出指示电，告诉他们"一、三军团已同二十五、二十六、二十七军在陕北会合，现缩编进行粉碎敌人围攻的战斗"，并"正与白区党及国际取得联系"，要求红四方面军将"战况及工作情形，应随时电告党中央"。

北上红军胜利的消息传到红四方面军，在红军总司令部编印的半月刊《红色战场》上连续登载后，广大指战员受到很大的鼓舞，也引起更多的人从南下与北上的鲜明对照中去思考。

当中共中央先行北上时，张国焘曾断言中央"率孤军北上，不拖死也会冻死""至多剩下几个中央委员到得陕北"。然而，中央率军北上的胜利，无疑使他的断言不攻自破。当初他极力宣扬南下"进攻路线"，但南下以来的活生生的事实，证明了南下方针是行不通的。何去何从？这时的张国焘陷入了进退两难的境地。但是，张国焘并没有就此悬崖勒马，回心转意，他一面坚持宣扬其南下"进攻路线"的正确，一面继续进行分裂党的活动。11月12日，他在致中央的电报中，已不把中央称为中央，而是称为"毛、张、周、王、博"了。在这封电报中，他告知南下红军已占领天全、芦山，吹嘘"这一胜利打开了川西门户，奠定了建立川康苏区胜利的基础，证明了向南不利的胡说，达到了配合长江一带的苏区红军发展的战略任务，这是进攻路线的胜利"。他还俨然以"中央"的口吻指示:"甚望你们在现地区坚决灭敌,立即巩固扩大苏区和红军。并将详情电告。"

张国焘虽然狂妄地在卓木碉会议上另立了"中央",但在会后的一段时间里,他并没有对中共中央公开宣布。对张国焘这时的做法、心理以及原因,徐向前在《历史的回顾》中这样记述了自己的观感:

> 张国焘虽然挂起了分裂党的伪中央招牌,但一直不敢对外公开宣布,也没有中断同党中央的电台联系。据我观察,他是做贼心虚,骑虎难下。
>
> 张国焘的"中央",完全是自封的,并不合法。既未按党规党法,经民主选举产生,又未向共产国际报告,得到批准。那时,中国共产党是隶属共产国际的支部之一,一切重大问题的决定,必须经共产国际认可,方能生效。张国焘是老资格的政治局委员,当然更明白这一点。他深怕公开打出另立"中央"的旗号后,一旦被斯大林和共产国际否决,局面将不堪收拾。特别是王明、博古等人,都是共产国际的"宠儿",斯大林决不会轻易否定他们。张国焘对此颇有顾虑,要给自己留条退路,便不敢把事情做得太绝。
>
> 朱德同志坚决反对另立"中央",对张国焘也起了有力的制约作用。朱德总司令在党和红军中的巨大声望,人所共知。也只有他,才能同张国焘平起平坐,使之不敢为所欲为。自从张国焘另立"中央"起,朱德同志就和他唱对台戏。他同张国焘的斗争,绝不像"左"倾教条主义者那样,牙齿露得越长越好,而是心平气和,以理服人,一只手讲斗争,一只手讲团结。我去红军总部汇报工作时,曾不止一次地见过他同张国焘谈论另立"中央"的问题。他总是耐心规劝张国焘,说你这个"中央"不是中央,你要服从党中央的领导,不能另起炉灶,闹独立性。张国焘就劝朱德同志出面,帮他做党中央的工作,要中央承认他的"中央"是合法的,是全党的唯一领导。俩人的意见,针锋相对,谁也说不服谁,但又不妨碍商量其他军事行动问题。张国焘理不直,气不壮,矮一截子,拿朱老总没办

法。朱总司令的地位和分量，张国焘是掂量过的。没有朱德的支持，他的"中央"也好，"军委"也好，都成不了气候。张国焘是个老机会主义者，没有一定的原则，没有一定的方向。办起事来，忽"左"忽右。前脚迈出一步，后脚说不定就打哆嗦。朱总司令看透了他，一直在警告他，开导他，制约他。因而张国焘心里老是打鼓，不敢走得更远。

南下以来，我一直支持朱总司令的意见，几次劝张国焘放弃第二"中央"，但他就是不听。我毫无办法，心里很不痛快，常常借口军事工作忙或身体不适，不去参加总部的会议。有段插曲，我印象很深。百丈战斗后，我们前敌指挥部收到党中央发来的一份电报，说中央红军在陕北打了个大胜仗，全歼敌军一个师。这就是直罗镇战役。我很高兴，拿着电报去找张国焘。我说：中央红军打了大胜仗，咱们出个捷报，发给部队，鼓舞鼓舞士气吧！张国焘态度很冷淡，说：消灭敌人一个师有什么了不起，用不着宣传。我碰了一鼻子灰，转身就走了。心想：这个人真不地道，连兄弟部队打胜仗的消息，都不让下面知道。可是，没过几天，张国焘又准许在小报上登出了这条消息。从这个小小的侧面，也能反映出他那种七上八下的心理状态[①]。

张国焘在这种心态中度过了两个月后，不顾朱德、徐向前等人的一再劝告，终于在12月5日以"党团中央"的名义致电彭德怀、毛泽东等，公开提出：

甲、此间已用党中央、少共中央、中央政府、中革军委、总司令部等名义对外发表文件，并和你发生关系。

乙、你们应以党北方局、陕甘政府和北路军，不得再冒用党中央名义。

丙、一、四两方面军名义已取消。

丁、你们应将北方局、北路军的政权组织状况报告前来，以便批准。

[①] 徐向前：《历史的回顾》（中），解放军出版社1985年版，第474—476页。

中共中央在得知张国焘另立"中央"的消息后，经分析认为，一方面应同张国焘分裂党的行为作坚决的斗争，另一方面应以最大的耐心，采取恰当的方法教育、挽救他。同时，估计到在这时仅靠党中央对张国焘进行教育、挽救，不足以使他回心转意，取消另立的"中央"，还需要借助共产国际的权威同他进行斗争。

恰好在这时，中共驻共产国际代表团成员林育英（即张浩），为传达共产国际七大关于建立国际反法西斯统一战线的精神，已于11月中旬辗转来到陕北，与中共中央取得了联系。于是，中央决定由林育英利用从共产国际回来的有利条件，以"共产国际代表"的身份，出面做张国焘的工作；在党中央和张国焘之间的组织关系问题上，也可以采取变通的办法处理。林育英支持党中央的决定，接受了这一任务。

12月22日，林育英致电张国焘，劝告他注意党内团结，并就组织统一问题，提出："可以组织中共中央北方局、上海局、广州局、满洲局、西北局、西南局等，根据各种关系，有的直属中央，有的可由驻莫中共代表团代管，此或为目前使全党统一的一种方法"，要张国焘"熟思见复"。

与此同时，中共中央也通过朱德做张国焘的工作。12月30日，朱德致电毛泽东、彭德怀等并转林育英，通报四川、青海的敌情，提出红一方面军与红四方面军应互通情报。由于自南下以来，红军总部的通讯联络机构被张国焘控制着，这是朱德第一次以个人署名发给中央的电报。毛泽东接电后，于1936年1月1日复电朱德，通报了中央到达陕北后的情况和所了解的国际国内时局动向，并告诉他："国际除派林育英来外，又有闫红雁（指阎红彦——引者注）续来，据云中国党在国际有很高地位，被称为除苏联外之第一党，中国党已完成了布尔塞维克化，全苏欧、全世界都称赞我们的长征。"对张国焘另立"中央"的问题，电报提出："兄处发展方针须随时报告中央得到批准，即对党内过去争论可待国际及七大解决，但组织上决不可愈〔逾〕越轨道致自弃于党。"

然而，张国焘对中央的劝告仍置若罔闻。1月6日，他复电林育英，继续自称"党中央"，攻击中共中央的路线是"反党的机会主义路线"。电报称：

> 为党的统一和一致对敌，必须坚决反对反党的机会主义路线，这种机会主义在于：
>
> （甲）将五次"围剿"估计为决定胜负的战争，在受一挫折的条件下，必然成为失败主义的严重右倾。
>
> （乙）防御路线代替进攻路线。
>
> （丙）在过去福建和北方事变中，和全国抗日反蒋运动中，都因错误策略放弃无产阶级领导的争取。
>
> （丁）机械的了解巩固根据地，因此不能学习四次"围剿"在鄂豫皖红军在强大敌力压迫下退出苏区的教训。
>
> （戊）忽视川陕苏区和整个川、陕、甘的革命局势，因此对川陕赤区的没有帮助和指导，影响到苏、红在西北的发展。过低估计少数民族的革命作用，对革命在西北首先胜利的可能表示怀疑。
>
> （己）一、四方面军会合后，放弃向南发展，惧怕反攻敌人。后来又将党（向）北进攻的路线曲解成为向北逃跑，最后走到分裂党和红军。上述的一贯机会主义路线，若不揭发，就不能成为列宁主义的党。
>
> 最后，党中央表示一切服从共产国际的指示。

针对张国焘坚持分裂党的错误，1月13日，张闻天致电张国焘，劝诫他"自动取消"另立的"中央"。电报指出：

> 我们间的政治原则上争论，可待将来作最后的解决，但另立中央妨碍统一，徒为敌人所快，决非革命之利。此间对兄错误，未作任何组织结论，诚以兄是党与中国革命领导者之一，党应以慎重态度出之。但对兄之政治上错误，不能缄默，不日有电致兄，根本用意是望兄改正，使四方面军进

入正轨。兄之临时中央，望自动取消。否则长此下去，不但全党不以为然，即国际亦必不以为然，尚祈三思为幸。

1月16日，林育英致电张国焘，说明"共产国际派我来解决一、四方面军的问题，我已会着毛泽东同志"，并告诉他："我已带有密码与国际通电，兄如有电交国际，弟可代转。"同一天，中共中央秘书处将瓦窑堡会议通过的决议内容，摘要电告了张国焘。然而，张国焘仍执迷不悟，竟于1月20日致电林育英，称中共中央是"假冒党中央"，要求"自动取消中央名义"。

在多次电示、耐心教育挽救无效的情况下，1月22日，中共中央政治局作出了《关于张国焘同志成立"第二中央"的决定》，严肃指出：

张国焘同志自同中央决裂后，最近在红四方面军中公开的成立了他自己的"党的中央"、"中央政府"、"中央革命军事委员会"与"团的中央"。张国焘同志这种成立第二党的倾向，无异于自绝于党，自绝于中国革命。党中央除去电命令张国焘同志立刻取消他的一切"中央"，放弃一切反党的倾向外，特决定在党内公布一九三五年九月十二日中央政治局在俄界的决定。

中共中央在严肃批评张国焘分裂党的行为的同时，在党的组织关系问题上仍采取变通方式。中央同意朱德的提议①，在张国焘取消另立的"中央"后，可成立西南局，直属中共驻共产国际代表团，暂时与陕北党中央发生横的关系。1月24日，张闻天为党内统一和解决党的组织关系问题复电朱德，提出：

（甲）党内统一一致，才能挽救殖民地危险，才有（利）于中国革命。

---

① 1936年1月23日朱德致电张闻天，提出："党内急谋统一"，"提议暂时此处以南方局，兄处以北方局名义行使职权，以国际代表团暂代中央职务，统一领导"。

接读来电至为欢迎,兄与国焘兄均党内有数同志,北局同志均取尊重态度。弟等所争持者为政治路线与组织路线之最高原则,好在国际联络已成,尽可从容解决。既愿放弃第二党,则他事更好商量。

(乙)兄处组织仿东北局例、成立西南局直属国际代表团,暂与此间发生横的关系,弟等可以同意。原有之西北局、北方局、上海局、南方局的组织关系照旧,对内对外均无不妥。

同一天,林育英也致电张国焘、朱德,指出:

甲、共产国际完全同意于中国党中央的政治路线,并认为中国党在共产国际队伍中,除联共外是属于第一位。中国革命已成为世界革命伟大因素,中国红军在世界上有很高的地位,中央红军的万里长征是胜利了。

乙、兄处可即成立西南局,直属代表团。兄等对中央的原则上争论可提交国际解决。

共产国际的指示和中共中央的坚定态度,对张国焘来说,不啻当头一棒。这时,陈昌浩也改变了态度,表示服从共产国际的决定。张国焘成了孤家寡人,不得不在政治上表示接受抗日民族统一战线的策略路线,在组织上表示"急谋党内统一"。朱德等人趁机做他的工作,要他取消自立的"中央";成立西南局,服从党中央的领导,其他分歧意见,待日后慢慢解决。

中共中央对张国焘的斗争和对红四方面军的关怀,在部队中也引起了热烈的反响,要求维护党和红军的团结,要求北上与中央会合的情绪和呼声,日渐高涨。

在这种情况下,张国焘于1月下旬在任家坝召集会议,讨论中共中央发来的瓦窑堡会议决议的要点,朱德、徐向前、陈昌浩、周纯全、傅钟等人参加了会议。与会者在发言中表示一致拥护中央的决议,并表示应在党的新策略路线的基础上,团结起来,一致对敌。张国焘虽然百般为自己的错误辩解，但同时也表示同意中央的新策略。1月27日，张国焘将会议讨论的情况及提出的"补充与修改"意见，电告了"育英、闻天并转各中委同志"。他在电报中用这样的称呼，表示他仍不承认党中央，但他对瓦窑堡会议决议却表示了"原则上"的赞同。

同一天，张国焘还致电林育英、张闻天，表示："对目前策略路线既渐趋一致，应急谋党内统一。"但同时他又提出："强迫此间承认兄处中央和正统，不过在党史中留下一个不良痕迹。一方让步，必是种下派别痕迹的恶根。互相坚持必是互相把对方往托陈派、罗章龙派路上推。"他声称："此间对兄处领导同志不但未作任何组织结论，也没有将兄等原则上错误和分裂党和红军的事实告知二、六军团。对兄处中央委员同样表示尊重态度，对外仍然用毛主席名义。"接着，他又提出了解决党内统一问题的办法："党中央此时最好能在白区，但不知条件允许否？此时或由国际代表团暂代中央，如一时不能召集七次大会，由国际和代表团商同我们双方意见，重新宣布政治局的组成和指导方法，亦可兄处和此间同时改为西北局和西南局。"这说明，张国焘仍旧坚持不承认陕北党中央。

1月28日，张国焘在各机关活动分子会议上作《关于民族革命的高潮与党的策略路线的报告》。在报告中，他虽然继续宣扬"南下之后的伟大胜利"，但也在一定程度上接受了中央政治局瓦窑堡会议的策略路线。在谈到组织问题时，他继续对党中央进行攻击，坚持要中央改为西北局，自己成立西南局，而另外建立一个中央。他说："关于以前党的政治上组织上意见的分歧，可以提交党的第七次大会来解决，我们不能如陕北的同志们采取各干各的，互不相管的态度，现在执行新的策略路线中，过去的分歧固然可以提到七次大会上解决，是党在政治上的团结，组织上的统一，这是绝对必要的。所以我们正在具体提议，解决办法目前应在适当地区内建立中央，陕北方面成立西北局，我们成立西南局。这并不是对反倾向斗争的让步，而是目前执行党的历史伟大任务所必需的。"①

由此可见，中共中央虽对张国焘作了一定的让步，但他并没有放弃反对党中央的立场。他提出要中央改为西北局的无理要求，实际上是要取消党中央的领导。鉴于这种情况，党中央断然否定了张国焘所提出的办法。2月14日，林育英、张闻天致电朱德、张国焘，明确指出："兄等对政治决议既原则上同意，组织上亦用西南局，则对内对外均告就一，自是党与革命的利益，弟等一致欢迎。""关于党的最高领导机关问题，已见弟等前电所述，此外办法国际都不能同意。"

在中共中央通过电报往来，劝告张国焘取消另立的"中央"的同时，确定南下红军的战略行动方针，亦成为迫在眉睫的任务。面对南下红军的不利局面，1月28日，朱德、张国焘致电林育英转国际代表团，提出："目前为一致对敌，夺取战争胜利，应有统一战略方针方不致有利于敌。"

2月初，天全、芦山地区的形势日趋恶化，战局发生了对红四方面军更为不利的变化。敌人集中了薛岳等部六七个师和川军主力，开始向天全、芦山地区大举进攻。红军处于前有强敌、后无根据地、部队饥寒交迫而又得不到补充的困境。经一周激战，红军被迫撤离天全、芦山等地。红军总部由芦山任家坝转移到宝兴灵关。

在川康边无法建立根据地，已为事实所证明。徐向前见战局日益严重，红军愈加被动，遂向朱德提出建议：红军应迅速撤离川西，到夹金山以西休整，然后北上与红一方面军会师。朱德同徐向前的想法完全一致。他们一起提出主动撤离宝兴、丹巴、懋功地区，转移到康定、道孚、炉霍一带的计划。

2月上旬，红四方面军制定了《康道炉战役计划》。计划规定，以一部兵力位于大硗碛、邓生、达维、抚边地区，钳制东南之敌，而以主力迅速

---

① 盛仁学编：《张国焘问题研究资料》，四川人民出版社1982年版，第513页。

西进，经懋功、金汤、丹巴，取得道孚、炉霍、康定地区，以便尔后发展。

2月14日，朱德、张国焘接到林育英、张闻天的来电。电报提出：

关于战略方针弟等有如下意见。

（1）育英动身时曾得斯大林同志同意，主力红军可向西北及北方发展，并不反对接近苏联。四方面军及二、六军如能一过岷江一过长江，第一步向川北；二步向陕甘。为在北方建立广大根据地，为使国内战争与民族战争联成一片，为使红军真正的抗日先遣队，为与苏联红军联合反对共同敌人——日本，为提高红军技术条件，这一方针自是上策。但须由兄等估计敌情地形等具体条件的可能性。

（2）二、四方面军现在地巩固的向前发展，粉碎围剿，第一步把苏区追近岷江，第二步进入岷沱两江之间，这是夺取四川计划。但需估计堡垒主义对我们的限制，需不失时机以主力跃入堡垒线外，在外消灭敌人，发展苏区。二、六军则靠近川南，苏区在云贵川三省之交建立根据地与四方面军互相呼应。

（3）四方面军南渡大渡河与金沙江，与二、六军取得近距离会合，甚至转向云贵滇〔川〕发展，寻求机会的前进。以上三种方针请兄等者考虑选择之。

接到来电后，红军总部和红四方面军总部进行了认真的讨论，一致认为，三种方案中，第二种方案夺取四川和第三种方案南下云贵川，因敌情、我情及地形等条件不允许，难以实现，只有第一种方案是上策。于是，一致赞同北上陕甘的第一方案。关于策应红二、红六军团北进的任务，一致认为应由红四方面军承担，视发展情况再作决定。张国焘在南下碰壁、广大指战员的不满情绪日益增长的情况下，又见斯大林、共产国际同意红军主力北上靠近苏联，准备与苏联红军联合反对日本，也就顺水推舟，同意了北上的方案。3月2日，他在给中共金川省委书记邵式平的电报中称："我军在天、芦已成持久战，因决以主力首先灭李抱冰取康定，为将来向西北发展的准备。""这次行动的意义，主要是须建立西北抗日根据地，同时使之与全国抗日反蒋运动联系起来。"

3月上旬，红四方面军又制定了《康道炉战役补充计划》，判断在红军自天、芦转移兵力到懋、丹地区，并进占道孚后，敌人方面或估计红四方面军会西进康定，企图与红二、红六军团会合；或估计红军北上进入川陕甘地区，因此，各部敌人均在重新集结，处在待命状态中。但是，"川敌在目前因受地区及粮食限制，并与蒋之嫡系部队的冲突"，对红军"只能起牵制作用，蒋之嫡系部队或有增援康定的可能"。基于这种判断，补充计划规定，以"主力进出丁道、炉、甘一带，相机取康定。准备消灭由康定方面进攻之敌，并肃清西北一带之藏反。争取这一地区中部队之补充、整理、休息，待机行动。派一部出观音河地区活动，以开通将来主力北进之道路"[①]。

红四方面军西进康北、准备北上战略方针的确定，标志着张国焘南下建立川康边根据地方针的破产。

红四方面军南下以来的事实证明，张国焘的南下方针是完全错误的。从政治上看，它与中共中央的北上方针相对立，完全脱离了波澜壮阔的全国抗日救亡运动，因而只能使红军限于越来越狭小的范围，处于愈来愈孤立的境地。从军事上看，红军南下遇到的敌人，并不是什么"川敌残部"，而是蒋介石围追红军的几十万大军，因而只能使红军面对数倍于自己的强敌，不断遭受重大损失。从根据地的条件看，所选择的川康边地区，是少数民族杂居区域，地瘠民贫，人烟稀少，物资匮乏，环境险恶，不利于红军的生存和发展，因而只能使红军得不到兵员、物资的保障和补充。因此，张国焘南下方针的碰壁和破产是必然的，是不可避免的。

[①] 《中国工农红军第四方面军战史资料选编》（长征时期），解放军出版社1992年版，第389页。

西进康北

初春的川康边，天寒地冻，没有一丝春意。远远望去，一座座雪山，漫山皆白，呈现出一片银色的世界。英勇的红军战士们拖着疲惫的身躯，迈着沉重的脚步，又踏上了西进的征程。

1936年2月11—23日，红四方面军按照《康道炉战役计划》及《补充计划》，陆续撤离天全、芦山、宝兴地区，分为三个纵队向西康省北部的道孚、炉霍、甘孜进军。先遣司令员刘伯承和李先念率红三十军第八十九师先行，为全军开路。红军总部和红四方面军总部从宝兴出发，随第一纵队行动。

西进路上，首先要翻越位于宝兴和懋功之间的海拔3000多米高的夹金山。翻越这座雪山，对于红四方面军来说是第二次，对于原红一方面军的部队来说，已经是第三次了。前两次翻越此山是在夏、秋季，而这次却是在冬末春初时节。当地流传着这样的歌谣："正二三，雪封山，鸟儿飞不过，神仙也不攀。"这歌谣，道出了在这一季节要翻越它，更是难上加难。然而，红军战士们凭着坚强的意志，借鉴前两次翻山的经验，征服了这座雪山。

从丹巴向道孚进军途中，横亘着大雪山脉中段海拔5000多米的折多山，其主峰党岭山顶天矗立，直插云间，有"万年雪山"之称，当地藏族人把它奉为"神山"。红军战士们并没有被它吓倒，他们脚踏草鞋，身着单衣，以大无畏的英雄气概，征服了这座长征途中遇到的最大的雪山。

翻越党岭山后，红军先头部队红三十军于3月1日一举攻占道孚，继于3月15日占领炉霍，随后乘胜前进，占领西康省东北部重镇甘孜。红四军经炉霍向西南疾进，攻占瞻化（今新龙），俘国民党西康宣慰使诺那喇嘛以下100余人，缴枪100余支，电台1部。红三十一军及红九军第二十五师，分别由丹巴、道孚南下，钳击泰宁（今乾宁），守敌李抱冰第五十三师一部弃城南逃康定。红三十二军及红九军第二十七师在懋功以南完成掩护主力转移任务后，跟进到道孚、炉霍。红三十一军第九十一师在宝兴南关、大垭口多次与追敌激战，击溃敌两个团，完成后卫任务后，也向炉霍地区转移。

红军总部和红四方面军总部于3月15日抵达道孚，随后进驻炉霍。在到达道孚的当天晚上，张国焘在团以上干部会议上作了《关于中国苏维埃运动发展前途的报告》。面对南下碰壁的事实和红四方面军中日益增长的不满情绪，他在报告中一面继续对党中央进行攻击，吹嘘南下是"胜利"的，百般为其南下错误方针辩解；一面对部队中的不满言论和批评横加压制，说："有了政权和红军的党"，批评要受"相当限制"，"任何一种暗中三五成群议论党的决议而发生破坏作用的现象，都要遭到铁锤的打击"。同时，他在南下碰壁、走投无路的情况下，不得不公开提出向西北转进，"会合二、六军来顺利的遂行夺取西北，创造西北抗日根据地的战略方针"①。

到4月上旬，西进红军在康北控制了东起丹巴、西至甘孜、南达瞻化、北连草地的大片地区。

康北原是四川军阀刘文辉的地盘，是以藏民为主的藏汉杂居地区。藏族的土司、喇嘛权力很大，是实际上的统治者。这里喇嘛庙林立，尤其是县城的庙宇更是金碧辉煌，气势非凡，象征着佛教的显赫地位。这里是一片平均海拔3000米以上的高原，虽地域辽阔，但物产贫瘠，人烟稀少，再加上气候寒冷，对于红军的生存和发展都很不利。红四方面军原不打算

---

① 《中国工农红军第四方面军战史资料选编》（长征时期），解放军出版社1992年版，第393—400页。

在这一带久留，只想筹集到必要的粮食、物资后，即刻北上。然而，就在这时，红二、红六军团北上的消息传来，策应他们北进的任务，提上了日程。根据朱德的提议，红四方面军改变原定计划，决定在这一地区停留下来，现地休整补充，接应红二、红六军团北上。

中共中央先行北上后，由于通讯密码留在了红军总部，中央与红二、红六军团的电台联系中断了。红军总部和红二、红六军团仍保持着联系，经常通过电报向他们通报情况，给予指导。这些电报虽大多是由朱德、张国焘联署的，但他们的想法却不同。张国焘是想把红二、红六军团拉过来，壮大自己的力量；朱德是想在红二、红六军团与中央失去联系的情况下，尽力使他们多掌握一些情况，并在军事行动的决策方面给以尽可能地帮助，同时也想增加同张国焘斗争的力量。

1935年11月，红二、红六军团突破敌人对湘鄂川黔根据地的堡垒封锁线，经湘中、黔西、黔南、滇东，于1936年3月占领黔滇交界的盘县、亦资孔地区，准备在南北盘江间建立新的根据地。

3月23日，朱德、张国焘根据中央2月14日电报精神，致电红二、红六军团领导人，提出，"我们建议：在你们渡河技术有把握条件下及旧历三月水涨前，设法渡金沙江"，"与我们会合，大举北进"，并指定了六个渡河点。同时提出："如果你们决定后，我们即布置接应你们。"3月30日，朱德、张国焘又电示："最好你军在第三渡河点或最后处北进，与我们汇合，一同北进。亦可先以到达滇西为目的，我们当尽力策应。""究应如何，请按实况决定，不可受拘束。"

红二、红六军团接电后，放弃了建立新的根据地的计划，开始为实现与红四方面军会师，准备抢渡金沙江。

朱德、张国焘要红二、红六军团北上，是各有各的考虑的。朱德后来谈起这次决策经过时说：张国焘"没有决定北上前，是想叫二方面军在江南配合他，他好在甘孜呆下来保存实力，他的中央就搞成了。他想北上时，才希望二方面军渡江北上",而"我想二方面军过江对我们就气壮了,所以总想你们早点过来好"。"过江不是中央指示,是我们从中抓的,抓过来好,团结就搞起来了","二方面军过江,我们气壮了,北上就有把握了"①。

在朱德、张国焘一再电示红二、红六军团北上的时候,一件意想不到的事情的发生,几乎改变了这一决定。4月1日,林育英来电,不同意这个计划,指出,"二、六军团在云贵之间创立根据地,是完全正确的","将二、六军团引入西康的计划,坚决不能同意"。又指出,"四方面军既已失去北出陕甘的机会,应争取先机南出,切勿失去南下的机会"。林育英的这一电报,使红四方面军的领导人不知所措。只是由于朱德坚定不移的态度,才使红四方面军留在康北,接应红二、红六军团北上的决策没有动摇。

就在决定红四方面军留在康北等待红二、红六军团后,张国焘于4月1日在机关活动分子会上,作了《中国苏维埃运动发展的前途和我们当前任务》的报告。他在报告中虽然继续鼓吹"南下是苏维埃运动终止退却,反攻敌人强有力的行动","达到了我们预定的目的",继续攻击"毛、周、张、博的错误"是"退却逃跑"和"分裂红军",但是,他同时也提出:"现在我们要用主力红军来准备自己的力量,来争取少数民族,争取西北抗日根据地的胜利,争取相机消灭李抱冰,拿下康定任务的完成,与二、六军的行动互相呼应。""艰苦卓绝的为创造西北广大抗日根据地而斗争。"②

同一天,红军总部和红四方面军总部接连发布了《关于目前我军行动任务的指示》《关于目前战斗准备工作给各军的指示》等文件。4月12日,朱德、张国焘致电陈昌浩,告诉他"二、六军北上已成事实,四十日内可接通"。要求红四方面军"努力筹集资粮,完成四、五两月战斗准备工作",

---

① 转引自《朱德传》,人民出版社、中央文献出版社1993年版,第371页。
② 《中国工农红军第四方面军战史资料选编》(长征时期),解放军出版社1992年版,第414—426页。

这样"必能争取会合二、六军和实现北上的胜利"。随后，红四方面军在"迎接二、六军团""北上创造西北广大的抗日根据地"的口号下，积极开展了整编、训练、政治动员、筹集粮食和衣物等项工作。

为迎接红二、红六军团共同北上，4月中旬，徐向前、陈昌浩派红三十二军和红四军一部，由道孚南下。4月16日占领东俄洛，4月19日逼近雅江，守敌两个团逃窜。红三十二军占领雅江后，在追击中歼敌一部，继占西俄洛，将康定之敌李抱冰部阻止于雅江以东，保证了红二、红六军团北进的侧翼安全。4月20日，张国焘、朱德致电徐向前和王树声，对迎接红二、红六军团做了进一步部署，指出："会合二、六军为目前主要任务。必须确阻止敌人的截断，相机消灭雅江李敌，并伸到稻城以及金沙江边去迎接二、六军。"4月21日，徐向前复电张国焘、朱德，提出："与二、六军会合后主要目的是北上。"同一天，张国焘又致电徐向前："北上当以快为好，主要计算粮食状况。"会合后，"因粮关系，或须在稻城、雅、理间休息一时。"4月27日，朱德、张国焘致电徐向前，指出："二、六军今明可全渡江，会合已无大障碍，全军雀跃。""此后重心为北进及对康定和懋、丹两方。"

这时，红二、红六军团在任弼时、贺龙、关向应、萧克等率领下，已于4月中旬进到云南丽江地区，继于4月27日在石鼓、巨甸地区渡过了金沙江。随后，沿东岸分两路继续北进。5月中旬，红二、红六军团胜利地通过雪山地区后，随即进入康南地区。奉命迎接红二、红六军团的红三十二军也向西发展，攻占了理化（今理塘）。两军会合指日可待。

这时，促使张国焘取消其"中央"，实现党的统一，也成为当务之急的工作。

5月间，红一方面军结束东征，回师陕甘根据地，开始西征。这时，中共中央制定的抗日民族统一战线政策，已在全国各阶级、各阶层中引起了强烈反响。尤其是在西北地区，已得到东北军、西北军和各阶层爱国人士的支持和赞同。红一方面军同张学良的东北军达成了秘密的团结抗日协定，与西北军也建立了联系。国内的政治形势正急剧地发展变化着。在这种情况下，中共中央一面将对形势的分析电告红四方面军，指示行动方针，一面继续做团结、争取张国焘的工作。

5月20日，林育英、张闻天、毛泽东、周恩来等中共中央和红一、红十五军团领导人联名致电朱德、张国焘、刘伯承和红四方面军及红二、红六军团领导人，通报了全国的政治形势以及红军与东北军密切合作等情况。对于张国焘的问题，电报指出：

> 弟等与国焘同志之间现在已经没有政治上与战略上的分歧，过去的分歧不必谈。唯一任务是全党全军团结一致，反对日帝与蒋介石。弟等对于兄等及二、四两方面军全体同志之艰苦奋斗表示无限敬意，对于采取北上方针一致欢迎。中央与四方面军的关系，可如国焘兄之意暂时采用协商方式，总之为求革命胜利，应改变过去一切不适合的观点与关系，抛弃任何成见，而以和协团结努力奋斗为目标，希兄等共鉴之。

5月28日，中共中央政治局在瓦窑堡召开会议。会议估计张国焘有改正错误之可能。为了团结、争取他，使红四方面军和红二、红六军团顺利北进，与会者同意毛泽东的意见，确定"组织上可以让步到不一定受我们指挥"。

就这样，在5月下旬，中共中央通过电报往来对张国焘进行了说服教育，并对他做了一定的让步。迫于红二、红六军团即将到来的形势，又得到中央同他"暂时采用协商方式"的允诺，以及朱德、刘伯承、徐向前等人的一再敦促和劝告，张国焘另立的"中央"再也不能继续维持下去了。尽管如此，5月30日，张国焘仍致电林育英，称中共中央为"北方局"，不承认陕北党中央。他提出：

（一）兄是否确与国际经常通电？国际代表团现如何代表中央职权？

有何指示？对白区党如何领导及发展情况如何？对军事和政权机关各种名义，军委、总司令部、总政由何人负责？如何行使职权？对二方面军如何领导？

（二）我们赞成此间对一方面军暂取协商关系，对北方局取横的关系，原则上争论由国际或七次大会解决。

6月3日，红六军团先头部队在甲洼与红四方面军第三十二军会师。消息传来，张国焘不得不迫于形势，取消他的"中央"了。6月6日，张国焘在炉霍召开党的活动分子会议。他在报告中宣布"取消中央的名义"，成立西北局，在组织上"归于统一"，并说："我们对陕北方面的同志们不一定用命令的方式，就是用互相协商的形式也还是可以的。"但同时，他擅自宣称党中央也"同时取消中央的名义"，陕北方面设"北方局"，中央的职权由中共驻共产国际代表团暂时行使。他在报告中还宣布军事上依旧按红一、红四方面军会合时的编制来划归。军委主席兼总司令朱德，军委副主席兼总政治委员张国焘，政治部主任陈昌浩。组织三个方面军，陕北为第一方面军，总指挥彭德怀；红二、红六军团为第二方面军，总指挥贺龙；第四、第五、第九、第三十一、第三十三军仍为第四方面军，总指挥徐向前，总政治委员陈昌浩兼[①]。

至此，张国焘进行了九个多月的分裂党、分裂红军的活动，终告失败。张国焘分裂主义的破产，原因是多方面的。其中，中共中央维护党的团结的诚意和所采取的正确措施，以及共产国际对中共中央的支持，是具有决定意义的因素。

中共中央在解决张国焘分裂党的问题的同时，依据对形势发展的分析，提出了红四方面军和红二、红六军团迅速北上的战略方针。5月25日，林

---

① 《中国工农红军第四方面军战史资料选编》（长征时期），解放军出版社1992年版，第533—540页。

育英、张闻天、毛泽东、周恩来、博古、彭德怀、林彪、徐海东联名致电朱德、张国焘、刘伯承、徐向前、陈昌浩并转红二、红六军团领导人，进一步分析了全国和西北地区的有利形势，并告知：红一方面军西征，"向陕甘、宁发展，策应四方面军与二方面军，猛力发展苏区，渐次接近外蒙。外蒙与苏联订立了军事互助条约，国际盼望红军靠近外蒙、新疆"。对于下一步的战略方针，电报提出："四方面军与二方面军宜趁此十分有利时机与有利天候，速定大计，或出甘肃，或出青海。在兄等大计决定之后，一方面军适时向天水、兰州出动，进一步策应兄等，使蒋军不能拦阻，至于奉军已与秘密约定不加拦阻。"

接电后，红军总部和红四方面军总部一致决定，全军于6月底北出夏、洮地区。6月10日，张国焘、朱德和红四方面军领导人徐向前、陈昌浩等复电林育英、张闻天、毛泽东、周恩来、博古、彭德怀、林彪、徐海东，表示"一致同意"来电，并"拟于六月底出动，向夏、洮西北行动，大约七月二十日前后可达夏、洮。二方面军大约六月二十号前后集甘孜休息十天跟进"。

就在此时，全国形势再次发生了重大变化，出现了红四方面军和红二、红六军团北上的有利时机。6月初，两广事变爆发。广东军阀陈济棠和广西军阀李宗仁、白崇禧宣布要北上抗日，联合出兵湖南。蒋介石调胡宗南等部南下，向两广军队施加压力，造成了甘南地区敌人力量薄弱的形势。根据新的情况，6月19日，林育英、张闻天、周恩来、博古、毛泽东、彭德怀致电朱德、张国焘并转任弼时，提出："关于二、四方面军的部署我们以为宜出至甘肃南部而不宜向夏洮地域。"6月25日，毛泽东、周恩来、彭德怀又致电朱德、张国焘，询问："兄等何日开始北上？经何路？何日可达何处？敌情如何？我陕甘应如何策应？均请电告。"同时提出："胡宗南业已南调，空军亦大部调去。兄等如能迅出甘南，对时局助益非浅。"

红军总部和红四方面军总部经过讨论后，改变了北出方向。6月25日，作出了分左、中、右三个纵队，向松潘、包座一线前进的部署。6月26日，红四方面军总部令李先念率领第八十九师和骑兵师组成的先遣军，经西倾寺先出阿坝，为后续部队筹集粮食、牛、羊，做过草地的准备。6月27日，左纵队一部攻占崇化。6月28日，张国焘、陈昌浩、李卓然用电报向徐向前、周纯全及各军首长发布了《四方面军二次北上政治命令》，指出："党目前战略方针是在创造西北广大与巩固抗日根据地任务之下，主力红军首先向松潘、甘南行动，消灭该地区之敌王均、毛炳文等部；进而与一方面军呼应，横扫而东援，（策）应两广坚决抗日，扩大与加深民族革命战争，争取全中国人民苏维埃的胜利。"

这时，红二、红六军团已分别与红四方面军会师。7月1日（一说7月2日），红二、红六军团集结于甘孜附近的甘海子。张国焘、朱德、陈昌浩从炉霍赶到甘孜，与任弼时、贺龙、关向应、萧克、王震等会见，并举行了庆祝会师的大会。徐向前因要带中纵队先行北上，留在炉霍布置出发事宜，没有参加会见。当天，在陕北的林育英、张闻天、毛泽东、周恩来等68名党政军领导人联名发来贺电，表示"以无限的热忱庆祝你们的胜利的会合，欢迎你们继续英勇的进军，北出陕甘与一方面军配合以至会合"。

两军会师，使广大指战员欢欣鼓舞，心情激动，他们以各种形式表达战友的情谊，充分显示了两支红军主力兄弟般的亲密团结。

在会师的欢笑声中，张国焘进行了一系列活动，企图以他的错误的政治、军事主张影响红二、红六军团领导人，进而达到控制红二、红六军团的目的。任弼时、贺龙等人同他进行了斗争。

张国焘向红二、红六军团派出工作组，并应任弼时的要求送去一批文件和《干部必读》。这些材料煽动对中共中央的不满，污蔑中央率红一方面军主力先行北上是"逃跑主义"，是"'左'倾空谈掩盖下的退却路线"，并指名道姓地攻击毛泽东、周恩来、张闻天、博古等中央领导人。这些材料还宣扬张国焘"和二、六军团没有什么任何政治上的分歧",两军会师后"将要更大地增强我们的力量",并且"有吸引陕北红军采取配合行动的可能",试图拉拢红二、红六军团。王震发现后,立即下令将这些材料烧毁,并向任弼时报告。任弼时指示红二军团政治部主任甘泗淇:四方面军来的干部,只准讲团结,介绍过草地的经验,不准进行反中央的宣传,送来的材料一律不准下发。他还指示:将文件材料保留一份,其余的全部烧掉。

张国焘还企图改组和分化红二、红六军团。就在红二军团到达甘孜的当晚,张国焘在同任弼时谈话时提出,要任弼时离开红二、红六军团,另派政治委员,并提出调换红二、红六军团的领导人,被任弼时顶了回去。他还企图拉拢王震,分化红二、红六军团。王震后来回忆说,"和四方面军会合后,张有阴谋瓦解二、六军团……想把我和萧克及六军团买过去","在甘孜休息时,张一个一个把我们召去谈话,送给我四匹马,给我们戴高帽子,说我们勇敢、能打。他那个军阀主义呀,简直不像话"[1]。7月5日,中革军委命令:以红二、红六军团和红三十二军组成红二方面军,贺龙任总指挥,任弼时任政治委员,萧克任副总指挥,关向应任副政治委员。这样,张国焘分化、瓦解红二、红六军团的企图没有得逞。任弼时还从张国焘那里要来了电报密码本,和在陕北的中共中央恢复了直接联系。

张国焘还企图召开党的会议,利用组织手段,使红二、红六军团的领导人支持他的主张。贺龙回忆说:"在甘孜,我们和张(国焘)、朱(德)、刘(伯承)见面时,张国焘要开党的会议,任弼时就向他提出,报告哪个作?有了争论,结论怎么作?把张顶了回去,党的会议没有开成。"[2] 张国焘又提出召开两军干部联席会议,任弼时又顶了回去。后来,任弼时在

---

① 转引自《任弼时传》,中央文献出版社、人民出版社1994年版,第359页。
② 《近代史研究》1981年第1期。

1937年中央政治局扩大会议上发言说，"我敢说，那时如果召集那样的会，那么争取四方面军的进步干部是没有问题的，但是我反对这会议的召集，因为造成上层的对立将要使工作更困难。但国焘就非开这会议不可。我就说：'如果二、四方面军态度尖锐，我不负责任'。国焘才吓倒，再不召集这会议了。"

张国焘虽然想方设法拉拢红二、红六军团的领导人，有时也略显轻松地微笑着称呼任弼时为"任胡子"，但在任弼时等人巧妙的斗争策略面前，显得一筹莫展。在甘孜的几天里，任弼时、贺龙和朱德、刘伯承等一起，同张国焘进行了既坚持原则立场，又注意维护团结的斗争，从而推动和促进了张国焘北上。

北 上

1936年7月上旬，红二、红四方面军按照红军总部的北上部署，分左、中、右三路纵队陆续出发。7月2日，徐向前率领中纵队从炉霍地区出发，向包座前进。7月3日，朱德、张国焘率领左纵队从甘孜等地出发，向包座、班佑前进。7月10日，董振堂率领右纵队从绥靖、崇化地区出发，向毛儿盖、包座前进。根据朱德的建议，任弼时随红军总部行动，刘伯承随红二方面军行动。

这次北上，对于红四方面军来说，已经是第二次北上了。第一次北上因张国焘的分裂活动而半途夭折。这一次北上，由于目的明确，广大指战员精神焕发，信心倍增。

经过一个多月的行军，三路纵队先后穿越茫茫草地，于8月上旬到达巴西、包座地区。

在草地行军途中，任弼时不顾疲劳，分别同朱德、张国焘、徐向前、陈昌浩、傅钟等人个别交谈，交换促进党和红军团结的意见，大家对目前形势和中央的策略路线的认识趋于一致。任弼时在草地见到一直在前线的徐向前后，就党和红军的团结问题征求他的意见。徐向前说：大敌当前，团结为重，张国焘另立"中央"很不应该，党内有分歧可以慢慢地谈嘛！但是我说话他不听，朱老总的话他也不听。现在取消了"中央"，对团结有利。北进期间，最好不谈往事，免得引起新的争端。7月10日，任弼时致电中央，报告了有关情况，建议在红一、红二、红四方面军靠拢时，召开一次中央扩大会议，并请共产国际派代表参加，解决党内的争论问题，产生统一集权的最高领导机关。7月12日，张闻天复电说中央正在考虑召开六中全会的问题。

中共中央得知红二、红四方面军北上的消息，非常兴奋。7月22日，毛泽东、林育英、张闻天、周恩来、彭德怀致电朱德、张国焘、任弼时，指出：我们正动员全部红军并苏区人民粉碎敌人的进攻，迎接你们北上。"二、四方面军以迅速出至甘南为有利。待你们进至甘南适当地点时，即令一方面军与你们配合，南北夹击，消灭何柱国、毛炳文等部，取得三方面军的完全会合，开展西北伟大的局面"。7月27日，中共中央正式批准成立中共中央西北局，以张国焘为书记，任弼时为副书记，朱德、贺龙、徐向前、陈昌浩、关向应等为委员，统一领导红二、红四方面军。8月1日，中共中央在得知红四方面军先头部队进占包座后，致电朱德、张国焘、任弼时，表示无限欣慰，并指示："四方面军到包座略作休息，宜迅速北进。二方面军随后跟进到哈达铺后再大休息，以免敌人封锁岷西线，北出发生困难。"当天，朱德、张国焘、任弼时复电中央，表示，"我二、四方面军全体指战员对三个方面军的大会合和配合行动，一致兴奋，并准备牺牲一切，谋西北首先胜利奋斗到底！""俟兵力稍集结后即向洮、岷、西固，约八月中旬主力可向天水、兰州大道出击"。8月3日，中共中央复电朱德、张国焘、任弼时，"接八月一日电，为之欣慰。团结一致，牺牲一切，实现西北抗日新局面的伟大任务，我们的心和你们的心是完全一致的。""我们已将你们的来电通知全苏区红军，并号召他们以热烈的同志精神，准备一切条件欢迎你们，达到三个方面军的大会合。"

红二、红四方面军由松潘草地北上后，甘南守敌王均、毛炳文、鲁大昌等部迅速布防，企图构成西固至洮州、天水至兰州两道封锁线，阻止红二、红四方面军出甘南。8月5日，朱德、张国焘发布《岷洮西固战役计划》，要求红二、红四方面军以三路纵队速出甘南，先机夺取岷州、洮州、西固地区，以利继续北进。按照这一计划，红军于8月9日强占天险腊子口，10日攻占大草滩、哈达铺。

就在岷、洮、西战役进行当中，中共中央根据红二、红四方面军已经北上，两广事变的发展及日本企图进攻绥远等情况，酝酿和提出了一个新的战略方针和行动计划。其要点是：红军必须配合东北军，首先造成西北抗日局面，以占领兰州，打通苏联，巩固内部，出兵绥远。在取得张学良同意后，8月12日，中共中央致电朱德、张国焘、任弼时，提出红一、红二、红四方面军有"打通苏联，巩固内部，出兵绥远，建立西北国防政府之任务"。要求红二、红四方面军尽力夺取岷州地带，控制洮河两岸之一段，作为临时根据地，修整补充。继而以有力一部出陇西攻击毛炳文部，威胁兰州，以便东北军于学忠部三个师向兰州地带集中；另以有力一部出夏河，攻击河州，威胁青海，吸引河西走廊马步芳部东援，以便东北军乘虚接防甘州（今张掖）、凉州（今武威）、肃州（今酒泉），接通新疆。尔后实现红一、红二、红四方面军在甘北会合，扩大甘北苏区，准备进攻宁夏。从12月起，以一个方面军守卫陕甘宁苏区，两个方面军乘结冰期西渡黄河，消灭马鸿逵部，占领宁夏，完成从北面打通苏联的任务。

根据中央的这一计划，西北局作出了红二、红四方面军在甘南建立临时根据地的部署。徐向前率第三十军一部克漳县，陈昌浩指挥第九、第五军围攻岷州，第四军一部克渭源，第三十军一部逼近陇西，造成了威胁兰州的态势。

此后，中共中央又考虑了红一方面军取宁夏，红四方面军取甘西、青海，红二方面军居甘南策应的方案，并分别征询意见。张国焘接电后，打电话问徐向前进军甘西、青海把握如何，徐向前说：问题不大，四方面军有这个力量夺取甘西。

8月25日，中共中央将调整后的战略计划电告中共驻共产国际代表团并转共产国际，提出：为着避免与南京冲突，便于同国民党成立抗日统一战线，为着靠近苏联反对日本截断中苏关系的企图，为着保全现有根据地，红军主力必须占领甘肃西部、宁夏、绥远一带。无论如何困难，决乘结冰时节，以主力西渡接近新疆与外蒙。具体部署是：以红一方面军1.5万人攻宁夏，12月渡黄河，其余部队保卫陕甘苏区；以红四方面军于12月从兰州以南渡河，首先占领青海一部地区为根据地，待明年春暖向甘西前进；以红二方面军在甘南地区，与陕南、陕甘苏区互为策应。如这一计划暂时无法实现，则决心作黄河以东之计划，把三个方面军的发展方向放到甘南、陕南、川北、豫西和鄂西，待明年冬天再执行向黄河以西发展的计划。

8月30日，中共中央鉴于蒋介石在解决两广事变后，已令胡宗南部返回西北，并有分化东北军、撤换张学良的企图，因而要求把甘南变为战略根据地之一，与巩固发展陕南、陕北根据地相呼应，并迫使胡宗南部停止于甘肃以东，以准备冬季打通苏联。为此，中共中央对红军9—11月的作战计划作了调整：红一方面军以一部主力南下，占领海原、靖远、固原及其以南地区；以红四方面军控制甘南，尽可能取得岷州、武山、通渭地区；以红二方面军速向陕甘南部交界地区出动。中央指出，三个方面军的行动中，红二方面军向东的行动最重要。为此，任弼时去红二方面军，随军行动。

根据这一新的部署，红四方面军一部北出，占领通渭。红一方面军第一师由聂荣臻、左权、陈赓率领南下，直插静宁、隆德地区，逼近西兰公路。红二方面军东出，9月1日攻占礼县，然后继续向陕甘边发展，连克成县、徽县、两当、康县等县城。此后，红四方面军也先后攻占漳县、洮州、渭源、通渭四座县城及岷州、陇西、临洮、武山等县的广大地区，有力地打击了敌人阻止红军北进的企图。

9月上旬，西北局提出了两个战略行动方案：一是红军出西北，据黄河以西的甘、青、宁三省地区；二是出川、陕、豫、鄂。9月8日，中央复示："你们提出的出川、陕、豫、鄂方案，是一种向南京进攻的姿势，只在不能出西北及与南京谈判决裂之时，才是可行的与必须的，我们已把此点电告国际，我们向国际提出亦是出西北与不得已时出东南两方案。"

战略行动方针基本确定以后，如何对付胡宗南部？如何占领宁夏和甘肃西部，实现打通国际路线的计划？围绕这些问题，红军领导层内又发生了新的分歧。

为配合红二方面军向陕甘边行动，朱德、张国焘令红四方面军抽出两个军，东出西和、礼县，消灭王均部。陈昌浩则认为，派两个军出西和、礼县作用不大，不如集中主力于现地区，伺机北出通渭、静宁、会宁，与红一方面军合力夹击西进的胡宗南部，更为有利。将来红四方面军应向陇东北发展，与陇东南的红二方面军呼应作战。为此，陈昌浩从岷州前线赶到红军总部驻地三十里铺。

朱德、张国焘、陈昌浩经过磋商后，于9月13日向中共中央提出了新的作战方案。电报称："为先机打破敌之既成计划，争取抗日友军，造成西北新局面，一、四方面军乘胡敌在西北公路上运动之机，协同消灭其一部。二、四方面军尽力阻止和迟滞胡敌西进。"具体部署为："（一）我一方面军主力由海原、固原地区向静宁、会宁以北地区活动，南同四方面军在静、会段以袭击方式侧击运动之胡敌，并阻其停滞静宁以东。（二）我二方面军以主力在徽、两、凤以北地区，并以一部进到宝鸡活动，虚张声势，扬言：二、四方面军即直出汉中，一方面军（向南）会合，以牵制王均于天水地区和吸引胡敌不敢长驱西进为目的。二、四方面军除以九十三师主力即向静、会段以南地区活动外，以一部机动兵力集结陇西、武山，并适时以八团以上兵力打击静、会间之胡敌，相机打通一方面军。"

这一作战方案的核心是主张红一方面军南下，与红四方面军协同打击胡宗南部。当时在漳县的徐向前接到这个方案后，觉得在西兰通道与敌决战不利，主张红四方面军主力西渡黄河，进据古浪、永登、红城子一带，休整补充，为策应红一方面军西渡黄河、共取宁夏、打通苏联创造有利条件。但是，他的建议没有被接受。

接到9月13日的建议电后，毛泽东、周恩来、彭德怀于当天复电说："彼此意见大体一致，惟我们意见四方面军宜迅以主力占领以界石铺为中心之隆、静、会、定段公路及其附近地区，不让胡敌占领该线，此是最重要着。"复电还指出：我们已派一个师向静、会出动，但红一方面军主力如南下作战"于尔后向宁夏进攻不利"，因此，"对东敌作战宜以二、四方面军为主力，一方面军在必要时可以增至一个军协助之"。这样，在西兰通道与胡宗南部作战的任务，实际上就要由红四方面军为主来承担了。

这时，共产国际来电，同意了中共中央关于夺取宁夏和甘西的计划。9月14日，中共中央电告朱德、张国焘、任弼时："国际来电同意占领宁夏及甘肃西部，我军占领宁夏地域后，即可给我们以帮助。"从9月14—17日，毛泽东等又连续致电朱德、张国焘等，要求红四方面军迅速占领隆德、静宁、会宁、通渭地区，控制西兰大道，阻止胡宗南部西进。由此可见，此时中央的意图实际上是分作两步：第一步，由红一、红四方面军合力夺取宁夏，这是重点；第二步，进据甘西。

张国焘见中共中央要红四方面军迎击胡宗南部，而不是红一、红四方面军南北夹击，心怀疑虑，迟迟不表态。经中央连电催促和朱德的坚持，张国焘被迫于9月16日在岷州三十里铺召开西北局会议，讨论行动方针。会议开了三天。会上，陈昌浩与张国焘发生了争论。陈昌浩主张立即按照

9月13日的方案和中央的电示，北上静、会地区，与胡宗南部决战，会合红一方面军。而张国焘则认为，既然红一方面军主力不能南下，红四方面军与胡宗南部决战不利，应立即西渡黄河，进据古浪、红城子一带，伺机策应红一方面军西渡黄河，夺取宁夏，实现冬季打通苏联的计划。会议开到第三天，张国焘突然宣布辞职，带着警卫员和骑兵住到岷江对岸的供给部去了。当天黄昏，张国焘又派人通知继续开会。参加会议的多数人赞成陈昌浩的意见，否决了张国焘的方案。张国焘说："既然你们大家都赞成北上，那我就放弃我的意见嘛。"

9月18日晚，朱德、张国焘、陈昌浩联名发布了《静宁、会宁战役纲领》，部署红四方面军各部向西兰大道静、会段北进。

中共中央等了几天，仍不见有北上的行动。9月19日，中央政治局常委开会，专门讨论了夺取宁夏的问题。毛泽东在会上说：夺取宁夏是打通苏联、发展红军、开展西北局面和对日作战的枢纽。我们的一切工作都应围绕这一环。会后，毛泽东、周恩来、彭德怀于当天致电朱德、张国焘并任弼时、贺龙，指出："夺取宁夏，打通苏联，不论在红军发展上，在全国统一战线上，在西北新局面上，在作战上，都是决定的一环。"并强调："向宁夏及甘西发展，重点在宁夏，不在甘西。"接到电报后，朱德于9月20日致电毛泽东、周恩来、彭德怀："亲译密电悉，已释疑虑，迅速取得会合在会宁道上，以便消灭胡敌。"并告知张国焘已于本日北进，朱德明日率总部行动。

岷州会议结束后，张国焘于9月20日先行北上，赶到漳县的前敌指挥部，坚持要西渡黄河。徐向前回忆说：

我们正忙着调动队伍北进，张国焘匆忙赶来漳县。进门就把周纯全、李特、李先念等同志找来，说：我这个主席干不了啦，让昌浩干吧！我们大吃一惊，莫名其妙。问了问情况，才知刚开完岷州会议。……这是张国焘与陈昌浩共事以来，第一次发生尖锐争论，加上他有个另立"中央"的包袱压在身上，所以情绪很激动，还掉了泪。他说："我是不行了，到陕北准备坐监狱，开除党籍，四方面军的事情，中央会交给陈昌浩搞的。"我觉得，陈昌浩在这个时候和"张主席"闹得这么僵，似乎有点想"取而代之"的味道，也不合适。大家你一言，我一语，劝了张国焘一通。关于军事行动方针问题，我们说，可以继续商量。

张国焘来了劲头，指着地图，边讲边比画。大意是说，四方面军北上静会地区，面临西兰通道，与敌决战不利；陕甘北地瘠民穷，不便大部队解决就粮问题，如果转移到河西兰州以北地带，情形会好得多。从军事观点看来，我们觉得张国焘的意见，并非没有道理。于是，当场制定了具体行动部署：四方面军以一个军从永靖、循化一带渡过黄河，抢占永登、红城子地区作立脚点；以一个军暂在黄河渡口附近活动，吸引和牵制青海的马步芳敌；以两个军继续布于漳县、岷州地带，吸引胡宗南部南下，而后这三个军再渡河北进。主力出靖远、中卫方向，配合一方面军西渡黄河，共取宁夏。这个方案，一是避免了在不利地区同敌人决战；二是吸引胡敌南向，减轻了对一方面军的压力；三是并不违背中央关于两军先取宁夏、后取甘西的战略企图；四是便于解决四方面军的就粮问题。部署既定，张国焘即电告朱德、陈昌浩，要他们来漳县会商。同时，令部队调动，准备从循化地区渡河[①]。

朱德原以为张国焘去漳县是组织部队执行静、会战役纲领的，可是，当他在9月21日晚接到张国焘的电报后，大吃一惊，没有想到变化如此突然。9月22日凌晨3时，他致电张国焘等，指出："国焘同志电悉，不胜诧异。为打通国际路线与全国红军大会合，似宜经静、会北进，忽闻兄等不加同意，深为可虑。""静、会战役各方面均表赞同，陕北与二方面军

[①] 徐向前：《历史的回顾》（中），解放军出版社1985年版，第497—498页。

也在用全力策应,希勿失良机,党国幸甚。"朱德提议在漳县再召开西北局会议,并派陈昌浩先赴漳县。当天,朱德又致电中共中央和在陇南的红二方面军领导人,告诉他们:"我是坚决遵守这一原案,如将此原案推翻,我不能负此责任。"朱德在通知西北局成员兼程赴漳县开会后,立即骑马奔往漳县。

9月23日,西北局会议在漳县附近的三岔召开。张国焘、朱德、徐向前、陈昌浩、傅钟、李卓然等参加了会议。会议经过讨论,最后采纳了张国焘等拟定的西进方案。朱德提出应将这一方案报告中央。会后,张国焘一面起草给中央的报告,一面下令部队开始行动。随后,徐向前即带先头部队向洮州进发,调查行进路线。各部队也奉命筹足八天的干粮,待命行动。

中共中央接到朱德的来电后,9月24日,毛泽东致电彭德怀并告聂荣臻:接朱德来电,张国焘又动摇了北上方针,我们正设法挽救中。为使胡宗南不占去先机,请加派有力部队南下交红一军团指挥,增兵界石铺并分兵至隆德、静宁大道游击。同一天,毛泽东、林育英、张闻天、周恩来、博古、王稼祥致电朱德、张国焘、徐向前、陈昌浩、任弼时、贺龙、刘伯承,再次声明与张国焘之间的争论应该一概不提,集中全力与团结内部,执行当前军事政治任务。电报提出:第一步骤应集合三个方面军于静宁、会宁、定西一线及其南北,给胡宗南以相当打击,使其不能达到隔断红军、各个击破的企图。第二步骤以两个方面军占领宁夏,以一个方面军控制胡宗南,占领宁夏是整个政治军事上极重要的一环。至于第三步骤则在占领宁夏之后,那时我们已得远方帮助,处于有利地位,分兵略取甘西、绥远,乃至重占甘南均甚容易。电报还说:红一方面军第一师已占领界石铺。红四方面军宜以先头师迅速进入,余部陆续北上。9月26日,中共中央复电朱德、张国焘,明确不同意西北局漳县会议决定的行动方案,指出:四方面军有充分把握控制隆、静、会、定大道,不会有严重战斗,而一方面军可以主力南下策应，二方面军亦可向北移动钳制之。背后，粮食不成问题。若西进到甘西只限制青海一面，尔后行动困难。

接到中央的电报后，朱德、张国焘、徐向前、陈昌浩于当天连续数次致电中共中央，语气和缓地说明采取新方案的理由，请示行动方针。12时的电报说："我们决定四方面军即应行动，先机抢占永登一带地区……现已按此调动，不便再更改，务祈采纳。"在20时发给贺龙、任弼时等并中共中央的电报中说："此次西渡计划决定，决非从延长党和军事上统一集中领导观点出发，而是在一、二、四方面军整个利益上着想，先机占领中卫，既可更有利实现一、二、四方面军西渡打通远方，又能在宽广地区达到任务，此心此志，千祈鉴察。……如兄等仍以北进万分必要，请求中央明令停止，并告今后行动方针，弟等当即服从。"在22时发给中央的电报中又称："请看重甘时电，如兄等认为西渡计划万分不妥时，希即令停止西渡，并告今后方针，时机紧迫，万祈鉴察。"同时，又致电毛泽东、周恩来、彭德怀，说："四方面军已照西渡计划行动，通渭已无我军，如无党中央明令停止，决照计划实施，免西渡、北进两失时机。"

值得注意的是，在12时的电报中，提到了统一领导的问题，说："关于统一领导，万分重要"，"我们提议请洛甫等同志即以中央名义指导我们"。这是张国焘第一次表示他放弃同陕北党中央保持"横的协商关系"，而接受中共中央的领导。

对于张国焘坚持西进计划的问题，中共中央书记处及政治局进行了慎重的讨论。9月27日，中央回电明令停止西进计划，令红四方面军立即北上。电报指出，"中央认为：我一、四两方面军合则力厚，分则力薄。合则宁夏、甘西均可占领，完成国际所示任务；分则两处均难占领，有事实上不能达到任务的危险。""四方面军仍宜依照朱、张、陈九月十八日之部署，迅从通渭、陇西线北上，不过半月左右即可到达靖远、海原地域，从靖远渡河；一方面军跟即渡河，或合力先取宁夏，或分途并取宁夏、甘西。二方面军仍在外翼制敌,是万无一失。"同一天,中央又发出两封电报,反复强调:"中央明令已下,请电令通渭部队仍回占通渭,其余跟即北上。""万祈决策北进共图大业,免使再分难合,各陷不利地位,至祷至盼。"

就在这时,先行调查行军路线的徐向前在洮州以北从老乡那里得知,黄河对岸已进入大雪封山季节,气候寒冷,道路难行。他即返回洮州向朱德、张国焘汇报。随即,朱德、张国焘在洮州召开会议,讨论中央指示。张国焘见西渡计划无法实现,同意北上。会议一致决定,放弃西渡计划。9月27日当天,朱德、张国焘、徐向前、陈昌浩联名电告中央,表示执行中央指示,仍照原计划东出会宁,会合红一方面军,部队即出动,先头约10月6日到界石铺,决不再改变计划。9月28日,朱德、张国焘制订了《通(渭)庄(浪)静(宁)会(宁)战役计划》。9月29日,将战役计划报中央同意后,红四方面军总部下达了北进静、会地区的命令。

9月30日,红四方面军四万多人,分为五路纵队向北急进。徐向前、陈昌浩随第一纵队行动,朱德、张国焘率红军总部随第五纵队行动。广大指战员盼望已久的会师终于到来了。

为迎接红四方面军北上,中共中央令聂荣臻率红一方面军一部南下,攻占了会宁城。红一师在师长陈赓的率领下,把这个陇东古城装扮得面貌一新,准备迎接兄弟的红四方面军。

10月的陇东,秋高气爽,风和日丽,高原连绵,蔚为壮观。10月7日,红一、红四方面军的先头部队在大西北炽热的骄阳下,胜利会师于会宁城下。10月9日,朱德、张国焘、徐向前、陈昌浩等率红军总部和红四方面军总部来到会宁,受到陈赓和红一师指战员的热烈欢迎。战友重逢,分外喜悦,处处是欢笑声、问候声,充满着热烈的气氛。

张国焘在欢庆会师的人群中,格外显眼。国际友人马海德医生是会宁会师的见证人,他这样记述了他所看到的张国焘:"政治委员张国焘是个又高又大的胖子，满脸红光。我真不了解，人人都瘦下来，他怎么还能那么胖。"①

10月10日，举行了庆祝会师的联欢会。同一天，中共中央、中华苏维埃中央政府、中革军委发来贺电，祝贺红一、红二、红四方面军在甘肃境内实现大会合。在贺电中，把张国焘的名字放在了"我们的民族英雄与红军领导者"之列。

红一、红四方面军会宁会师后不久，10月22日，红一、红二方面军也在将台堡（今属宁夏回族自治区西吉县）胜利会师。至此，红军长征胜利结束。

红四方面军的长征，历尽艰难曲折，广大指战员英勇奋战，付出了极大的牺牲。张国焘的错误使红四方面军遭受了本来可以避免或减少的巨大损失。尽管党战胜了他的分裂主义，但损失却是无法挽回的。张国焘自知错误深重，曾想到坐监狱，被开除党籍。红军胜利会师了，此时他的心中忐忑不安，他不知道自己应如何对待错误，也不知道等待他的将是什么。

---

① 转引自［美］艾格妮斯·史沫特莱：《伟大的道路》，生活·读书·新知三联书店1979年版，第394页。

第十一章
CHAPTER ELEVEN

走向深渊

初到陕甘

红军三大主力会师西北以后，面对的敌情是异常严重的，战斗正未有穷期。

两年来一直为围追堵截红军而费尽心机的蒋介石，眼见红军在西北会师，如芒在背。他不甘心于自己的失败，立即调动几十万大军，企图将红军在西北地区一举消灭。他的"剿共"部署分为两步：第一步，组织"通渭会战"，在西兰通道地区给红军主力以致命打击，防止红军西渡黄河；第二步，组织最后"围剿"，集中兵力，配属100架新式战斗轰炸机，稳扎稳打，步步为营，将红军主力压迫在黄河以东、西兰通道以北地区，一举消灭。同时，观察与共产党有秘密联系的张学良、杨虎城的动向，如不服从"剿共"命令，则将他们调离西北，逐步肢解，免留后患。

1936年10月上旬末，张学良把蒋介石的"通渭会战"计划通报中共中央，建议红军及早进行宁夏战役，控制河西，接通苏联。中共中央鉴于形势紧迫，专电征询各方面军领导人的意见。

这时，红军占领宁夏和甘西，打通国际路线，是打破敌人的"围剿"、形成西北抗日局面的重要一环。中共中央对此极为重视。还在红军三大主力会师前，中央就在考虑提前执行宁夏战役计划。10月2日，毛泽东致电彭德怀："关于提早攻宁问题，请你提出意见。"同日，毛泽东、周恩来、彭德怀致电朱德、张国焘、徐向前、陈昌浩、任弼时、贺龙、关向应、刘伯承，提出："如果四方面军之渡河技术能保证在中卫地段渡河，则以早渡为妙，对南敌一般可采取钳制手段。"10月3日，朱德、张国焘、徐向前、陈昌浩复电中央，认为："恐敌已确知我们企图，因此，目前应作行动方针，争取在靖远附近于结冰前渡河，尽量避免决战，万不得已时可作部分决战。"并告知,红四方面军于10月10日到会宁、界石铺一带,可准备一个军强渡黄河。10月5日,毛泽东、周恩来、彭德怀致电朱德、张国焘、徐向前、陈昌浩:"同意迅速从靖远、中卫渡河之意见。"

朱德、张国焘抵达会宁后,立即致电中央,询问见面人员和地点。10月10日,毛泽东致电彭德怀:我们意见,以兄西去就他们为宜。并告知对待张国焘的政策,指出:"朱、张来电称中央及毛、周、彭,自称西北军委,又一电称执行毛、周、彭所示任务,亦事实上承认我们军委。我们方面曾有两电去,称朱总司令、张总政委,以后即照此种方式解决,以便顺利执行宁夏战役。朱、张以两总名义,依照中央与军委之决定指挥各军作战。为使之增加对于执行军事任务之坚决性,防止可能的动摇性(在目前是防止对宁夏战役之某种可能的动摇),兄须加以特别之注意。""见面时对老问题请一概不谈。"

在会宁,朱德、张国焘顾不上休息,就把徐向前、陈昌浩找来,研究下一步的行动计划。他们向中央建议:首先争取以红一、红四方面军一部,从靖远地区西渡黄河,而后三个方面军的主力跟进,夺取宁夏;如渡河不成,则在西兰通道地区与敌进行部分决战,拖延时间,待黄河结冰后再行渡河,执行宁夏战役计划。10月10日,朱德、张国焘、徐向前、陈昌浩致电中革军委,提出:"四方面军之三十军即向靖远进,协同打拉池七十三师部署渡河。"

中共中央和中革军委权衡轻重,决定提前执行宁夏战役计划,于10月11日致电朱德、张国焘并告彭德怀、贺龙、任弼时、徐向前、陈昌浩等,提出了《十月份作战纲领》,主要内容是:

甲、根据目前敌我情况,为着集中一切力量克服困难条件,完成基本战(略)任务起见,十月份作战纲领拟定如次。

乙、四方面军以一个军率造船技术部迅速进至靖远、中卫地段,选择利于攻击中卫与定远营之渡河点,以加速的努力造船,十一月十号前完成一切渡河准备。四方面军主力在通马静会地区筹粮休整,派多数支队组成扇形运动防御,直逼定西、陇西、武山、甘谷、秦安、庄浪、静宁各地敌军附近,与之保持接触,敌不进我不退,敌进节节抵抗,迟滞其前进时间,以期可能在十月份保持西兰大道于我手中。

丙、二方面军进至通渭、马营以北界石铺以南地区休息数日,转进至静宁、隆德线以北地区休整,派支队伸出静隆线以南,威胁胡敌侧翼,滞其西进,准备尔后以主力或一部接替一方面军在固原北部之防御任务。

丁、一方面军之西方野战军主力保持同心城间之枢纽地段及豫旺城于手中,其第二师相机袭占庄浪,待二方面军到达静隆线后北上归还建制;第一师及陈支队暂在黄河海原间威胁与抑留于学忠部使不敢东进,尔后逐渐西移归还主力;二十八、二十九军集中定盐地域,一部逼近灵武,准备居民条件,完成侦察任务;独四师确保环曲苏区,其余东方部队任务不变。

戊、攻宁部队准备以一方面军西方野战军全部及定盐一部、四方面军之三个军组成之,其余两个军及二方面军全部,一方面军之独四师组成向南防御部队,可能与必要时,抽一部参加攻宁。

己、攻宁开始时机依造船情况决定,但至迟十一月十号前须完成一切攻宁准备。

庚、十一月十号前各部注重休息、补充、扩大,尤特别注意训练,以便有力的执行新任务。

为统一军事指挥,纲领还规定:各项任务由"朱、张两总及各方面军首长以个别命令行之"。同一天,中央书记处致电朱德、张国焘并告各方面军领导人:"请朱张两同志以总司令、总政委名义,依照中央及军委之决定指挥三个方面军。"中央这种顾全大局、不咎既往的做法,使大家很兴奋。张国焘也舒展眉梢,显得轻松了许多。

这时,中共中央分析了红四方面军北上会师后的新情况,确定了对张国焘的政策。10月14日，毛泽东、张闻天、博古、周恩来致电彭德怀，指出：为求党与红军的真正统一与顺利执行当前任务，对国焘及其他干部不可求善太急。我们政策应表示对他们信任。准备经过长期过程，使国焘及其他干部逐渐进步，估计他们是可能进步的。10月16日，中央政治局召开会议，就林育英去红四方面军的问题，讨论了红四方面军的情况和中央的方针。毛泽东在会上说：四方面军拥护中央是有诚意的。对四方面军应该有个整理，并且应该经过张国焘，才更顺利些。我们应该帮助他，使他的进步能更顺利，并经过他将四方面军整理好。工作怎样做？第一，任命他为前线总指挥；第二，林育英同志去的任务主要在政治方面完成统一团结，将四方面军的政治、军事、文化水平提高一步。关于国焘过去错误的性质与程度问题，原则上是不说的。但如说到时应指出：这一错误是严重的政治上组织上的错误；另一方面应指出是个别的、是机会主义性质的（对中央路线的估计不足），但不是整个路线的错误。因为就其整个历史来说，还只是某个时期个别的错误。还有一点，如果他以后不再犯这样严重的错误，将来不一定提这一错误，如果仍继续发生这样的错误，那是应与之作斗争的。中央的这些政策，对团结张国焘和红四方面军广大指战员共同对敌，起了重要的作用。

《十月份作战纲领》下达后，朱德、张国焘召集徐向前、陈昌浩、李先念开会，传达中央的指示，明确规定了红四方面军的作战任务：一是南向西兰通道，形成扇形运动防御，阻止南敌的进攻；二是迅速完成造船任务，以三个军渡河攻宁。造船任务由红三十军政治委员李先念负责。按照总的任务，红四方面军总部做了具体部署：由红三十军开至靖远大芦子一带秘密造船，侦察渡河点，准备渡河事宜；以红四、红五、红三十一军沿会宁、界石铺、华家岭、马营、通渭、宁远镇、葛家岔、静宁等地，梯次配备，抗击胡宗南、毛炳文、王均、关麟征等部的进攻；以红九军置于会宁至靖远之间，作为预备队。如红三十军渡河成功，红九军即迅速跟进；如渡河不成功而南敌突进，则以红四、红五军牵制敌之侧翼，而以红三十一、红九军反击南敌，为红三十军渡河争取时间。部署既定，由朱德、张国焘向中革军委作了报告。随后，部队开始造船，侦察渡河点，并进行渡河训练。

这时，敌情越来越严重了。10月16日，蒋介石下达"进剿"命令。21日，敌人发起总攻。22日，蒋介石亲自飞抵西安督战，并逼令东北军、西北军参战。敌人依仗优势兵力和步步为营的战术，在飞机、大炮的掩护下，向红四方面军的前沿阵地华家岭、界石铺、马营、通渭、静宁一线冲击。顶住南敌的进攻，是渡河执行宁夏战役计划的先决条件。红军与敌激战两天，遭受重大伤亡。

宁夏战役计划尚未实施，战局就对红军越来越不利。中革军委决定红军各部队采取逐次转移、诱敌深入、伺机打击胡宗南部的方针。中央还令朱德、张国焘赴打拉池，会见彭德怀，商讨宁夏战役的部署。同时指出：三十军渡河以备足10只船为宜，原定20日渡河，是否推迟数日，依具体情况而定。

10月20日，朱德、张国焘率红军总部及红军大学一部分人员，离会宁去打拉池。行前，他们交代，前线作战事宜由徐向前、陈昌浩负责，按《十月份作战纲领》的要求，机断处置。10月22日，徐向前、陈昌浩率红四方面军总部离开会宁，抵甘沟驿指挥作战。10月23日，会宁失守后，威胁到渡河计划。战局的发展到了千钧一发的关键时刻，实施渡河计划已刻不容缓。

10月23日，朱德、张国焘率红军总部和彭德怀率领的西方野战军总部在打拉池会合。朱德、张国焘对彭德怀提出的宁夏战役计划要旨表示完全同意，遂电令徐向前、陈昌浩：红三十军首先渡河，红九军跟进；如渡河不成，南敌突进，则以红九军配合南线部队击敌。徐向前、陈昌浩接电后，即令红三十军渡河。同时向中革军委和红军总部建议：为打开河西战局，红四方面军至少应以三个军以上的主力渡河，南拒兰州北进之敌，北进一条山及五佛寺，西控永登、红城子一带，以便有力策应红一方面军的渡河行动。阻击南线敌人的任务，请从兄弟部队中抽一部分兵力，协助红四方面军完成。

10月25日凌晨，红三十军渡河成功。消息传到打拉池红军总部，朱德、张国焘、彭德怀为之振奋。他们立即致电中革军委和红二、红四方面军领导人："控制西兰大路十月份在我手中之任务已大体完成，红三十军渡河成功，开辟了执行新任务的第一步胜利。"要求红四方面军迅速以主力渡河，抢占一条山、五佛寺、永登、红城堡、古浪一带，重点控制五佛寺渡河点和对由兰州北进之敌的有力阻击。留出一部机动部队于一条山、五佛寺之线，以便将来必要时协同红一方面军在中卫、灵武段渡河。河东前线部队，尽量迟滞和吸引会宁方向的敌人。该掩护部队将来均必须渡河，其一部可于掩护任务完成后从靖远下游至五佛寺段渡河。他们还向中革军委建议：红一方面军将来主要在金积、灵武、中宁、中卫段渡河，必要时亦可以在五佛寺渡河；现应速集结同心城地区，准备渡河技术，11月10日前完成一切准备工作[①]。

根据红军总部的这一命令，红四方面军总部令红九军向河边开进，准备继红三十军后渡河。红五军从会宁前线撤下来，以一部监视靖远之敌，一部休整待命。南线阻敌任务由红四、红三十一军负责。徐向前、陈昌浩率总部随红三十、红九军渡河，指挥作战。

10月25日，中革军委根据红三十军渡河成功后的情况，做出了先击破南敌、后全力向北的部署，要求：第一，红四方面军应即以第九军以外的1个军随红三十军渡河，两军迅速占领黄河弯曲处西岸地带及向中卫方

---

① 彭德怀于10月27日致电中央，说明25日有他署名的这份电报是发出后才给他看的，并声明无效。

向延伸，侦察定远营与中卫情形，准备第二步以一个军袭取战略要地定远营。第二，红四方面军除渡河的一个军外，以第九军为中心的一个军与红二方面军一部共同阻击南敌。若干天内，逐渐集结于打拉池地区，待敌前进时消灭其三四个团，以停止南敌的进攻。第三，红一方面军主力于红四方面军两个军控制河西地带后开始行动，以突然手段占领金积、灵武地带。徐、陈拨造船技术队二分之一或更多些附属之，迅速造船渡河。第四，在南敌因受严重打击而停止攻势后，第九军从中卫渡河。此时整个战局进入以北面为重点的第二步，而以红四方面军之两个军与红二方面军全部防御南敌。

10月26日1时半，中革军委又电示朱德、张国焘、彭德怀，同意第九军渡河，要求"三十军、九军过河后，可以三十军占领永登，九军必须强占红水以北之枢纽地带，并准备袭取战略要地定远营"，认为这是"极重要的一招"。

中革军委同意第九军渡河后，徐向前、陈昌浩指挥第九军开始渡河。到10月28日拂晓，红三十、红九军及红四方面军总部全部渡过黄河。当晚，朱德、张国焘致电中革军委，提议红三十一军继红三十、红九军之后渡河。

10月29日，中革军委同意"三十一军可以立即渡河"，但彭德怀要求将该部留在河东作战。10月30日，中革军委又改变命令，着已经开到河边的红三十一军折向麻春堡。当天，南线敌军关麟征部向靖远突进，负责监视靖远守敌及控制靖远两岸船只的红五军无法向打拉池靠拢，遂奉朱德、张国焘的命令，全部撤至河西的三角城地区，看守船只，休整待命。至此，河东、河西两岸的红军，被敌切断。

这时，毛泽东警觉地发现张国焘仍有西进甘西之意，遂于10月26日21时致电彭德怀，提醒他："国焘有出凉州不愿出宁夏之意，望注意。"并告诉他："目前以打击胡敌取定远营两招最为主要。"本来，在10月16日中央政治局常委会议上，毛泽东提议由张国焘任前线指挥，这时也发生了变化。10月28日，中央任命彭德怀为前敌总指挥兼政治委员。鉴于河东敌胡宗南部正向海原、打拉池出动，王均部和毛炳文部也正向靖远前进，军情紧急，彭德怀准备组织海（原）打（拉池）战役，重点打击蒋介石的嫡系胡宗南部。10月29日，彭德怀请示中革军委，提出三个方面军协同作战，集中力量在海原、打拉池消灭胡宗南部1—2个师，迟滞毛炳文、王均部的意见。这一计划如果实现，可遏制南线敌人的进攻势头，为实现宁夏战役计划创造条件。

10月30日，彭德怀发布《海打战役计划》。按照计划，红一方面军六个师和红四方面军第三十一军准备从东西两面歼灭胡宗南部先头部队1—2个师，其余部队钳制王、毛二部。张国焘虽对这一计划表示同意，但在实际上他并没有按计划行事。当两军临战的关头，他命令红四军撤至贺家集、兴仁堡，红三十一军撤至同心城、王家团庄，使红一方面军主力的右翼完全暴露在胡宗南部的面前。

海打战役计划出师不利，前敌总指挥部于11月1日做了新的部署，集中河东红军主力在海打大道以北寻求战役机动，打击胡敌，但未达到目的。敌人进至靖远、打拉池、中卫等地，打通了增援宁夏的通路。这样，宁夏战役计划便无法实现了。

11月8日，中央及军委根据情况的变化，决定放弃宁夏战役计划，提出了一个《作战新计划》。这个计划总的意图是将河东三个方面军的主力组成南路军、北路军，分别从延长、延川地区和神木、府谷地区东渡黄河入晋，要求直接对日作战，或在晋、冀、鲁、豫、皖、鄂、陕、甘等省机动作战，争取同蒋介石、阎锡山订立共同抗日的协定；河西部队则组成西路军，以在河西创立根据地，直接打通苏联为任务，准备以一年完成之。显然，这是一个带根本性的战略变动。

根据新的战略行动计划，11月11日，中央正式命令河西部队组成西路军。为统一领导，批准成立西路军军政委员会，由陈昌浩任主席，徐向前任副主席。11月12日，河东红军主力从同心城、王家团庄、李旺堡之线开始东移。同日，毛泽东、张闻天、周恩来致电朱德、张国焘并告彭德怀等，同意红军总部移至甘肃洪德河连湾（今属环县）。

这时，已是初冬季节，天空飘起了雪花。红军各部队冒雪行军，奔赴各自的指定位置。到11月15日，红四方面军的第三十一、第四军分别移至萌城、甜水堡和石堂岭附近地区待机；红一方面军的第一、第十五军团和第八十一师移至豫旺堡东南、东北和以东地区待机；红二方面军全部移至环县以西地区。

会师以来，中共中央对张国焘干扰作战指挥的表现，已越来越感到不满。鉴于敌情严重，需要集中统一指挥，中革军委于11月15日下令：红军"一切具体部署及作战行动，各兵团首长绝对服从前敌总指挥彭德怀之命令。军委及总部不直接指挥各兵团，以便适合情况不影响时机地战胜敌人"。同时，中央决定派周恩来代表中共中央赴河连湾，迎接红二、红四方面军。

周恩来于11月18日来到河连湾后，站在这个集镇的大路口热情地欢迎朱德、张国焘的到来。周恩来向他们介绍了红一方面军到达陕北一年来形势的巨大变化，特别是介绍了同张学良谈判的情况。张国焘后来也承认：听了周恩来的介绍，"使我们觉得世界是真的变了，而他又确已得了风气之先"[①]。

在河连湾，周恩来利用一切机会深入红四方面军的机关和部队，向广大指战员宣传中央的政策，介绍全国的政治形势和党中央开展抗日民族统一战线的情况。他肯定红四方面军是中国共产党领导下的一支英勇善战的部队，对他们三过草地、两过雪山来到陕北表示慰问和鼓励。他强调红军

---

① 张国焘：《我的回忆》第3册，东方出版社1991年版，第317页。

团结的重要性，鼓励大家团结起来，共同抗日。周恩来这些热情而诚挚的谈话，使红四方面军的广大指战员了解了中央的精神，对增进各路红军的团结，起了很大的作用。

这期间，周恩来还营救了被张国焘长期关押的廖承志。一天，周恩来在前往豫旺堡的路上，刚好遇上了被押送着的廖承志。廖承志后来回忆道：

> 我正在踌躇的时候，周恩来同志走过来了，看见我被押送着，他脸上没有任何表情，若无其事，也没有说话，但同我紧紧地握了手。当天晚上，周恩来同志派通讯员找我到司令部去。我进屋后看见一大屋子人，张国焘也在。张国焘明明知道周恩来同志认识我，却阴阳怪气地问："你们早就认识吗？"周恩来同志没有直接回答他，却转而厉声问我："你认识错误了没有？""认识深刻不深刻？""改不改？"我都一一作了回答。周恩来同志便留我吃饭。吃饭时，周恩来同志只和张国焘说话，也不再理会我。吃过饭就叫我回去。我敬了一个礼就走了。周恩来同志考虑问题很周到，斗争艺术很高超，如果他不这样问我，当天晚上我就可能掉脑袋。自从周恩来同志把我叫去以后，我的待遇明显改善，不久，我就被释放了[①]。

周恩来到达河连湾的时候，军情已十分紧急。骄横的胡宗南部分成三路，向红军扑来。中革军委决定在豫旺堡和洪德城之间击破该敌。11月18日，毛泽东、朱德、张国焘、周恩来、彭德怀、贺龙、任弼时联名下达《关于粉碎蒋介石进攻的决战动员令》。11月21日，红一方面军第一、第十五军团和红四方面军第三十一、第四军，在红二方面军的配合下，在山城堡地区对该敌发起猛烈地攻击。经过一昼夜的激战，歼敌一个多旅，余敌仓皇西撤。山城堡战役是红军三大主力会师后，相互配合作战，取得的

---

① 《不尽的思念》，中央文献出版社1987年版，第31—32页。

第一个重大的军事胜利。这次战役，迫使胡宗南部撤到萌城、甜水堡以西地区，停止了对陕甘根据地的进攻，同时，也进一步争取了东北军，促进了抗日民族统一战线的发展。

11月23日，在山城堡举行了三个方面军团以上干部参加的庆祝胜利大会。朱德、张国焘、周恩来、彭德怀等出席了大会。第二天，朱德、张国焘、彭德怀、周恩来、贺龙、任弼时、关向应、徐向前、陈昌浩等联名致电毛泽东转中共中央、中革军委，报告说："三个方面军团以上干部会议，听了中央军委代表及各红军领袖的报告之后，一致在党中央和军委的正确领导之下，领导全体指战员坚决实现军委的战略方针和每个战役任务……我们坚信在党中央及军委的坚强领导之下，我们一定能够取得最后的胜利，一定能够成为全国人民团结的中心。"这标志着全体红军终于克服了张国焘分裂主义的危害。

山城堡战役结束后，朱德、张国焘率领红军总部和红四方面军红军大学的部分学员，于11月30日（一说12月1日）来到陕北保安（今志丹）。在保安的红军大学校长林彪率学员列队迎接他们的到来。毛泽东、张闻天等领导人也站在学员的前面，对他们表示热烈的欢迎。目睹这一幕，张国焘想起了将近一年半以前在两河口同毛泽东会见的情景，心中升起了一种说不出的苦涩。

保安是陕北一座荒凉的县城。这时，中共中央和中革军委的领导机关都在这里。朱德、张国焘来到后，被安排在一座山坡下的两孔窑洞里住下，与毛泽东等领导人结邻而居。稍后，红四方面军的一部分同志进入保安的红军大学学习。

张国焘来到保安后，毛泽东和中共中央对他仍是采取团结、教育的方针。12月1日，毛泽东致电彭德怀，告以朱德、张国焘、周恩来已到保安，情况甚好。"你对团结与改进一、二、四方面军的方针及对许多问题的意见，我都同意，很对的。但在某些步骤上，我的意见还宜改得温和一点。两星期前批评国焘一电，昨日整顿纪律一电，原则上完全正确，但在措辞上有一二句颇为刺目，在今天是不相宜的，请留意及之。"12月6日，毛泽东等还和朱德、张国焘一起出席了红军大学为欢迎朱德、张国焘而举行的联欢大会。

根据红军三大主力会师后的情况，12月7日，中革军委主席团转发中华苏维埃中央政府关于扩大中央革命军事委员会组织的命令，决定：以毛泽东、朱德、周恩来、张国焘等23人为中央革命军事委员会委员；以毛泽东、朱德、周恩来、张国焘、彭德怀、任弼时、贺龙7人组成中央革命军事委员会主席团，毛泽东为主席，周恩来、张国焘为副主席；以朱德为中国工农红军总司令，张国焘为总政治委员。

中央对张国焘的态度和任用，使张国焘略感欣慰。他找毛泽东谈话，毛泽东对过去的争论只字不提。他还找林育英谈话，希望他能充当调解人。但是，解决党内分歧的问题却很快被在西安发生的事变冲淡了。

12月12日，震惊中外的西安事变，像平地一声惊雷那样突然爆发了。这次事变是张学良、杨虎城为了促使蒋介石改变"攘外必先安内"的错误政策，实行抗日救国而发动的。他们一举扣留了到西安督战的蒋介石和国民党高级将领陈诚、蒋鼎文、朱绍良、卫立煌、陈调元等，宣布成立抗日联军临时西北军事委员会，并通电全国，提出了八项政治主张。

西安事变的发生，是1931年九一八事变以后民族危机日益加深的产物，也是中国共产党积极倡导并执行抗日民族统一战线政策，特别是加强对东北军和第十七路军工作的结果。瓦窑堡会议后，中共中央在一段时间内的方针仍是"抗日反蒋"，而把工作重点放在有可能联合的东北军和第十七路军方面。这时，南京政府也开始通过各种渠道同中共接触，其代表也来到陕北。随着形势的发展，中国共产党对蒋介石的态度也逐渐发生了变化，逐步放弃了"反蒋"的口号。1936年8月10日，中共中央政治局召开会议，决定实行"逼蒋抗日"的方针。9月1日，中共中央向党内发出了《关于逼蒋抗日问题的指示》。但是，蒋介石并没有放弃反共政策。在红军长征到达陕甘地区后，他认为红军的处境已难以为继，于是调集30万军队准备"围剿"红军，并向张学良、杨虎城施加压力，结果导致了西安事变的爆发。

中共中央在西安事变前并未与闻此事。事变发生的当天，张学良致电毛泽东、周恩来，通报了此事。稍后，张学良、杨虎城联名电邀中共中央派人到西安共商大计。中共中央接到张学良的电报后，周恩来、张闻天、朱德、张国焘、博古等在毛泽东住的窑洞里开会，商量处理西安事变的方针政策。当天深夜，毛泽东、周恩来复电张学良："恩来拟来兄处，协商大计。"

12月13日，中共中央举行政治局会议。张国焘也出席了这次会议。由于西安事变的发生很突然，具体情况一时还不很清楚，所以在会上只是对许多重大问题交换了意见。毛泽东在会上首先发言，最后又作了结论。他认为："这次事变是有革命意义的，是抗日反卖国贼的。它的行动，它的纲领，都有积极的意义"，"是应该拥护的"。他提出的设想是："我们应以西安为中心的来领导全国，控制南京，以西北为抗日前线，影响全国形成抗日战线的中心。""我们的政治口号：召集救国大会。其他口号都是附属在这一口号下，这是中心的一环。"

毛泽东发言后，先后有九个人发了言。与会者同意毛泽东的分析，肯定西安事变是抗日的义举，革命的行动，但对处理事变的方针，认识不尽一致。周恩来提出了"在政治上不采取与南京对立"的主张。张国焘在发言中非常激烈地提出了"打倒南京政府"的主张，说："在西安事件意义上，第一是抗日，第二是反蒋"，"内乱是不是可免？这是不可免的，只是大小问题"，"因此，打倒南京政府，建立抗日政府，应该讨论怎样来实现"。

张闻天在发言中不同意张国焘的意见，明确表示，"不采取与南京对立的方针，不组织与南京对立方式（实际是政权形式）"，"尽量争取南京政府正统，联合非蒋系队伍。在军事上采取防御，政治上采取进攻"，"把局部的抗日统一战线，转到全国性的抗日统一战线"。

毛泽东在作结论时说：我们现在处在一个历史事变新的阶段。在这个阶段，前途摆着许多通路，同时也有很多困难。敌人要争取很多人到他们方面去，我们也要争取很多人到我们方面来。针对张国焘"第一是抗日，第二是反蒋"的说法，毛泽东强调，"我们不是正面的反蒋，而是具体地指出蒋的个人的错误"，"又要反蒋，又不反蒋，不把反蒋与抗日并立"。

会后，张国焘仍要求杀掉蒋介石。有一天晚上，他半夜三更去毛泽东的住处敲门，再次向毛泽东提出杀蒋的问题。

中共中央派周恩来等赴西安，协助张学良、杨虎城处理事变。周恩来一行先到延安，12月17日乘坐张学良的专机到达西安。周恩来到西安后，先后与张学良、杨虎城会谈，并连续致电中共中央，报告西安局势的变化及国内外对事变的反应，陈述自己对处理事变的意见。中共中央综合各方面的消息，进一步地观察、分析，逐步形成了和平解决西安事变的完整方案。12月19日，张闻天主持召开中央政治局扩大会议，讨论解决西安事变的基本方针。会议经过讨论，取得一致意见，正式确定了和平解决西安事变的方针和政策。会后，于当天发表了中华苏维埃中央政府和中共中央向南京、西安当局表示和平解决西安事变主张的通电。12月20日，共产国际来电，同样表示了和平解决西安事变的态度。

经过中共中央及各方面的努力，特别是中国共产党和西安方面明确采取和平解决的方针，在蒋介石口头承诺了停止"剿共"、联红抗日等六项条件后，由张学良陪同于12月25日离开西安。西安事变最终获得了和平解决，从而为实现全民族的团结抗战打开了通道。

西安事变后不久，原来在延安的东北军撤向西安一带集中。根据双方达成的协议，由红军接管延安。中共中央机关随即从保安迁往延安。1937

年1月13日，中共中央进驻延安。张国焘也随之来到了延安。

张国焘来到延安后，并无太多的事情可做。这时，一些青年学生把抗日的希望寄托于中国共产党，纷纷来到延安。张国焘便经常和他们接触。他后来回忆说：

> 我多次同这些外来者接触，大半都是个人交谈，而谈话的内容，也多是有关时局的某些具体片段。我参加过文艺晚会，欣赏抗日歌曲和各种文艺表演，也曾参观那些年轻人的体育活动等等。我觉得，他们比之"五四"时代的青年更实干。他们的抗日热情，使我对抗日局势，有更生动的了解[①]。

这期间，西路军的命运也时刻牵动着中央领导人的心。河西红军组成西路军后，经一系列战斗，于1936年11月下旬控制了河西走廊的中间地带。但是，由于红九军在古浪的作战失利，也给整个战局带来了不利的影响。这时，中革军委来电，要西路军停止西进，在永凉地带建立根据地。从11月下旬至12月上旬，西路军经凉州西北四十里铺之战、永昌东南八坝之战、永昌以南水磨关之战、永昌之战、山丹之战，先后共歼敌6000余人，但西路军也由过河时的2.18万人减少到1.5万人。

西安事变爆发后，中革军委主席团电令西路军，限明年1月夺取甘、肃二州，打通苏联。但是，由于西安事变后，南京何应钦的"讨伐"军进抵潼关，形势危急，12月24日，中革军委主席团又电令西路军东移。12月25日，西路军军政委员会复电，表示坚决执行此任务。正当西路军准备东移之际，西安事变已获得和平解决。于是，中革军委主席团又电示西路军西进。1937年1月上旬，西路军西进至高台、沙和堡（今临泽）、倪家营子一带。这时，河东局势又突然发生了变化。蒋介石回到南京后，背信弃义，在扣押和"审判"张学良的同时，调集40多个师的兵力，进逼西安。

---

① 张国焘：《我的回忆》第3册，东方出版社1991年版，第343页。

在这种形势下，中革军委连电西路军暂勿西进。徐向前、陈昌浩因不了解河东的战略部署，对中革军委给予西路军的任务一变再变，提出了意见。张国焘这时以个人名义致电西路军领导人，强调"军委对西路军的指示是一贯正确的，对西路军是充分注意到的"。他甚至批评西路军领导人"如果还有因过去认为中央路线不正确而残留着对领导的怀疑，是不应有的"，要求他们"应当在部队中，特别在干部中，提高党中央和军委的威信"。随后，西路军即按中革军委主席团的电示，在高台、临泽地区坚持下来。此后，西路军经与强大敌人的浴血奋战，终因敌众我寡，到3月兵败祁连山。按照西路军军政委员会的决定，徐向前、陈昌浩离开部队，返回陕北向中央汇报情况，余部在新组成的西路军工作委员会的领导下，分散游击。

在西路军处在危难境地的时刻，中共中央和中革军委除紧急指示在西安谈判的周恩来强烈申述中共中央的严正要求，要蒋介石履行诺言，勒令攻击西路军的部队停止进攻外，还于2月27日决定组成援西军，委任刘伯承为司令员，张浩（林育英）为政治委员，出兵增援西路军。3月5日，援西军从淳化、三原出动，向镇原方向开进，但这时已无法扭转局势了。援西军在抵达镇原、平凉地区时，得知西路军已失败，遂停止前进。

西路军在极端艰难困苦的条件下，坚决执行中共中央和中革军委的指示，孤军奋战，同国民党军队展开了殊死的搏斗，歼敌两万多人。这充分表现了中国共产党领导的红军不畏艰险的英雄主义气概和为党为人民英勇献身的高尚精神。西路军将士作出的重大的不可替代、不可磨灭的贡献，永载史册。他们展现了我们党的革命精神、奋斗精神，体现了红军精神、长征精神。

据张国焘回忆，西路军失败后，他曾引咎自责，声言他应负责西路军失败的全部责任。尽管西路军从渡河到失败的事实，并非像他所说的那样由他负全部的责任，也并非他所能左右，但他已预感到其错误已经到了该清算的时候了。

延安会议前后

张国焘来到陕北后，党内有很多同志要求清算他的错误，开展对他的斗争。

1937年1月中共中央由保安进驻延安后，开始在中央内部对张国焘的错误进行批判。张国焘不得不于2月6日写下了题为《从现在来看过去》的检讨。他在检讨中认为自己的错误仅发生在1935年红一、红四方面军会合，到十二月决议（指瓦窑堡会议决议）这段时间里。他把在这段时间的错误归纳为五个方面：第一，过分估计了中央在第五次反"围剿"中的主观错误。第二，对中央红军突围后敌人追击的严重性估计不足，抹杀了中央红军万里长征的英勇奋斗。第三，因为有了上述两点，就发生了对中央提出的战略方针的怀疑，提出了在比较更西北地区来创造根据地的另一种战略意见。第四，对于中央苏区党、苏维埃和红军各方面建设工作所获得的成绩估计不够，并对中央同志根据中央苏区经验所给予红四方面军的错误和缺点的批评表示不接受和误解。第五，在左路军北上受着阻碍的条件下，以为北上既然会成为大规模的运动战，倒不如乘虚南下。因此，成为北上和南下的对立，红军分开行动，发展到对中央路线不正确的了解和组织上的对立。他认为"在这一段时间中我自己的确犯了反党反中央的错误"，其中"最严重的错误是组织上的对立。否认四中全会以来的中央而自称中央，这是政治上错误的结果和组织原则上错误的结果。""这在政治上是原则性的错误，在组织上是组织路线的错误"。

他在检讨"过去"的错误的同时，对自己的"现在"也做了表白。他说：

我觉得我现在与党中央完全一致，原则上没有丝毫分歧，我是中国共产党的一个党员、也是中央执行委员会的一个委员和党的路线的一个坚决的执行者，我是中国苏维埃运动中和整个红军中一个战士，从鄂豫皖赤区到川陕赤区，我执行着四中全会的路线，从一九三五年十二月决议以后，我执行着十二月决议的路线。我不是中国党中央的反对派，也不是有特殊政治见解的人物。我不是代表苏维埃运动中一种特殊形式，也不是代表红军中的某一系统，更不是所谓实力派，因为这是我坚决不愿意做的，没有什么理由使我这样做，因为我是一个布尔什维克的党员，我而且认为每一个布尔什维克的党员都不应当这样做，因为这是布尔什维克党所不容许的[①]。

刚刚担任中共中央宣传部部长的凯丰看了张国焘的检讨后，认为"虽已说到他过去的错误，并没有将过去他所犯的错误深刻去检查"。于是，凯丰于2月27日写出了题为《党中央与国焘路线分歧在哪里》的长文。凯丰从13个方面分析了党中央与张国焘的分歧，深刻揭露和批判了张国焘错误的危害和实质。这13个方面是：（1）对当时政治形势的估计；（2）军事战略问题；（3）南下北上的问题；（4）一、四方面军团结问题；（5）红军和苏维埃建设问题；（6）根据地问题；（7）肃反政策问题；（8）党的建设问题；（9）民族问题；（10）民族统一战线问题；（11）民族革命与土地革命的关系问题；（12）与苏联的关系问题；（13）党的统一问题。凯丰最后得出结论说：

总结起来，过去的争论是政治上、原则上、路线上的争论。

争论的主要问题是由于对当时政治形势的估计与当时党的任务出发，国焘在当时要采取继续的退却，向西继续的退却，在红军苏维埃建设上，在党的建设上，在民族问题上，在民族统一战线问题上都与中央分裂。

---

① 《中国工农红军第四方面军战史资料选编》（长征时期），解放军出版社1992年版，第1095—1098页。

……

国焘路线的性质是苏维埃运动中一种特殊形式的右倾机会主义和军阀、土匪主义[①]。

经过一段时间的揭发批判，张国焘对自己的错误有了一定的认识，但他对错误的危害、实质及其根源认识还不够深刻。为了进一步帮助他认识和改正错误，中央决定召开政治局会议，讨论张国焘的错误。

1937年3月23—31日，中央政治局召开扩大会议（通称延安会议）。这次会议共有两项议程。从3月23—26日进行第一项议程，讨论西安事变和平解决和国民党五届三中全会以后，国内抗日民族统一战线的形势和中共的任务。参加这一阶段会议的有毛泽东、张闻天、朱德、张国焘、彭德怀、贺龙、任弼时、博古、林伯渠等26人。第一天，张闻天、毛泽东作了报告。24日和26日进行讨论。张国焘在发言中表示同意张闻天、毛泽东的报告。最后，由张闻天作了结论。

3月27—31日，会议进行第二项议程，讨论张国焘的错误。参加这一阶段会议的除参加第一阶段的大部分同志外，又增加了其他一些同志和红军军以上干部，共56人。在27日的会议上，首先由张国焘作检查。他说：关于我的错误，我前次的文章，已经觉得不够。我是路线的错误，是退却逃跑的错误，是反党反中央的错误。他承认，在鄂豫皖工作时期，路线是正确的，但错误也不少。没有巩固政权的观念，因此产生了失败观念。开始在肃反中发生"左"的错误。在第四次反"围剿"中，以为国民党军队是"偏师"，发生"左"倾观点，影响到粉碎第四次"围剿"的胜利。肃反错误进一步发展，一直到陕北。在川陕苏区时期，一般的路线是正确的，但是犯了很严重的错误。在城市政策中发生"左"的现象，肃反错误严重，

[①] 《中国工农红军第四方面军战史资料选编》（长征时期），解放军出版社1992年版，第1128—1129页。

不信任知识分子，在党内形成家长统治。1935年一、四方面军会合后，就发生了路线上的错误。由于对民族运动估计过低，对敌人力量估计过大，对中央红军的胜利估计不足，对群众的力量估计不足，因此，怀疑北上方针，发生向西退却，成为右倾机会主义的逃跑路线。由于军阀主义等错误，发生反抗中央的表示，最后发展到另立中央。以后便南下，南下不仅在政治上是反党反中央，而且在战略上也是错误的。他认为，发生这些错误的原因是对政治形势的估计不足，对党的领导的忽视。在检查中，他还对一些具体的错误事实进行了辩解。

张国焘作了检查以后，与会者纷纷发言，用大量的事实揭露了张国焘分裂主义和军阀主义的错误，指出了张国焘的错误给党和红军造成的严重危害，分析了张国焘的错误产生的思想根源和历史根源，总结了从张国焘的错误中应该吸取的教训。许多人在发言中还充分肯定了红四方面军广大干部对中国革命作出的重大贡献，认为他们在过去是艰苦奋斗，不怕牺牲，不畏艰险，英勇苦战，忠诚地献身于中国的革命事业，在将来是"中国革命的很大基础"。

毛泽东在3月31日的会议上发了言。他说：张国焘路线毫无疑义是全部错误的。我们欢迎他们转变，这是中央的干部政策。张国焘的哲学，一言以蔽之是混乱，其中主要的东西是机械论和经验论。他只承认看得到的东西，因此他的思想是反理论反原则的。他老是将自己描绘成实际家，恰恰证实他是真正的经验论。那次我们接到捉了蒋介石的消息以后，他举出几十条理由要求杀蒋介石。张国焘要改正自己的错误，首先要放弃自己的经验论。他只看到局部而看不到全体，只知有今天而不知有明天。由于进行科学的分析，所以我们能预见运动的法则，在军事上即是有战略的头脑，这正是张国焘所缺乏的。张国焘的机械论，只看见形式，不看见内容。他把日本和蒋介石看作有无穷力量的魔鬼，害着恐日病和恐蒋病，说什么十倍于现在的力量也不能战胜日本，在革命战争中只想起后梯队的作用。他看不见日本和蒋介石都存在着种种矛盾。他不承认事物内部的矛盾，不知道红军中、共产党内都有矛盾，只有加强党内斗争、思想教育和党内民主来解决这些矛盾。张国焘在鄂豫皖的初期，还不能说是机会主义路线，自从打了刘湘以后，便完全形成了机会主义路线。他到川西北以后，弄出一个联邦政府，还要造出一个政治局。会合后中央要迅速北上，他按兵不动，中央尽力迁就他，安他一个红军总政委。但是一到毛儿盖，就反了，要用枪杆子审查中央的路线，干涉中央的成分和路线，这是完全不对的，根本失去了组织原则。红军是不能干涉党中央的路线的，张国焘在分裂红军问题上做出了最大的污点和罪恶。左路军和右路军的时候，叶剑英把秘密的命令偷来给我们看，我们便不得不单独北上了。因为这电报上说："南下，彻底开展党内斗争。"当时如果稍微不慎重，那么会打起来的。反党的"中央"成立之后，中央还是采取忍耐的态度。那时张国焘的电报却凶得很，"禁止你们再用中央名义"的话头都来了。我们却慎重得很，当时中央通过的关于反对张国焘错误的决议，只发给中央委员。张国焘入党以来，还曾有若干阶段是在党的路线下工作的，但他的机会主义史问题是必须要指出来的。我们应该用诚恳的态度要求张国焘转变，抛弃他的错误，今后应从头干起。

经过几天的揭发批判，许多与会者提出要给张国焘作组织结论，撤销其中央委员、中央政治局委员、红军总政治委员、中革军委副主席等职务，并开除其党籍。

在会议的最后，张闻天代表中共中央作了总结发言。他指出了张国焘错误的发展过程、主要内容及其给中国革命造成的恶果，说明了取得反对张国焘斗争胜利的原因，分析了张国焘错误产生的历史根源和思想根源，总结了全党应该从中吸取的教训。他在总结中充分肯定了红四方面军广大干部对中国革命的贡献，指出一切把反对张国焘主义的斗争故意解释为反对四方面军全体干部的斗争的企图与阴谋，应该受到严重的打击。他最后提出，考虑到张国焘在党内的历史，对于错误，他已开始承认，还应该帮助他，提议暂不作组织结论，还保留他在中央的大部分工作。

张闻天总结以后，张国焘等又在会上表示同意中央的路线，承认自己的错误，要同自己的错误作斗争。

最后，与会者一致同意停止讨论，对张国焘不作组织结论，并根据张闻天代表中央所作总结的内容，作出《中央政治局关于张国焘同志错误的决议》。

决议指出："张国焘同志在四方面军的领导工作中犯了许多重大的、政治的、原则的错误。这些错误在鄂豫皖苏区的工作中，已经开始存在着，在川陕苏区中，尤其在他最后一时期中，已经形成为整个政治路线的错误。从退出川陕苏区到成立第二中央为止，是右倾机会主义的退却路线与军阀主义的登峰造极的时期。这是反党反中央的路线。"

决议指出：张国焘由于对中国革命形势的右倾估计，因此产生了对敌人力量的过分估计和对自己力量的估计不足。"因此丧失了红军在抗日前线的中国西北部战胜敌人，创造新苏区，使苏维埃红军成为抗日民族革命战争的领导中心的自信心，而主张向中国西部荒僻地区实行无限制的退却。这是张国焘同志右倾机会主义路线的实质。"

决议指出："张国焘同志对于中国共产党在领导中国革命胜利中的决定的作用是忽视的。……他用全力在红军中创造个人的系统。他把军权看做高于党权。他的军队是中央所不能调动的。他甚至走到以军队来威逼中央，依靠军队的力量，要求改组中央。在军队中公开进行反中央的斗争。最后他不顾一切中央的命令，自动南下，实行分裂红军成立第二'中央'，造成中国党与中国苏维埃运动中空前的罪恶行为。在同二方面军会合时，他曾经企图用强制与欺骗的方法，使二方面军同意他的路线，共同反对中央，虽是这一企图遭到二方面军领导者的严拒而完全失败了。他对于创造红军模范纪律的忽视，造成了红军与群众的恶劣关系。军阀军队中的打骂制度与不良传统，在红军中依然存在着。这就是张国焘同志的军阀主义的实质。"

决议指出："张国焘同志的南下行动，不但在反党、反中央、分裂红军上看来是根本错误的，而且南下行动本身也是完全失败的。"它不仅使红军受到损失，而且"使红军远离抗日前进阵地，削弱了红军在全国的影响与推动抗日民族统一战线迅速建立的力量，也使中国革命受到损失"。

决议分析了张国焘错误产生的原因，指出："张国焘路线是农民的狭隘性，流氓无产阶级的破坏性，及中国封建军阀的意识在无产阶级政党内的反映。长期的离开了党中央的正确领导，长期在经济落后的农村中活动，使张国焘同志不但不能以无产阶级的马克思列宁主义与无产阶级的组织力量去领导农民群众，改造流氓无产者，提高他们到自己的水平，战胜军阀的意识形态，却反而做了他们的俘虏，自己拒绝了无产阶级的思想领导。张国焘同志的这种错误，对于全党应该是一个严重的教训。这教训又一次指出，没有无产阶级先锋队马克思列宁主义的领导，不论是民族革命或是土地革命，必然不能得到彻底胜利的。"

决议把张国焘的错误同红四方面军广大指战员严格区别开来，指出："中央对于国焘同志领导下的四方面军的干部的艰苦奋斗、不怕牺牲、不畏险阻、英勇善战、献身于苏维埃事业的忠诚，表示深切的敬意。对于四方面军的干部在中央直接领导之下所获得的极大进步与对张国焘路线的正确认识，表示极大的欣慰。过去红四方面军所犯的错误，应该由张国焘同志负主要的责任。一切把反对张国焘主义的斗争故意解释为反对四方面军全体干部的斗争，把四方面军的干部同中央对立的企图与阴谋，应当受到严重的打击。四方面军的干部是中央的干部，不是张国焘个人的干部。中央号召四方面军的及整个红军的全体同志在开展反张国焘路线的斗争中像一个人一样，团结在中央周围，来完成当前的伟大任务。"

决议最后指出："中央估计到张国焘同志错误的重大性质之后，同时亦估计到他在党内的历史，及对于自己错误的开始认真的认识与以后绝对忠实于党的路线的声明，认为暂时应该把党的组织结论问题保留起来，给张国焘同志及极少数国焘路线的坚决执行者，彻底发展自我批评，揭发自己的错误，同自己的错误作斗争，并在实际工作中表现自己的机会。"①

延安会议的召开和中央政治局关于张国焘错误的决议的作出，推动了反张国焘路线斗争的开展。按照中央的部署，党内和红军中深入而广泛地展开了揭发、批判张国焘路线的斗争。4月间，在延安召开了反张国焘路线大会，红四方面军连以上干部，中央团以上干部参加了会议。在会上发言的同志以大量的事实，揭露和批判了自张国焘到鄂豫皖根据地以来的错误，特别是揭露和批判了张国焘分裂党、分裂红军的罪恶行为。

深受张国焘路线之害的红四方面军各部队，也积极参加了反张国焘路线的斗争。红四方面军一部分离职学习的干部，在红军大学等学校积极参加了这一斗争。驻镇原、平凉地区的第四军和第三十一军，在援西军总部党委的领导下，于4月间全面展开反张国焘路线的斗争。4月初，援西军总部召开了党的活动分子会议，开始全面反张国焘路线的斗争。随后，第四、第三十一军先后召开党的代表大会，传达中央决议，联系实际问题对张国焘路线进行检查和批判。4月25日，援西军总部召开第二次党的活动分子会议，任弼时受中央委托，传达了中央政治局会议精神。此后，第四、第三十一军通过干部特别小组会议、以团为单位的党的活动分子会议、支部大会、党小组会等形式，传达、学习中央的决议，并联系本单位的实际，开展反张国焘路线的斗争。全体指战员热烈拥护中央的决定，纷纷揭发张国焘路线造成的危害。西路军进入新疆的部队和陆续回到陕北的人员，也相继开展或参加了反张国焘路线的斗争。到6月底，这一斗争在取得重大

---

① 《中国工农红军第四方面军战史资料选编》（长征时期），解放军出版社1992年版，第1130—1132页。

成果之后胜利结束。经过三个月清算张国焘路线的斗争，使红四方面军各部队受到了一次生动而又深刻的教育。这次教育以干部为重点，并紧密联系了历史实际。活生生的事实使广大干部深刻认识了张国焘路线的危害，认识了党中央路线的正确。大家一致表示，要在党中央的正确领导下，加速抗日准备工作，为迎接新的任务而奋斗。

在反张国焘路线的斗争中，也出现了一些问题。表现在：对张国焘的错误缺乏具体分析，把属于他执行王明"左"倾路线的错误都归结为张国焘路线；西路军失败的原因是多方面的，但被简单地说成是张国焘路线造成的恶果；在斗争中涉及面过宽，使一批红四方面军的干部受到了不应有的伤害。

在抗日军政大学学习的红四方面军的一些学员，对斗争过火和涉及面过宽的问题产生了不满情绪，许世友、王建安、洪学智、詹才芳等议论说：在延安呆不下去，就回鄂豫皖或川陕根据地，打游击去！这事被人告发了，添油加醋说他们"要造反"，要"谋害毛主席"，被说成是"反革命事件"，把他们关了起来。随后，召开了公审大会，以"组织反革命集团""拖枪逃跑""叛变革命"的罪名，将他们判了徒刑，打入监牢。

毛泽东大概觉察到这个案子有出入，准备予以纠正。正在这时，徐向前来到延安。他是在脱离西路军后，一路风餐露宿，历尽艰辛，于4月间找到援西军总部的。他来到延安后，毛泽东接见了他。在谈到西路军时，徐向前心情十分沉重。毛泽东安慰他说："不要难过，留得青山在，不怕没柴烧。你能回来就好，有鸡就有蛋。"毛泽东让徐向前好好休息，抽空去看一下许世友他们几个人。徐向前到监狱看望了许世友等人，并安慰他们要相信组织，相信党。不久，许世友等人就被平反释放了。

有一次，毛泽东听抗大的同志汇报工作。汇报的同志提到红四方面军的一个指导员问战士："到底毛泽东的学问大，还是张国焘的学问大？"有几个战士回答说："张国焘的学问大。"汇报的同志主张整一下这几个战士。

毛泽东说：不能这样办，那几个战士说张国焘的学问大是有原因的，因为张国焘没有整过他们的"路线错误"，而我们却整了。张国焘的路线错误应当由他本人负责，不能责怪下面，不能反到四方面军的干部、战士头上去。在毛泽东等的干预下，逐步纠正了反张国焘斗争中的扩大化错误。

延安会议以后，张国焘于 4 月 6 日写了《关于我的错误》，刊登在 4 月 12 日出版的《党的工作》第 31 期上。他在文中说：

> 我上次那篇《从现在来看过去》的文章，虽然揭发了一些错误，但是非常不够，甚至对自己错误没有从基本上去了解。
>
> 经过中央政治局扩大会议，许多同志对于我的错误的彻底揭发，使我对自己的错误，有更深刻的了解。的确我的错误是整个路线的错误，是右倾机会主义的退却路线和军阀主义最坏的表现，是反党反中央的错误。这个路线错误，不仅在各方面表现它的恶果，使中国革命受到损失，而且形成极大的罪恶，客观上帮助了反革命。
>
> 中央政治局关于我的错误的决议，我不但完全同意，而且对于我自己是最大的教育，我应当根据这个决议，来彻底改正自己的错误，与自己的错误作坚决的斗争。
>
> ……
>
> 我的错误是非常严重的，但是我与那些背叛共产国际的"左"右叛徒基本不同之点，就是我始终拥护共产国际。虽然这样严重的路线错误，实质上是与共产国际和党中央路线是不相容的，可是因为我对共产国际的领导具有坚强信心，因此，我自信这是我能够改正错误最重要的保证。
>
> 由于我对马克思列宁主义不够了解，又有自高自大的恶习，堕入了狭隘经验论和机械论的泥坑，做了落后意识的尾巴，在苏维埃运动紧急关头和民族革命运动新高潮发展过程中，对于时局有了右倾机会主义的根本错误的估计。对于无产阶级领导作用估计不够，反而做了农民落后意识，流氓破坏意识和军阀意识形态的俘虏，没有能够彻底克服过去大革命时代陈

独秀机会主义的错误,在苏维埃运动紧急关头,右倾机会主义的错误,又重新表现出来。因此,要彻底克服错误,我自己必须加深对于马克思列宁主义的学习。

我并且要求全党同志,特别是曾经和我在四方面军一块工作过的同志,应当在党中央路线领导之下,坚决与我的错误作斗争。我自己宣布我的错误路线已完全破产,每个同志与我的错误作毫不留情的斗争,是党的布尔什维克化最重要的一个保障。

张国焘虽然在表面上承认了错误,也作了检查,但他的内心里对中央开展反张国焘斗争是不满的。后来他在回忆录中攻击说:"反对我的斗争,号称是自下而上发动起来的,其实拆穿了,都是见不得天日的把戏。"据他回忆,他对张闻天说过:"张国焘已经被打倒了,用不着在这紧急关头,大张旗鼓斗争一番。"① 由于有这种想法,延安会议以后,他的情绪消沉下来。他搬到一处偏僻的地方居住,不愿参加工作。对于这点,连他自己也不否认,他回忆说:

我决心搬出延安城,再也不愿问党内的事。我在延安近郊,游山玩水,并寻觅适当的住所。结果,在延安北面的山上,找着了一所破庙,其中有一个石头的窑洞,可供居住。我督率我的卫士们去修理,不仅使窑洞焕然一新,而且在庙的左侧,还开辟了一个小广场。不到两周,我就迁到新居去了。

经过这场斗争,我搬到新居,我的心情有极大的变化。我独自隐居在那里,闭门谢客,连电话都不装置,我游玩于山水之间,俯瞰延安熙熙攘攘的情形,冷眼旁观。在中共的舞台上我名虽演员,实际上只是观众之一罢了。……

我在山上住了一个多月,中共中央虽然照常发给我开会通知,和政治局

---

① 张国焘:《我的回忆》第 3 册,东方出版社 1991 年版,第 354 页。

各项文件，我总是置之不理，不去出席，也不告假，这是我的无言抗议①。

尽管张国焘采取消极对抗的态度，但毛泽东、张闻天等中央领导人还是耐心地做他的工作，遇有重大问题也找他商量。在5月召开的党的全国代表会议上，张国焘仍被选为大会主席团成员之一。中共中央还一直考虑安排张国焘的工作。5月25日，毛泽东、张闻天、博古在给正在同国民党谈判的周恩来的电报中，提出了陕甘宁特区政府委员的名单，要周恩来在谈判中力争。在这份有九个人的名单中，张国焘名列第二，仅次于林伯渠。

经过一段时间的工作，张国焘同意参加一些工作。由于张国焘在苏联列宁学校学习过《资本论》，于是，抗日军政大学便邀请他去讲授政治经济学。他答应了。这门课程要在三个月内讲完，每星期安排三个上午，共九个课时。张国焘认真备课，常常工作到深夜。经过近三个月的努力，他终于讲完了这门课程。张国焘对自己做的这一工作颇为得意。他后来说，如果不是卢沟桥的枪声改变了他的教学生涯，也许他能成为一个经济学教授。

7月7日，日本军队在北平的南大门卢沟桥附近突然进攻中国军队，中国军队奋起还击。卢沟桥反抗日本侵略军的枪声，标志着全国性的抗战终于开始。

消息传到延安，中共中央于7月8日向全国发出通电，呼吁全民族实行抗战，筑起民族统一战线的坚固长城，抵抗日本的侵略。同一天，红军将领致电蒋介石，表示红军将士愿为国效命。7月15日，周恩来代表中共在庐山将《中共中央为公布国共合作宣言》交付国民党。从7月17日开始，周恩来、博古、林伯渠同蒋介石、邵力子、张冲在庐山继续谈判。经过谈判，国民政府军事委员会于8月22日发布中国红军改编为国民革命军第八路军的命令。8月25日，中共中央军委发布命令，红军改编为八

---

① 张国焘：《我的回忆》第3册，东方出版社1991年版，第361、368页。

路军，朱德任总指挥，彭德怀任副总指挥，叶剑英任参谋长，左权任副参谋长，任弼时任政治部主任，邓小平任政治部副主任，下辖第一一五、第一二〇、第一二九师。9月22日，国民党中央通讯社发表《中共中央为公布国共合作宣言》，23日，蒋介石发表实际上承认中国共产党合法地位的谈话，从而宣告了国共两党的重新合作和抗日民族统一战线的形成。

在这历史转折的重要关头，张国焘继续躲在山上，不愿参加中共中央的会议。他回忆说："七七事变后，我这个住在延安城外山上的人，仍然没有参加中共中央的会议，也不愿预闻中共中央的事，但常被邀请到延安城内去参加时局的讨论。"① 这种状况到8月间才开始改变。

为了解决国共合作的许多重大问题，制定抗日战争的纲领、方针和政策，8月9日，中央政治局召开会议，毛泽东、张闻天、凯丰、张国焘以及各方面负责人共19人出席。这次会议讨论了全民族抗战的纲领和军事问题。

8月22—25日，中央政治局在陕北洛川冯家村召开扩大会议。张闻天主持会议，毛泽东作了军事问题和国共两党关系问题的报告。张国焘出席了这次会议。

关于军事问题，毛泽东在报告中指出：抗日战争是一场艰苦的持久战。红军的基本任务是创造根据地，牵制消灭敌人，配合友军作战（主要是战略配合），保存与扩大红军，争取共产党对民族革命战争的领导权。红军的作战方针是独立自主的山地游击战，包括在有利条件下集中兵力消灭敌人兵团，以及向平原发展游击战争。独立自主是相对的，是在共同抗日的统一战略目标下的独立自主的指挥；着重于山地，是考虑便于创造根据地，建立起支持长期抗战的战略支点。关于国共两党关系，毛泽东指出：要坚持统一战线，巩固统一战线，同时要保持共产党在政治上、组织上的独立性，坚持统一战线中的无产阶级领导权。

---

① 张国焘：《我的回忆》第3册，东方出版社1991年版，第381页。

毛泽东作报告之后，朱德、林伯渠、任弼时、彭德怀、刘伯承、周恩来、林彪、凯丰、聂荣臻、张国焘、博古、关向应、林育英、张闻天相继发言，最后由毛泽东作了结论。会议通过了《关于目前形势与党的任务的决定》和《抗日救国十大纲领》。

张国焘在会上的发言非常简短。他首先表示"同意毛报告"，接下来，他主要谈了争取在全民抗战中的领导权问题。他说："我们方针是争取抗战胜利，推动抗战为全民的，并争取领导权，反对中途妥协、民族失败主义。"为此，他提出：

（一）战略方针领导要注意整个战略方针的领导，对保障抗战胜利有很大关系，也联系领导方式问题，一方面经过南京太原，一方面直接打电报给前方。

（二）扩大力量与争取领导有关系，要从：(1) 红军补充；(2) 壮丁队问题；(3) 抗日军队的工作，动员许多学生到抗日部队中去，争取军队的领导，要有具体计划。

（三）一般群众工作问题，打破国民党的统制，把统制与民主对立，应打破这种对立，变为统一战线的办法，以共同纲领大大扩大民主，因此要增加白区工作，一方自上而下，一面在全国范围来争取群众，争取军队，变成多方面的工作，现在是怎样的分配与运用。

这次会议还决定中央革命军事委员会的成员增加为11人，以毛泽东为书记，朱德、周恩来为副书记。从此，张国焘不再担任军委和红军的领导职务。毛泽东在会上还说：对国焘同志并未作组织结论，中央工作还继续在做。这时，张国焘表示愿意工作，中共中央乃安排他担任陕甘宁边区政府副主席，给他以在工作中改正错误的机会。

然而，张国焘并没有珍惜这一机会，相反，他在错误的道路上越走越远了。

逃离陕北

1937年9月6日,中华苏维埃共和国中央政府西北办事处,正式改称陕甘宁边区政府,以林伯渠为主席,张国焘为副主席,下设民政、建设、教育、财政四厅和粮食、税务两局。因在此之前,中共中央已决定林伯渠任长江沿岸中共代表,所以,中央决定边区政府由张国焘代理主席,负责日常工作。

张国焘参加完洛川会议回到延安后,即搬到边区政府居住和办公。张国焘上任后,边区政府即召开了一次所辖各县的县长会议,研究边区的财政问题和各级政府的工作方针。这时主要的工作是整顿财政秩序,增加财政收入。为此,制定了征收救国公粮的有关法规。经过一段时间的工作,取得了一定的成效。

在这段时间,张国焘片面地理解了党的统一战线政策,工作中又发生了新的错误。他对回到边区的部分地主、富农强迫农民交还已被没收的土地的现象,完全采取放任态度,使地主收回了很多土地。经过中央的干预,才纠正了这种错误。

在张国焘看来,中共中央对边区政府的领导及对一些工作的具体指导是"侵犯边区政府的职权",是对政府工作"横加干涉",是"打击我、排斥我甚至暗害我"。张国焘心怀不满,遂产生了抵触情绪。他后来回忆说,这时他根本不愿同毛泽东、张闻天等人共事了,也不再把他们视为同志,并准备自求解脱。

大约在9月间,杨子烈来到了延安。自从张国焘去鄂豫皖根据地,夫妻在上海分手,至今已有6年多的时间了。张国焘离开上海后,杨子烈先是在党的秘密机关工作了一段时间,后来与党组织失去了联系。自那以后，她一个人漂泊在上海，先是在一所学习英文和打字的学校学习了一段时间，后又进入一所女子高级助产学校学习。1937年9月在八路军南京办事处的帮助下，经西安到达延安。来到延安后，杨子烈被安排在边区政府的一个工作人员训练班做教育工作，同时还在医院做助产工作。杨子烈写信给湖北枣阳自己的家里，让家里人把孩子送到延安相聚。不久，张国焘的大儿子张海威也在杨子烈的妹妹杨子玉的带领下来到延安。自1927年7月张国焘离开武汉以后，再也没有见到儿子。现在站在面前的已经是一个12岁的少年了，张国焘感到心中多少有一些安慰。

不久，反张国焘路线的斗争又掀起了高潮。1937年11月18—24日，在延安召开了党的活动分子大会，检讨西路军失败的教训，继续开展反张国焘路线的斗争。这时，张国焘产生了对立情绪。他先是拒绝出席会议。到后来出席会议时，他在发言中对自己错误的认识不仅没有前进，反而指责别人揭发、批判他的错误是不对的。经过许多同志的批评帮助，他在第二次发言中，比较具体地谈了他的退却路线的内容，表示以后要坚决同张国焘路线作斗争。但他在检讨错误的同时，也为自己的错误进行了辩护，说实际上只有一个退却路线，其他错误都是由此发生的，反党反中央就是因为有了退却路线。他还说，军阀主义不是他带到鄂豫皖苏区的，而是原来就有的。他声称自己"始终相信国际"，"反党反中央不等于反国际"。

11月24日，张闻天在会上作了题为《关于西路军失败的教训与反张国焘路线斗争》的结论。

张闻天在结论中批评了张国焘对待错误的态度，指出：这次大会"给了犯错误的同志及全党同志以很大的教育，并且使反国焘路线的斗争，有了更进一步的深入"。但是，张国焘"不能够坦白的有自我批评精神的去承认自己的错误，他总是外交式的承认错误，橡皮式的承认错误，处处想替自己的错误掩饰"，"他这次的承认错误，比较七个月前开展反国焘路线斗争时，不但没有进步，而且退步了"，"完全没有执行他在四月中他在声明书上所写的关于帮助党反对国焘路线的诺言","这种两面派的行为,是为了要等待将来有利的时机,向党进攻"。

张闻天在结论中针对张国焘只承认自己是退却路线错误的说法,指出:退却路线、军阀主义与反党反中央,是国焘路线的三位一体。

张闻天在批评张国焘的错误态度和指出其错误实质的同时,仍然诚恳地规劝张国焘立下决心,改正错误,表示欢迎和期待他的进步。他指出:"大会对于他的些微进步,虽是很小的进步,仍然表示欢迎,希望他把这一点进步的东西发展起来,但同时要求他彻底取消两面派的态度,放下他向党反攻的一切武器,服从中央政治局关于国焘路线的决议,忠实的实行他对大会所做的诺言。"张闻天还严肃地正告张国焘:犯了错误的同志要不走到党外去,变为党的叛徒,只有自己下决心同自己的错误作斗争。不改正自己的错误,坚持自己的错误,结果必然会走到叛徒的道路上去。

经过这次会议,张国焘同中央的对立情绪越来越大,对边区政府的工作也消极起来。他后来回忆说:我此后再不愿同毛泽东、张闻天等会面。11月间,我就有计划地将边区政府主席(应为副主席——引者注)的责任,推交秘书长代行。

11月29日,中共驻共产国际代表王明、康生和中共驻新疆代表陈云同机到达延安。12月9—14日,中央政治局召开会议。王明在会上提出了右倾错误主张,批评洛川会议以来中共中央采取的正确的方针和政策。张国焘出席了会议,并在发言中表示"我同意王明的报告"。他检查了自己过去主张反蒋和西安事变时主张杀蒋的"左"的错误。会后,王明在同张国焘谈话时,提到了反托派的问题,张国焘认为,这是针对他的。

到这时,张国焘去意已定。他回忆说:"我经过一番考虑,最后决定脱离中共。"他在回忆录中还记述了他这时寻找机会的情况和心境,说:

一九三八年一月至三月间,延安气候寒冷,朔风怒号,人们活动减少,一切显得平静。旧历过年期间，延安和别的地方一样，大家都在休息庆贺春节。……我决意脱离中共，寻找最近的机会离开延安。这虽是一次冒险，可是心情感到特别轻松。我对延安的一切已不关心，每天再三考虑的已是如何能实现我的决定。

……这一切的一切，都使我安静的设计走自己的道路。

我悠闲自得，有时驰骋山野，在农村中留连一番。有时携带我的儿子或偕同一些青年，郊游谈天，我那座山上的故居，是我们常到之处。我参加文艺晚会和观看球赛，非常热心，常常和小伙子们打成一片。我的太太不仅工作繁忙，而且因怀孕呕吐不适，我此时也有工［功］夫陪伴她，分担一些她的工作。在训练班讲粗浅的课，与人下棋以及参加晚餐会等等都是我所高兴的。如此，我渡［度］过颇为安静的在延安的最后三个月①。

机会终于来临了。

在陕甘宁边区南面的中部县（今黄陵县），有一座黄帝陵，位于国民党统治区。黄帝，相传是中原各族的共同祖先。从1937年起，南京国民政府都从西安派代表和陕甘宁边区的代表一起到中部县，同祭黄帝陵。这也是国共合作的一个象征。

1938年4月4日是清明节，国民党决定派西安行营主任蒋鼎文主祭黄帝陵。张国焘认为这是一个逃离陕北的极好机会，于是决定利用这个机会，离开延安。

4月1日，张国焘找毛泽东，坚持要去祭黄帝陵。开始，毛泽东不同意，在张国焘的要求下，毛泽东同意他去，要他扫完墓马上回来。4月2日，张国焘带着警卫员张海、陆秘书和一个警卫班，乘坐一辆大卡车离开延安，于当天到达黄帝陵。

4月4日，祭陵结束后，张国焘对陆秘书和警卫班的同志说："你们先

---

① 张国焘：《我的回忆》第3册，东方出版社1991年版，第428、430页。

坐卡车回延安吧，我要去西安办事。"张海忙说："毛主席不是说让你扫完墓就回延安去吗？"张国焘说："我要到西安找林祖涵（林伯渠）同志研究事情。"说完便钻进蒋鼎文的小汽车，直去西安。张海则乘坐西安行营宪兵队的汽车到达西安。

到西安后，张国焘不住八路军西安办事处，而住在国民党高级将领住的西京招待所。当林伯渠得知张国焘已到西安后，要他来八路军办事处居住，他不仅拒绝来住，而且拒绝同林伯渠会面。直到4月7日，他带着张海来到西安火车站，才交给张海一个电话号码，叫他打电话约林伯渠到火车站会面。但当林伯渠赶到车站时，张国焘已上了火车。林伯渠对他说："你先下车，有什么话，到办事处再谈。"双方争执了几分钟，张国焘不肯下车。最后，张国焘说："我要到武汉去找周副主席。"林伯渠见劝说不起作用，火车将要开动，便下车了。就这样，张国焘乘着这列火车，驶向了深渊。

林伯渠回到八路军西安办事处后，立即将张国焘的情况电告了中共中央。中央致电在武汉的周恩来，要设法找到张国焘，促其觉悟，回党工作。

4月8日上午，周恩来接到电报后，一面要秘书童小鹏把电报拿给王明、博古等人看，一面召集李克农（中共中央长江局秘书长、八路军驻武汉办事处主任）、童小鹏（中共中央长江局机要科长、秘书）、邱南章（中共代表团交际科长、八路军驻武汉办事处运输科长）、吴志坚（周恩来的副官）到他的办公室。周恩来把电报给李克农看了一下，说：张国焘一直不改正错误，现在又私自逃跑投靠国民党，已上火车到武汉来了，你们立即打听西安来武汉的火车到站的时间，一起到火车站去，一定要把他接到办事处来，不要让特务接走。周恩来问大家是否认识张国焘，在得到肯定的回答后，又叮嘱说：见面时要以礼相待，说是王明、周恩来等负责同志派你们来接张副主席的。

当时，西安到武汉的客车，每天只有一次，下午19时到武汉。4月8

日，李克农等四人吃过晚饭后，分乘两辆小汽车赶到大智门火车站，结果扑了空。第二、第三天又没有接到。4月11日，他们又来到车站，等乘客都下车了，仍不见张国焘的踪影。于是，他们就上车去找，邱南章在最后一节车厢找到了张国焘。李克农上车后客气地对张国焘说，"是王明同志和周副主席派我们来接你的"。张国焘表现出惊恐的神态，护送他的两个国民党特务看到李克农带了两个武装副官，也就不敢作声。下车后，李克农要张国焘和张海到八路军办事处去，张国焘执意不肯去办事处，一定要住在外面。李克农决定让邱南章、吴志坚陪同张国焘到江汉路找了一家小旅馆住下。李克农、童小鹏则带着张海回办事处，向周恩来报告。

当天晚上，王明、周恩来、博古等到旅馆同张国焘谈话。这次谈话一直进行到深夜两点钟才结束。张国焘在谈话中表示，是否可在相当独立性之下与国民党解决党派问题。他认为陕甘宁边区如同"鸡肋"，弃之可惜，食之无味。王明等没有同他谈这些问题，只是批评他不报告中央就出走的错误，希望他到办事处去住，有什么事情可以商量解决。虽经耐心劝说，张国焘仍坚持不去办事处。周恩来要他打电报给中央，承认错误，请示对他今后工作的指示。张国焘不得已写了一份给毛泽东、张闻天的电报稿："弟于今晚抵汉，不告而别，歉甚。希望能在汉派些工作。"周恩来对他说：你既然来到武汉，那就在这里等候中央的指示再说吧。周恩来临走时，要邱南章、吴志坚留下，一定要时刻跟着张国焘，并随时抽出一人用电话报告张国焘的活动情况。王明、周恩来、博古等回到办事处后，即向中央作了报告，并请示处理办法。

4月12日，中共中央书记处给王明、周恩来、博古、凯丰回电，说："为表示仁至义尽，我们决定再给张国焘一电，请照转。"给张国焘的电文是："国焘同志：我兄去后，甚以为念。当此民族危机，我党内部尤应团结一致，为全党全民模范，方能团结全国，挽救危亡。我兄爱党爱国，当能明察及此。政府工作重要，尚望早日归来，不胜祈盼。弟毛泽东、洛甫、康生、陈云、刘少奇。"

4月13日,周恩来拿着毛泽东等致张国焘的电报,到旅馆当面交给张国焘,并同他谈话,希望他到办事处去住。张国焘无言以对,只是敷衍几句,仍坚持不肯到办事处去住。周恩来回到办事处后,立即召开中共中央长江局会议,大家经过分析,认为张国焘已决心投靠国民党,挽回的可能性很小。为做到仁至义尽,决定让张国焘自由活动一天,以观察动静,明晚再去争取他到办事处来。

4月14日,张国焘在邱南章、吴志坚的监护下,还不敢多活动,只打了一些电话。从火车上一直跟着张国焘的一个国民党特务虽然也住在这家旅馆,但不敢直接同张国焘来往,只是当"坐探",向特务机关报告消息。

当晚,王明、周恩来、博古在李克农的陪同下,再一次到旅馆劝说张国焘,张仍不接受。李克农便连劝带拉地把张国焘推上汽车,到了办事处。

张国焘搬到办事处后,不愿正式谈问题,总是借口外出。外出时,由邱南章或吴志坚陪同,使他无法脱身。张国焘对此颇为恼火。回到办事处后,他总是一个人关在房间里,不愿与人谈话,情绪低落。邱南章回忆了这样一件事:

张国焘整天愁眉苦脸,唉声叹气。有一次,他伏在桌子上写了半天信,写完之后就要送出去。我们怀疑他是给国民党写信,就赶快向周恩来同志作了汇报。同时,跟着张国焘一起去发信,看清了信封面的字样,看着他把信送进了邮箱。周恩来同志指示我们想办法把信取出来看看。于是我来到邮局,找到一个负责人说,我有封信将地址写错了,请他取出来改一改。那人看我一身军装,还很痛快,不过要求有证明或具保人。我立即用电话向周恩来同志说明情况。周告办事处立即派人送来了具保人证明。我们取出信一看,原来张国焘是给他家里的一个大哥写的,信中充满了悲观情绪,说:"国民党没法救中国,共产党更没办法。"又说他活不长了,等等,看完后，我们又把信放进了信箱。从这以后，张国焘被盯得更紧了①。

在办事处居住期间，张国焘曾去见过国民党要人陈立夫、周佛海等，他还去见了这时正在武汉的陈独秀。当时在武汉同陈独秀、张国焘都有过接触的包惠僧回忆说：张国焘去看过陈独秀。有一天，张国焘对包惠僧说，他想再组织个共产党，想拉陈独秀来顶这块招牌，但陈独秀没有理他。后来陈独秀对包惠僧说过："张国焘想拉我，我对他说我没有这个能耐。"

这期间，张国焘提出要见蒋介石，汇报陕甘宁边区政府的工作。4月16日上午，周恩来陪同张国焘到武昌见了蒋介石。张国焘一见蒋介石就说："兄弟在外糊涂多年。"周恩来立即针锋相对地说："你糊涂，我可不糊涂。"接着，张国焘讲了一些陕甘宁边区政府的事情。蒋介石在这种场合下，也不好多说，只简单应付了几句，会见便结束了。回到办事处后，周恩来严肃地批评了张国焘同蒋介石谈话时的错误态度。

当天下午，张国焘又以配眼镜、看牙医为由，再次上街。李克农派吴志坚随同，并让吴带上钱供张国焘用。张国焘上街后既没有配眼镜，也没有看牙医，只是在街上乱跑乱闯。在汉口转到快天黑时，张国焘提出要过江到武昌看朋友，吴志坚就随他来到轮渡码头。张国焘故意躲在过江人群的后面，待人们上了轮渡，将要关上铁栅门时，他突然跳上船去，想摆脱吴志坚。吴志坚见状，一个跨步跳上轮渡，紧跟张国焘不放。到了武昌，天已黑下来了，吴志坚要张国焘回办事处去，张坚决不回去。于是，吴志坚拉张国焘到一家小旅馆喝水、吃饭，并订了一个房间。趁张国焘不注意，吴志坚写了一张字条，请茶房给八路军办事处打了一个电话，告诉他们所在的地址，要办事处赶快派人来。这时，办事处正四处寻找张国焘的下落，接到电话后，立即派邱南章和警卫人员赶到武昌，找到了张国焘，并说奉

---

① 《党的文献》1992年第6期。

周副主席之命来接他回去。张国焘不肯走，他们就连推带拉把张国焘带上了轮渡。到汉口后，张国焘仍坚持不回办事处。邱南章就安排他在汉口中山路的太平洋饭店住下，自己留下守候，让吴志坚回办事处报告和休息。

王明、周恩来、博古、凯丰听了汇报后，认为张国焘已决心叛党，为了作最后的努力，商定改日同张国焘谈话，并商定了谈话的内容。同时，他们致电中共中央书记处，建议书记处负责同志利用作报告或讲话的机会，说明张国焘路线应由他一个人负责。对原红四方面军的干部应表示亲切团结，以便为最近公开反对张国焘事做政治上的准备。同时不要因此事增加红一、红四方面军的隔阂，而应更加增强全党的团结。

4月16日，毛泽东、张闻天、康生、陈云、刘少奇再次发电报给长江局转张国焘，希望他幡然悔悟，早日归来，为挽救张国焘作最后的努力。

4月17日，王明、周恩来、博古、凯丰根据张国焘的表现，致电中共中央书记处，商讨处理办法。经中央同意，他们四人同张国焘谈话，但张国焘仍执迷不悟，最后走上了叛党的道路。对这最后谈话的情形，王明、周恩来、博古作了这样的记述：

在我们与他几次谈话中，他在政治上再三表示说："国民党没有办法，共产党也没有办法。中国很少办法的。"因此，他再三提出意见说："我感觉到消极，请允许我回江西老家去做老百姓，我家里饭有得吃的，我此后再也不问政治了。"……

张国焘的政治观点既如此悲观，而个人行为又如此反常，我们知对他已无从迁就可能，遂正式向他提出三点办法：（一）改正错误回党工作（这是我们最希望的）；（二）向党请假，暂时休息一时期；（三）自动声明脱离党，党宣布开除他的党籍。当时他的回答认为第一条不可能，可以在第二、第三条中考虑，并允许其两日内闭门考虑后答复。不料谈话后不及一小时，即十七日晚张国焘竟跑到太平洋饭店，乘一有三人保护的汽车而去，临行时用书面写交我们三人信说："兄弟已决定采取第三条办法，已移寓别处,请不必派人找,至要。"从此,张国焘便脱离了中国共产党①。

邱南章回到办事处后,向周恩来报告了张国焘逃离的情况。当晚,长江局召开会议,决定向中共中央报告张国焘脱党的经过。4月18日早晨,王明、周恩来、博古、凯丰将张国焘的表示电告中共中央,并拟出开除张国焘党籍的决定草案,建议中央迅速向党内、军内进行解释,应当利用开除张国焘党籍的机会,加强党和军队的团结。

当天,中共中央作出了《关于开除张国焘党籍的决定》。决定指出:

> 张国焘已于四月十七日在武汉自行脱党。查张国焘历年来在党内所犯错误极多,造成许多罪恶。其最著者为一九三五年进行公开的反党反中央斗争,并自立伪中央,以破坏党的统一、破坏革命纪律,给中国革命以很多损失。在中央发布抗日民族统一战线总路线后,他始终表示不满与怀疑。西安事变时,他主张采取内战方针,怀疑中央的和平方针。此次不经中央许可私自离开工作,跑到武汉,对党的抗日民族统一战线总路线表示不信任,对中国革命的光明前途表示绝望,并进行破坏全国抗日团结与全党团结的各种活动。虽经中央采取各种方法促其觉悟,回党工作,但他仍毫无改悔,最后竟以书面声明自行脱党。张国焘这种行动当然不是偶然的,这是张国焘历来机会主义错误的最后发展及其必然结果。中共中央为巩固党内铁的纪律起见,特决定开除其党籍,并予以公布②。

4月19日,中共中央又发布了《关于开除张国焘党籍的党内报告大纲》,向全党详细地通报了张国焘脱党的经过,分析了张国焘脱党的历史根源和现实根源,表明了党对张国焘脱党的态度。大纲指出:"张国焘的出党对于本党不但不是什么损失,而是去掉了一个腐朽的不可救药的脓包。

---

① 《党的文献》1992年第6期。
② 《中国工农红军第四方面军战史资料选编》(长征时期),解放军出版社1992年版,第1143页。

这使我党清洗了自己的队伍，使我党更能健康的与巩固的向着自己光荣的前途迈进。"大纲强调指出："中央对于坚决反对张国焘叛党行为、与坚决拥护国际和中央路线、忠实于民族解放事业和共产主义事业的同志，不论他过去是否受过张国焘的影响与是否犯过错误，都是一致爱护的。各级党部不得因反对张国焘的叛党行为而无根据的牵涉到或怀疑到任何忠实同志。同时，估计到张国焘出党之后必然从党外千方百计的破坏党的政治影响与组织力量，各级党部及全体同志，必须提高自己政治上与组织上的警惕性，严防张国焘的挑拨离间欺骗煽惑与破坏。"[1]

在中共中央作出关于开除张国焘党籍的决定后不久，陕甘宁边区政府也发布命令，决定开除张国焘担任的边区政府执行委员及代理主席等一切职务。

中央的决定在党内、军内传达后，得到了全党的拥护。4月20日，八路军武汉办事处召开党员大会，周恩来在会上宣布了中共中央的决定，并教育大家在艰苦复杂的斗争面前，要坚定无产阶级立场，永远忠于党，革命到底。他在会上还表扬了坚决不跟张国焘走的警卫员张海。张海在武汉停留了一段时间后，周恩来给他写了一张便条，把他送回了延安。

张国焘脱党后，住进了在武昌的胡宗南部第八战区司令部。最初他躲在这里，沉默了几天。邱南章后来回忆了到第八战区司令部见到他的情景：

> 第二天早饭后，我仍去武昌胡宗南司令部找张国焘。正巧，我在门口一眼就看见张国焘坐在里边东房内。站岗的一脸凶像，不让进去，还说这里没有张国焘。我把我的名片给了他，上边印的是中共代表团交际科长身份。我理直气壮的说，是昨晚你们用汽车去太平洋饭店接来的嘛，怎么能

---

[1] 《中国工农红军第四方面军战史资料选编》（长征时期），解放军出版社1992年版，第1147—1148页。

瞎说没有呢？我就用手指着说，张副主席就是在这里。没等站岗的说完话我就闯进去了。张国焘一见是我，抬了一下眼皮说："你来干什么？"我说："周恩来同志派我来看看你。"他说："不用看了。"过了两天，为了解张是否转移别处，我便借口送毯子和其他用具又去了一趟，他正在写东西，好似心情烦闷，什么话也没说[①]。

张国焘沉默了几天之后，终于忍不住要表演了。4月22日，武汉《新华日报》公开发表了中共中央《关于开除张国焘党籍的决定》。张国焘见报后派人将他在4月21日、22日写好的两封信送到八路军办事处。在22日的信中，他写道："连日因寓所未就绪故不曾致函诸兄，昨晚即写好一信，拟今晨派人送来，突阅有开除弟党籍之公布，便使我痛心。……千祈我们间应维持冷静而光明之政治讨论，万一决定不能改变时，亦希彼此维持最好友谊。"[②]

当天，张国焘在国民党的《扫荡报》上发表《张国焘声明》，竭力为自己的叛党行为辩护，声称：

> 阅读中共中央关于开除张国焘党籍之决定一节，本人特为如下简单之声明：（一）本人素具抗战到底之坚强决心，和抗战必胜之坚强信心，对于中国抗战建国之光明前途，并无丝毫失望。本人更愿贡献一切，为国家民族效力。（二）当此国家民族存亡关头，本人认定国家民族高于一切。（三）三民主义为中国今日之必需，中国国民党为主持抗战建国大计之领导中心，蒋先生为全国惟一之最高领袖，此三点中共中央亦不否认。中共中央主张抗日民族统一战线之方针，自是中共中央的进步，本人亦表赞成。但深感如此还是不够，因主张中共中央对于中国国民党临时全国代表大会宣言和抗战建国纲领，应即为更恳切之响应，以达更进一步之精诚团结，

---

① 《党的文献》1992年第6期。
② 盛仁学编：《张国焘问题研究资料》，四川人民出版社1982年版，第105页。

和增强抗战建国之力量。(四)本人曾本以上主张,用至诚态度,与陈绍禹、周恩来、秦邦宪三同志初步商讨,不料此项商讨仅于开始进行,中共中央突有开除本人党籍之决定,公布极〔报〕端。本人与中共关系极深,该决定内所说各点,均不必急于答辩。甚望中共中央和中共诸同志对于本人上列主张,深切考虑,并与本人诚恳商讨,不使稍有遗憾,俾吾人与全国人士,均得共本抗战救国、抗战建国之主旨,向前迈进,则幸甚矣①。

张国焘发表声明后,开始在武昌的别墅和汉口频频露面,接见记者,发表谈话,继续吹捧蒋介石和三民主义,并对中共的路线和政策竭尽攻击之能事。

为了揭露张国焘在中共内所犯的错误和脱党经过,在武汉的中共中央领导人王明、周恩来、博古,于4月29日联名在《新华日报》上发表《答复子健先生的一封公开信》,以正视听。公开信说明了中共开除张国焘党籍的原因,指出:

张国焘之所以被开除出党的直接原因,是由于他因为在政治上对抗日民族统一战线政策不信任及对于中国革命的光明前途表示绝望,因而走到在组织上破坏党的纪律,自由离开工作,从陕西私自跑来武汉做反党和破坏抗日团结的活动。

公开信在历数张国焘在中共历史上所犯的错误之后,揭露了他虽经批评教育而不肯悔改的事实,指出:

张国焘路线之错误,虽经党中央及全党同志严厉指责,但张国焘时常采取口是心非两面派的态度,时而承认错误,时而重复错误,对于党中央的抗日民族统一战线政策,始终表示怀疑和不了解;到西安事变时,更坚决主张继续内战方针,因而极力反对党中央联合全国一致对外的政策。中

---

① 《中国工农红军第四方面军战史资料选编》(长征时期),解放军出版社1992年版,第1148页。

央为教育干部起见,特再三帮助他改正错误,并仍给以负责工作,希望他能在工作中学习和改正错误;不料张国焘机会主义错误和反党积习既深,势难挽救,因而有此次擅离工作自动脱党之举。

公开信说明了张国焘逃离陕北,在武汉脱党的经过之后,驳斥了张国焘在其声明中对中共中央开除其党籍的指责,指出:

> 张国焘在声明中假装声势地说,好像他正在拿诚恳的态度与我们三人谈判政治问题时,中央忽而开除了他的党籍,是一种完全抹煞事实的自欺欺人之谈。当然,外面不知此事底细之人,初见张国焘声明,或不免有以为中共开除了他的党籍似嫌过急,但凡是知道张国焘的为人及此事实经过者,相反均恰恰异口同声地说党中央对张国焘太宽大了。其实,张国焘早应开除党籍。的确,在过去两年中,有不少同志再三要求中央开除张国焘党籍以维党纪,中央始终希望以教育方法改正一个较老同志的错误,但是,张国焘既已不能再留存于共产党的队伍之内,共产党为党的纪律、党的统一和党的政治纯洁起见,只有将张国焘这类自甘暴弃于革命队伍之人驱逐出党①。

5月6日,张国焘在《扫荡报》上发表了他的自首书——《张国焘敬告国人书并与中共同人商榷抗战建国诸问题》。

《敬告国人书》极力吹捧三民主义是今日中国所必须,国民党是抗战建国的领导中心,蒋介石是举国一致所公认之最高领袖。认为国民党和蒋介石"当此国本飘摇,千钧一发之际,挺身肩负此民族兴亡之重责,忠诚谋国,中外同钦"。并针对中国共产党说:"凡我国人均不应借口某些枝节问题,吹毛求疵,别谋发展,以快私图。"

《敬告国人书》对中国共产党的路线和政策进行了系统的攻击,认为

---

① 盛仁学编:《张国焘问题研究资料》,四川人民出版社1982年版,第101—106页。

"中共的政治路线，向来是环绕着一个错误轴心而转动"。它攻击说：

第一，中共"经常以急进的主观上之幻想，代替中国社会发展之客观条件；机械地了解民主革命的阵容，只有循着苏联十月革命的惟一途径，更错误的是不了解革命客观形势，基此而采用诸多错误政策"，"贸然将阶级斗争和民族解放，勉强地予以联系，并强调阶级斗争愈深入，民族解放愈迫近成功之说，处处以阶级利益抹杀民族利益"。

第二，中共"对于中国国民党之认识，亦极不正确。中共初则认三民主义为反动思想体系，而认国民党只是代表地主资本家的阶级政党，继又认国民党为法西斯主义之分派，国民政府为亲日卖国政府；但就三民主义的本质而言，就国民党的组成成分而言，就国民政府及蒋先生之过去政策而言，此诸估计显非事实"。

第三，"中共策略路线错误之具体表现，即为不顾革命所需要的客观条件而争取领导权的斗争。自民国十六年以来，中共更提出苏维埃政权口号，采取以乡村包围城市的暴动政策，争取所谓一省数省首先胜利。十年以来，现已证明，所谓苏维埃口号完全与民族利益背道而驰，就共产党本身组织言，它久已退出产业区域，走向偏远地带，失其应有之群众基础。它已起了质的变化，已经不是什么无产阶级的政党，而是以农民占多数的小资产阶级的集团，不断的在进行军事阴谋与暴动，以从事持久的阻挠内求统一与外抗强敌的斗争。"

第四，"中共主张抗日民族统一战线，在形式上改变红军，取消苏维埃政权，停止土地革命，表示服从中央政令，但实际上仍然因循其固有错误思想与派别成见，严格维护其小组织的利益，因而减弱现阶段抗战建国的神圣工作。自中共牢不可破的成见看来，抗日民族统一战线是两个以上不同政治团体的暂时联合，此政治团体乃基于其社会基础之不同而所代表之阶级利益亦异，'国民党是代表地主资本家的政党，共产党是代表无产阶级的政党'，两者间之利害毕竟是不能调和的，这里便隐藏着过去历史重复的根源。……保存实力，保持边区政府与某些游击区域的特殊地位，以徐图发展，乃其真正目的所在，抗战合作不过为达到此目的之宣传手段。"

《敬告国人书》向中国共产党提出了无异于要共产党向国民党投降的三项提议：

第一，中共同人只有在确认国家民族利益高于一切之原则下，真诚拥护蒋先生领导的抗战建国运动，毫无保留地实行三民主义，务必言行合一，不再做与此相违反的宣传和组织；基此立场，中共同人应自动破除门户之见，泯灭界限，与国民党员同在蒋先生领导之下携手前进！

第二，无论在任何情况下，国家政权和军队应完全统一。第八路军，奋勇杀敌，深为国人所赞许；但望中共同人能根本破除"抗日联军"之成见，使八路军国军化；……边区既不可当作中共之根据地，也不应形成特殊区域，更不宜自定法律，深闭固拒，排除异己，效法军阀割据；总之，边区政府现已无存在之必要，应即还政中央，以昭大信于天下。在中共所领导之游击区域，亦应秉命中央，充分发挥其抗战作用。

第三，一致站在国家民族的立场上，从事实践中央之外交政策①。

在张国焘发表敬告国人书前后，一些国民党的御用文人也纷纷在《扫荡报》《抗战向导》《血路周刊》《青年战线》《国魂周刊》《汗血周刊》等报刊上发表文章，掀起了一阵反共狂潮。他们除继续叫嚷"取消八路军、新四军""取消陕甘宁边区""解散共产党"等陈词滥调外，还极力渲染共产党的"内讧"，欢迎张国焘的"觉悟"，煽动共产党员学习张国焘叛党。

面对张国焘和国民党文人的反共宣传，中国共产党及时进行了回击，在报刊上进行了揭露和批驳。6月7日，张闻天写了《读了〈张国焘敬告国人书〉之后》，发表在《解放》周刊和《抗战文化》上。这是对张国焘

---

① 盛仁学编：《张国焘问题研究资料》，四川人民出版社1982年版，第614—621页。

分析、批判最为深刻、有力的一篇檄文。

张闻天首先指出：张国焘的敬告国人书，"也就是张国焘的自首书"。"张国焘的这个自首书，却出乎他的意料之外的给了我们以很大的帮助，张国焘在共产党内，是一个从来不肯讲老实话的人，然而这一次叛党之后他竟能这样赤裸裸地把他的全部立场全盘托出，我们不能不对他这次举动表示一点谢意。从张国焘的这个自首书上，现在谁都明白中共中央为什么开除张国焘党籍的原因了。现在谁都可以明白中共中央开除张国焘的党籍，完全不是像他所说的那样，是为了他到汉口同中共中央负责人'商讨'什么抗战建国问题，而正是因为他的思想与行动已经走到了违反抗日民族统一战线的方针，走到了对共产党与共产主义绝对仇视的地步"。

张闻天重点从张国焘的"过去"和"今天"两个方面对他进行了揭露和批判。

关于张国焘的"过去"，张闻天抓住其历史，评论其本质，指出："张国焘从来就不是一个真正的革命者，真正的共产党员，而是一个混在中国革命队伍中，混在中国共产党内的投机分子和破坏者。"他具体分析了张国焘在党内的一贯表现，指出其错误有三个组成部分：第一是"腐朽的机会主义"；第二是"自私自利的极端个人主义"；第三是"口是心非，言不顾行，行不顾言，两面三刀的恶根性"。

关于张国焘的"今天"，张闻天揭露了他把自己说成是"抗日民族统一战线的坚决拥护者"的伪装，说明他要取消共产党和取消抗日民族统一战线的实质，指出：张国焘口头上说的是"抗日"，但在他的自首书中却"全部都是反共"，"全部充满了挑拨国共两党关系的滥言"和对八路军、新四军及陕甘宁边区的"各种造谣污蔑"。张闻天指出：事实证明，张国焘"是反对抗日民族统一战线的，因此他要反革命，要叛党，要反共！真正为抗日民族统一战线的建立、巩固与发展而奋斗的是中共中央而不是张国焘"。

张闻天从分析张国焘的"过去"和"今天"，推测出他的"将来"，指出：张国焘已经向着叶青、柳宁的方向急进，在他们那里寻找朋友，这已经是无疑的事实；现在又向着当局卑躬屈膝、阿谀奉承，其目的是想在社会上找到一个位置，这也是无疑的事实，而"张国焘的《敬告国人书》是他的投标广告"。张闻天表示："究竟谁是张国焘的顾主，对于我们是毫无兴趣的！"但他预料："也许有人要把张国焘当作可居的奇货吧？要利用他来做'反共'的'特务工作'吧？"①

对于张国焘的叛党行为和种种谬论，中共中央除在各种报刊上予以公开揭露和批判外，还在党内以张国焘为反面教材，进行了系统的批判。5月20日，中共中央宣传部发布《粉碎张国焘反革命活动报告大纲》，分析了张国焘路线的历史、实质及其社会根源，解释了开除张国焘党籍的原因。通过学习和批判，广大党员和群众认清了张国焘的真实面目，总结了经验教训。

由于中国共产党是共产国际的一个支部，张国焘又是共产国际执行委员会委员，所以，中共中央向共产国际报告了开除张国焘党籍的情况。9月，中共驻共产国际代表团在共产国际执行委员会主席团会议上发表声明，宣布："党巩固自身的队伍，驱逐反对抗日统一战线的分子，党开除了前中央委员张国焘，因为他是党的事业与中华民族事业的叛徒与逃兵。"在听取了中共代表团的报告之后，共产国际执委会主席团作出决定，指出：

（一）共产国际执行委员会主席团声明完全同意中国共产党的政治路线。并声明共产国际与中华民族反对日寇侵略者的解放斗争是团结一致的。

（二）主席团批准中国共产党开除前中央委员张国焘之党籍，他背叛了共产主义和抗日统一战线的事业，他将自己出卖给中华民族的敌人。主席团深信，张国焘的背叛行为，不仅在中共队伍中，而且在抗日统一战线

---

① 盛仁学编：《张国焘问题研究资料》，四川人民出版社1982年版，第85—100页。

的一切忠实的拥护者中，都会遇到完全的唾弃与蔑视。①

9月29日至11月26日，中共六届六中全会在延安召开。这次会议在批准中央政治局的政治路线，批判王明右倾错误的同时，批准了中央政治局关于开除张国焘党籍的决定。会议通过的《政治决议案》指出：

站在右倾机会主义的立场和采取两面派手腕，进行反党反中央斗争的张国焘，现在成了公开背叛抗日民族统一战线和共产主义事业的叛徒和逃兵。政治局代表中央宣布开除张国焘的党籍，是绝对正确的。六中全会完全同意共产国际执委会主席团决定中开除张国焘党籍问题的意见，即是："张国焘的背叛行为，不仅在中共队伍中，而且在抗日民族统一战线的一切忠实的拥护者中，都会遇到完全的唾弃与蔑视。"②

会上，毛泽东作的《论新阶段》的报告和结论，全面总结了反对张国焘斗争的经验教训，指出："中国前有陈独秀，后有张国焘，都是投降主义者；我们应该大大地反对投降主义。"

毛泽东分析了张国焘右倾机会主义的内容和实质，指出："张国焘的机会主义，则是革命战争中的右倾机会主义，其内容是他的退却路线、军阀主义和反党行为的综合。"毛泽东批判了张国焘的军阀主义，指出："共产党员不争个人的兵权（决不能争，再也不要学张国焘），但要争党的兵权，要争人民的兵权。"

毛泽东剖析了张国焘的干部政策，指出："共产党的干部政策，应是以能否坚决地执行党的路线，服从党的纪律，和群众有密切的联系，有独立的工作能力，积极肯干，不谋私利为标准，这就是'任人唯贤'的路线。过去张国焘的干部政策与此相反，实行'任人唯亲'，拉拢私党，组织小

---

① 《解放》第54期，1938年10月15日。
② 《中共中央文件选集》第11册，中共中央党校出版社1991年版，第757—758页。

派别，结果叛党而去，这是一个大教训。"鉴于张国焘严重破坏党的纪律的行为，毛泽东重申了党的纪律：（一）个人服从组织；（二）少数服从多数；（三）下级服从上级；（四）全党服从中央。并强调指出："必须对党员进行有关党的纪律的教育，既使一般党员能遵守纪律，又使一般党员能监督党的领袖人物也一起遵守纪律，避免再发生张国焘事件。"

从反对张国焘的斗争中，毛泽东还深刻地总结出两面派行为的极端危险性，指出："在反倾向的斗争中，反对两面派的行为，是值得严重地注意的。因为两面派行为的最大的危险性，在于它可能发展到小组织行动；张国焘的历史就是证据。阳奉阴违，口是心非，当面说得好听，背后又在捣鬼，这就是两面派行为的表现。必须提高干部和党员对于两面派行为的注意力，才能巩固党的纪律。"

中国共产党反对张国焘的斗争取得了重大的成果。而这时的张国焘也像中共中央所预料的那样，找到了他的"顾主"，投身于昔日敌人的怀抱，从中共的叛徒变成了国民党的特务，从而也就决定了他的悲惨结局。

第十二章
CHAPTER TWELVE

悲凉的后半生

反共生涯

张国焘在武汉宣布脱离共产党,各报刊着实热闹了一阵之后,渐渐平静下来。蒋介石对张国焘的投靠,开始也高兴了一阵,他嘱咐"国民政府军事委员会调查统计局"(简称"军统")副局长戴笠照料一切。戴笠把张国焘安置在武昌的一座小洋楼里,并委托张国焘的同乡、武昌警察局长蔡孟坚负责"保护"他。

1938年五六月间,杨子烈和妹妹杨子玉带着张海威从延安来到武汉,全家再次团聚了。

张国焘逃离陕北时,没有告诉杨子烈。当杨子烈得知张国焘在武汉脱离中共的消息后,向中共中央组织部和毛泽东提出要求,要到武汉找张国焘。在得到批准后,杨子烈一行先从延安到西安。在西安八路军办事处,杨子烈痛哭流涕,声言要去劝说张国焘回来。办事处的同志还想多做做她的思想工作,林伯渠说,没什么可做的了,她连孩子、行李都带上了,要去武汉劝说,何必带这些呢?明摆着要走嘛!杨子烈来到武汉八路军办事处后,周恩来同她谈话,希望她劝说张国焘,不要对党做得太绝了。杨子烈表示同意。周恩来派邱南章把杨子烈姐妹和张海威送到了张国焘的住处。从此,杨子烈也是一去不复返了。

过了不久,张国焘托人捎口信到江西萍乡家中,要其母亲到武汉来团聚。在其四弟张国杰的护送下,母亲来到了武汉。张国焘的母亲知道大儿子喜欢吃家乡风味的饭菜,还带了一位厨师来。母子久别重逢,自然有说不完的话。张国焘还对弟弟说:以后你什么事都可以干,就是不要搞政治,政治场上是非多。

张国焘投靠国民党之后,蒋介石对他寄予了很大的希望。蒋介石曾派陈立夫同张国焘谈话，问他愿意做些什么工作。张国焘表示希望由他出面创办一种定期的民办刊物，从思想理论上揭发共产主义不适合于中国，唤醒一般青年人的幻觉，使其迷途知返。唯缺乏资金，希望政府给以接济，并高度保密，否则非失败不可。对于张国焘的这一想法，蒋介石因另有打算，没有同意。

这时，国民党的一些特务组织也对张国焘颇感兴趣，希望能从张国焘的口中得到有关中共和八路军、新四军的情报，以及中共地下党组织的线索。CC 系陈立夫、陈果夫很想让张国焘去工作，军事委员会政治部也说需要这样的人，胡宗南、康泽等也向蒋介石请求，让张国焘到他们那里工作。一时间，登门者络绎不绝，张国焘有时不得不跑到蔡孟坚家去"避难"。但是，蒋介石对于这些部门的请求，都没有答应。

武汉失守前，张国焘应广西"朋友"之邀到桂林观光。张国焘携一家老小前往。在桂林的一天晚上，母亲向张国焘讲述了自他离开家乡以后的家境。张国焘在他的回忆中这样记述了同母亲的谈话：

> 她接着说，那年洪江会造反，兵勇会众都闹到我们家里来了。从此以后，就没有安宁的日子了。接着革命排满、军阀战争、北伐、闹农民协会、闹共产，一次比一次激烈，我家所受的磨折也就一言难尽了。到了国共对拼的时候，家乡一带更常成为双方争夺的战场。今天什么红军游击队来了，我们家里老是驻扎着什么司令部，还有什么政治保卫局，关犯人、杀反动。明天剿匪军来了，也驻扎在我们家里，同样的在那里关呀！杀呀！这样来来往往，不知有过多少次，我们的老家简直变成了一所凶宅！家里的古老家俬和文物等等已是荡然无存。他们为了搜寻我家窖藏的金银钱财，有的住房的地下被挖穿过三尺，周围的山林都荒芜了，茶油树等等都被他们砍下当柴烧了。
>
> 老母亲还说到我那活到八十九岁的老祖父，如何被农民协会公审，以及他晚年逃难时伤感的情景，他特别为他的第二个女儿被游击队绑票勒索

的事，大为愤慨。她也说到我那在八年前去世的父亲为我受了许多磨折，晚年郁郁不乐，但仍疼爱我这个做共产党的儿子，不加责备，也无怨言。她说到我这个著名的共产党人的家庭，由于我的牵连，曾受到国民党地方官吏的多次蹂躏。她提到她自己的六个儿女中，有两男一女在这些变乱中夭折了，和她自己在逃避战火中几乎丧失了生命等等遭遇。

老母亲说到这些往事时，已是大为伤感，但仍强自镇定，又絮絮绵绵的说道：这一大家人就在这些动乱中逃亡在外，有的还搬到别的地方去居住，再也不回老家了。只有他〔她〕自己虽然也常在外面逃难，总是依依不舍，守着这个老家。现在尚在人间的子弟们有抽鸦片的、赌钱的、干帮会的、干国民党的、干共产党的，其中有些境况不坏，也有破落不堪的，可以说是远走四方，各奔前程去了。只有每年她在家过生日的时候，还有二十个上下的子弟们从各处来给她拜寿，还看得出一点旧时风光，但情景究竟今非昔比了。

我当时极力安慰我那七十二岁高龄的老母亲。伤感的事真是太多了，我自己的遭遇和经历也是其中之一，我说："如果我能返回童年的话，我愿重新经历这半生，也许遗憾要少得多。"母亲听了我的话，反而向我劝解，说她平素极不愿提起那些令人伤感的事情，只因我二十六年没有回过老家，以往又音讯不通，家乡种种我不会完全知道，因此，她略略告诉我一些。她常听人说，这是由于中国处境太坏，时代变迁得太快，和新旧斗争得太激烈的缘故。生活在这个时代，苦难惊险是难免的。果真抗日战争胜利了，也许日子将要过得好一些。老母亲于伤感叹惜之余，就这样希望着①。

母亲的一番话，引起了张国焘的共鸣。他对自己前半生的所作所为深感后悔，对自己的前程感到茫然。

---

① 张国焘：《我的回忆》第1册，东方出版社1991年版，第25—26页。

在张国焘到达桂林的第三天，广西的《建设》杂志全文刊登了共产国际批准开除张国焘党籍的决定。张国焘看到后大为丧气，认为是在戏弄讥嘲他，于是扫兴离开桂林，转赴重庆。

到重庆以后，蒋介石给张国焘的工作作出了安排。蒋介石在接见张国焘时，指着站在身旁的戴笠，很客气地说：我想请张先生给他帮帮忙。就这样，张国焘正式参与了国民党特务组织"军统"的工作。蒋介石还委任张国焘为军事委员会中将委员，但这只是一个空头衔。

张国焘到军统后，受到戴笠的重视。他主持所谓"特种政治问题研究室"，担任研究室的少将主任，为国民党特务组织策反中共人员出谋划策。他还主办所谓"特种政治工作人员训练班"，为国民党训练特务，专门从事反共的特务活动。曾任军统总务处长的沈醉后来回忆说：

> 戴最初对张国焘寄以极大的希望，满以为只要张肯卖一点气力，便可以把共产党搞垮。张国焘说要办一个训练班，由他来培训一批专门人员，戴笠马上挑选各训练班毕业学生中最优秀分子送去给他训练。他说要在陕甘宁边区设立一些策反站，戴笠马上照他计划办理。真是要人给人，要钱给钱。这时张国焘不仅是戴笠宴客时座上最受欢迎的佳宾，也是戴笠引为最得意的部属。他每次请客准备邀张国焘去参加时，往往先告诉他的朋友，并且用很骄傲的口吻先向朋友们介绍说："明天你来吃饭时，便可以看到共产党里面坐第三把交椅的人物了。"①

沈醉在另一篇回忆录中还详细记述了张国焘主持特种政治问题研究室和主办训练班的情况，他说：

> 抗战期间，军统希望中共叛徒张国焘能在反共方面做出成绩。最初戴笠认为只要通过张国焘这一关系，从中共内部去进行"打进拉出"的活动，

---

① 沈醉：《我所知道的戴笠》，群众出版社1962年版，第31页。

一定有相当把握，把多年不能实现的阴谋都寄托在张的身上。

张由蒋介石派到军统后，戴笠马上为他成立了一个"特种政治问题研究室"，由张担任主任，专门开展与研究有关对中共进行特务活动方面的工作。不过戴对张一开始就不十分相信，军统原有专对中共的"中共科"仍旧由党政情报处领导，不隶属特种政治问题研究室。

张到军统后，第一个建议是举办一个"特种政治工作人员训练班"，专门培训一批去边区活动和在蒋管区专搞防范中共活动的特务。戴很同意这一建议，于一九四〇年前后，在重庆磁器口童家桥洗布圹成立了这个训练班，由戴兼任主任，张兼副主任，专门选调其他特务训练班毕业的特务和在军统中专门从事这方面工作的特务去进行专业训练。这个班先后举办过两期，每期都有二百人左右。张国焘经常向学生讲课，除了讲些中共问题的分析等用以污蔑诽谤中共外，还讲如何进入边区，以及进入边区后应如何从事活动等问题。

张曾经写过一本几万字的有关中共内部及边区情况的材料，除大肆攻击、污蔑中共领导人等外，还谈到不少有关边区的问题。当时军统除抄送蒋介石、何应钦等外，还印成小册作为军统大特务（内部处长级，外勤省站长、区长）的参阅文件，指定不许传阅，阅后并须缴还[1]。

张国焘虽然为军统培养训练了一大批专门对付共产党和边区的特务，但是能够派出去的并不多。沈醉在谈到这一情况时说："这个训练班的学生虽经戴笠亲自挑选，又由张国焘亲自主持训练半年，但训练期满后，经过张等考核，认为适合派往边区打进延安的还是不多，具体数目我不清楚。听说经过挑选，只有极少数的人派往张所领导的几个'策反站'去工作，其余大多数派在蒋管区内的一些重要兵工厂担任'防共'工作。"[2]

---

[1] 沈醉：《军统内幕》，文史资料出版社1984年版，第189—190页。
[2] 沈醉：《军统内幕》，文史资料出版社1984年版，第190页。

即便是少数经过严格挑选出来的特务，派出去后也收效甚微。既打不进去，也拉不出来。戴笠想在延安设立一个延安站或延安直属组，张国焘用尽了一切办法，始终没有搞成。张国焘派人手持戴笠的信件，到太行山区，请第二十七军军长范汉杰帮助进入八路军第一二九师防区活动，结果不仅没有效果，反而连去的人也没有回来。最后只能在国民党统治区的汉中设立一个特别侦察站，在榆林设立一个陕北站，在洛川设立一个延安站，并且没有多少作用。由于训练班的作用不大，使戴笠感到失望，所以只办了两期便停办了。

张国焘在军统期间，还接应过个别的共产党的叛徒。1939年，原红四方面军第九军军长何畏叛变。在张国焘叛党之前，何畏紧跟张国焘，犯过严重错误。张国焘叛逃后，何畏步他的后尘，投奔国民党，被国民党特务机关扣押。在被扣押期间，何畏致函张国焘求救。张国焘拿着何畏的求救函去找戴笠，乞求戴笠将何畏接到重庆来共商反共大计。戴笠虽表示同意，但仍拖了半年之久才将何畏释放。何畏见到张国焘后，也做起了国民党的特务。

张国焘还现身说法，劝说一些被捕的共产党员自首叛变，但常常不能如愿。沈醉曾回忆说：

> 我亲自听到张国焘劝说过一位一九四二年在重庆南岸秘密逮捕到的地下党员。张国焘一开始就作自我介绍，使得对方为之一惊。接着他就用连他那样有很高地位的"老党员"都不再当共产党而愿投向国民党等等一套无耻滥言，要求对方考虑。但很出人意外，那位地下党员用很坚决的口吻回答说："我不能这样做，死又有什么可怕！"张国焘最后也只好老着脸皮说什么："我是为了你好，你再仔细考虑考虑。"然后，他灰溜溜地走开。当然，这位坚贞不屈的英雄，最后成为革命烈士[①]。

---

① 沈醉：《军统内幕》，文史资料出版社1984年版，第468页。

蒋介石和戴笠原指望利用张国焘这个"带头羊",对中共进行大规模的策反工作,但张国焘到军统后的工作令他们大为失望。本来,蒋介石对张国焘这样的中共叛徒,就是既利用,又提防。他曾在戴笠的一个请示报告上批了一句话:"凡是能叛变共产党的人,也会随时叛变我们。"戴笠根据这一批示,提出了军统使用中共叛徒的八字原则:"尊而不敬,用而又防。"在军统内部,设立了督察室防奸股,专门监视中共叛徒的活动。特种政治研究室的秘书黄逸公,就是被派去监视张国焘的。

张国焘的工作不见成绩,不禁使戴笠大为恼火。他有一次说:"校长(指蒋介石)对张来投靠,以为对延安是致命的打击,交我运用。几年来,大失所望,使我对校长难以交差。"这样,张国焘在军统的日子越来越不好过了。沈醉回忆当时张国焘的处境时说:

> 这时戴笠开始对张国焘冷淡起来了,原来交给他办的特种政治工作人员训练班也在办了两期以后停止,毕业的学生也无法按计划派遣出去,只好改派其他工作。一些策反站因毫无成绩,慢慢都撤销了。张国焘再也不受欢迎,半年、几个月都见不到戴笠一次;即令见到了,不是被当面讽刺几句,就是被严厉地训斥一番。有次不知道是为了一个什么问题,戴笠对张国焘答复他的询问不满意,便暴跳如雷地拍着桌子骂张。张走出来时,表现出垂头丧气的样子。我进去问戴:"什么事又发气?"他没有正面答复我,只余怒未息地说:"这家伙(指张国焘)太不知好歹。他不要以为这样可以对付得过去!"从那次以后,张国焘怕见戴。局里对张的一切优待,慢慢改变了,过去给张的一辆专用汽车也取消了。……以后几年,张只是坐冷板凳和受气。根据和张一起工作过的秘书黄逸公和张国焘派去延安的沈之岳告诉我说:戴笠骂张国焘不肯为军统卖力,实在有点冤枉。他连吃饭睡觉都在想办法,实在是因为共产党组织太严,防范太周密,所以做不出特别成绩来[①]。

---

① 沈醉:《我所知道的戴笠》,群众出版社1962年版,第31—32页。

失宠后的张国焘已没有往日的威风，有时出门办事也不得不坐起了公共汽车。童小鹏这样记述了他在公共汽车上偶然遇到张国焘的情景和感想：

> 1939年冬的一天，我从重庆红岩八路军办事处走到化龙桥搭公共汽车进城，一上车就看到在车尾角角里坐着张国焘，戴了一副黑框的眼镜，穿着一件黄色风衣。我开始以为看错了，但越看越像，没错。这趟车是从磁器口开到重庆市区的，大概是对特务们讲完课后回到军统去的。我心里暗自好笑。想起张国焘在四方面军当"张主席"时，从不走路，总是骑马。长征过草地时，还是一人两匹好马换着骑，两匹大骡子给他驮衣服、被褥和食品，到了延安，虽然还没有小轿车（当时只一辆华侨送的救护车供毛主席专用），也同朱总司令、林伯渠主席一样，可以坐在卡车前头去开会，是当时的最高待遇了。而现在居然和我这个小干部一样搭破烂的公共汽车了①。

在重庆期间，张国焘还通过同乡甘家馨的关系，认识了国民党中央组织部部长朱家骅。经朱家骅推荐，张国焘被聘任为"对共斗争设计委员会"的中将设计委员兼主任秘书。张国焘无功受禄，引起特务们的嫉妒和不满。张国焘在这里仍是没有太多的事情可干，他曾无可奈何地感叹：我"无计可设，无公可办，每日去坐一二小时，颇感无聊"。

有一次，朱家骅要张国焘转交给此时挣扎于贫病交加之中的陈独秀一张5000元的支票。对于这笔在当时是数目相当可观的款子，陈独秀拒绝接受，托人退还给了张国焘。对此，张国焘也无可奈何。

张国焘越来越没有多大用处了。1940年底，蒋介石安排张国焘任第二届国民参政会参政员。中共中央对此表示强烈不满，多次指示在重庆的周

---

① 童小鹏：《风雨四十年》第1部，中央文献出版社1994年版，第166页。

恩来提出交涉，要求取消张国焘的参政员资格，否则，中共参政员将不出席会议；如国民党方面尚愿顾全国共合作，"可令张国焘自动撤销参政员"。12月7日，周恩来致函张冲，要他代向国民参政会秘书长王世杰声明，中共不同意张国焘和叶青出席国民参政会，并将意见转达蒋介石。由于蒋介石的坚持，1941年3月第二届国民参政会开会时，张国焘仍被安排参加会议，当了参政员。后来，张国焘又连续担任了第三、第四届国民参政会参政员。由于他是中共的叛徒，为一些参政员所不齿。遇有共产党的参政员，他总是躲避一边。因此，他在参政会里也没有什么作用，"无政可参"。

1945年5月，在国民党第六次全国代表大会上，张国焘被选为国民党中央执行委员会委员。8月，在日本投降前夕，蒋介石召见张国焘，让他草拟一个管理全国粮食和一般物价的方案。张国焘到处搜集材料，连熬几夜，写出一份洋洋万言的方案。送给蒋介石后，就没有下文了。

1946年3月，戴笠乘坐的飞机撞在南京附近的江宁县板桥镇戴山，机毁人亡，军统也准备改组裁员。不久，军统改为国防部保密局，张国焘也趁机另谋出路。他通过同乡、时任国民党中央设计局局长的熊式辉，向国民政府行政院善后救济总署署长蒋廷黻推荐，当上了善后救济总署江西分署署长和江西省临时参议会参议员。

张国焘一上任，就受到了江西省主席王陵基的排挤。原来，当年张国焘率红四方面军入川时，曾与田颂尧、王陵基交战川北。田、王损失惨重，大败而逃。王陵基因此被刘湘撤职，拘禁数月。如今，张国焘虽然脱离了共产党，但王陵基旧恨难消。于是，他让部下对张国焘冷嘲热讽，故意刁难。不久，张国焘不得不离开江西，避居上海。

张国焘在上海闲居了将近两年。在这两年中，中国的政治军事形势发生了急剧变化。1946年6月，蒋介石发动全面内战，经过一年的作战，中国共产党领导的人民军队不仅粉碎了国民党军队的进攻，而且从1947年7月开始，转入战略进攻，将战争引向了国民党统治区域。与此同时，在国民党统治区也兴起了广泛的学生运动和人民运动，形成了反对国民党统治的第二条战线。南京国民党政权已处在风雨飘摇之中。

1948年6月，不甘寂寞的张国焘筹集了约120两黄金的经费，在上海施高德路办起了一个创进周刊社，出版《创进》周刊。这个周刊社的成员是临时凑起来的，总编辑是郑学稼。开始，《创进》周刊并没有受到国民党的重视，所用纸张都是以市价购进。按照国民党中央宣传部的规定，凡从事反共宣传的报纸杂志，按月分配官价纸张。后来，张国焘托人向国民党中央宣传部部长黄少谷说情，《创进》周刊社才得以配给官价纸张。

《创进》在代发刊词中，以貌似公正的面目出现，标榜自己是讲"老实话"的，但实际上，它不过是为国民党捧场和进行反共宣传的工具。

抗日战争胜利后，由于国民党政府采取内战政策，造成军费开支庞大，财政赤字惊人。为摆脱困境，国民党政府滥发纸币，结果又造成通货膨胀，物价飞涨。从1945年8月至1948年8月，物价就上涨了约500万倍。国民党政府于8月19日被迫宣布实行"币制改革"，废除法币，发行金圆券，以图摆脱经济危机。对于这样一件事，张国焘等人却在《创进》周刊上发表题为《金元券能否福国利民》的文章，为"币制改革"摇旗呐喊。他吹捧"这不失为一个明智果敢的举动"，"等于从黑暗中发现了光明"。他还把造成经济危机的罪责推到中国共产党身上，说："经过八年抗战，现在又遭受着共党叛乱严重战祸，通货膨胀愈演愈烈，这自然是难以避免的灾害。"他还为国民党政府出谋划策，一是要求废除多年实行的"田赋征实"，改为"按新币值征收田赋"，声称"目前正是与共党争农村的时候，这一改革，强过对共的十万大军"；二是要求"将一部分国营企业全部出卖和租让"，"卖给中国人固然可以，卖给外国人，或者暂时租让给他们，也不会有甚么了不得的毛病"[①]。但是，不管张国焘如何吹捧和谋划，都不可能

---

① 《创进》第1卷，第7期，1948年8月28日。

挽救经济危机,金圆券发行不到四个月,就贬值为原来的三十分之一了。

面对国民党政府的经济、政治、军事危机,《创进》周刊发表文章,希望有一个强有力的人物出来挽救危机。在一篇题为《门神救国论》的文章中,把蒋介石发动内战比作曾国藩镇压太平天国农民政权,鼓吹:"只要有一个像曾国藩那样气魄与做法的人,出面号召,一定可以完成救国使命的。"文章甚至说:谁能充当"现代的曾国藩","谁就是现代中国的救世主"。文章把希望寄托在蒋介石之子蒋经国身上,吹捧说:"近来蒋经国在上海执行新经济政策,有声有色,人人喝彩。""现实环境正需要这类人,才能有所作为。"蒋经国对于"戡乱建国大业,已然可以胜任愉快的"①。

《创进》周刊发表的一些文章,把造成全国危机四伏、民不聊生的原因,归罪于中国共产党,对中国共产党进行了大量的攻击。文章诬蔑中国共产党"为了夺取政权","毫无道德伦理和国家存亡的顾忌","更不惜以百姓为刍狗","二十年来的悠长岁月之中,共党浸沉于残杀破坏扰乱之中","假定共党'武装革命'成功,继军事征服力量而起的,必然是一种独裁政治无疑"。"中国共产党无论标尚何种理想目的,他们所采取的手段则是有害而可怕的","一方面大有利于俄国人向东亚的发展,大有害于中国民族底独立和生存;在另一方面激烈地扰乱社会底秩序,严重地戕害国民经济生活"。在对中国共产党竭尽污蔑之后,《创进》周刊的文章叫嚷:"根据这些理由,共党的暴乱是必须遏止的",必须"戡乱"。当人民解放军与国民党军队进行战略决战的时候,《创进》周刊仍在吹嘘国民党军队,说:"中共军事力量虽日在进展中,但中共若想进行一次严重的阵地战,政府还是能够抵挡,而且还是能够胜利的。不管政府军队中有何种的弱点,

---

① 《创进》第1卷,第11期,1948年9月25日。

但它至今尚未最终失去这个能力。"[1]

但是,战局的发展却不像《创进》周刊的文章所说的那样,经过辽沈、淮海、平津三大战役,人民解放军基本上消灭了国民党军队的主力,国民党的统治大势已去。

在这种形势下,国民党的许多高级官员纷纷逃往台湾。张国焘也惊恐不安,考虑自己的退路。这时,蒋介石指示国防部保密局局长毛人凤,要尽可能不让中共叛徒去台湾,要劝他们留下。原因是共产党胜利了,中共叛徒决不会再死心塌地跟着国民党走,让他们去台湾,只能增加负担。蒋介石还特别指示毛人凤,让他劝说张国焘留下。

1948年冬的一天,毛人凤在上海家中请张国焘吃饭,邀沈醉作陪。饭后,毛人凤还在重复他们谈话的主题:希望张国焘留在大陆,并说明这是蒋介石亲自决定的。张国焘听了立即表示:他已考虑过了,现在再也不想干什么,只希望到台湾山明水秀处当老百姓,写一点东西。毛人凤则再三劝说张国焘,说经过多方面分析研究,共产党来了决不会杀害他,留下便能在共产党内有一位共事多年的老朋友,这比去台湾的作用大得多。张国焘低头沉思了几分钟后,慢慢地抬起头来,用低沉的声音说:你们的考虑是对的,他们来了,决不会置我于死地,但是批和斗肯定少不了,人总是要面子的,我实在受不了。就这样,毛人凤同张国焘的谈话不欢而散。张国焘走后,沈醉问毛人凤:为什么要让张国焘落入共产党之手呢?毛人凤回答说:过去他就没有做出过什么,让他去台湾还能做出什么呢?如果他不愿意留在大陆,台湾是不会欢迎他去的。

张国焘没有听从毛人凤的劝说。他把《创进》周刊停刊,于1948年11月携全家去了台湾。他当时或许没有想到,他这一去,就再也没有回来。

---

[1] 《创进》第1卷,第12期,1948年10月2日。

浪迹余生

张国焘一家到台北后，租了一栋房子，居住下来。

在台湾，张国焘住了将近一年，国民党当局也没有安排他做工作。虽然有人曾提议让他出任台湾省政府秘书长，但因一些人的反对而没有结果。张国焘曾打算继续出版《创进》周刊，但这时已没有人对此感兴趣，再加上办公用房和资金没有着落，也只好作罢。最后，张国焘在台北的住房也被国民党"东南军政长官公署"的大员所占。张国焘见在台湾备受冷遇，难以栖身，遂决定离开台湾，赴香港另寻出路。

1949年冬，张国焘全家到了香港（据杨子烈说是在1949年6月到香港）。不久，张国焘化名"凯音"，参与了顾孟余等人标榜的第三势力运动。顾孟余原是国民党改组派的元老之一，当年，张国焘在鄂豫皖根据地以"改组派"的罪名，杀害了大批党政军领导干部，而如今他自己却同"改组派"的元老走到了一起。

张国焘和顾孟余等人组织了"民主战斗同盟"，成为该盟的领导人之一。同时创办《中国之声》杂志，由张国焘任社长，"战盟"宣传部部长李微尘任主编。然而好景不长，张国焘和李微尘很快就发生矛盾。顾孟余和李微尘联合起来对付张国焘，张国焘被迫无奈，辞去了中国之声杂志社社长的职务。

1950年朝鲜战争爆发后，张国焘曾短期担任过一家小报的主笔，靠写点评论之类的稿子，赚点零用钱。这时，国际黄金市场价格上涨，张国焘即以仅有的5000美元干起了炒黄金的生意。起初还有点收获，但不久世界黄金价格下跌，张国焘连本钱也全部亏蚀。家中一贫如洗，仅靠长子张海威教书所得维持生活。8月，杨子烈在菜场购物时摔倒，摔断了大腿骨，卧床一年有余。在这段贫病交加的日子里，杨子烈曾写信给江西萍乡老家的四弟，诉说因生活拮据，想送二儿子和三儿子暂回老家寄养，但没有得到回音。张国焘无可奈何，在穷困潦倒中生活了几年。

这期间，张国焘想到了回中国大陆。1955年，他先是通过香港的友人向人民政府提出请求，想送他的次子进广州中山医学院学医。经周恩来总理批准，张国焘的次子回广州学习五年后，成了医生。他先在香港行医，后移居美国继续当医生。1956年，中共八大召开时，张国焘托人捎话，表达想回中国大陆的意向。中共中央要友人转告张国焘，只要他在报纸上公开承认错误，就可以让他一家回中国大陆，但他不愿意承认错误，只好继续留在香港。

1961年，美国堪萨斯大学约请张国焘撰写一部个人的回忆录，并答应每月付给2000港元，作为"研究费"。张国焘接受约请后，搜集了一些资料，终日思索苦忆，写个不停，费时4载，终于写出了一部近百万字的回忆录。这部回忆录分为21篇，从1906年张国焘读私塾写起，一直写到1938年4月他脱离中共为止。

这部回忆录写出后，从1966年起，香港《明报月刊》以《我的回忆》为题连载，并从1971年开始分为三册出版成书，大量印行。

在《我的回忆》开头，杨子烈写了一篇《张国焘先生的略历》，标榜"张国焘先生所著《我的回忆》一书，刻画出'五四运动'时一位急进青年的发展，也描述了中国共产党早期的真实历史。……更难得的是张先生能客观冷静，所述力求其真。"其实，《我的回忆》是否是一部"真实历史"呢？张国焘是否"客观冷静""力求其真"呢？请看当代中国两位史家的评论。一位史家评价说：

> 张国焘在这部冗长的回忆录中，谈到了大量历史事实，提供了许多重要情况。但是，只要仔细辨别真伪，就不难发现问题之所在。当他讲到曾

经对党和人民做过一些工作的时候，往往吹嘘和夸大自己的作用；当他讲到自己犯错误、搞阴谋的历史时，往往采取诡辩的手法，甚至颠倒黑白地歪曲和篡改历史，特别是在他分裂党和红军、另立中央的这个问题上，更是极尽歪曲、篡改之能事，把南下逃跑的错误方针美化为"正确的路线"，反诬党中央北上抗日的正确方针是"退却逃跑主义"。这说明，直到晚年，张国焘仍然是一个不大老实的人①。

另一位史家评论说：

据我考察，张国焘所提供的历史材料有三种情况。一种是他自己参加过的，对党和人民有益的一些历史活动，他写得比较充分和具体。他不仅对自己的这些活动，而且对这些革命运动也往往持赞许的态度。这方面的材料是有一定的史料价值的，我们可以参考。但是其中对他自己的作用，则加上了许多夸大之词，其目的显然是想说明他也曾是革命的英雄。另一种是他自己的错误和犯罪的历史，他就极尽其掩盖和歪曲之能事。有时他颠倒黑白，硬把错误说成正确，有时对明显的错误也要避而不谈或轻描淡写；对他犯罪的历史（例如被捕叛变和叛逃出走等等）他就厚颜巧辩，是非颠倒，尽力掩盖其丑恶行径，这方面的史料极不可信。第三种是对我们党在革命斗争中犯错误的历史，有的地方他虽然以貌似客观的态度进行了一些分析，但是常把我们的错误加以夸大进行恶意攻击，把我们党在革命中的暂时的局部的错误硬同我们党的根本性质和革命的根本道路联系起来，以便把我们党的一些错误当成他们叛变革命的"合理依据"。似乎革命犯错误，他们就有理由叛变革命。这是张国焘这类人物写回忆录的最大的共同的特点，这反映了他们的叛徒的哲学②。

两位史家的评论是比较客观的，是恰如其分的。

---

① 于吉楠：《张国焘和〈我的回忆〉》，四川人民出版社1982年版，第311—312页。
② 唐纯良：《关于李立三的父亲之死——辟张国焘的一则谣言》，《党史研究》1981年第3期。

杨子烈在《张国焘先生的略历》一文中还说：张国焘"现在息影香江，不问世事已十余年。他只想留下这本自传，题名《我的回忆》，供世人参考"。"张国焘先生饱经沧桑，以近七旬之年，安贫乐道，昔日恩怨得失，早已无意计较。他常说：'在中国舞台上，我以往是个演员，现在仅是个观众，总希望能少看到些悲剧才好'。"其实，从张国焘写《我的回忆》看出，他并没有也不可能退出历史舞台，成为一名"观众"，他仍然是一个"演员"，是一个集悲剧角色与丑角于一身的演员。

《我的回忆》出版之前，杨子烈也出版了一部名为《往事如烟》的回忆录（1970年改名为《张国焘夫人回忆录》）。张国焘夫妇得到了一大笔稿酬，生活也得到了改善。

1966年，"文化大革命"开始后，曾一度波及香港。张国焘夫妇惊恐万分，于1968年离开香港，移居美国。后来，又移居加拿大的多伦多。这时，张国焘的三个孩子都在美国或加拿大，其长子在多伦多研究数学，次子在纽约当医生，三子在多伦多当工程师。张国焘移居多伦多后，与其长子张海威住在一起。

1973年圣诞节前夕，张国焘突然中风，右手右腿瘫痪，随即进入官办的免费老人病院。从此，这里成为张国焘度过余生的场所。

疾病缠身、老态龙钟的张国焘，躺在病床上仍然没有放弃反共的立场，对中国共产党及其领导人进行大肆攻击，被台湾国民党的某些人称为"反共强人"。1977年1月底，当年在武汉奉戴笠之命"保护"过张国焘的蔡孟坚来到多伦多，在杨子烈的陪同下看望张国焘。当蔡孟坚问及对共产党的看法时，张国焘回答说："我想起当年任中共驻莫斯科代表时，看见史达林（指斯大林）大屠杀异己，我就心存反对，而且初萌反共意念。因从事政治领导，一切要以身作则，大公无私，团结一切力量，才能达成政治目标。当时我把中共党员中我唯一领得的列宁勋章丢掉，以示内心抗议。"

1978年6月10日，张国焘夫妇皈依了基督教。为他们施洗礼的章力生也为之惊奇,他在文章中写道:"这两位一生为其信仰奋斗牺牲的唯物无神主义者竟能谦卑顺服,真切悔悟,在其八十余岁的晚年,做了神的儿女……洵为上帝在二十世纪所行的一个奇妙的大神迹。"

张国焘仍住在老人病院里。这所老人病院条件很差,张国焘和一位外国老人挤在一间狭小的房间里,得不到很好的护理。在这里,张国焘度过了他的最后岁月。

1979年12月初,多伦多连日大雪纷飞,天气异常寒冷,老人病院的暖气时断时续。12月2日夜间,终日躺在狭窄病床上的张国焘翻身时,被子、毛毯全都掉在了床下。张国焘想叫人无人来助,想自己捡起来又动不了,被冻得大呕大吐,昏迷不醒。到12月3日早晨,当医生发现时,他已经被冻死了。12月5日,在阵阵寒风中被埋葬于多伦多公墓。这年,张国焘82岁。

就这样,张国焘结束了富有悲剧色彩的一生,走完了坎坷而又曲折的人生道路。

主要参考书目

1. 中央档案馆：《中共中央文件选集》第1、2、3、4、6册，中共中央党校出版社1989年版；第5册，1990年版；第7、8、9、10、11册，1991年版。

2. 《毛泽东选集》第1、2卷，人民出版社1991年版。

3. 《周恩来选集》上卷，人民出版社1980年版。

4. 《朱德选集》，人民出版社1983年版。

5. 《张闻天选集》，人民出版社1985年版。

6. 中央档案馆编：《中国共产党第一次代表大会档案资料》（增订本），人民出版社1984年版。

7. 中央档案馆编：《中共中央政治报告选辑》（1922—1926），中共中央党校出版社1981年版。

8. 中央档案馆编：《中共中央政治报告选辑》（1927—1933），中共中央党校出版社1983年版。

9. 中央档案馆编：《中共党史报告选编》，人民出版社1982年版。

10. 中央档案馆编：《南昌起义》（资料选辑），中共中央党校出版社1981年版。

11. 中华全国总工会中国工人运动史研究室编：《中国工会历次代表大会文献》第1卷，工人出版社1984年版。

12. 张允侯、殷叙彝、洪清祥等：《五四时期的社团》（二），生活·读书·新知三联书店1979年版。

13. 中共中央党史资料征集委员会编：《共产主义小组》（上），中共党史资料出版社1987年版。

14.《"一大"前后》（一）、（二），人民出版社1980年版；《"一大"前后》（三），1984年版。

15.《"二大"和"三大"》，中国社会科学出版社1985年版。

16. 中国社会科学院近代史研究所翻译室编译：《共产国际有关中国革命的文献资料》第1辑，中国社会科学出版社1981年版。

17.《维经斯基在中国的有关资料》，中国社会科学出版社1982年版。

18.《鲍罗廷在中国的有关资料》，中国社会科学出版社1983年版。

19.《马林在中国的有关资料》（增订本），人民出版社1984年版。

20. 中国工农红军第四方面军战史编辑委员会：《中国工农红军第四方面军战史资料选编》（鄂豫皖时期·下），解放军出版社1993年版。

21. 中国工农红军第四方面军战史编辑委员会：《中国工农红军第四方面军战史资料选编》（川陕时期·上、下），解放军出版社1993年版。

22. 中国工农红军第四方面军战史编辑委员会：《中国工农红军第四方面军战史资料选编》（长征时期），解放军出版社1992年版。

23. 中国工农红军第四方面军战史编辑委员会：《中国工农红军第四方面军战史资料选编》（附卷），解放军出版社1993年版。

24. 中国人民解放军历史资料丛书编审委员会：《红军长征·文献》，解放军出版社1995年版。

25. 盛仁学编：《张国焘问题研究资料》，四川人民出版社1982年版。

26. 盛仁学编：《张国焘年谱及言论》，解放军出版社1985年版。

27.《五四运动回忆录》（上、下），中国社会科学出版社1979年版。

28.《包惠僧回忆录》，人民出版社1983年版。

29.《郑超麟回忆录》（1919—1931），现代史料编刊社1986年版。

30. 达林：《中国回忆录》（1921—1927），中国社会科学出版社1981年版。

31.《彭德怀自述》，人民出版社1981年版。

32.《聂荣臻回忆录》(上、中),解放军出版社 1983 年版。

33. 徐向前:《历史的回顾》(上),解放军出版社 1984 年版;(中),1985 年版。

34. 李维汉:《回忆与研究》(上),中共党史资料出版社 1986 年版。

35.《在历史的激流中——刘英回忆录》,中共党史出版社 1992 年版。

36.《艰苦的历程——中国工农红军第四方面军革命回忆录选辑》(上、下),人民出版社 1984 年版。

37. 童小鹏:《风雨四十年》第 1 部,中央文献出版社 1994 年版。

38. 黄平:《往事回忆》,人民出版社 1981 年版。

39. 张国焘:《我的回忆》第 1、2、3 册,东方出版社 1991 年版。

40. 杨子烈:《张国焘夫人回忆录》,香港自联出版社 1970 年版。

41. 中共中央文献研究室:《毛泽东年谱(1893—1949)》上、中卷,人民出版社、中央文献出版社 1993 年版。

42. 中共中央文献研究室:《周恩来年谱(1898—1949)》,人民出版社、中央文献出版社 1989 年版。

43. 中共中央文献研究室:《朱德年谱》,人民出版社 1986 年版。

44. 中共中央文献研究室:《任弼时年谱》,人民出版社、中央文献出版社 1994 年版。

45. 中共中央文献研究室:《毛泽东传(1893—1949)》上、下卷,中央文献出版社 1996 年版。

46. 中共中央文献研究室:《周恩来传(1898—1949)》,人民出版社、中央文献出版社 1989 年版。

47. 中共中央文献研究室:《朱德传》,人民出版社、中央文献出版社 1993 年版。

48. 中共中央文献研究室:《任弼时传》,中央文献出版社、人民出版社 1994 年版。

49. 程中原:《张闻天传》,当代中国出版社 1993 年版。

50.《徐向前传》编写组:《徐向前传》,当代中国出版社 1991 年版。

51.《聂荣臻传》编写组：《聂荣臻传》，当代中国出版社1991年版。

52.《刘伯承传》编写组：《刘伯承传》，当代中国出版社1992年版。

53.《彭德怀传》编写组：《彭德怀传》，当代中国出版社1993年版。

54.《贺龙传》编写组：《贺龙传》，当代中国出版社1993年版。

55.《叶剑英传》编写组：《叶剑英传》，当代中国出版社1995年版。

56.《林伯渠传》编写组：《林伯渠传》，红旗出版社1986年版。

57. 任建树：《陈独秀传（上）——从秀才到总书记》，上海人民出版社1989年版。

58. 张静如、马模贞：《李大钊》，上海人民出版社1981年版。

59. 陈铁健：《从书生到领袖——瞿秋白》，上海人民出版社1995年版。

60. 范青：《陈昌浩传》，中共党史出版社1993年版。

61. 周国全、郭德宏、李明三：《王明评传》，安徽人民出版社1989年版。

62. 曹仲彬、戴茂林：《王明传》，吉林文史出版社1991年版。

63. 中共中央党史研究室：《中国共产党历史》上卷，人民出版社1991年版。

64. 中共中央党史研究室著、胡绳主编：《中国共产党的七十年》，中共党史出版社1991年版。

65. 中国工农红军第一方面军史编审委员会：《中国工农红军第一方面军史》，解放军出版社1993年版。

66. 中国工农红军第二方面军史编审委员会：《中国工农红军第二方面军战史》，解放军出版社1992年版。

67. 中国工农红军第四方面军战史编审委员会：《中国工农红军第四方面军战史》，解放军出版社1989年版。

68. 彭明：《五四运动史》，人民出版社1984年版。

69. 萧超然：《北京大学与五四运动》，北京大学出版社1986年版。

70. 李新、陈铁健主编：《伟大的开端》，中国社会科学出版社1983年版。

71. 张静如、王朝美、王德京等：《中国共产党的创立》，河北人民出版社1981年版。

72. 邓中夏：《中国职工运动简史》，人民出版社1953年版。

73. 史兵：《中国工人运动史话》第1集，工人出版社1985年版。

74. 中国铁路史编辑研究中心、全国铁路总工会工运理论政策研究室：《二七革命斗争史》，当代中国出版社1993年版。

75. 李新主编，萧超然、周承恩、梁柱、张注洪、王德京编著：《国民革命的兴起（1923—1926）》，上海人民出版社1991年版。

76. 王宗华主编：《中国大革命史（1924—1927）》上、下册，人民出版社1990年版。

77. 盛岳：《莫斯科中山大学和中国革命》，现代史料编刊社1980年版。

78. 曹仲彬、戴茂林：《莫斯科中山大学与王明》，黑龙江人民出版社1988年版。

79. 成仿吾：《记叛徒张国焘》，北京出版社1985年版。

80. 郭德宏、张树军主编：《红军长征史》，辽宁人民出版社1986年版。

81. 平卓：《长征中的张国焘》，湖北人民出版社1986年版。

82. 沈醉：《我所知道的戴笠》，群众出版社1962年版。

83. 沈醉：《军统内幕》，文史资料出版社1984年版。

84. 于吉楠：《张国焘其人》，四川人民出版社1980年版。

85. 于吉楠：《张国焘和〈我的回忆〉》，四川人民出版社1982年版。

86. 师博：《张国焘的浮沉》，人民中国出版社1993年版。

87. 彭江流：《张国焘成败记》，《萍乡古今》第12辑，1994年版。

后　记

当"嗒、嗒……"的键盘跳动声奏完最后一个音符的时候，我的心中虽有一种如释重负的感觉，但却没有丝毫的快意和轻松。意犹未尽，啰唆几句，是为后记。

以前，我曾编过或写过书，都没有像写这本书，感觉如此之困难。难在何处？细细想来，一是感觉资料严重缺乏，虽经几年来留心搜集，但由于历史的和现实的原因，仍不能做到全面、系统地掌握资料，特别是掌握第一手资料；二是写张国焘这样一个复杂的历史人物，如何构思，如何叙述，如何评价，如何真实，自愧才疏学浅，难于驾驭。尽管因种种难处，留下了种种遗憾，书稿终于还是完成了。是好是坏，只能由读者朋友们去评判了。

为弥补资料之不足，在本书写作过程中，大量地参考了现已公开的资料和现已出版的研究成果。仅列在主要参考书目中的就有近百种，还有一些因篇幅关系未列其中。这些专家学者和老前辈的研究成果，特别是一些与张国焘有关的人物的传记，以及《中国工农红军第四方面军战史资料选编》、《中国工农红军第四方面军战史》等权威著作和徐向前元帅的《历史的回顾》等权威回忆录，对本书的完成帮助很大。借本书出版的机会，谨向这些专家学者和老前辈表示诚挚的谢意和敬意。

在本书的写作过程中，我在主观上尽量要求自己朝着实事求是的方向去努力，客观地去写张国焘这样一个前后反差很大的复杂的历史人物，把他的所作所为放在当时的历史环境中去描述。与此相联系，本书的写作采取了以叙为主的方法，尽量避免过多的评论。马克思说过：历史本身就是审判官。历史已经对张国焘作出了裁判。同样，广大读者也能够从写张国焘历史的历史书中作出自己的裁决和判断，无需我再去画蛇添足。这也是我对写历史著作和历史人物传记的一贯追求和努力方向。本书是否做到了这一点，最好的审判官还是广大的读者朋友。我真诚地希望得到宝贵的指教。

从一定意义上讲，本书不是一本严格的张国焘传记。对他的后半生，本书给予的篇幅很小。这一方面是因为资料缺乏，另一方面，也是更重要的，因为他在逃往台湾以后，已经被时代所淘汰，已没有更多的事情可做。同时，也超出了我们这套丛书所关心的范围。基于这种考虑，本书的笔墨主要放在写张国焘从五四运动到1938年脱党的这段经历上。这也是需要加以说明的。

最后，我要感谢所有对本书的写作给予热情支持和帮助的朋友们。尤其要感谢河北人民出版社的社长兼总编辑李保平和责任编辑荆彦周，以及已调动工作的刘魁栋同志。

作　者

1997年6月

再版后记

拙作于 1997 年作为中共一大代表丛书之一，由河北人民出版社出版过。十几年过去了，今天看来基本上还站得住，自己也还满意。

红旗出版社为纪念五四运动 90 周年，组织一套五四运动人物研究丛书，将拙作列在其中。有些想说的话在初版后记中已说过了，再版后记只对红旗出版社的领导和编辑同志表示诚挚的谢意！

作　者
2009 年 4 月

第三版后记

本书于1997年作为中共一大代表丛书之一,由河北人民出版社出版。2009年,红旗出版社为纪念五四运动90周年,组织出版一套五四运动人物研究丛书,本书被列在其中。从第一版至今,20多年过去了,看来基本内容还站得住,自己也还满意,所以,只作了个别文字修改。

当初写这本书想说的话在初版后记中已说过了,第三版后记谨对中共党史出版社的领导和编辑同志表示诚挚的谢意!

作　者

2024年1月